Simone Schmidt

Thomas Meißner

## Organisation und Haftung in der ambulanten Pflege

Praxisbuch

Simone Schmidt

Thomas Meißner

# Organisation und Haftung in der ambulanten Pflege

Praxisbuch

Mit 21 Abbildungen

**Simone Schmidt**
Bahnhofstraße 24, 68526 Ladenburg

**Thomas Meißner**
Meißner & Walter, Häusliche Pflege, Alt Bliesdorf 71a, 12683 Berlin

ISBN-13 978-3-540-79331-1 Springer Medizin Verlag Heidelberg

Bibliografische Information der Deutschen Nationalbibliothek
Die Deutsche Nationalbibliothek verzeichnet diese Publikation in der Deutschen Nationalbibliografie;
detaillierte bibliografische Daten sind im Internet über <http://dnb.d-nb.de> abrufbar.



**Springer Medizin Verlag**
springer.de
© Springer Medizin Verlag Heidelberg 2009



Planung: Barbara Lengricht, Berlin
Projektmanagement: Ulrike Niesel, Heidelberg
Copy-Editing: Ute Villwock, Heidelberg
Layout und Umschlaggestaltung: deblik Berlin
Satz: Typostudio Schaedla, Heidelberg

SPIN 12019557

Gedruckt auf säurefreiem Papier        22/2122/UN – 5 4 3 2 1 0

# Vorwort

»Dort drüben steht mein ehemaliger Arbeitskollege, wie peinlich!« könnte der Herr auf dem Foto denken und versucht deshalb sein Gesicht zu verbergen. Oder schiebt er nur seine Brille hoch und freut sich, dass er trotz seiner Gehprobleme am Faschingsumzug teilnehmen kann?

Nicht immer ist der Wunsch eines Patienten auf den ersten Blick erkennbar, häufig muss die betreuende Pflegekraft nachdenken, nachforschen, Angehörige und Bezugspersonen befragen, biographische Aspekte eruieren, andere Stellen einbeziehen oder sich auf ihre Intuition verlassen.

> **!** Pflege ist oft eine Gratwanderung, bei der der Wille des zu betreuenden Menschen nicht immer eindeutig festgestellt werden kann.

Beim Schreiben dieses Buches haben wir festgestellt, dass auch die Formulierung von juristischen Vorgaben und organisatorischen Abläufen eine Gratwanderung bedeutet. Denn auch hier ist es notwendig, die haftungsrechtlichen und organisatorischen Fragen aus der Sichtweise der Einrichtungsleitung, der Betroffenen und der Mitarbeiter zu beleuchten, wobei uns der qualitätsorientierte und ethische Blickwinkel stets gleich wichtig waren.

Immer wieder ergab sich bei unserer Arbeit an diesem Buch Diskussionsbedarf, weil Gesetze, Verordnungen und Verträge auf dem Papier eine Bedeutung besitzen, die im alltäglichen Kontakt mit dem Patienten nicht immer problemlos umgesetzt werden kann.

Ambulante Pflegedienste sind heute weit mehr als helfende Einrichtung. Sie sind kleinst- und mittelständische Unternehmen, die sich zumindest in der Vergangenheit bei der Gründung häufig am Helfen und Unterstützen, am gemeinsamen kollegialen Handeln orientiert haben. Ambulante Dienste wollen und sollen ganzheitliche Pflege anbieten. Doch in der Regel werden sie von den Kunden nur mit einer »Teilleistung« beauftragt. Dies bedeutet eine völlig andere Struktur und Arbeitsweise als die stationärer Einrichtungen. Sie stehen im Spannungsfeld, ihr eigenes Berufsverständnis und die hohe öffentliche Erwartung mit geringen finanziellen Spielräumen, unter Erfüllung hoher bürokratischer Auflagen, umzusetzen.

Die ambulante Pflege ist mittlerweile zu einem heiß umkämpften Markt geworden, auf dem der Patient immer wieder seinen zentralen Platz verteidigen muss. Aber auch die ambulanten Pflegeeinrichtungen haben es schwer, auf gleicher Augenhöhe mit Kostenträgern oder anderen Leistungserbringern wie z. B. Krankenhäusern zu verhandeln. Fast jährlich steigen die Anforderungen in den Bereichen der Struktur-, Prozess- und Ergebnisqualität. Rechts- und Haftungsfragen spielen eine immer zentralere Rolle bei Auseinandersetzungen mit Kostenträgern, Patienten und Mitarbeitern.

Schon der Buchtitel verweist darauf, wie eng »Organisation« und »Haftung« in der ambulanten Pflege ineinander greifen. Und auch ein Blick in das Inhaltsverzeichnis zeigt, wie umfangreich und detailliert die organisatorischen und (haftungs-)rechtlichen Anforderungen an ambulante Pflegedienste heute sind.

Beeinflusst wird die Organisation der Arbeit von mehreren Faktoren:
- Gesetzliche Vorgaben
- Individuelle Wünsche des Patienten
- Einstellung des Patienten zu existenziellen Fragen
- Einstellung der Mitarbeiter zu existenziellen Fragen
- Weltanschauung und evtl. Religiosität der Betroffenen
- Finanzielle Faktoren
- Gesundheitspolitische Vorgaben
- Berufspolitische Fragen
- Motivation und Einstellung zur Arbeit

Um diese Konfliktsituationen zu beleuchten, haben wir praktische Beispiele aus der ambulanten Pflege beschrieben und diese durch rechtliche Exkurse am Ende des Kapitels ergänzt, so dass dieses Buch dazu beiträgt, die Umsetzung der Vorgaben im Arbeitsalltag der ambulanten Pflege zu erleichtern, juristische Grauzonen zu erkennen und zu berücksichtigen.

Darüber hinaus zeigt das Buch Strukturen auf, skizziert Lösungsansätze und gibt mit rechtlichen Hintergründen Umsetzungstipps für die Praxis, damit Leitungen ambulanter Pflegeeinrichtungen die Möglichkeit erhalten, eigene Strukturen und Prozesse besser beurteilen zu können, um Verbesserungen oder Anpassungen vorzunehmen. Denn ein klarer organisatorischer Aufbau und das Wissen um rechtliche Hintergründe, sind die Grundvoraussetzungen für eine pflegerische Leistung auf hohem Niveau zum Wohle der uns anvertrauten Patienten.

Wir freuen uns, dass es uns gelungen ist, widersprüchliche Fragestellungen so zu bearbeiten, dass trotz verschiedener Betrachtungsweisen eindeutige Aussagen getroffen werden.

Wir bedanken uns bei Frau Barbara Lengricht vom Springer Verlag, die uns in dieser Entwicklung kompetent und geduldig begleitet hat und die wir auch als Mensch sehr schätzen. Unser Dank gilt auch unseren Familien, die in der Entstehungszeit oft auf unsere ungeteilte Aufmerksamkeit verzichten und unsere geistige Abwesenheit ertragen mussten. Bedanken möchten wir uns außerdem bei unserer Lektorin, Frau Ute Villwock, die das Manuskript in Rekordzeit überarbeiten konnte.

Wir wünschen uns, dass dieses Buch für Pflegekräfte und Einrichtungsleitungen in der ambulanten Pflege eine Hilfestellung bei der Berücksichtigung von Haftungsfragen ist und die organisatorische Umsetzung in der täglichen Arbeit erleichtert. Dabei gilt unser Respekt den Mitarbeitern, die trotz steigender Belastung und geringerer finanzieller Mittel eine individuelle, personenzentrierte und liebevolle Betreuung ermöglichen.

November 2008

Thomas Meißner, Berlin     Simone Schmidt, Ladenburg

# Inhaltsverzeichnis

# Teil I    Mitarbeiter: Personalführung und -entwicklung

# Auf gute Zusammenarbeit: Von Mitarbeitergewinnung bis Zeugnis

## 1.1 Personalgewinnung

Für das reibungslose Funktionieren und für die Qualität der Pflegeleistung eines ambulanten Pflegedienstes ist die Personalgewinnung ein entscheidender Faktor, da Qualifikation und persönliche Kompetenzen der Mitarbeiter diese direkt beeinflussen. Die Leitungsebene eines Pflegedienstes sollte deshalb ein detailliertes Personalmanagement durchführen. Das Personal ist eine wichtige Ressource der Leistungserbringung.

Personalführung beinhaltet unter anderem auch die Personalgewinnung. In diesem Kapitel werden dazu folgende Fragestellungen erhoben:

1. Welche Bedeutung besitzt die Personalgewinnung?
2. Welche Formen der Personalgewinnung gibt es und was sollte die Leitung der Einrichtung bei diesen Methoden berücksichtigen?

### 1.1.1 Bedeutung der Personalgewinnung

Mitarbeiter sind als Teil der Strukturqualität ein entscheidender Faktor bei der Erbringung der Pflegeleistung. Wichtig ist hierbei nicht nur die Quantität der Mitarbeiter sondern vor allem die Qualität, also die persönliche Eignung der Beschäftigten. Dabei spielen sowohl die fachliche Qualifikation als auch die Motivation und Einstellung zur Pflege eine wichtige Rolle.

#### Personalbedarf

Bevor die Leitung eines ambulanten Pflegedienstes Maßnahmen zur Personalgewinnung einleitet, muss der tatsächlich vorhandene Bedarf detailliert ermittelt werden. Dabei sollten Auswertungen der Dienst- und Routenpläne vorgenommen werden. Häufig geht man davon aus, dass Personal benötigt wird, wenn die Mitarbeiter über einen erhöhten Arbeitsaufwand klagen und die geplanten Touren nicht mehr pünktlich bewältigen können.

Dabei sollte man jedoch bedenken, dass es ein menschliches Charakteristikum ist, dass bei hohem Arbeitsaufwand sofort eine Rückmeldung an die Leitung erfolgt, bei geringer Auslastung diese jedoch verzögert oder gar nicht stattfindet.

> **Tipps**
>
> Man sollte deshalb immer prüfen, ob tatsächlich alle Mitarbeiter stark ausgelastet sind oder ob dies nur für einzelne Pflegekräfte zutrifft. Dazu müssen sämtliche Tourenpläne realistisch ausgewertet und berechnet werden (▶ Kap. 12). Viele Pflegedienste nehmen als Grundlage der Leistungserbringung die vom Medizinischen Dienst ermittelten Minutenwerte bei der Einstufung in Leistungen der Pflegeversicherung. Pflegedienste sollten die Leistungen selber mit Zeitkorridoren hinterlegen, um nicht der Gefahr zu unterliegen, Einstufungskriterien und Leistungskriterien zu verwechseln. Es sollten Durchschnittswerte ermittelt werden, um so feststellen zu können, ob bei den einzelnen Mitarbeitern auch die vom Pflegedienst vorgegebenen Werte dem Durchschnitt der Leistungserbringung entsprechen.

Eine Umstellung der Touren könnte das Problem eventuell lösen. Auch die Auswertung der Dienstpläne sollte erfolgen, da es nicht selten vorkommt, dass einzelne Mitarbeiter Überstunden leisten, andere jedoch die Sollstunden nicht erbringen. Außerdem kann eine Berechnung der Überstunden die Anzahl der unbesetzten Stellen anzeigen.

#### Kompetenzen

Im Rahmen der Personalgewinnung ist es besonders wichtig, die entsprechenden Kompetenzen der Bewerber zu überprüfen. Zumeist ist der dafür zur Verfügung stehende Zeitrahmen jedoch begrenzt.

> **Tipps**
>
> Aus diesem Grund ist es empfehlenswert, schon im Vorfeld zu überlegen, welche Fähigkeiten und Kenntnisse ein neuer Mitarbeiter mitbringen sollte. Am besten lässt sich dies durch das Erstellen eines Anforderungsprofils realisieren. So wird in der Einrichtung sichergestellt, dass die Suche neuer Mitarbeiter nach einheitlichen Kriterien erfolgt.

Diese Kriterien können in Abhängigkeit von den bereits vorhandenen Personalressourcen variieren, insbesondere bei der Betrachtung von Qualifikationen und Zusatzqualifikationen. Auch die Zusammensetzung der Patienten beeinflusst die Auswahl. Einige mögliche Kompetenzen werden im Folgenden aufgeführt.

**Mögliche Kompetenzen neuer Mitarbeiter:**
- Fachliche Qualifikation, z. B. Staatsexamen, Weiterbildung, Berufserfahrung
- Zusatzqualifikation, z. B. Fortbildungen, spezielle Kenntnisse
- Persönliche Kompetenz, z. B. Charaktereigenschaften, Organisationstalent, Leistungsbereitschaft

Ein großer Teil der erforderlichen Qualifikationen lässt sich durch Zeugnisse und andere Dokumente belegen. Die persönliche Kompetenz kann dadurch jedoch nur ansatzweise überprüft werden. Bei der Durchsicht der Bewerbungsunterlagen sollte auf folgende Punkte zur Einschätzung der persönlichen Kompetenz des Bewerbers geachtet werden.

**Persönliche Kompetenz:**
- Intellektuelle Fähigkeiten, also Noten in Schulzeugnissen, Notendurchschnitt des Staatsexamens, Arbeitszeugnisse
- Durchhaltevermögen, also Kongruenz des Lebenslaufs

- Integrität, z. B. im polizeilichen Führungszeugnis
- Teamfähigkeit, Umgang mit Patienten, Angehörigen und Vorgesetzten, Zuverlässigkeit, Genauigkeit, Pünktlichkeit, z. B. im Arbeitszeugnis

Darüber hinaus lässt sich die persönliche Kompetenz eines Mitarbeiters erst im Gespräch (▶ Kap. 1.3), bei einer Hospitation oder in der Probezeit bewerten.

> ❗ Bedauerlicherweise ist es möglich, dass ein neuer Mitarbeiter erst nach dem Ende der Probezeit sein »wahres Gesicht« zeigt. In diesem Fall sollte die Bedeutung der Qualität des Personals nicht unterschätzt werden, da entsprechende Konflikte auch Unruhe und Unzufriedenheit im Team auslösen können.

## 1.1.2 Formen der Personalgewinnung

Die Personalfluktuation in Bereichen der Gesundheitswirtschaft ist gegenüber anderen Branchen relativ hoch. Dies liegt zum einen an den zum Teil schlechten Arbeitsplatzbedingungen und zum anderen an der starken Belastung und Auslastung oder gar Überlastung der Mitarbeiter. Eine wesentliche Rolle bei der Personalgewinnung spielen die Arbeitsbedingungen.

Hierzu zählen nicht in erster Linie nur der Lohn, vielmehr sind auch das gesamte Umfeld, die Struktur und das Management des Pflegedienstes, eventuelle Zuschlags- und Bonussysteme, die Dienstplangestaltung, ein Mitspracherecht, die Dienstwagennutzung und viele andere Dinge relevant. Mitarbeiter bauen heute vielmehr auf das Gesamtpaket und nicht nur auf einzelne Teile bzw. nur das Arbeitsentgelt.

Mit den verschiedenen Formen der Personalgewinnung gibt es unterschiedliche Erfahrungen. Es ist allerdings nicht möglich, die ideale Methode festzulegen, da dies auch vom Einzelfall abhängt.

## Mundpropaganda

Eine verbreitete Form der Personalgewinnung ist die Mundpropaganda. Mitarbeiter haben häufig Kontakt zu ehemaligen Kollegen, die eventuell gerade eine neue Stelle suchen. Der Vorteil dieser Form liegt in der Vorauswahl der Bewerber. Der Mitarbeiter kennt die Stärken und Schwächen des Interessenten und kann darüber Auskunft geben. Nachteil kann die Entstehung von »Grüppchen« im Team sein. Problematisch ist es auch, wenn der Bewerber abgelehnt werden muss.

Ein weiterer Nachteil der Mundpropaganda ist die Bildung eines zu homogenen Teams, wenn sich die Mitarbeiter bezüglich Geschlecht, Altersstruktur und sozialer Herkunft sehr ähnlich sind. Man sollte deshalb überlegen, ob es tatsächlich sinnvoll ist, nur einen »Mitarbeitertyp« zu beschäftigen, da die Zusammensetzung der Patienten möglicherweise gemischt ist. Gerade in der ambulanten Pflege ist die Homogenität des Teams besonders hoch, da aufgrund der Arbeitszeiten viele teilzeitbeschäftigte Mütter eine Stelle in diesem Bereich auswählen.

Das folgende Beispiel zeigt, dass eine gemischte Zusammensetzung des Personals von Vorteil sein kann, dies muss jedoch nicht immer der Fall sein.

> **Beispiel**
>
> Herr Schmidt ist 80 Jahre alt und wird seit drei Jahren von einem ambulanten Pflegedienst betreut. Die verantwortliche Mitarbeiterin hat vor zwei Monaten aus gesundheitlichen Gründen den Pflegedienst verlassen. Sie ist 52 Jahre alt und leidet unter Bandscheibenbeschwerden. Zunächst wird Herr Schmidt von einer Pflegekraft betreut, die 46 Jahre alt ist und Herrn Schmidt auch schon früher am Wochenende versorgt hatte. Da der Patient seit einiger Zeit kognitive Veränderungen im Sinne einer beginnenden Demenz aufweist, kommt er mit der neuen Situation nicht gut zurecht und beschwert sich bei der Pflegedienstleitung. Ihm wird zugesichert, dass eine andere Pflegekraft, die zum nächsten Monat neu eingestellt wird, seine Pflege übernehmen solle. Tatsächlich übernimmt bald darauf ein neuer 23-jähriger Mitarbeiter die Pflege von Herrn Schmidt. Beide verstehen sich auf Anhieb und Herr Schmidt ist sehr zufrieden mit »seinem neuen Pfleger«.

## Bewerberpool

Immer wieder gehen in ambulanten Pflegediensten Initiativbewerbungen ein, obwohl gar keine Stelle zu besetzen ist. Vor allem gegen Ende der Ausbildung in den Schulen für Kranken- oder Altenpflege bewerben sich etliche Absolventen, die von der auszubildenden Einrichtung nicht übernommen werden können. Es empfiehlt sich, diese Bewerbungen für einen begrenzten Zeitraum von zirka 6 Monaten in einem Bewerberpool aufzubewahren, sofern die Bewerber geeignet erscheinen. Dies sollte den Interessenten auch schriftlich mitgeteilt werden. Im Idealfall ist der Bewerber bereits durch einen praktischen Einsatz bekannt.

> **Tipps**
>
> Man sollte bedenken, dass derartige Bewerbungen oftmals nur als Notlösung, Sprungbrett oder Übergang gedacht sind, da viele Berufsanfänger zunächst Erfahrungen im stationären Bereich sammeln möchten. Es ist jedoch oftmals von Vorteil dem Interessenten zumindest einen Platz für ein zeitlich begrenztes Praktikum anzubieten, um ihn besser kennen zu lernen. Möglicherweise kommt der Bewerber auch für einen Aushilfepool in Frage.

## Stellenausschreibung

Wenn keine geeigneten Bewerbungen vorliegen, empfiehlt sich eine Stellenausschreibung.

### Möglichkeiten der Stellenausschreibung:

- Anzeige in der regionalen Tageszeitung
- Anzeige in einer Fachzeitschrift
- Aushang an schwarzen Brettern in:
  - Schulen für Kranken- und Gesundheitspflege

– Schulen für Altenpflege
– Eventuell Fachhochschulen
– Kliniken
– Pflegeheimen

Diese Ausschreibungen sind zum Teil mit Kosten verbunden, führen jedoch meistens zu einer größeren Anzahl von Bewerbungen.

> **!** Die erwünschte Qualifikation des Stelleninhabers sollte präzise beschrieben werden. Es muss jedoch darauf geachtet werden, dass die Beschreibung keine diskriminierenden Faktoren beinhaltet.

Bevor die Interessenten zum Einstellungsgespräch (▶ Kap. 1.3) eingeladen werden, hat man die Möglichkeit, eine Vorauswahl zu treffen, um bestimmte Anforderungen und Wünsche an die Person oder Qualifikation des neuen Stelleninhabers zu realisieren. Dabei spielen verschiedene Aspekte eine Rolle. Gerade die Bedürfnisse der Patienten, spezielle gesundheitliche Einschränkungen oder Pflegeprobleme des Klientels sollten zunächst analysiert werden.

### Mögliche Anforderungen an den Stelleninhaber:

- Weibliche oder männliche Pflegekraft, z. B. Wünsche der Patienten bei AEDL »Sich als Mann oder Frau fühlen«
- Erfahrungen in spezieller Pflege, z. B.:
  – Wundmanagement
  – Ernährungsberatung
  – Gerontopsychiatrische Pflege
  – Palliativpflege
  – Kinderkrankenpflege
  – Familienpflege
  – Infektionskrankheiten, z. B. HIV
- Bewerber mit speziellen Fremdsprachenkenntnissen

### Agentur für Arbeit

Über die Agenturen für Arbeit können Stellensuchende abgefragt oder Stellenangebote veröffentlicht werden. Ähnliche Angebote findet man auch bei privaten Jobagenturen oder Zeitarbeitsfirmen, die sich teilweise auch auf den Pflegesektor spezialisiert haben. Zumeist gibt es auch ein großes Internetportal.

Die Mitarbeiter der Agenturen für Arbeit besitzen zum Teil keine detaillierten Kenntnisse über die Anforderungen und den Arbeitsalltag in der Pflege, so dass Bewerber immer gut eingearbeitet und genau beobachtet werden sollten. Dies gilt vor allem für Pflegehelfer, die keinerlei Ausbildung oder Erfahrung besitzen. Es bleibt dann immer genau zu überlegen, ob es für die Einrichtung rentabel ist, eine examinierte Kraft für die Behandlungspflege als zweiten Hausbesuch zu planen, zumal die Anfahrtskosten dadurch für die Patienten eventuell nicht mehr finanzierbar sind.

### Internet

Im Internet existiert eine erhebliche Anzahl verschiedener Portale, die auch Stellenangebote und Stellengesuche publizieren. Die Variationsbreite der Angebote bezüglich Qualität und Zugriffshäufigkeit ist enorm, so dass es nicht möglich ist, einzelne Angebote zu bewerten oder gar zu empfehlen.

> **!** Gerade bei Seiten, die eine kostenpflichtige Stellenvermittlung betreiben, sollte man deshalb sehr vorsichtig sein, da die Kosten oft nur schwer kalkulierbar sind.

### Zusammenarbeit mit Ausbildungseinrichtungen

Ambulante Dienste sind gut beraten, wenn sie die Zusammenarbeit mit Schulen für Gesundheits- und Krankenpflege bzw. Altenpflege suchen. Durch die Praktika der Auszubildenden in der Einrichtung haben Pflegedienste die Möglichkeit, frühzeitig eventuell zukünftige Mitarbeiter zu bewerten bzw. zu motivieren, um im ambulanten Dienst nach der Ausbildung zu beginnen. Gleichzeitig hat der ambulante Dienst die Möglichkeit, den Kontakt mit dem betreffenden Krankenhaus auszubauen (▸ Kap. 1.2, Mundpropaganda). Voraussetzungen für den Status einer Ausbildungseinrichtung sind im jeweiligen Bundesland bei den zuständigen Behörden zu erfragen.

### Rechtliche Hinweise

Personalgewinnung muss immer unter Betrachtung der Gleichheitsgrundsätze laufen, so wie es das Allgemeine Gleichbehandlungsgesetz (AGG) verlangt. Dieses Bundesgesetz besagt, dass eine ungerechtfertigte Benachteiligung aus Gründen der ethnischen Herkunft, des Geschlechts, der Religion, der Weltanschauung, einer Behinderung, des Alters oder der sexuellen Identität verhindert werden muss. Im alltäglichen Sprachgebrauch wird es auch Antidiskriminierungsgesetz genannt. Es gilt insbesondere für die Art der Gewinnung, die Durchführung und die Konsequenzen der Personalgewinnung. Pflegedienste sind gut beraten, standarisierte Verfahren, wie beschrieben, anzuwenden und diese juristisch prüfen zu lassen. Die Verankerung der Personalgewinnung in ein gezieltes Marketingkonzept ist in der ambulanten Pflege empfehlenswert, jedoch nur selten anzutreffen.
Pflegedienste sollte darauf achten, dass die Personalgewinnung möglichst in einer Hand liegt und eine enge Absprache innerhalb des Leitungsteams erfolgt. Es sollte klar sein, wer welche Kompetenzen besitzt und damit gleichzeitig, wer welche Aussagen und Zusagen treffen darf und wer nicht. Für alle Aktivitäten im Bereich Personalgewinnung haftet in der Außenwirkung der Pflegedienst, für die Gesellschaft der entsprechende Gesellschafter bzw. Geschäftsführer und im Innenverhältnis mit der Personalgewinnung der beauftragte Mitarbeiter.

## 1.2    Auszubildende

In den Jahren 2003 und 2004 wurden die Gesetze über die Berufe in der Altenpflege (AltPflG) und in der Krankenpflege (KrPflG) geändert. Dadurch können nun erstmalig im Bereich der Altenpflege auch geeignete ambulante Pflegeeinrichtungen als Träger der praktischen Ausbildung fungieren. Für die Leitung eines ambulanten Pflegedienstes und für die Mitarbeiter entstehen neue Herausforderungen und Fragestellungen, die im folgenden Kapitel erläutert werden:

1. Ist es sinnvoll, Auszubildende zu beschäftigen?
2. Welche Voraussetzungen muss ein ambulanter Pflegedienst erfüllen?
3. Was sollte man in Bezug auf die praktische Ausbildung berücksichtigen?

### 1.2.1    Auszubildende – ja oder nein?

Die Beschäftigung von Auszubildenden in Pflegeeinrichtungen erfolgt häufig aus Kostengründen. Schüler der Gesundheits- und Kranken- oder Altenpflege werden noch immer als »billige Arbeitskräfte« betrachtet und fühlen sich gelegentlich auch entsprechend.

Dabei sollte unterschieden werden zwischen Auszubildenden im Praktikum und eigentlichen Ausbildungsplätzen. Nur im Bereich der Altenpflege können eigene Ausbildungsplätze im ambulanten Pflegedienst realisiert werden, in der Gesundheits- und Krankenpflege hingegen nicht.

❗ Bei realistischer Betrachtung muss man jedoch davon ausgehen, dass die Vorteile der Beschäftigung von Schülern anderweitig zu suchen sind und darüber hinaus auch Nachteile zu bedenken sind.

An dieser Stelle sollen deshalb die Vor- und Nachteile der Ausbildung näher betrachtet werden.

## Vorteile der Ausbildung

Ein wichtiger Punkt bei der Beschäftigung von Auszubildenden ist die Tatsache, dass dadurch kontinuierlich neues und aktuelles Fachwissen in die Einrichtung gelangt.

Pflegeeinrichtungen sollten auch überprüfen, inwieweit sie die Gestaltung des Unterrichts an den jeweiligen Schulen für Alten- bzw. Gesundheits- und Krankenpflege für den ambulanten Bereich selber mitgestalten können. Dadurch könnte der stationären Einrichtung das ambulante pflegerische Versorgungssystem näher gebracht werden und auf Alltagsprobleme und ein Verständnis in Bezug auf Chancen und Unterschiede hingewiesen werden.

Ausbildungseinrichtung zu sein bedeutet auch, in der Außendarstellung zu zeigen, dass man sich fachlich weiterbildet, auf dem neuesten Stand der pflegewissenschaftlichen Erkenntnisse ist und den Lernprozess junger Menschen fördert. Eine nicht zu unterschätzende positive Wirkung, nicht nur in betroffenen Krankenhäusern, auch in dem zu versorgenden Gebiet.

> **Tipps**
> Gerade ambulante Pflegedienste mit einem hohen Durchschnittsalter der Mitarbeiter profitieren von dem stetigen Wissenstransfer.

Auszubildende erlernen in den Schulen Inhalte, die in der alltäglichen Praxis von den Mitarbeitern oftmals als unwichtig oder zeitraubend empfunden werden. Besonders häufig handelt es sich um Wissen aus den Bereichen Pflegedokumentation, Pflege- und Expertenstandards oder Pflegetheorie. Aber auch andere Bereiche können durch die Auszubildenden hinterfragt und aufgefrischt werden, etwa hygienische Aspekte, Unfallverhütung oder Pflegetechniken.

! Die Zusammenarbeit mit Gesundheits- und Kranken- oder Altenpflegeschülern kann somit eine Überprüfung der eigenen Arbeit, eine Anpassung an die aktuelle Fachkunde und dadurch eine Verbesserung der Pflegequalität bewirken.

Ein weiterer Vorteil ist das zumeist jugendliche Alter der Auszubildenden, das oftmals – jedoch nicht immer – von den Patienten als positiv empfunden wird.

Wenn Pflegemaßnahmen durch zwei Pflegekräfte durchgeführt werden müssen, kann die Begleitung einer Pflegefachkraft durch einen Auszubildenden ebenfalls von Vorteil sein.

## Nachteile der Ausbildung

Die beschriebenen Vorteile können sich zum Teil aber auch negativ auswirken, etwa wenn der Auszubildende die Arbeit der examinierten Pflegefachkraft »kritisiert« und dadurch eine Abwehrhaltung im Team entsteht.

> **Beispiel**
> Häufig äußern Auszubildende: »Das habe ich in der Schule aber ganz anders gelernt.«

Die Einarbeitung und Praxisanleitung wird zudem von den Mitarbeitern als zusätzliche Belastung angesehen. Einerseits wird das Interesse der Schüler gefordert, andererseits sind Fragen eventuell auch lästig. Gerade Mitarbeiter, deren Ausbildung schon viele Jahre zurückliegt, haben oftmals Probleme, Pflegemaßnahmen zu beschreiben, Fragen zu beantworten oder Sachverhalte zu erklären.

> **Tipps**
> Die Beschäftigung von Auszubildenden sollte von allen Mitarbeitern als Chance betrachtet werden, denn in einem guten Team kann man auch Defizite eingestehen. Besonders interessierte Mitarbeiter können Verantwortung in der Praxisanleitung übernehmen. Eine entsprechende Sonderqualifikation zum Praxisanleiter ist ab 01.01.2009 gesetzlich vorgeschrieben. Entsprechende Übergangsfristen werden dadurch abgelöst. Pflegeeinrichtungen, die den Status einer Ausbildungseinrichtung haben, müssen dann mindestens einen ausgebildeten Praxisanleiter in der Einrichtung beschäftigen.

Auch wenn die direkten Personalkosten für den Auszubildenden gering sind, sollten die damit verbundenen anderweitig entstehenden Kosten berücksichtigt werden.

**Hierbei ist zu beachten:**

- Der Auszubildende darf keine eigene Tour übernehmen und kann deshalb nur zusätzlich eingesetzt werden
- Die Planung der Routen muss an die Erfordernisse der Praxisanleitung angepasst werden
- Der Auszubildende ist aufgrund der theoretischen Ausbildung und durch externe Praxiseinsätze nur zeitweise einsetzbar (z. B. Blockunterricht, Krankenhaus, Psychiatrie)
- Die Arbeitszeit der Praxisanleitung ist zu bedenken, hierzu zählen z. B. auch die Zeiten für die Führung der Nachweishefte, Gespräche, Praxisbesuche
- Wenn der Auszubildende das 18. Lebensjahr noch nicht vollendet hat, tritt das Jugendarbeitsschutzgesetz in Kraft, das insbesondere Regelungen der Arbeitszeiten beinhaltet, aber auch Angaben zu Beschäftigungsverboten und zur Gesundheitsvorsorge

> **Tipps**
>
> Aus haftungsrechtlichen Gründen ist der Einrichtung zu empfehlen, Schüler und Auszubildende nicht selbstständig mit dem Dienstwagen fahren zu lassen, da dies weit reichende Folgen für eventuelle Versicherungspolicen, Kfz- und Unfallschäden hat. Es empfiehlt sich, die entsprechende Police des Pflegedienstes für die Dienstwagen auf diese Problematik hin zu überprüfen. Oftmals finden sich Formulierungen in den Verträgen, wie z. B.: »Personen unter 21 oder 25 Jahren dürfen Fahrzeuge nicht führen.« Ein Verstoß gegen diese Regelung kann für den Pflegedienst im Einzelfall sehr teuer zu stehen kommen. Auch ist die Frage der Berufshaftpflicht von der Berufsgenossenschaft, der Haftpflichtversicherung und der Unfallversicherung zu klären.

## 1.2.2 Voraussetzungen für die Ausbildung

Im Altenpflegegesetz (AltPflG) und im Krankenpflegegesetz (KrPflG) werden keine eindeutigen Angaben zu den Anforderungen an einen ambulanten Pflegedienst als Ort der praktischen Ausbildung gemacht. Der Pflegedienst sollte laut Gesetz »geeignet« sein. Entsprechende Landesregelungen zur Anerkennung als Ausbildungseinrichtung sind bei den zuständigen Ämtern zu erfragen.

> **Tipps**
>
> Da die Alten- oder Gesundheits- und Krankenpflegeschule die Gesamtverantwortung für die Ausbildung trägt, muss in Kooperation mit der jeweiligen Schule eine Entscheidung getroffen werden.

**Anforderungen an einen Pflegedienst:**
- Ist die geforderte Stundenzahl (2500 Stunden) für die praktische Ausbildung unter Berücksichtigung der Arbeitszeiten im vorgegebenen Zeitraum erreichbar?
- Ist eine geeignete Praxisanleitung durch einen ausgebildeten Mentor gewährleistet? Dieser muss eine entsprechende Fortbildung (berufspädagogische Zusatzqualifikation im Umfang von mindestens 200 Stunden) nachweisen, sofern es sich um Auszubildende im Bereich Gesundheits- und Krankenpflege handelt.
- Können die Lerninhalte der Ausbildung am Einsatzort erworben werden? Dazu muss die Patientenstruktur analysiert werden.
- Ist die Personalstruktur des Pflegedienstes auch in Krankheits- oder Urlaubzeiten geeignet, die kontinuierliche Praxisanleitung zu gewährleisten?

Aus den Gesetzen entstehen Pflichten für den Arbeitgeber, die in den beiden folgenden Übersichten kurz aufgeführt sind ( ▸ Übersichten).

**Pflichten des Trägers der Ausbildung laut Altenpflegegesetz (AltPflG):**

- Die Ausbildung muss so durchgeführt werden, dass das Ausbildungsziel in der vorgesehenen Ausbildungszeit erreicht werden kann
- Ausbildungsmittel (Fachbücher, Instrumente und Apparate) müssen dem Schüler kostenlos zur Verfügung gestellt werden
- Es dürfen nur Verrichtungen übertragen werden, die dem Ausbildungszweck und dem Ausbildungsstand unter Berücksichtigung der physischen und psychischen Kräfte entsprechen
- Die praktische Ausbildung muss sich an der Ausbildungsstruktur (§ 4,3) orientieren: Abschnitte der praktischen Ausbildung können in weiteren Einrichtungen, in denen alte Menschen betreut werden, stattfinden (gerontopsychiatrische Kliniken, Allgemeinkrankenhäuser, geriatrische Rehabilitation, offene Altenhilfe)

**Pflichten des Trägers der Ausbildung laut Krankenpflegegesetz (KrPflG):**

- Die Ausbildung muss so durchgeführt werden, dass das Ausbildungsziel in der vorgesehenen Ausbildungszeit erreicht werden kann
- Ausbildungsmittel (Fachbücher, Instrumente und Apparate) müssen dem Schüler kostenlos zur Verfügung gestellt werden
- Es dürfen nur Verrichtungen übertragen werden, die dem Ausbildungszweck und dem Ausbildungsstand unter Berücksichtigung der physischen und psychischen Kräfte entsprechen

Es zeigt sich, dass die auszubildende Schule somit einen Teil der Verantwortung an den praktischen Ausbildungsort überträgt.

### 1.2.3 Durchführung der Ausbildung

In den vorangegangenen Abschnitten wurde deutlich, dass die praktische Durchführung der Ausbildung zur Alten- oder Gesundheits- und Krankenpflege ein hohes Maß an Verantwortungsbewusstsein und eine klar strukturierte Arbeitsorganisation erfordert. Von den Mitarbeitern wird außerdem ein fundiertes Fachwissen erwartet.

Darüber hinaus gibt es noch weitere Faktoren, die bei der praktischen Ausbildung durch einen ambulanten Pflegedienst berücksichtigt werden müssen.

**Praktische Hinweise zur Durchführung der Ausbildung:**

- Wichtiges Instrument der Ausbildung ist das Nachweisheft. Es muss im Verlauf der drei Jahre kontinuierlich geführt werden, nach Möglichkeit einmal in der Woche; verantwortlich hierfür sind der Praxisanleiter und der Auszubildende in Kooperation
- Vor-, Zwischen- und Abschlussgespräche müssen rechtzeitig terminiert, gut strukturiert und objektiv formuliert werden
- Beurteilungsgespräche sollten zuvor im Team hinterfragt werden
- Der Kontakt zur Schule sollte regelmäßig stattfinden
- Bei der Erstellung von Praxisberichten und bei der Durchführung von Praxisbesuchen der Schule ist der Praxisanleiter anwesend; bei der Dienstplanung muss dieser Aspekt berücksichtigt werden
- Die Pflegedienstleitung und der Praxisanleiter müssen entscheiden, ob der Auszubildende kleinere Touren oder »Teiltouren« alleine bewältigen kann; ein Ansprechpartner für den Notfall muss zuvor benannt werden und jederzeit erreichbar sein

## 1.3 Einstellungsgespräch

Im Rahmen des Personalmanagements spielt die Einstellung neuer Mitarbeiter eine ausschlaggebende Rolle. Gerade in der ambulanten Pflege ist die Personalfluktuation besonders hoch, wobei die Verweildauer in Pflegeberufen mit rund 5 Jahren insgesamt gering und in den letzten Jahren kontinuierlich gesunken ist. Die Leitung eines ambulanten Pflegedienstes sollte deshalb im Interesse der Patienten und des Pflegeteams bei der Einstellung versuchen, einen idealen Bewerber auszuwählen, was mitunter schwierig ist. Wenn mehrere Bewerbungen vorliegen, die eine ähnliche Qualifikation aufweisen, kann die Entscheidung durch das Einstellungsgespräch erleichtert werden. Dabei sollte man sich folgende Fragen stellen:

1. Was muss bei der Vorbereitung eines Einstellungsgesprächs beachtet werden?
2. Wie sollte das Gespräch verlaufen und welche Fehler können im Einstellungsgespräch vorkommen?

### 1.3.1 Vorbereitung des Einstellungsgesprächs

Um die Personalgewinnung möglichst optimal zu gestalten, ist es sinnvoll, die Vorstellungsgespräche genau zu planen und vorzubereiten. In den meisten Fällen liegen mehrere schriftliche oder mündliche Bewerbungen vor, insbesondere wenn eine Stellenausschreibung erfolgte (▶ Kap. 1.1). Schriftliche Bewerbungsmappen können nach genauer Durchsicht in drei Gruppen sortiert werden.

**Bewerbergruppen:**

1. Bewerbungen, die dem Stellenprofil entsprechen
2. Bewerbungen, die dem Stellenprofil zum Teil entsprechen
3. Bewerbungen, die dem Stellenprofil überhaupt nicht entsprechen

Interessenten aus den ersten beiden Gruppen können zum Einstellungsgespräch eingeladen werden, Bewerberbungen aus Gruppe 3 sollten eher zurückgesendet werden.

Die Einladung der Bewerber und die Vorbereitung des Gesprächs werden erleichtert, wenn man sich wichtige Punkte notiert. Eine Orientierungshilfe in Form einer Checkliste ist in der folgenden Übersicht dargestellt.

> **Übersicht 3: Checkliste zur Planung eines Einstellungsgesprächs:**
>
> — Geeignete Termine mit Uhrzeit auswählen, Zeitbedarf pro Gespräch mindestens 45 Minuten, Pausen und Auswertung einplanen
> — Bewerber schriftlich oder telefonisch kontaktieren
> — Bei Bedarf Ersatztermin anbieten
> — Gesprächsteilnehmer auswählen und informieren
> — Räumlichkeiten vorbereiten, dabei auf die Verfügbarkeit und die Atmosphäre des Raums achten
> — Bewerbungsunterlagen bereitlegen, Unklarheiten notieren
> — Gesprächsstruktur und Fragenkatalog erstellen
> — Papier für Gesprächsnotizen und Gesprächsauswertung bereitlegen
> — Sitzordnung planen
> — Störungen unterbinden, z. B. Telefon umstellen
> — Getränke bereitstellen

## 1.3.2 Gesprächsverlauf

Der Verlauf eines Einstellungsgesprächs sollte prinzipiell in drei Phasen eingeteilt werden. Diese unterscheiden sich in der Art der Kommunikation, vor allem durch die Fragetechnik.

**Phasen des Einstellungsgesprächs:**
1. Begrüßung und Einleitung, Einstieg ins Gespräch
2. Hauptteil, eigentliches Gespräch
3. Abschluss, Zusammenfassung

## Einleitung

Da der Bewerber zu Beginn des Gesprächs wahrscheinlich sehr nervös ist, sollte man ihn zunächst freundlich, aber nicht überschwänglich begrüßen und einen Einstieg in das Gespräch mit offenen Fragen ermöglichen. Der Gesprächspartner hat dadurch die Gelegenheit, ruhiger und sicherer zu werden, der Arbeitgeber kann in dieser Zeit einen ersten Eindruck gewinnen.

**Geeignete Einstiegsfragen:**
— Warum haben Sie einen Pflegeberuf ergriffen?
— Warum möchten Sie in der ambulanten Pflege arbeiten?
— Warum haben Sie sich bei diesem Pflegedienst beworben?

Während der Bewerber sich zu der Frage äußert, können Verhaltensweise und Aussehen des Bewerbers genauer betrachtet werden.

**Mögliche Beobachtungen:**
— Aussehen, erster Eindruck
— Händedruck
— Bekleidung
— Gepflegte Erscheinung
— Körperhaltung, Körpersprache, Sitzposition
— Mimik und Gestik
— Blickkontakt
— Stimme, Lautstärke
— Geruch

So entsteht ein erster Gesamteindruck, der das weitere Gespräch prägt und von Sympathie oder Antipathie beeinflusst wird. Der Arbeitgeber sollte zum Ende der Gesprächseinleitung notieren, ob der Bewerber den Vorstellungen des gewünschten Stelleninhabers entspricht. Dabei sollte er dennoch aktiv zuhören, um Aussagen des Bewerbers in der Folge aufgreifen zu können.

## Gespräch

Danach kann man dazu übergehen, dem Bewerber gezielte Fragen zu stellen, häufig können diese auch an die Antworten des Bewerbers anknüpfen. Der Fragestil wechselt nun zu geschlossenen Fragen, da das erste »Beschnuppern« abgeschlossen ist und nun einfache Sachverhalte und Fakten erhoben werden. Der vorbereitete Fragenkatalog kann als Gliederung des Gesprächs dienen und bietet außerdem die Möglichkeit, die entsprechenden Antworten zu notieren.

**Mögliche Themen der weiteren Fragen:**
- Fragen zur Qualifikation
- Berufserfahrung
- Fahrpraxis
- Lebenslauf
- Persönlichkeit des Bewerbers, Stärken und Schwächen
- Wünsche und Vorstellungen bezüglich der angestrebten Tätigkeit
- Zukunftsplanung
- Umfang der gewünschten Tätigkeit
- Gehaltsvorstellungen
- Besonderheiten

Außerdem sollte der zukünftige Arbeitgeber seinen Pflegedienst vorstellen und das Team sowie den zukünftigen Tätigkeitsbereich kurz beschreiben. Dem Bewerber kann auch schriftliches Informationsmaterial zur Verfügung gestellt werden, etwa ein Flyer.

> **Tipps**
>
> Die Situation sollte so zutreffend und ehrlich wie möglich dargestellt werden, da der neu eingestellte Mitarbeiter sonst den Arbeitsplatz eventuell nach kürzester Zeit wieder verlässt. Die Möglichkeit einer Hospitation ist
> ▼

für alle Beteiligten sinnvoll und wird gerne angeboten und in Anspruch genommen. Wenn eine Hospitation vereinbart wurde, sollte ebenfalls besprochen werden, wann der Arbeitgeber diese durchführen möchte. Wenn der Bewerber sich noch in einem festen Arbeitsverhältnis befindet, muss er jedoch Gelegenheit bekommen, dies mit seiner derzeitigen Tätigkeit zu koordinieren. In diesem Fall sollte der Arbeitgeber außerdem seine Diskretion zusichern.

Insgesamt ist bei einer Hospitation oder so genannten Schnuppertagen zu klären, ob der Arbeitgeber diese finanziell vergütet oder ob sie auf Freiwilligkeit des Arbeitnehmers beruht. In diesem Zusammenhang ist zu klären, ob eine Versicherung für diesen Arbeitstag oder diese Arbeitsstunden für die jeweils betreffende Person besteht. Wichtig ist, dass nicht nur das Pflegeleitbild, sondern auch die Philosophie der Einrichtung umfassend, nachvollziehbar und transparent dargestellt wird, um den Bewerber die Möglichkeit zu geben, Grundausrichtungen der Einrichtung zu begreifen und zu verstehen.

Im Gesprächsverlauf muss der Arbeitgeber sich immer bewusst sein, dass der Bewerber bestimmte Fragen nicht wahrheitsgemäß beantworten muss. Fragen, die das Persönlichkeitsrecht des Bewerbers verletzen, sind nicht zulässig.

❗ Da der Interessent davon ausgeht, dass der Arbeitgeber auf alle Fragen eine Antwort wünscht, hat er deshalb das Recht, bei unzulässigen Fragen zu lügen.

Bei den folgenden Fragen hat der Arbeitgeber kein berechtigtes Interesse, eine Auskunft zu erhalten, da der Persönlichkeitsschutz des Bewerbers verletzt würde. Dies gilt sowohl im Einstellungsgespräch als auch bei der schriftlichen Befragung von Bewerbern.

**Unzulässige Fragen:**

- Frage nach einer Schwangerschaft
- Frage nach Krankheiten, **Ausnahme:** Infektionskrankheiten bei Heilberufen, z. B. HIV, Tuberkulose, und Berufskrankheiten, z. B. Allergien, Wirbelsäulenerkrankungen
- Frage nach einer Schwerbehinderung
- Fragen über die finanzielle Situation
- Parteizugehörigkeit
- Konfession
- Mitgliedschaft in der Gewerkschaft
- Lebensgemeinschaft, Scheidung oder Heiratsabsichten
- Rauchen
- Vorstrafen

Fragen nach Vorstrafen sind nicht zulässig. Zu empfehlen ist, dass der Arbeitgeber sich ein entsprechendes Führungszeugnis vorlegen lässt. Dieses gibt Aufschluss über eventuelle Vorstrafen, ohne detailliert nachfragen zu müssen. Der Arbeitgeber könnte aus dem Führungszeugnis ersehen, ob der einzustellende Arbeitnehmer schon einmal wegen Diebstahldelikten verurteilt wurde. Dieses wäre gerade für einen Pflegedienst relevant, um einen Arbeitsvertrag nicht zu schließen bzw. einen bestehenden Arbeitsvertrag zu kündigen, da in der ambulanten Pflege der Kontakt mit den Patienten in der eigenen Häuslichkeit unabdingbare Voraussetzung ist.

Die Frage nach einer Alkoholabhängigkeit ist rechtlich fragwürdig, denn es handelt sich hier um eine Krankheit. Empfehlenswert für den Inhaber des Pflegedienstes wäre, bei einem eventuellen Verdacht den betreffenden Bewerber um eine entsprechende Bestätigung durch den behandelnden Arzt zu bitten, dass er physisch und psychisch in der Lage ist, in der häuslichen Pflege zu arbeiten.

> Wenn der Bewerber eine zulässige Frage nicht wahrheitsgemäß beantwortet, handelt es sich jedoch um eine Täuschung des zukünftigen Arbeitgebers. Der Arbeitgeber ist somit berechtigt, den Arbeitsvertrag anzufechten.

## Gesprächsabschluss

Die wichtigen Punkte des Gesprächs werden noch einmal kurz zusammengefasst, um sicherzustellen, dass alle Gesprächspartner die Inhalte eindeutig verstanden haben. Dann sollte der Bewerber ausdrücklich dazu Gelegenheit bekommen, seinerseits Fragen zu stellen.

In diesem Teil des Gesprächs sollte der Arbeitgeber darauf achten, wofür der Bewerber sich interessiert: stellt er Fragen nach dem Pflegekonzept der Einrichtung, nach dem Pflegesystem oder nach der Zusammensetzung der Patienten, so signalisiert er Interesse an der zukünftigen Mitarbeit. Beschränken sich die Fragen auf Arbeitszeiten oder Bezahlung, stehen eventuell wirtschaftliche Interessen im Vordergrund.

> **Tipps**
>
> Bevor die Gesprächspartner sich verabschieden, erläutert der Arbeitgeber das weitere Vorgehen, damit der Bewerber einschätzen kann, wann er mit einer Zu- oder Absage rechnen kann. Die Bewerbungsunterlagen verbleiben zumeist aus praktischen Gründen zunächst beim Arbeitgeber.

### Rechtliche Hinweise

Einstellungsgespräche sollten von den ambulanten Diensten immer zu zweit durchgeführt werden. Dadurch hat man für getätigte Zusagen immer einen Zeugen. Wichtig ist, dass der Bewerber mitzubringende Unterlagen immer im Original vorlegt und vom Pflegedienst Kopien von den vorgelegten Originalen angefertigt werden. Die Übereinstimmung der Kopie mit dem Original sollte durch die entsprechende Person, die die Kopie angefertigt hat, mit entsprechendem Datum und Handzeichen bestätigt werden. Für Pflegedienste ist es wichtig, Einstellungsgespräche nach beschriebenem Standard durchzuführen. Mündliche Zusagen, die durch den Arbeitnehmer bewiesen werden können, sind für die Einrichtung verbindlich und sollten deshalb genau abgewogen werden. Der Bewerber sollte daraufhin gewiesen werden, dass alle seinerseits getätigten Angaben der Wahrheit entsprechen müssen. Einstellungsgespräche sollten in ruhiger Atmosphäre, in geeigneten Räumen und zu einer geeigneten Zeit durchgeführt, sollten dokumentiert und gegengezeichnet werden. Auch bei Einstellungsgesprächen gilt das allgemeine Gleichbehandlungsgesetz. Bei angedeuteten Interpretationen bzw. »Schnuppertagen« müssen detailliert Haftungsfragen, Fragen der Berufsgenossenschaft sowie Fragen der Finanzen geklärt werden. Entscheidend ist hier, dass diese Punkte geregelt werden. Entsprechende notwendige Regelungen sollen in Versicherungspolicen aufgenommen sein. Für solche »Schnuppertage« ist es notwendig, dass der Bewerber die Abläufe des Betriebes kennen lernt, die wichtigsten Regelungen, die für den jeweiligen Arbeitstag erforderlich sind, akzeptiert und dies auch bei dem sich sodann ergebenen Arbeitsvertrag schriftlich dokumentiert.

## 1.4    Einarbeitung

Die Motivation und das Sicherheitsempfinden neuer Mitarbeiter werden durch die Intensität der Einarbeitungsphase geprägt. Der »Sprung ins kalte Wasser« ist für den größten Teil der Neueinsteiger ungeeignet, nur wenige Mitarbeiter können mit dieser Belastung gut umgehen. Wichtig ist deshalb eine strukturierte Einarbeitungszeit, in der die Aufgabenverteilung eindeutig geregelt ist.

Im Idealfall wird für die gesamte Einarbeitungszeit ein Standard entwickelt, der den Überblick über die Vollständigkeit der verschiedenen Auf-

gaben erleichtert. Alle Beteiligten sollten die Durchführung der jeweiligen Punkte mit ihrem Handzeichen bestätigen.

Dieses Kapitel beschäftigt sich mit den folgenden Fragen:

1. Welche Bedeutung hat die Einarbeitungsphase?
2. Welche Probleme können auftreten?
3. Wie erstellt man einen Einarbeitungsstandard?

### 1.4.1    Bedeutung der Einarbeitung

In der ambulanten Pflege ist die Bedeutung der Einarbeitungszeit noch in einer Entwicklungsphase. Häufig geht man davon aus, dass eine Pflegefachkraft oder auch eine Pflegehilfskraft schon weiß, wie die Grund- oder Behandlungspflege zu erfolgen hat. Dies ist sicher korrekt, da bei einer ausgebildeten Pflegekraft entsprechende Kenntnisse erwartet werden dürfen, dennoch sind die spezifischen Besonderheiten der jeweiligen Einrichtung dem neuen Mitarbeiter nicht bekannt.

Von der Einrichtungsleitung und den bisherigen Mitarbeitern werden viele Fakten als Selbstverständlichkeit angesehen, die dem neuen Mitarbeiter nicht bewusst sein können. Genauer betrachten sollte man in diesem Zusammenhang die folgenden Bereiche.

**Inhalte der Einarbeitung:**
- Administrative Tätigkeiten
- Dokumentationsrichtlinien
- Umgang mit Fahrzeugen
- Umgang mit Schlüsseln
- Umgang mit Hilfsmitteln oder Medikamenten
- Durchführung der Grund- und Behandlungspflege nach einrichtungsinternen Standards
- Gewährleistung der Informationsvermittlung
- Leistungsspektrum des Pflegedienstes
- Besonderheiten der jeweiligen Patienten oder deren Angehörigen

Üblicherweise wird der neue Mitarbeiter in vielen Einrichtungen zunächst für mehrere Tage eine oder mehrere Touren begleiten und dann relativ zeitnah selbst eine eigene Tour übernehmen.

## 1.4.2 Probleme bei der Einarbeitung

Die Qualität der Einarbeitung eines neuen Mitarbeiters hängt oftmals von der durchführenden Person ab. Erfahrene Mitarbeiter übermitteln Informationen, die ihnen persönlich wichtig erscheinen, so dass der neue Mitarbeiter im Extremfall mit Informationen überflutet oder nicht ausreichend über seine Tätigkeit informiert wird.

Beide Varianten können in Abhängigkeit von der Person des neuen Mitarbeiters dennoch erfolgreich sein, wenn dieser in der Lage ist, sich selbstständig zu informieren oder die vielen neuen Eindrücke adäquat zu verarbeiten.

Ist er dazu jedoch nicht in der Lage, entsteht ein hohes Fehlerpotenzial, etwa wenn der Mitarbeiter bei Unklarheiten intuitiv entscheidet, oder es kommt gehäuft zu Rückfragen, die den Arbeitsablauf durch vermehrte Telefonate stören.

> **!** Diese Folgen der mangelnden Einarbeitung beeinflussen sowohl die Zufriedenheit der Patienten als auch die Arbeitszufriedenheit der alten und neuen Mitarbeiter.

Um derartige Unstimmigkeiten zu vermeiden, ist ein schriftlich formulierter und klar strukturierter Einarbeitungsstandard sinnvoll. Die Erfahrungen von neuen Mitarbeitern können bei der Erarbeitung des Standards hilfreich sein, da leicht Kleinigkeiten übersehen werden. Wenn ein Pflegedienst einen Standard für die Einarbeitungszeit neu erstellt, könnte deshalb auch ein Mitarbeiter beteiligt werden, der noch nicht länger als ca. 6 Monate in der Einrichtung beschäftigt ist.

Ein gravierendes Problem in der Einarbeitungszeit ist die Gestaltung des Einsatzplans, da der neue Mitarbeiter laut Dienstplan in den meisten Fällen schon voll berücksichtigt wird. Gerade bei personellen Engpässen durch Urlaub oder Krankheitsausfälle ist es kompliziert, einen Dienstplan zu erstellen, bei dem der neue Mitarbeiter zunächst nur »mitläuft«.

> **Tipps**
>
> Eine vorausschauende Personaleinsatzplanung ist für die Einarbeitungsphase unerlässlich, in der Realität jedoch nicht immer umsetzbar. Ein Einarbeitungsstandard beschreibt deshalb auch immer die Mindestanforderungen an die Einarbeitungszeit.

## 1.4.3 Einarbeitungsstandard

Die schriftliche Fixierung eines Einarbeitungsstandards ist in der ambulanten Pflege besonders wichtig, da die Mitarbeiterfluktuation im ambulanten Bereich relativ hoch ist. Viele Pflegekräfte betrachten die Tätigkeit in einem Pflegedienst als »Sprungbrett« in einen anderen Sektor. Dies ist in den letzten Jahren gerade bei frisch examinierten Pflegekräften der Fall, da nicht mehr alle Absolventen eines Ausbildungsjahres übernommen werden.

Außerdem ist der neu eingearbeitete Mitarbeiter im ambulanten Bereich relativ schnell eigenverantwortlich tätig, wohingegen in der stationären Pflege eine erfahrene Pflegekraft problemlos erreichbar ist. Eine Unklarheit kann in den meisten Fällen nur telefonisch, also auf Distanz geklärt werden.

### Vorgehen

Bei der Erstellung eines Einarbeitungsstandards sollten im Vorfeld bestimmte Themen berücksichtigt werden. Dabei können oben aufgelistete Punkte zu den Inhalten der Einarbeitung hilfreich sein ( ► Kap. 1.4.1). Außerdem sollten die folgenden Fragen geklärt werden.

### Wer wird beteiligt?

Zunächst sollte ein Mitglied der Führungsebene bei der Standarderstellung verantwortlich teilnehmen, also etwa der Inhaber des Pflegedienstes oder die Pflegedienstleitung. Außerdem könnten ein erfahrener und ein neu eingearbeiteter Mitarbeiter die Gruppe ergänzen.

Prinzipiell sollten Mitarbeiter integriert werden, die sich für die Thematik interessieren. Allerdings muss es allen Mitarbeitern bewusst sein, dass jede Pflegefachkraft als Mentor bei der Einarbeitung von neuen Mitarbeitern beteiligt werden kann. Auch Teilzeitkräfte sind gut für diese Tätigkeit geeignet, da die Mentorentätigkeit häufig mit einer Mehrarbeit verbunden ist, weil teilzeitbeschäftigte Mitarbeiter unter Umständen über ihre vertraglich festgelegte Arbeitszeit hinaus ein gewisses Zeitpotenzial besitzen.

### Was wird festgelegt?

Zunächst sollte überlegt werden, welche Inhalte im Standard enthalten sein müssen. Wenn der Einarbeitungsstandard zu umfangreich ist, kann der neue Mitarbeiter schnell überfordert werden. Ein Einarbeitungsstandard, der den Umfang eines kleinen Buches hat, wird mit Sicherheit nicht aufmerksam gelesen und hat somit keinen praktischen Nutzen, man sollte sich also auf wirklich wichtige Inhalte beschränken.

Für den neuen Mitarbeiter ist in der Einarbeitungsphase das Verhalten in außergewöhnlichen Situationen besonders relevant, so dass Fragen zum Verhalten in Notfallsituationen oder bei Unfällen mit entsprechenden Telefonnummern unbedingt im Standard beantwortet werden sollten.

> **Tipps**
>
> Idealerweise bekommt jeder neue Mitarbeiter eine kleine Mappe mit dem Einarbeitungsstandard zum Mitnehmen im Fahrzeug ausgehändigt.

## Wichtige Inhalte des Standards

### Dokumentationssystem

Ein wichtiger Bestandteil der Einarbeitung ist die Einführung in das Dokumentationssystem. Gerade der Umgang mit Leistungsnachweisen ist problematisch, wenn der neue Mitarbeiter noch keine Berufserfahrung in der ambulanten Pflege besitzt.

Wird eine EDV-gestützte Dokumentation verwendet, muss der Mitarbeiter mit dem System vertraut gemacht werden und entsprechende Zugriffsrechte und Passwörter bekommen.

> **Tipps**
>
> Bei der Papierdokumentation ist das Erstellen einer Mustermappe sinnvoll, da der neue Mitarbeiter hiermit jederzeit Unklarheiten nachschlagen kann. Die Mappe zeigt außerdem, welche Formulare unbedingt vorhanden sein sollen und ist somit auch für eingearbeitete Mitarbeiter nützlich.

### Mitarbeitergespräche

Der Einarbeitungsstandard sollte darüber hinaus auch Vorgaben machen zu Gesprächen mit dem neuen Mitarbeiter. Da der Mitarbeiter sich üblicherweise in der Probezeit befindet, ist eine objektive Beurteilung seiner Fähigkeiten unerlässlich. Die Anzahl, der zeitliche Verlauf und die Inhalte von Mitarbeitergesprächen ist ein wichtiger Bestandteil des Einarbeitungsstandards. Hierfür sollten Formulare erstellt werden, die die Gespräche dokumentieren.

> **Tipps**
>
> Gerade bei nicht zufrieden stellenden Leistungen des neuen Mitarbeiters ist eine entsprechende schriftliche Fixierung des Gesprächs mit den Unterschriften der beteiligten Personen von Vorteil (▶ Kap. 1.5).

### Personalakte

Ein ebenfalls wichtiger Punkt im Rahmen oder im Vorfeld der Einarbeitung ist das Erstellen einer Personalakte. Der Einarbeitungsstandard beinhaltet deshalb praktischerweise auch Angaben zu erforderlichen Formularen, die in der Personalakte aufbewahrt werden sollten.

**Inhalt der Personalakte:**
- Bewerbungsunterlagen, z. B. Lebenslauf, Zeugnisse, polizeiliches Führungszeugnis
- Schweigepflichtserklärung (▶ Anhang 1)
- Betriebsmedizinische Untersuchung
- Meldungen zur Sozialversicherung
- Empfangsbeleg, z. B. für Schlüssel (▶ Anhang 2)
- Dokumentation von Mitarbeitergesprächen (▶ Kap. 1.5)

Ein umfassender Einarbeitungsstandard befindet sich in Anhang 3.

## Checkliste zur Einarbeitung

Wichtige Inhalte der Einarbeitung können in Form einer Checkliste als Hilfsmittel eingesetzt werden. Die an der Einarbeitung beteiligten Personen dokumentieren mit ihrer Unterschrift, dass das Thema besprochen wurde. Gleichzeitig dient die Checkliste als Gedankenstütze für die Pflegedienstleitung und den Mentor. So wird gewährleistet, dass alle relevanten Themen besprochen werden. In der folgenden Tabelle werden zentrale Themen der Einarbeitung als Beispiel für eine Einarbeitungscheckliste aufgeführt (◘ Tab. 1.1).

**Rechtliche Hinweise**

Zu juristischen Folgen von Einarbeitungsmängeln gibt es in der ambulanten Pflege noch keine Urteile. Entscheidend ist aber, dass es im Einzelfall sowohl zu zivilrechtlichen als auch strafrechtlichen Konsequenzen kommen kann. Entscheidend ist, dass der Pflegedienst, also die durchführenden autorisierten Personen, die Einar-

beitung nach einem standardisierten Verfahren (▶ Anhang 3) durchführen und sie lückenlos dokumentieren und von dem einzuarbeitenden neuen Mitarbeiter gegenzeichnen lassen. Der Pflegedienst haftet nach außen gegenüber Dritten immer als Institution, da er Vertragspartner ist. Im Innenverhältnis kann er eventuell an den einzelnen Mitarbeiter ein Regressanspruch haben, wenn er nachweisen kann, dass der Fehler des neuen Mitarbeiters nicht auf unzureichende Einarbeitung zurückzuführen ist. Je nachdem, welche Qualifikation der neue Mitarbeiter hat, ist die Einarbeitung gerade auf die Bereiche Kompetenz, eigenständiges Arbeiten, Delegations- und Durchführungsverantwortung zu prüfen (▶ Kap. 15.3). Bei neuen Mitarbeitern ohne pflegerischen Berufsabschluss sind diese Fragen doppelt zu prüfen. Sinnvoll ist es, neue Mitarbeiter standardmäßig einige Tage mitfahren zu lassen, um durch den einarbeitenden Mitarbeiter beurteilen zu lassen, ob die Voraussetzungen für ein eigenständiges Arbeiten und damit die Durchführung der zuverlässigen pflegerischen Maßnahmen selbstständig möglich sind. Neue Mitarbeiter sind auf die Remonstrationsrechte (das Recht und die Pflicht, Bedenken bezüglich der Durchführung einer Maßnahme anzumelden) hinzuweisen, falls bestimmte Aufgaben nicht erfüllt werden können (▶ Kap. 15.1.3). Vor dem eigenverantwortlichen selbstständigen Arbeiten hat der neue Mitarbeiter zu bestätigen, dass er sich in der Lage fühlt, die an ihn delegierten Tätigkeiten durchzuführen und dass die Einarbeitung für ihn bis dahin ausreichend war. Entsprechende Gespräche nach innerbetrieblichen Standards sind in der Probezeit kontinuierlich zu führen.

**▣ Tab. 1.1.** Einarbeitungscheckliste

| Tätigkeit, Bereich, Thematik | Verantwortliche Stelle | Datum | Unterschrift Verantwortlicher | Unterschrift neuer Mitarbeiter |
|---|---|---|---|---|
| Vorstellung im Team | PDL | | | |
| Handzeichenliste | PDL | | | |
| Schweigepflichtserklärung | PDL | | | |
| Mustermappe Pflegedokumentation und Dokumentationsrichtlinien bzw. Einführung in die EDV und Passwortvergabe | PDL | | | |
| Aushändigen von Schlüsseln (Geschäftsräume, Fahrzeug) und Empfangsbestätigung | PDL | | | |
| Umgang mit Patientenschlüsseln | Mentor | | | |
| Umgang mit Dienstfahrzeugen | Mentor | | | |
| Verhalten bei Unfällen | Mentor | | | |
| Tanken, Werkstatt | PDL | | | |
| Dienstplan, Wünsche | PDL | | | |
| Tourenplan | PDL oder Mentor | | | |
| Stundenabrechnung | PDL | | | |
| Dienstkleidung | PDL | | | |
| Informationsweitergabe (Übergabe, Teambesprechung) | Mentor | | | |
| Pflegekonzept | PDL | | | |
| Leistungsspektrum und Verantwortlichkeit des Pflegedienstes, Kooperationspartner | Mentor | | | |
| Stellenbeschreibung | PDL | | | |
| Pflegestandards | Mentor | | | |
| Unfallverhütung | PDL | | | |
| Betriebsarzt | PDL | | | |
| Hygienerahmenplan | Mentor | | | |
| Fortbildungen | PDL | | | |
| Umgang mit Beschwerden | Mentor | | | |
| Informationen über Patienten | Mentor | | | |
| Kontakt zu behandelnden Ärzten | Mentor | | | |
| Aufbewahrung von Medikamenten | Mentor | | | |
| Umgang mit Verordnungen und Rezepten | Mentor | | | |
| Notfallrichtlinien | Mentor | | | |
| Besonderheiten von einzelnen Patienten | Mentor | | | |

## 1.5    Mitarbeiterbeurteilung

Eine objektive Beurteilung von Mitarbeitern ist ein wichtiges Instrument im Rahmen der Personalführung und Teamentwicklung. Dies ist jedoch sehr schwierig, da das Verhältnis zwischen Arbeitgeber und Mitarbeiter von Sympathie oder Antipathie geprägt sein kann. In der ambulanten Pflege ist darüber hinaus aufgrund der relativ geringen Mitarbeiterzahl das Arbeitsklima oft familiär, so dass Verhaltensweisen der Mitarbeiter oder der Vorgesetzten häufig als unabwendbar hingenommen werden.

Eine schriftliche Form der Mitarbeiterbeurteilung erfolgt beim Erstellen eines Arbeitszeugnisses, etwa beim Ausscheiden eines Mitarbeiters oder auf Wunsch des Mitarbeiters als Zwischenzeugnis (▶ Kap. 1.8).

Eine effektive und aussagekräftige Beurteilung von Mitarbeitern wird auch durch regelmäßig stattfindende Mitarbeitergespräche erreicht, die zur besseren Nachvollziehbarkeit für alle Beteiligten in einem Gesprächsprotokoll dokumentiert werden sollten. Um bürokratische Auswüchse zu vermeiden und einen Entwicklungsprozess zu ermöglichen, ist es sinnvoll, ein übersichtliches und klar gegliedertes Formular für Mitarbeitergespräche zu erstellen.

Das Kapitel beschäftigt sich deshalb mit folgenden Fragestellungen:

1. Welche Bedeutung kommt dem Mitarbeitergespräch im Personalmanagement zu?
2. Wann sollte ein Mitarbeitergespräch stattfinden?
3. Wie läuft das Mitarbeitergespräch ab?

### 1.5.1    Funktion des Mitarbeitergesprächs

Im alltäglichen Kontakt zwischen Leitungsebene und Mitarbeitern eines ambulanten Pflegedienstes finden kontinuierlich Gespräche statt. Hierbei werden von Seiten des Arbeitgebers auch Signale bezüglich der Zufriedenheit mit den Leistungen der Mitarbeiter ausgesendet. Selbstverständlich kann dies auch umgekehrt der Fall sein. Nicht immer kommen die Signale jedoch so beim Empfänger an, wie sie ausgesendet wurden.

Die Arbeitsbedingungen in einem ambulanten Pflegedienst erschweren die Beurteilung der Mitarbeiterleistungen und das Berücksichtigen von Mitarbeiterwünschen, da der größte Teil der Arbeitszeit alleine und eigenständig verbracht wird.

> Das Verhältnis zwischen Arbeitgeber und Arbeitnehmer kann freundschaftlich oder gleichgestellt sein. Dann ist durch die »familiäre« Atmosphäre im Team gelegentlich keine objektive Einschätzung des Leistungsniveaus möglich.

In Teamsitzungen findet überwiegend ein Austausch über Patienten- und Pflegeprobleme statt, Konflikte und Meinungsverschiedenheiten im Team werden oft erst thematisiert, wenn schon eine Eskalation droht. Für ein konstruktives Gespräch mit gegenseitiger Wertschätzung kann es dann bereits zu spät sein. In einigen Pflegeeinrichtungen kommt es im Team eventuell sogar zu unüberwindbaren Problemen durch »Lagerbildung«, durch Schweigen oder durch inadäquat formulierte Kritik und Beleidigungen.

> **Tipps**
> Eine Teamsitzung ist für die Leistungsbeurteilung von Mitarbeitern ungeeignet.

Sinnvoll sind deshalb regelmäßig stattfindende Vieraugengespräche zwischen Arbeitgeber und Mitarbeiter in den folgenden Situationen.

**Auslöser für Mitarbeitergespräche:**
- In Rahmen der Einarbeitung, nach Möglichkeit zwei Gespräche

- Bei akut auftretenden Problemen
- Ohne Auslöser einmal pro Jahr
- Bei Beschwerden oder wiederkehrenden Defiziten
- Bei herausragenden Leistungen
- Auf Wunsch des Mitarbeiters
- Bei Abmahnung, Kündigung, Zeugniswunsch

> **Tipps**
>
> Mitarbeitergespräche sollten eine feste Größe im Personalmanagement eines ambulanten Pflegedienstes sein und sowohl positive als auch negative Aspekte der Mitarbeiterleistung berücksichtigen.

**Rechtliche Hinweise**

Mitarbeiterbeurteilungen sind eine Art »Arbeitszeugnis«, auf die Mitarbeiter ein Anrecht haben. Beurteilungen sollten objektiv und im Sinne des zu Beurteilenden im Hinblick auf die Verwendung positiv formuliert sein. Mitarbeiter haben das Recht, Widerspruch gegen Formulierungen oder Passagen einer Beurteilung einzulegen und Korrekturen zu verlangen.

Auch, wenn in der Praxis oft von Mitarbeitern das Schreiben der eigenen Beurteilung verlangt wird, ist dies gesetzlich nicht zulässig. Es sollte immer von dem entsprechenden Vorgesetzten oder leitenden Mitarbeiter geschrieben werden. Durch viele einschlägige Publikationen über das Schreiben und Bewerten von Beurteilungen müssen Pflegedienste sich sowohl beim Schreiben als auch beim Lesen von Beurteilungen zwischen zwei Grundrichtungen entscheiden:

1. Schreiben und Lesen einer Beurteilung streng nach standardisierten Formulierungen und Bedeutungsmöglichkeiten oder
2. Schreiben und Lesen einer Beurteilung ohne diese Hintergründe mit eigenen Worten.

## 1.5.2 Handlungsanweisung für ein Mitarbeitergespräch

Um ein Gespräch zwischen Vorgesetztem und Mitarbeiter konstruktiv zu gestalten, ist eine sorgfältige Planung und Vorbereitung für beide Teilnehmer wichtig. Der Arbeitgeber, vertreten durch den Geschäftsführer oder die Pflegedienstleitung, benötigt vor allem eine entsprechende Zeitspanne, um alle Mitarbeitergespräche terminlich einplanen zu können.

> ❗ Bei dringenden Themen, etwa bei schwerem Fehlverhalten des Mitarbeiters muss ein Gespräch allerdings zeitnah erfolgen.

Der Mitarbeiter sollte ebenfalls ausreichend Zeit haben, um über Gesprächsinhalte nachzudenken, die für ihn persönlich wichtig sind, etwa die weitere Planung der beruflichen oder privaten Zukunft.

### Gesprächsvorbereitung

Eine gute Vorbereitung des Mitarbeitergesprächs ist entscheidend für seinen Verlauf und die Effektivität. Die folgenden Faktoren sollten berücksichtigt werden.

### Zeitliche Planung

Der Termin des Gesprächs sollte mindestens zwei Wochen zuvor beiden Teilnehmern bekannt sein. Der Mitarbeiter benötigt diesen Vorlauf gegebenenfalls, um private Termine oder eine Kinderbetreuung zu organisieren.

Von Seiten des Arbeitgebers muss vorab feststehen, wer am Gespräch teilnimmt – Geschäftsführung, Pflegedienstleitung oder beide – und alle Teilnehmer müssen ausreichend Zeit zur Verfügung haben. Der Gesprächsbedarf wird mit 30 bis 60 Minuten geplant, kann im Einzelfall jedoch sogar länger sein, insbesondere wenn Beschwerden oder Probleme im Team besprochen werden.

Der Mitarbeiter sollte vom Arbeitgeber offiziell unter Berücksichtigung des Dienstplans zum Gespräch eingeladen werden.

 Die Gesprächszeit ist Arbeitszeit!

## Räumliche Planung

Die Gesprächssituation muss in einer ungestörten und angenehmen Atmosphäre stattfinden. In der Planung ist es deshalb wichtig, einen Raum auszuwählen, der diesen Anforderungen entspricht. Nicht jeder ambulante Pflegedienst verfügt über entsprechende Räumlichkeiten. Wenn das Gespräch in einem öffentlichen Büro stattfinden muss, sollte die Uhrzeit so gewählt werden, dass weder Publikumsverkehr herrscht noch andere Mitarbeiter unfreiwillig zum Zuhörer werden.

> **Tipps**
>
> Eine Gesprächssituation in Privaträumen ist nicht zu empfehlen.

Falls es keine geeigneten Räumlichkeiten gibt, sollte das Gespräch »auf neutralem Boden« erfolgen, also beispielsweise in einem Café.

## Persönliche Vorbereitung

Der Arbeitgeber sollte im Vorfeld des Gesprächs erforderliche Dokumente bereitlegen, etwa bereits erfolgte Abmahnungen oder Beschwerden. Sinnvoll ist das Erstellen einer Positiv-Negativ-Liste um das Gespräch ausgewogen zu gestalten und positive Aspekte nicht zu vergessen. Benötigt werden außerdem ein Formular zur Gesprächsdokumentation und ein kurzer Ablaufplan der Gesprächsthemen.

> **Tipps**
>
> Ein Mitarbeitergespräch ist auch eine Gelegenheit für Lob und Anerkennung.

Der Mitarbeiter kann im Vorfeld ebenfalls Gesprächsthemen aus seiner Sicht notieren. Dabei sollte die weitere Planung der privaten und beruflichen Zukunft eine Rolle spielen, wobei für das Mitarbeitergespräch die berufliche Weiterentwicklung den Vorrang haben sollte.

> **Tipps**
>
> Wenn der Mitarbeiter gezielte Fort- oder Weiterbildungswünsche hat, kann er gegebenenfalls schon entsprechende Informationen einholen.

## Verlauf

Um ein Ausufern des Gesprächs zu vermeiden, sollte sich der Gesprächsverlauf an einem inhaltlichen Ablaufplan orientieren. Wichtige Gesprächsthemen werden in der folgenden Auflistung als Leitfaden gezeigt.

**Themen des Mitarbeitergesprächs:**

- Leistungen des Mitarbeiters
    - Fachkompetenz
    - Interesse
    - Zuverlässigkeit
    - Pünktlichkeit
    - Korrekte Durchführung der ihm übertragenen Aufgaben
    - Einsatzbereitschaft
- Verhalten des Mitarbeiters gegenüber Vorgesetzten, Patienten, Angehörigen und Kollegen
    - Höflichkeit
    - Engagement
    - Erscheinungsbild
    - Konfliktfähigkeit
    - Teamfähigkeit
- Arbeitszufriedenheit des Mitarbeiters
- Wünsche des Mitarbeiters
- Probleme oder Besonderheiten
- Vereinbarungen über zukünftige Ziele
- Weiterer Gesprächsbedarf
- Eventuell weitere Gesprächstermine

## Gesprächsdokumentation

Für alle Beteiligten sind die Dokumentation des Gesprächsverlaufs und eine knappe Zusammenfassung der Gesprächsinhalte wichtig, zum einen als Gedächtnisstütze und zum anderen als Nachweisdokument.

Ziel des Mitarbeitergesprächs ist außer der Beurteilung des Mitarbeiters auch die Vereinbarung von realistischen Zielen in gegenseitigem Einvernehmen. Durch die schriftliche Fixierung dieser Ziele verpflichten sich alle Gesprächsteilnehmer, an der Zielerreichung zu arbeiten und bestätigen dies durch ihre Unterschrift. Beim nächsten regulären Gespräch haben alle Beteiligten die Möglichkeit, zu überprüfen, ob die festgelegten Ziele erreicht wurden. Ein Beispiel für ein Gesprächsformular wird in ▶ Anhang 4 vorgestellt.

> Bei anhaltendem Fehlverhalten von Seiten des Arbeitnehmers dient das Gesprächsprotokoll auch als Nachweisdokument im Falle einer juristischen Auseinandersetzung.

**Rechtliche Hinweise**

Auch wenn Mitarbeitergespräche in Zertifizierungen und zum Teil innerhalb von Rahmenverträgen gefordert werden, kann die Frequenz der Gespräche (einmal jährlich) zumindest kritisch hinterfragt werden und individuelle Lösungsansätze für jede Einrichtung gefunden werden. Mitarbeitergespräche sollten immer stattfinden, wenn sie vom Mitarbeiter oder dem Pflegedienst gewünscht werden.

Kommt es durch die Struktur der Pflegeeinrichtung zu täglichen Gesprächen im Bereich der Übergabe und Weitergabe von Informationen, können auch diese als Kommunikationsebene zwischen Pflegedienst und Mitarbeiter genutzt werden, allerdings nur für allgemeine Angelegenheiten.

Zielvereinbarungen und Zielvereinbarungsgespräche (▶ Kap. 2.5) können auch juristische Folgen haben, indem der Mitarbeiter zugesagte Ziele vom Arbeitgeber einklagt. Eine lückenlose Dokumentation und eine genaue Abwägung von Formulierungen und der Erreichbarkeit des Ziels sollten Grundvoraussetzung für solche Gespräche sein.

## 1.6    Abmahnung

Das Aussprechen einer Abmahnung ist eine gravierende Maßnahme des Arbeitsrechts mit weit reichenden Folgen für den Arbeitnehmer und möglicherweise auch für den Arbeitgeber und das Betriebsklima in einem ambulanten Pflegedienst.

In der Regel handelt es sich bei einer Abmahnung um eine Voraussetzung für eine ordentliche Kündigung. Der Arbeitgeber bringt zum Ausdruck, dass er das abgemahnte Verhalten nicht tolerieren möchte und droht Konsequenzen für den Wiederholungsfall an.

Wenn von Seiten der Einrichtungsleitung eine Abmahnung als unvermeidbar gilt, muss eine detaillierte Überprüfung der auslösenden Situation, eine konkrete Beschreibung des Sachverhalts und ein ausdrücklicher Hinweis auf die Folgen des wiederholten Auftreten des abgemahnten Fehlverhaltens erfolgen.

Da der Arbeitnehmer berechtigt ist, eine Gegendarstellung des Geschehens anzufertigen bzw. die Entfernung einer unberechtigten Abmahnung aus der Personalakte zu erwirken, müssen die genauen Voraussetzungen für eine Abmahnungen und der Ablauf der Maßnahme beiden Beteiligten bekannt sein.

Dieses Kapitel behandelt folgende Fragestellungen:

1. Welche juristische Bedeutung hat eine Abmahnung?
2. In welcher Form erfolgt die Abmahnung?
3. Was hat der Arbeitgeber zu berücksichtigen?
4. Was ist für den Arbeitnehmer wichtig?

### 1.6.1    Funktion der Abmahnung

Prinzipiell handelt es sich bei einer Abmahnung um eine Warnung oder einen Hinweis des Arbeitgebers auf ein Fehlverhalten des Arbeitnehmers. Der Arbeitgeber weist ausdrücklich darauf hin, dass er mit einer konkreten Verhaltensweise des Mitarbeiters nicht einverstanden ist und dass er nicht bereit ist, diesen Verstoß noch einmal hinzunehmen.

! Die Abmahnung ist somit die Vorbereitung einer ordentlichen, verhaltensbedingten Kündigung und muss dieser immer nach gängiger Rechtssprechung als mildestes Mittel vorausgehen.

Der Mitarbeiter bekommt durch die Abmahnung die Möglichkeit, sein Verhalten zu überdenken, um eine ordentliche Kündigung zu vermeiden. Dies unterscheidet eine Abmahnung von einer Ermahnung, bei der ebenfalls ein Fehlverhalten beanstandet wird, jedoch ohne die Konsequenz der Beendigung des Arbeitsverhältnisses.

— **Tipps** —————————————————————

Da der Verlust des Arbeitsplatzes für den Mitarbeiter weit reichende Folgen hat, steht vor der Kündigung als »letztes Mittel« immer die Abmahnung, die möglichst schriftlich erfolgen sollte. Eine mündliche Abmahnung ist zwar rechtlich möglich und auch wirksam, es empfiehlt sich jedoch aus Gründen der Beweisbarkeit im Falle einer arbeitsrechtlichen Auseinandersetzung, eine schriftliche Bestätigung der mündlich erteilten Abmahnung durch den Mitarbeiter unterschreiben zu lassen.

Auch der Arbeitnehmer ist berechtigt, eine Abmahnung auszusprechen, wenn der Arbeitgeber seine vertraglichen Pflichten nicht einhält, etwa bei Zahlungsverzug, Lohnminderung oder der Anordnung unzulässiger Arbeitszeiten. In der Praxis spielt diese Form der Abmahnung jedoch keine Rolle, da der Mitarbeiter jederzeit die Möglichkeit der ordentlichen Kündigung besitzt, ohne hierfür Begründungen angeben zu müssen.

## Gründe für eine Abmahnung

Bei einer Abmahnung wird der Mitarbeiter immer auf ein Fehlverhalten hingewiesen, das im Zusammenhang mit seinen vertraglich vereinbarten Pflichten oder Nebenpflichten steht. Hierbei unterscheidet man Pflichtverletzungen im Leistungsbereich und Störungen im Vertrauensbereich.

Das bedeutet, dass der Mitarbeiter die vertraglich vereinbarte Leistung nicht ordnungsgemäß oder gar nicht erbracht hat bzw. dass sein Verhalten das Vertrauensverhältnis zwischen ihm und seinem Arbeitgeber beeinträchtigt.

### Pflichtverletzungen im Leistungsbereich:

- Verstoß gegen das Rauch- oder Alkoholverbot
- Weigerung, bestimmte Aufgaben durchzuführen, z. B. Dokumentationsarbeit

### Verletzung von Nebenpflichten:

- Nichtbefolgen von Arbeitsanweisungen
- Unentschuldigtes Fehlen
- Unerlaubtes Entfernen vom Arbeitsplatz

! Eine massive Pflichtverletzung kann auch ohne vorherige Abmahnung zur außerordentlichen Kündigung führen, wenn der Mitarbeiter nicht bereit oder in der Lage ist, sein Verhalten zu ändern.

### Störungen im Vertrauensbereich:

- Diebstahl, Betrug
- Untreue, Missbrauch von Betriebseigentum
- Verleumdung, üble Nachrede
- Verbreiten von Betriebsgeheimnissen
- Verstoß gegen die Schweigepflicht

## 1.6.2  Handlungsanweisung für eine Abmahnung

Beim Aussprechen einer Abmahnung sollte ein Verfahrensablauf beachtet werden, um negative Folgen für den ambulanten Pflegedienst zu vermeiden:

## Handlungsschritte

Die folgenden Handlungsschritte sollten nach Möglichkeiten in der aufgeführten Reihenfolge durchgeführt werden.

### Schritt 1: Reflexion

Zunächst sollte reflektiert werden, ob das zu beanstandende Verhalten tatsächlich eine Abmahnung auslösen kann.

> Zum einen muss das Fehlverhalten gravierend und zum anderen nachweisbar sein.

Das bedeutet, dass gewöhnliche menschliche Schwächen keine Pflichtverletzung sind und somit nicht als Kündigungsgrund dienen können. Eine Abmahnung kann in Bagatellfällen nicht ausgesprochen werden.

> **Beispiel**
> Arbeitgeber: »Heute früh habe ich beobachtet, dass Sie beim Ausparken nicht geblinkt haben, ich mahne Sie deshalb ab.«

Außerdem ist es nicht sinnvoll, Pflichtverletzungen abzumahnen, die nur vermutet werden. Sollte es zu einer Kündigungsschutzklage kommen, ist es von Vorteil, eindeutige Beweise vorlegen zu können.

> **Beispiel**
> Arbeitgeber: »Ich vermute, dass Sie gestern bei Frau A. bei der Körperpflege nicht gründlich gearbeitet haben, wahrscheinlich haben Sie ihr die Füße nicht gewaschen. Ich mahne Sie deshalb ab.«

### Schritt 2: Schriftliche Abmahnung

Wenn ein nachvollziehbarer Abmahnungsgrund vorliegt, kann eine mündliche oder schriftliche Abmahnung ausgesprochen werden. Bei der mündlichen Abmahnung ist jedoch zu bedenken, dass im Falle einer gerichtlichen Auseinandersetzung ein Nachweis des Tatbestandes vorhanden sein sollte. Aus diesem Grund ist es sinnvoll die

schriftliche Bestätigung der mündlichen Abmahnung durch die Unterschrift des betroffenen Mitarbeiters in der Personalakte aufzubewahren.

> Dabei sollte unbedingt beachtet werden, dass eine Dokumentation zeitnah erfolgt.

Es existieren zwar keine festgelegten Fristen, der Arbeitgeber ist jedoch angehalten, eine Abmahnung in zeitlichem Zusammenhang mit dem Fehlverhalten auszusprechen, da ein Verhalten, das über einen längeren Zeitraum hingenommen wurde, nicht plötzlich als Kündigungsgrund dienen kann.

Bei der Beanstandung von mehreren Pflichtverletzungen, der so genannten Sammelabmahnung muss der Arbeitgeber darauf achten, dass alle abgemahnten Fakten konkret beschrieben und nachweisbar sind. Wenn nur ein Punkt der Sammelabmahnung nicht zutrifft, wird die gesamte Abmahnung ungültig, auch wenn alle anderen Punkte nachweislich zutreffen. Bei der Formulierung sollte deswegen auf die folgenden Punkte geachtet werden.

**Inhalte der Abmahnung:**
1. Die Beanstandung wird konkret beschrieben
2. Der Arbeitgeber muss darauf hinweisen, dass er ein derartiges Fehlverhalten nicht mehr tolerieren wird
3. Der Arbeitgeber benennt konkrete Maßnahmen, die er im Wiederholungsfall durchführen wird

### Schritt 3: Reaktion des Mitarbeiters

Prinzipiell hat der Mitarbeiter zwei Möglichkeiten auf eine Abmahnung zu reagieren. Wenn er die Pflichtverletzung akzeptiert, sollte er die Abmahnung als Warnung hinnehmen und sein Verhalten zukünftig an die Erwartungen anpassen.

> Tut er dies nicht, hat er die Möglichkeit, Widerspruch einzulegen, um die Abmahnung aus der Personalakte entfernen zu lassen. Hierfür empfiehlt sich eine schriftliche Ge-

gendarstellung des Sachverhalts, die ebenfalls konkret und zeitnah erfolgen muss. Der Mitarbeiter hat außerdem die Möglichkeit, eine Klage auf Entfernung der Abmahnung aus der Personalakte zu erheben.

In jedem Fall ist es sinnvoll, das Gespräch mit dem Einrichtungsleiter zu suchen, um die eigene Position zu erläutern. Gerade bei Abmahnungen aufgrund von Beschwerden durch Patienten oder Angehörige ist es wichtig, beide Seiten der Situation zu kennen.

## Arbeitsrechtliche Konsequenzen

Im Wiederholungsfall einer Pflichtverletzung kann es nach einer Abmahnung zu einer ordentlichen Kündigung kommen. Der Mitarbeiter hat dann die Möglichkeit, eine Kündigungsschutzklage einzureichen (▶ Kap. 1.7).

> **Tipps**
>
> Die Inhalte der Abmahnung werden dann ebenfalls Bestandteil des arbeitsrechtlichen Verfahrens, so dass die Formulierung der Abmahnung eindeutig, konkret und nachvollziehbar sein muss.

Der Betriebsrat hat in Bezug auf die Abmahnung kein Anhörungs-, Mitwirkungs- oder Mitbestimmungsrecht. Eine Abmahnung und eine eventuelle Stellungnahme des Arbeitnehmers müssen lediglich mitgeteilt werden. Allerdings gibt es in vielen ambulanten Pflegediensten aufgrund der Anzahl der Mitarbeiter ohnehin keinen Betriebsrat.

> **Rechtliche Hinweise**
>
> Abmahnungen sollten immer schriftlich erfolgen. Der Arbeitgeber ist rechtlich nicht verpflichtet, den Arbeitnehmer vor einer Abmahnung zu dieser Sache anzuhören. Zur Abmahnung muss der Arbeitgeber das vertrags-

widrige Verhalten konkret darstellen. So sind die unter den Handlungsschritten (▶ Kap. 1.6.2) benannten Angaben verpflichtend.

Günstig ist, wenn der Arbeitgeber in die Abmahnung aufnimmt, wie lange sie Gütigkeit hat, da noch keine klaren gesetzlichen Regelungen vorhanden sind. Arbeitnehmer hingegen haben das Recht, den Arbeitgeber aufzufordern, Abmahnungen aus der Personalakte zu entfernen sowie eine Gegendarstellung zur Personalakte zu geben.

Diese angesprochenen Punkte können auch gerichtlich eingefordert werden. Abmahnungen können auch ein wirksames Instrument sein, Vertragspartnern, wie z. B. Kostenträgern, zu zeigen, dass man in bestimmten Situationen konsequent gehandelt hat. Gerade bei Pflegefehlern sind Abmahnungen ein geeignetes Instrument für die Außen- und Innenwirkung.

## 1.7　Kündigung

Die Beendigung eines Arbeitsverhältnisses hat für den Mitarbeiter gravierende Folgen. Nicht immer ist er bereit, die Kündigung zu akzeptieren, insbesondere wenn es sich um eine fristlose Kündigung handelt. Um arbeitsrechtliche Auseinandersetzungen zu vermeiden, sollte deshalb im Vorfeld der Kündigung die Rechtmäßigkeit der Maßnahme genau geprüft werden. Im Zweifelsfall kann eine juristische Beratung durch einen versierten Rechtsanwalt hilfreich sein. Auch bei einer ordentlichen Kündigung sind gewisse »Spielregeln« zu beachten.

Eine Sonderform der Beendigung eines Arbeitsverhältnisses in Form einer ordentlichen Kündigung, die betriebsbedingte Kündigung, ist ebenfalls nur unter bestimmten Voraussetzungen möglich.

Wenn das Arbeitsverhältnis in gegenseitigem Einvernehmen beendet wird, kann anstelle der Kündigung das Schließen eines Auflösungsvertrags oder Aufhebungsvertrags treten.

Im Kündigungsschutzgesetz (KSchG) sind die Bedingungen und Voraussetzungen für die verschiedenen Formen der Vertragsbeendigung festgelegt. Werden diese Vorgaben nicht eingehalten, kann der Arbeitnehmer durch eine Kündigungsschutzklage die Weiterführung des Vertragsverhältnisses einfordern.

Im Zusammenhang mit der Kündigung werden in diesem Kapitel folgende Fragen erläutert:

1. Welche Formen von Kündigung gibt es?
2. Was müssen Arbeitgeber und Arbeitnehmer berücksichtigen?
3. Welche Voraussetzungen existieren für eine außerordentliche Kündigung?
4. Welche Fristen sind zu beachten?
5. Welche Regelungen sind im Zusammenhang mit einem Auflösungsvertrag von Bedeutung?
6. Wann kann eine Kündigungsschutzklage eingereicht werden?

## 1.7.1 Formen der Kündigung

Viele Mitarbeiter in der ambulanten Pflege sind unbefristet beschäftigt. Der Arbeitgeber besitzt jedoch die Personalhoheit und somit das Recht zu entscheiden, wen er einstellen oder entlassen möchte. Wenn ein Arbeitsverhältnis aus unterschiedlichsten Gründen beendet werden soll, kommen verschiedene Formen der Kündigung in Betracht.

**Formen der Kündigung:**

- Ordentliche Kündigung
- Außerordentliche Kündigung
- Auflösungsvertrag

Für alle Formen der Kündigung gilt, dass der Arbeitnehmer im Kündigungsschreiben darauf hingewiesen werden muss, sich unverzüglich bei der Agentur für Arbeit arbeitssuchend zu melden.

Auch die Kündigung durch den Arbeitnehmer kann ordentlich oder außerordentlich erfolgen. Der Mitarbeiter ist jedoch nicht verpflichtet, zuvor eine Abmahnung des Arbeitgebers auszusprechen, so lange er die gesetzlichen Mindestkündigungsfristen einhält. Sollte der Arbeitnehmer außerordentlich kündigen, braucht er einen triftigen Grund und muss die Kündigung innerhalb von 14 Tagen aussprechen.

## Ordentliche Kündigung

Ein Arbeitsvertrag kann wie jeder andere Vertrag von beiden Vertragspartnern beendet werden. Die grundlegenden Bedingungen hierfür sind ähnlich wie bei anderen Verträgen im BGB geregelt.

Bei der ordentlichen Kündigung handelt es sich um eine Beendigung des Arbeitsvertrags unter Berücksichtigung der gesetzlichen Kündigungsfristen.

Bestimmte Personengruppen unterliegen einem besonderen Kündigungsschutz. Dazu gehören Schwangere, Mütter im Mutterschutz oder in der Elternzeit, Schwerbehinderte und Auszubildende nach Ablauf der Probezeit. Eine Kündigung des Arbeitsverhältnisses ist bei diesen Personen nur unter erschwerten Bedingungen oder überhaupt nicht möglich.

Bei allen anderen Personen kann eine ordentliche Kündigung aus den drei im Folgenden genannten Gründen ausgesprochen werden. Der Arbeitgeber ist jedoch nicht verpflichtet, den Kündigungsgrund anzugeben.

### Kündigungsgründe

- Personenbedingte Gründe
- Verhaltensbedingte Gründe
- Betriebsbedingte Gründe

**Personenbedingte Kündigung**

Personenbedingte Kündigungsgründe liegen in der Person des Arbeitnehmers, ohne dass dieser dafür ein Verschulden trägt. Zu den personenbedingten Gründen zählt beispielsweise eine längere Krankheit.

Dem Arbeitgeber ist eine Weiterbeschäftigung nicht zuzumuten, wenn der Mitarbeiter aufgrund langer Krankheitszeiten mit ungünstiger Heilungsprognose über einen längeren Zeitraum keine Leistung erbringen kann. Auch die Störung der Betriebsabläufe durch Krankheitszeiten kann als Begründung in Frage kommen, beispielsweise auch dann, wenn der Mitarbeiter durch häufige kurze Erkrankungen ausfällt.

Wenn der Mitarbeiter durch die Folgen seiner Krankheit körperlich so beeinträchtigt ist, dass er nicht mehr die erforderliche Leistungsfähigkeit besitzt, kann das Arbeitsverhältnis fristgerecht beendet werden. Der Arbeitgeber muss jedoch prüfen, ob der Mitarbeiter an einer anderen Stelle beschäftigt werden kann. In einem Pflegedienst gibt es für diesen Fall nicht viele Möglichkeiten.

> **Beispiel**

Frau Meier ist seit 7 Jahren in einem ambulanten Pflegedienst beschäftigt. Vor 4 Monaten erlitt sie einen Bandscheibenvorfall und ist deshalb nicht mehr in der Lage, schwere Lasten zu heben. Frau Meier kann nach der Anschlussheilbehandlung nicht mehr an ihren bisherigen Arbeitsplatz zurückkehren. Der Arbeitgeber von Frau Meier schätzt ihre Leistungen jedoch und möchte das Arbeitsverhältnis nicht kündigen. Er bietet ihr eine Weiterbildung zur Wundmanagerin und Ernährungsberaterin an.

**Verhaltensbedingte Kündigung**

Im Gegensatz dazu hat der Mitarbeiter bei den verhaltensbedingten Kündigungsgründen ein schuldhaftes Fehlverhalten zu verantworten. Dazu gehören Verhaltensweisen, die seine Arbeitsleistung negativ beeinflussen.

**Mögliches Fehlverhalten:**
- Ständiges Zuspätkommen
- Alkoholkonsum am Arbeitsplatz
- Leistungsverweigerung
- Leistungsmängel
- Mangelhafte Dokumentation
- Unbefugtes Verlassen des Arbeitsplatzes
- Tätlichkeiten gegenüber Kollegen oder Patienten

Bei derartigen Verhaltensweisen muss zunächst eine Abmahnung ausgesprochen werden, um dem Mitarbeiter die Möglichkeit zu geben, sein Fehlverhalten zu korrigieren (▶ Kap. 1.6).

In gravierenden Fällen kann ein Fehlverhalten des Mitarbeiters auch zu einer außerordentlichen, **fristlosen** Kündigung führen.

> **Beispiel**

Frau Friedrich arbeitet seit knapp 3 Jahren in der ambulanten Pflege. Schon zu Beginn der Beschäftigung kam es immer wieder zu Beschwerden von Seiten der Patienten oder Angehörigen. Der Arbeitgeber hat bereits 2 Abmahnungen ausgesprochen. Im Fall eines Vorfalles mit gleichem Sachverhalt wie die vorherigen Abmahnungen ist der Arbeitgeber berechtigt, die Kündigung auszusprechen.

**Betriebsbedingte Kündigung**

Aufgrund einer dauerhaft schlechten wirtschaftlichen Lage kann der Arbeitgeber einen Mitarbeiter auch aus betriebsbedingten Gründen kündigen. Dabei ist jedoch zunächst eine Sozialauswahl zu treffen. Das bedeutet, dass der Mitarbeiter, der die besten Sozialdaten hat bzw. der am wenigsten von der Kündigung getroffen wird, als erster entlassen werden muss.

**Kriterien für die Sozialauswahl:**
- Dauer der Betriebszugehörigkeit
- Alter
- Unterhaltsverpflichtung
- Schwerbehindertenrecht

Das Kündigungsschutzgesetz sieht eine Sozialauswahl in Kleinbetrieben erst ab einer Mitarbeiterzahl von 10 Mitarbeitern vor bzw. bei Mitarbeitern, deren Arbeitsverhältnis vor dem 31.12.2003 begonnen hat, ab 5 Mitarbeitern.

> **Beispiel**
> Frau Faller arbeitet seit mehreren Jahren in einem ambulanten Pflegedienst als Teilzeitbeschäftigte und wird als Springer eingesetzt. Der Arbeitgeber möchte nunmehr das Arbeitsverhältnis beenden, da die zu betreuende Patientenzahl sich in letzter Zeit erheblich verringert hat. Es ist damit nicht mehr möglich, Frau Faller adäquat einzusetzen. Der Arbeitgeber muss nunmehr aufgrund der Geltung des Kündigungsschutzgesetzes abwägen, welcher Mitarbeiter gekündigt werden kann. Hierbei ist die Dauer der Betriebszugehörigkeit, das Lebensalter, die Unterhaltspflichten und die Schwerbehinderung des Arbeitnehmers zu berücksichtigen. Wenn der Arbeitgeber also in den letzten Monaten 3 neue Mitarbeiter eingestellt hat, sind zunächst höchstwahrscheinlich diese und nicht Frau Faller zu kündigen.
> Frau Fiedler arbeitet seit knapp 3 Jahren in der ambulanten Pflege. Als Teilzeitbeschäftigte wird sie als Springer eingesetzt. Schon zu Beginn der Beschäftigung kam es immer wieder zu Beschwerden von Seiten der Patienten oder Angehörigen. Diese Situation hat sich im letzten Jahr zugespitzt, so dass mittlerweile etliche Patienten die Pflege durch Frau Fiedler ablehnen. Der Arbeitgeber möchte das Arbeitsverhältnis betriebsbedingt aus wirtschaftlichen Gründen beenden, da es nicht mehr möglich ist, Frau Fiedler adäquat einzusetzen. Er hat bereits zwei Abmahnungen ausgesprochen. Frau Fiedler ist 42 Jahre alt und allein erziehende Mutter. In den letzten Monaten hat der Träger des Pflegedienstes 3 neue Mitarbeiter eingestellt. Hierbei handelt es sich allerdings um eine verhaltensbedingte Kündigung, das Verfahren vor dem Arbeitsgericht endete mit einem Vergleich und einer Abfindungszahlung.

## Kündigungsfristen

§ 622 Absatz 1 regelt zurzeit, dass das Arbeitsverhältnis eines Arbeiters oder eines Angestellten mit einer Frist von 4 Wochen zum 15. oder zum Ende des Kalendermonats gekündigt werden kann. In Absatz 2 desselben Paragraphen ist schriftlich fixiert, dass für eine Kündigung durch den Arbeitgeber sich die Kündigungsfrist nach der Dauer des Beschäftigungsverhältnisses richtet.

Dieses hat zur Folge, dass der § 622 Absatz 1 für auf unbestimmte Zeit eingegangene Arbeitsverhältnisse gilt, also egal, wer kündigt, ob der Arbeitgeber oder der Arbeitnehmer, 4 Wochen zum 15. bzw. zum Ende des Kalendermonats sind immer einzuhalten, mit Ausnahme während einer vereinbarten Probezeit. Während dieser Zeit kann auch der Arbeitnehmer mit einer Frist von 2 Wochen ohne Angaben von Gründen gemäß § 622 Absatz 3 BGB (Bürgerliches Gesetzbuch) kündigen. Des Weiteren gilt das Günstigkeitsprinzip für den Arbeitnehmer, d.h. er darf sich auf die Kündigungsfrist berufen, die z. B. tariflich, vertraglich, einzelvertraglich oder gesetzlich länger ist. Absatz 2 gilt dagegen nur für Kündigungen des Arbeitgebers (Randnummer 4 zu § 622 BGB, Kommentar Palandt, 66. Auflage, 2007, Verlag C.H. Beck).

Zu beachten ist jedoch, dass die gesetzlichen Kündigungsfristen nur Anwendung finden, soweit einzelvertraglich bzw. durch Tarifvertrag keine andere Regelung zwischen Arbeitgeber und Arbeitnehmer getroffen wurde.

Die im BGB festgelegten Kündigungsfristen hängen von der Beschäftigungsdauer des Mitarbeiters ab. In der folgenden Tabelle (□ Tab. 1.2) wird ein Überblick über die üblichen Kündigungsfristen des § 622 BGB gegeben.

Wenn der Arbeitgeber aufgrund der Schwere des Vergehens die gesetzliche Kündigungsfrist nicht einhalten möchte, kann der das Arbeitsverhältnis durch eine außerordentliche Kündigung beenden.

**◼ Tab. 1.2.** Kündigungsfristen in Abhängigkeit von der Beschäftigungsdauer

| Beschäftigungsdauer | Kündigungsfrist |
|---|---|
| 2 Jahre | 1 Monat zum Ende eines Kalendermonats |
| 5 Jahre | 2 Monate |
| 8 Jahre | 3 Monate |
| 10 Jahre | 4 Monate |
| 12 Jahre | 5 Monate |
| 15 Jahre | 6 Monate |
| 20 Jahre | 7 Monate |

## Außerordentliche Kündigung

Beendet der Arbeitgeber das Arbeitsverhältnis, ohne die »ordentliche« Kündigungsfrist zu berücksichtigen, handelt es sich um eine fristlose Kündigung. Hierfür müssen schwer wiegende Gründe vorliegen, die dem Arbeitgeber eine Weiterbeschäftigung des Mitarbeiters nicht ermöglichen.

**Gründe für eine fristlose Kündigung:**

- Arbeitsverweigerung
- Verletzung von Arbeitsschutzbestimmungen
- Beleidigung
- Ausländerdiskriminierung
- Vortäuschen einer Krankheit
- Verstoß gegen das Rauch- oder Alkoholverbot
- Bestechlichkeit
- Sexuelle Belästigung
- Spesenbetrug
- Diebstahl
- Straftaten
- Eigenmächtiger Urlaubsantritt
- Kompetenzüberschreitung
- Grobe Fahrlässigkeit

Der jeweilige Verstoß des Mitarbeiters muss so gravierend sein, dass dem Arbeitgeber eine Weiterbeschäftigung nicht mehr zuzumuten ist.

Dies ist vor dem Aussprechen einer außerordentlichen Kündigung zu berücksichtigen. Eine vorherige Abmahnung des Mitarbeiters ist nicht erforderlich.

Die fristlose Kündigung muss innerhalb einer Frist von zwei Wochen nach der Pflichtverletzung ausgesprochen werden und dem Arbeitnehmer schriftlich zugegangen sein. Nach Ablauf dieser Frist gilt die Weiterbeschäftigung als zumutbar, so dass lediglich eine ordentliche Kündigung möglich wäre.

> Im Falle einer außerordentlichen Kündigung durch den Arbeitgeber gilt für den Bezug von Arbeitslosengeld eine Sperrfrist entsprechend den zu diesem Zeitpunkt geltenden Vorschriften.

## Auflösungsvertrag

Bei einem Auflösungs- oder Aufhebungsvertrag handelt es sich um eine Kündigung des Arbeitsvertrags in gegenseitigem Einvernehmen des Arbeitgebers und des Arbeitnehmers. Beide Vertragspartner müssen die Auflösung des Arbeitsvertrags mit ihrer eigenhändigen Unterschrift bestätigen. Eine mündliche Vertragsaufhebung ist in diesem Fall nicht möglich, das Arbeitsverhältnis würde dann weiter bestehen.

> Der Auflösungsvertrag wird von der Agentur für Arbeit wie eine Kündigung durch den Arbeitnehmer gewertet, so dass ebenfalls eine Sperrfrist für den Bezug von Arbeitslosengeld in Betracht kommt.

Wird in diesem Fall die Kündigungsfrist nicht eingehalten, kann die Zahlung einer Abfindung zusätzlich zur Sperrfrist noch eine Ruhezeit bei der Zahlung von Arbeitslosengeld bewirken. Entscheidend ist in diesem Fall die Höhe der Abfindung. Diese ist im Übrigen auch steuerlich zu berücksichtigen. Ausnahme ist die Vertragsaufhebung gegen Abfindung, wenn dadurch eine betriebsbedingte Kündigung verhindert wird.

## 1.7.2 Handlungsanleitung zur Kündigung

Um Nachteile für Arbeitgeber und Arbeitnehmer zu vermeiden, sollte die Entlassung eines Mitarbeiters nach einem festgelegten Schema ablaufen.

**Handlungsschema:**

1. Feststellung eines Fehlverhaltens oder einer Pflichtverletzung bzw. eines Kündigungsgrundes
2. Schriftliche Abmahnung, wenn erforderlich
3. Eventuell Stellungnahme des Mitarbeiters
4. Festlegen der Kündigungsform (fristgerecht, fristlos, Auflösungsvertrag)
5. Eventuell Einschaltung des Betriebsrats
6. Aussprechen der Kündigung und Postzustellung per Einschreiben

Dabei sind die oben aufgeführten Details zu berücksichtigen. Hält der Mitarbeiter die Kündigung für ungerechtfertigt, hat er die Möglichkeit, innerhalb einer festgelegten Frist eine Kündigungsschutzklage einzureichen.

## Kündigungsschutzklage

Im Fall einer aus Sicht des Mitarbeiters nicht gerechtfertigten Kündigung ist dieser berechtigt, gegen diese arbeitsrechtliche Schritte einzuleiten. Das Kündigungsschutzgesetz sieht für diese Fälle die Einreichung einer Kündigungsschutzklage beim zuständigen Arbeitsgericht vor.

> ❗ Eine Kündigungsschutzklage muss spätestens drei Wochen nach Zugang des Kündigungsschreibens beim Arbeitsgericht eingereicht werden.

Der Arbeitnehmer muss allerdings Sorge tragen, dass das Kündigungsschreiben ihn auch auf dem normalen Postweg erreichen kann. Befindet er sich im Urlaub, kann eine Fristverlängerung beantragt werden.

> **Tipps**
>
> Für den Arbeitgeber empfiehlt es sich dennoch, das Schreiben als Einschreiben mit Rückschein zu versenden.

Bei der Überlegung, welche Form der Kündigung gerechtfertigt ist, sollte die arbeitsrechtliche Konsequenz immer berücksichtigt werden, da der größte Teil der Verfahren vor dem Arbeitsgericht mit einem Vergleich endet. Häufig wird der Arbeitsvertrag zwar beendet, allerdings wird der Arbeitgeber oftmals zur Zahlung einer Abfindung verpflichtet. Prinzipiell ist die juristische Unterstützung und Beratung durch einen versierten Rechtsanwalt zu empfehlen.

> **Rechtliche Hinweise**
>
> Bei jeder Kündigung ist der Mitarbeiter durch den Arbeitgeber auf die Folgen der Kündigung hinzuweisen. Der Arbeitgeber hat insoweit eine Aufklärungspflicht, insbesondere beim Aufhebungsvertrag bezüglich der Sperrfrist des Mitarbeiters bei der Agentur für Arbeit. Bei einer Kündigung ist prinzipiell darauf zu achten, ob es sich um besonders schützenswerte Personengruppen handelt, dazu zählen insbesondere Schwerbehinderte, Schwangere oder Betriebsratsangehörige. Bei Kündigung solcher Personengruppe empfiehlt es sich, mit dem Landesamt für Gesundheit und Soziales Kontakt aufzunehmen. Ohne die Zustimmung dieses Amtes ist eine Kündigung der besonders schützenswerten Personen nicht möglich. Dies sollte im Vorfeld erfolgen, damit mögliche Chancen und Risiken im Hinblick eines später zu führenden Kündigungsverfahrens frühzeitig abgewogen werden können.
> Pflegedienste sollten prinzipiell vor dem Aussprechen einer Kündigung einen entsprechend fachlich versierten Anwalt in das Vorhaben einweihen, die Hintergründe erläutern, um somit von vornherein auf einer ge-

setzlichen und abgestimmten Grundlage zu handeln. Entgegen der weit verbreiteten Ansicht, dass jedem Arbeitnehmer ein genereller Abfindungsanspruch zusteht, erhält er nur dann eine Abfindung, wenn die ursprünglich ausgesprochene Kündigung nicht den rechtlichen erforderten Voraussetzungen entspricht.

## 1.8    Arbeitszeugnis

Im Rahmen der Beendigung eines Arbeitsverhältnisses hat jeder Mitarbeiter das Recht auf Zeugniserteilung. Dabei handelt es sich um ein schriftliches qualifiziertes Arbeitszeugnis.

Prinzipiell werden beim Arbeitszeugnis zwei Formen unterschieden. Ein einfaches Zeugnis kann ausgestellt werden, wenn der Mitarbeiter hierfür ein berechtigtes Interesse hat. Es bestätigt, dass der Mitarbeiter im Unternehmen beschäftigt ist. Ein qualifiziertes Zeugnis enthält zusätzlich detaillierte Beschreibungen der Leistungen und Kompetenzen des Arbeitnehmers. Inhalt dieses Kapitels ist die Beantwortung der folgenden Fragen:

1. Welche verschiedenen Zeugnisformen gibt es?
2. Welche Inhalte findet man in einem qualifizierten Arbeitszeugnis?
3. Welche Techniken der Zeugniscodierung werden verwendet?

### 1.8.1    Zeugnisformen

Die Form eines Arbeitszeugnisses hängt davon ab, wofür es benötigt wird. Plant der Mitarbeiter, sich aus beruflichen oder privaten Gründen in absehbarer Zukunft zu verändern, kann er ein Zwischenzeugnis oder ein einfaches Zeugnis ausstellen lassen. Für eine Bewerbung reicht diese Zeugnisform zunächst aus.

Ein einfaches Zeugnis muss auch erstellt werden, wenn der Arbeitgeber eine Beendigung des Arbeitsverhältnisses in Erwägung zieht, etwa bei Umstrukturierungsmaßnahmen im Unternehmen. In der ambulanten Pflege ist dies jedoch seltener der Fall.

Wird das Arbeitsverhältnis von einem der beiden Vertragspartner tatsächlich beendet, hat der ausscheidende Mitarbeiter das Recht auf ein qualifiziertes Arbeitszeugnis.

### Einfaches Arbeitszeugnis

Das einfache Arbeitszeugnis beinhaltet keine Wertungen über die Arbeitsleistung des Mitarbeiters. Es beschreibt lediglich Dauer und Art der Beschäftigung des Mitarbeiters, so dass ein zukünftiger Arbeitgeber sich ein Bild über die Qualifikation des Mitarbeiters machen kann.

**Inhalte des einfachen Zeugnisses:**
- Personalien
- Dauer der Beschäftigung
- Auflistung der übertragenen Arbeiten

Der Mitarbeiter ist berechtigt, sofern ein Interesse seinerseits besteht, ein einfaches Arbeitszeugnis zu verlangen.

Mitarbeiter, die sich ein Arbeitszeugnis ausstellen lassen, wollen in der Regel den Arbeitsplatz wechseln. Pflegedienstleitung und Inhaber von Pflegediensten sollten unabhängig von dem rechtlichen Anspruch mit dem Mitarbeiter ins Gespräch kommen, um rechtzeitig eine Personalplanung betreiben zu können. Wichtig ist, dass der Mitarbeiter dabei nicht bedrängt wird und in einer ruhigen Atmosphäre ein Gespräch stattfindet, um beide Interessen – sowohl die des Mitarbeiters als auch des Pflegedienstes – zu wahren.

### Qualifiziertes Arbeitszeugnis

Zusätzlich zu den Inhalten des einfachen Arbeitszeugnisses enthält das qualifizierte Zeugnis auch wertende Angaben zur Leistung des Mitarbeiters. Es wird üblicherweise im Rahmen der Beendigung eines Arbeitsverhältnisses ausgestellt, unabhängig davon, wer das Vertragsverhältnis beendet hat.

Dabei ist zu beachten, dass das Zeugnis die berufliche Entwicklung des Mitarbeiters nicht behindern darf.

> **Tipps**
> Ein Arbeitszeugnis sollte immer objektiv richtig und wohlwollend formuliert sein.

Sobald der Arbeitgeber das Zeugnis erstellt hat, sollte der Mitarbeiter die Formulierungen überprüfen. Wenn er mit der Beurteilung seiner Leistungen nicht einverstanden ist, kann er den Arbeitgeber auffordern, die Formulierung zu verändern. Ist eine Einigung nicht möglich, kann eine Überprüfung durch das Arbeitsgericht erfolgen.

> **Tipps**
> Außerdem besteht die Möglichkeit, ein Zeugnis durch den Mitarbeiter selbst vorformulieren zu lassen. Dadurch ist ein **Konflikt** über den Zeugnisinhalt weitgehend ausgeschlossen. Sollten dennoch Differenzen über das Zeugnis auftreten, ist ein abschließendes Gespräch zwischen Arbeitgeber und Arbeitnehmer zu empfehlen, um ein Einvernehmen von Formulierungen und Inhalt zu erreichen.

## 1.8.2 Erstellen eines Arbeitszeugnisses

Beim Erstellen eines Arbeitszeugnisses kann man sich an dem folgenden prinzipiellen Aufbau orientieren.

**Gliederung eines Zeugnisses:**
1. Datum
2. Angaben zum Arbeitgeber
3. Personalien des Arbeitnehmers
4. Einführung
5. Berufliche Entwicklung im Unternehmen
6. Stellenbeschreibung der zuletzt ausgeführten Tätigkeit
7. Leistungsbeurteilung
8. Das persönliche Verhalten gegenüber Vorgesetzten, Kollegen, Patienten, Angehörigen und Kooperationspartnern
9. Schlussformulierung mit Begründung der Beendigung des Arbeitsverhältnisses, sowie gegebenenfalls einer Dank- oder Bedauernsformel und Zukunftswünschen

## Inhalte des Zeugnisses

Entsprechend der Gliederung sind die Beschreibung der Leistungsfähigkeit des Mitarbeiters und seine persönliche, soziale Kompetenz der wichtigste Teil des qualifizierten Arbeitszeugnisses. Dabei sollten die folgenden Bereiche erläutert werden.

**Leistungsbeurteilung:**
- Einsatzbereitschaft
- Arbeitsbefähigung
- Wissen und Weiterbildung
- Arbeitsweise
- Fleiß
- Ausdauer
- Verhalten in Ausnahmesituationen
- Umgang mit erhöhter Arbeitsbelastung
- Selbstständigkeit
- Arbeitserfolg
- Höflichkeit
- Pünktlichkeit
- Zuverlässigkeit
- Teamfähigkeit
- Konfliktfähigkeit
- Einfühlungsvermögen

## Zeugniscodierung

Unzulässig sind so genannte Geheimcodes, die als versteckte Hinweise auf unbefriedigende oder mangelhafte Leistungen des Mitarbeiters hindeuten. Der Arbeitnehmer wird durch den Gesetzgeber geschützt, da ein Arbeitszeugnis sein berufliches Fortkommen nicht ungerechtfertigt beeinträchtigen darf.

Dennoch werden in Arbeitszeugnissen immer wieder Formulierungen gewählt, die zwar primär positiv klingen, aber eigentlich eine negative Aussage beinhalten. Häufig verwendet werden die Weglasstechnik oder die Negativierungstechnik.

### Beispiele

Bei der Weglasstechnik werden Bereiche, in denen der Mitarbeiter keine gute Leistung zeigte, gezielt und bewusst nicht erwähnt. Der zukünftige Arbeitgeber erhält dadurch einen Hinweis auf Schwächen auf diesem Gebiet.

> **Beispiel**
>
> »Er verhielt sich stets korrekt gegenüber Vorgesetzten und Kollegen.« Das Weglassen von »Patienten« bedeutet, dass es in diesem Bereich Defizite gab. Der neue Arbeitgeber erhält somit einen Hinweis auf Leistungsmängel im Umgang mit Patienten.

Bei der Negativierungstechnik wird eine Eigenschaft oder Leistung des ausscheidenden Mitarbeiters doppelt verneint, was jedoch keine Betonung der positiven Eigenschaft darstellt, sondern ein versteckter Hinweis auf Defizite bedeutet.

> **Beispiel**
>
> »Seine Pünktlichkeit gab keinerlei Anlass zur Beanstandung« bedeutet, dass der Mitarbeiter eher zur Unpünktlichkeit neigt.

Eine Überprüfung der Vollständigkeit und der Formulierungen im Arbeitszeugnis ist für den Mitarbeiter deshalb immer empfehlenswert. Auch wenn das Zeugnis inhaltlich positiv zu sein scheint, kann es eigentlich eine schlechte Note wiedergeben.

> **Beispiel**
>
> **Weitere Beispiele der Zeugniscodierung:**
> - »Er machte sich mit großem Eifer an die ihm übertragenen Aufgaben« → hatte aber trotzdem keinen Erfolg
> - »Er verfügt über Fachwissen und hat ein gesundes Selbstvertrauen« → Arroganz bei mangelnder Qualifikation
> - »Die ihm gemäßen Aufgaben…« → anspruchslose Aufgaben
> - »Er stand stets voll hinter uns« → Hinweis auf Alkoholprobleme
> - »Ihm wurde die Gelegenheit zu Fortbildungsmaßnahmen geboten« → er nutzte sie nicht, obwohl dies dringend notwendig gewesen wäre
> - »Er schied in gegenseitigem Einvernehmen aus« → Kündigung durch den Arbeitgeber, die korrekte Formulierung müsste »in bestem gegenseitigem Einvernehmen« lauten
> - »Das Arbeitsverhältnis endet am 23.5.« → fristlose Kündigung, üblich ist der letzte Tag des Monats
> - »Wir wünschen alles Gute, vor allem Erfolg« → den er bei uns nicht hatte

### Rechtliche Hinweise

Prinzipiell gelten für ein Arbeitszeugnis die gleichen Regelungen wie bei der Mitarbeiterbeurteilung (▶ Kap. 1.5). Arbeitszeugnisse sollten immer wohlwollend im Sinne des betroffenen Mitarbeiters formuliert werden. Übertriebene Formulierungen, gerade in bestimmten Bereichen der positiven Darstellung, sollten vermieden werden. Ernsthaftigkeit und das Formulieren der konkreten, objektiven Mitarbeitersituation sollten im Vordergrund stehen, da der alte Arbeitgeber bei zu positiver Darstellung dafür haftet, insbesondere wenn Tätigkeiten angegeben werden, die der Arbeitnehmer nicht beherrscht.

# Motivation von Mitarbeitern

## 2.1  Teamführung

Eine der wichtigsten Managementaufgaben in der ambulanten Pflege ist die Motivation und Führung eines Teams.

Managen stammt vom lateinischen Wort »manus« und bedeutet, jemanden an die Hand zu nehmen und zu führen. Die Aufgabe des Managers besteht also darin, das Team und seine einzelnen Mitglieder in die Richtung zu führen, die seinen eigenen Vorstellungen entspricht. Dabei kann es immer wieder zu Konflikten kommen, da die Zielrichtung der Leitungsebene möglicherweise nicht den Zielen der Mitarbeiter entspricht.

Die Motivation der Mitarbeiter ist individuell verschieden. Man unterscheidet die intrinsische und die extrinsische Motivation. Für den Teammanager gibt es verschiedene Möglichkeiten der Beeinflussung beider Formen. Abhängig sind diese Möglichkeiten auch vom jeweiligen Führungsstil. Ein Team besteht jedoch aus einzelnen Individuen, die unterschiedliche Charaktere und somit auch eine individuelle Motivation besitzen.

Je nach Persönlichkeit der Leitungsebene kann der Führungsstil autoritär, »laisser-faire« oder partizipativ sein. Eine Sonderform des partizipativen Führungsstils ist das Projektmanagement. Dieses Kapitel beschäftigt sich mit der Beantwortung folgender Fragen:

1. Was versteht man unter Motivation?
2. Welche Führungsstile existieren?
3. Welche Instrumente des Teammanagements gibt es in der ambulanten Pflege?

### 2.1.1  Motivation

Motivation stammt von dem lateinischen Wort »motus« (Bewegung) und beschreibt den Antrieb, der einen Menschen leitet. In der Sozial- und Arbeitspsychologie unterscheidet man die intrinsische und die extrinsische Motivation.

### Intrinsische Motivation

Unter intrinsischer Motivation versteht man die Kraft, die einen Menschen »von innen heraus« antreibt. Durch diese Kräfte werden primäre Bedürfnisse, etwa Hunger und Durst, gestillt aber auch darüber hinausgehende Wünsche oder sekundäre Bedürfnisse des Menschen erfüllt.

Zu den sekundären Bedürfnissen zählt beispielsweise das Streben nach Wissen, nach Unabhängigkeit oder nach Selbstverwirklichung. Um diese Bedürfnisse zu erfüllen, besitzt der Mensch in unterschiedlicher Ausprägung Charaktereigenschaften wie Neugier, Spontaneität, Interesse und Ausdauer.

 Der intrinsisch motivierte Mitarbeiter benötigt zunächst keine weiteren Anreize, um eine gute Leistung zu erbringen. Der innere Wunsch, eine Aufgabe zu erfüllen, reicht aus, der Mitarbeiter fühlt sich durch die Aufgabe positiv herausgefordert.

### Extrinsische Motivation

Bei der extrinsischen Motivation wirken Kräfte, die den Menschen von außen beeinflussen. Im Arbeitsleben ist der wichtigste Faktor der extrinsischen Motivation das Gehalt. Andere Faktoren könnten Ansehen, Position, Belohnungen oder Bestrafungen sein.

Die Führung durch Belohnung oder Bestrafung sollte zu einer Verbesserung der extrinsischen Motivation führen, allerdings kann nicht immer eine Verbesserung des Mitarbeiterengagements beobachtet werden.

Eine Belohnung kann zwar die extrinsische Motivation steigern, gleichzeitig lässt jedoch die intrinsische Motivation deutlich nach. Wenn der Mitarbeiter einen äußeren Reiz bekommt, verliert er seine Eigeninitiative.

Bei der Bestrafung kann sich sowohl die intrinsische als auch die extrinsische Motivation verschlechtern. Der Mitarbeiter reagiert »trotzig« und verliert zusätzlich Eigeninitiative und Freude an der Arbeit.

> **Tipps**
>
> Eine Bestrafung kann außerdem dazu führen, dass auch andere Mitarbeiter demotiviert werden.

## Theorie X und Y

Douglas McGregor, ein amerikanischer Professor für Management, stellte zwei Theorien zur Mitarbeiterführung auf, die Theorie X und die Theorie Y.

Theorie X besagt, dass der Mensch bzw. der Mitarbeiter unwillig, passiv, antriebslos, träge und faul ist. Er ist grundsätzlich bestrebt, Arbeit zu vermeiden und möchte seinen Arbeitstag deshalb mit dem geringstmöglichen Arbeitsaufwand bestreiten. Dieser Mensch muss geführt, belohnt oder bestraft werden.

Theorie Y bedeutet, dass der Mensch engagiert, fleißig und interessiert an seine Aufgaben herangeht. Durch positive Erlebnisse infolge der Arbeit wird dieser Mitarbeiter motiviert und erledigt seine Arbeit mit Freude und Spaß, er benötigt also keine weitere Belohnung.

Eine Mischform – der Mensch ist »je nachdem« – wird auch Theorie Z genannt.

> Der Manager, dessen Menschenbild der Theorie X entspricht, hat eher einen autoritären Führungsstil, bei Theorie Y entspricht die Führung eher einem partizipativen Stil.

### 2.1.2 Führungsstil

Der Führungsstil eines Managers ist immer abhängig von den persönlichen Eigenschaften des Vorgesetzten und seiner Mitarbeiter. Prinzipiell unterscheidet man drei Führungsstile:

- Autoritärer Führungsstil
- »Laisser-faire« Führungsstil
- Partizipativer Führungsstil

Beim **autoritären Führungsstil** entscheidet die Leitungsebene und informiert die Mitarbeiter über das Ergebnis. Die »Untergebenen« haben somit keinerlei Mitspracherecht. Mitarbeiter, die autoritär geführt werden, verlieren zunehmend ihre Eigeninitiative und somit ihre intrinsische Motivation. Fühlt der Mitarbeiter sich darüber hinaus noch ungerecht behandelt, leidet auch die Identifikation mit seinem Arbeitsplatz.

**»Laisser-faire«** besagt, dass die Gruppe vollkommen führungslos ist und jeder tun kann, was er möchte. Der Vorgesetzte lässt seinen Mitarbeitern freie Hand und akzeptiert ihre Entscheidungen. Intrinsisch motivierte Mitarbeiter können dennoch gute Leistungen erbringen, dies trifft jedoch nur auf einen Teil der Arbeitnehmer zu. Möglicherweise fühlen sich einzelne Pflegekräfte auch allein gelassen und überfordert.

**Partizipativer Führungsstil** bedeutet, dass die Mitarbeiter in die Entscheidungen der Leitungsebene einbezogen werden. Sie nehmen an der Führung des Unternehmens teil und können eigene Ideen und Vorschläge einbringen. Partizipation wird vor allem durch die Delegation von Kompetenzen und Verantwortung erreicht. Voraussetzung ist jedoch ein wertschätzender und kollegialer Umgang zwischen Leitungsebene und Mitarbeitern.

> **Tipps**
>
> Der teilnehmende oder partizipative Führungsstil ermöglicht eine verbesserte Arbeitszufriedenheit und dadurch auch eine verbesserte Motivation der Mitarbeiter. Zu berücksichtigen ist jedoch immer, dass die Mitarbeiter nicht überfordert werden. Die Identifikation mit dem eigenen Unternehmen kann durch den partizipativen Führungsstil erhöht werden. Der Manager sollte deshalb immer überlegen, welche Tätigkeiten, Verantwortungen und Kompetenzen an Mitarbeiter delegiert werden können, ohne diese zu überfordern.

### 2.1.3 Teammanagement

Das Führen eines Teams beinhaltet die Führung jedes einzelnen Mitglieds unter Berücksichtigung der Gruppendynamik. Als Teammanager sollte man zunächst überlegen, welche Charaktereigenschaften jedes einzelne Teammitglied auszeichnet und welche Besonderheiten des Einzelnen einen Einfluss auf die Gruppe haben können. Man unterscheidet verschiedene Typen von Mitarbeitern.

**Mitarbeitertypen:**
- Das leistungsstarke Gruppenmitglied
- Der informelle Gruppenführer
- Der Drückeberger
- Das leistungsschwache Gruppenmitglied
- Der Gruppenclown
- Der Intrigant
- Der freche Typ
- Der schüchterne Typ
- Der problembeladene Typ
- Der ausgleichende Typ
- Der Außenseiter
- Der Neuling

Entsprechend dieser Charaktereigenschaften muss das jeweilige Gruppenmitglied entweder gelobt, unterstützt, angespornt, gebremst oder integriert werden. Aufgabe des Gruppenleiters ist es, die Eigenschaften jedes einzelnen Mitarbeiters zu erkennen und entsprechend zu reagieren.

Analog kann auch die Führung des Teams betrachtet werden, wobei ebenfalls zunächst überlegt werden muss, mit welcher Art von Team man es zu tun hat.

**Arten von Teams:**
- Das leistungsstarke Team
- Das leistungsschwache Team
- Das Team mit Leistungsreserven
- Das unruhige Team, die Chaotengruppe
- Das Problem beladene Team
- Das stille Team
- Das neue Team

Die kollektive Führung des Teams besteht auch in der Belobigung, der Unterstützung, dem Ansporn, dem Bremsen oder der Integration des Teams.

> **Beispiel**
> Vergleicht man das Teammanagement mit einer Fußballmannschaft, so muss der Trainer, also der Eigentümer oder die Pflegedienstleitung, genau wissen, welcher Spieler (Mitarbeiter) auf welcher Position welche Leistung bringen kann und wer auf der Ersatzbank sitzen muss. Das genaue Dosieren von Lob, Tadel, Belohnung, Bestrafung, Ansporn oder Bremsen kann die Mannschaftsleistung steigern. Fehleinschätzungen des Trainers können zu Punktverlust und Abstieg führen, das Gleiche gilt für Leitung und Management.

 Alle Anforderungen, die man an Mitarbeiter stellt, sollte man selber erfüllen können. Mitarbeiter haben ein Recht auf klare Führungslinien.

Dies wird nicht nur durch die eigene Persönlichkeit und Bildung deutlich, sondern auch durch Strukturen, Anweisungen und Verfahrensabläufe innerhalb des Pflegedienstes. Klare Führung und klares Management setzen klare Zielstellungen und Arbeitsmethoden voraus.

## Instrumente des Teammanagements

Die wichtigsten Instrumente der Teamführung sind das Mitarbeitergespräch und die Teamsitzung. Bei diesen beiden Gelegenheiten ergibt sich die Möglichkeit der Kommunikation zwischen der Geschäftsführung oder dem Inhaber eines ambulanten Pflegedienstes, der Pflegedienstleitung und den einzelnen Mitarbeitern.

Die Leitung eines ambulanten Pflegedienstes sollte jedoch immer planen, ob das Thema, das sie kommunizieren möchte, besser für eine Teamsitzung oder ein Vieraugengespräch geeignet ist.

### Mitarbeitergespräch

Lob und Kritik, das Anspornen oder das Bremsen eines Mitarbeiters sollten normalerweise nicht vor dem gesamten Team stattfinden. Die

Pflegedienstleitung oder der Eigentümer eines ambulanten Pflegedienstes sollte hierfür ein Mitarbeitergespräch nutzen.

> **Tipps**
>
> Lob vor Zuhörern kann motivierend aber auch peinlich sein, Kritik vor anderen ist immer unangenehm.

Das regelmäßig stattfindende Mitarbeitergespräch, bei dem eine Beurteilung der Leistung erfolgt, muss aber nicht immer abgewartet werden, um einen Mitarbeiter zu loben oder anzuspornen (▶ Kap. 1.5). Eine Gelegenheit für ein kurzes »Zwischen-Tür-und-Angel-Gespräch« findet sich immer und sollte auch genutzt werden.

Möchte der Pflegedienstinhaber Kritik üben, ist ein verabredetes Gespräch sinnvoller, der Mitarbeiter bekommt dadurch Gelegenheit, sich auf das Gespräch vorzubereiten.

Die Grundregeln der Kommunikation sollten bei jedem Mitarbeitergespräch beachtet werden (▶ Kap. 2.2).

## Teamsitzung

Eine Teamsitzung muss regelmäßig, nach Möglichkeit einmal pro Woche, am gleichen Wochentag und zur selben Uhrzeit stattfinden. Die Teamsitzung zählt zur Arbeitszeit.

Für die Integration eines neuen Mitarbeiters in das Team oder das Verteilen von Aufgaben im Rahmen des Projektmanagements, ist die Teamsitzung eine ideale Plattform.

Außerdem sollten in der Teamsitzung Informationen weitergegeben werden. Probleme mit Patienten können ebenfalls gemeinsam erörtert werden.

> **Tipps**
>
> Im Idealfall werden Arbeit und Verantwortung für Entscheidungen auf alle Gruppenmitglieder gleichmäßig verteilt. Diese Form der Kooperation zwischen Mitarbeitern und
>
> ▼

Führungsebene nennt man Gruppenarbeit. Dabei ist jedoch zu bedenken, dass aufgrund der Individualität der Teammitglieder ein Idealfall eigentlich nicht erreicht werden kann. Entscheidend ist, dass die Unterschiede zwischen Teamsitzung, Dienstberatung, Übergabe o. Ä. den Mitarbeitern bekannt sind.

## 2.1.4 Projektmanagement

Beim Projektmanagement handelt es sich um eine weiterentwickelte Form der Gruppenarbeit. Kleinere oder größere Aufgaben werden in Form eines strukturierten Projekts von einigen Mitarbeitern geplant und danach in den alltäglichen Arbeitsablauf integriert.

**Mögliche Aufgaben für ein Projekt:**

- Einführung von neuen Pflegestandards
- Anpassung der Arbeitszeiten
- Erarbeitung eines Einarbeitungsstandards
- Implementierung von Expertenstandards
- Erhebung der Patientenzufriedenheit
- Aktualisierung des Hygieneplans

Die Projektgruppe plant den Verlauf des Projekts und achtet auf die Einhaltung des Ablaufplans. Dazu müssen Freiräume im Dienstplan geschaffen werden.

> **Rechtliche Hinweise**
>
> Die Grundvoraussetzung der Teamführung ist eine klare Selbstanalyse des »Teamführers«. Die Einrichtungen müssen als erstes klären, ob der beauftragte Mitarbeiter, die Pflegedienstleitung oder möglicherweise der Chef der Einrichtung geeignet sind, Teamführung zu übernehmen. Hier liegen die Grundvoraussetzungen für den Erfolg oder Misserfolg einer qualifizierten Teamführung. Die Delegation dieser Aufgabe auf andere
>
> ▼

leitende Mitarbeiter, sofern diese vorhanden sind, kann eine gute Alternative zu einer auf Zwang festgelegten Teamleitung sein. Gute Teamführung heißt zu analysieren, ob man das »Führen« wie in einer Familie bevorzugt oder eher das »Führen« und Leiten mit klaren Strukturen betrieblichen Erfordernissen entsprechend. Die Frage, ob man sich duzt oder siezt, ist genauso zu klären wie die Kommunikationslinien und die Kommunikationsebenen. Mitarbeiterführung bedarf der persönlichen Weiterbildung, sowohl in fachlicher als auch in kommunikativer Hinsicht. Haftungsfragen stehen hier weniger im Vordergrund, vielmehr geht es um Vertrauen, Akzeptanz und Nachhaltigkeit der Führungspersönlichkeit. Teamführung setzt hohes fachliches Wissen, Menschlichkeit und Selbsteinschätzung voraus. Teamführung in ambulanten Pflegediensten muss sich immer der Größe und der Struktur des Unternehmens anpassen. Veränderungsprozesse sind ständig notwendig, um den immer steigenden Anforderungen gerecht zu werden. Wer selber nicht weiß, wo er hin will, kann andere nicht führen und begleiten.

## 2.2   Kommunikation

Kommunikation ist die Grundvoraussetzung von Struktur-, Prozess- und Ergebnisqualität. Kommunikation in den vielfältigsten Ebenen führt in der Praxis oft zu Stress, Missverständnissen, Fehlverhalten und Fehlinterpretation. Pflegedienste sollten daher unbedingt externe Beratungen in Anspruch nehmen. Führungskräfte sollten prüfen, ob ihre Kenntnisse im Bereich der Kommunikation, Führung von Konzeptentwicklung, Gesprächsleitung usw. ausreichend sind.

Der Begriff Kommunikation stammt vom lateinischen »communicare« (teilen, mitteilen, teilnehmen) und bedeutet ein gemeinschaftliches Handeln, bei dem Ideen, Gedanken, Wissen, Erlebnisse und Erkenntnisse ausgetauscht werden.

Dieser Informationsaustausch basiert auf der Verwendung von Sprache, Gestik und Mimik, Schrift oder Bild.

Fehlerhafte Kommunikation ist ein häufiges Problem in der ambulanten Pflege. Dabei zeigen sich zumeist Missverständnisse oder Lücken im Informationsfluss. Für den Patienten kann dies gravierende Folgen haben und auch Angehörige reagieren eventuell verärgert. Um dies zu vermeiden, sollten die Grundregeln der Kommunikation von allen Mitarbeitern berücksichtigt werden.

In Zusammenhang mit dem Thema Kommunikation sollen in diesem Kapitel folgende Fragen beantwortet werden:

1. Welche Grundlagen der Kommunikation werden durch Kommunikationsmodelle beschrieben?
2. Welche Bedeutung hat die Kommunikation in der ambulanten Pflege?

### 2.2.1   Formen der Kommunikation

Das gängigste Kommunikationsmodell, das von Stuart Hall 1970 entwickelt wurde, definiert die Kommunikation als eine Informationsweitergabe von einem Sender zu einem Empfänger.

Kommunikation beinhaltet den Informationsaustausch zwischen Sender und Empfänger unter Verwendung von Sprache, Gestik und Mimik, Schrift oder Bild.

Dieses Modell wurde in der Kommunikationspsychologie weiter entwickelt und verfeinert. In der Arbeitswelt kann die Kommunikation unter Berücksichtigung des Kommunikationsmodells nach Schulz von Thun genauer untersucht werden. Bei diesem Modell werden die vier Seiten des Gesprächsprozesses genauer betrachtet (□ Abb. 2.1).

Unter Berücksichtigung der vier Aspekte Inhalt, Appell, Beziehung und Selbstoffenbarung

**Abb. 2.1.** Kommunikation durch Gestik und Mimik

können einfache aber effektive Grundregeln der Kommunikation abgeleitet werden. Die Grundidee dieses Modells beinhaltete, dass die Botschaft außer der Übermittlung eines bestimmten Inhalts noch weitere Funktionen erfüllt.

> **Beispiel**
> Ein Ehepaar ist mit dem Auto unterwegs. Der Ehemann auf dem Beifahrersitz sagt zu seiner Frau: »Dort drüben ist ein Parkplatz«. Inhaltlich ist die Botschaft sofort zu verstehen. Ein möglicher Appell wäre: »Nun mach schon, wir kommen zu spät.« Der Beziehungsaspekt der Botschaft könnte lauten: »Wäre ich bloß selbst gefahren«. Schließlich könnte der Selbststoffenbarungsaspekt dieser Botschaft der Gedanke des Ehemanns sein: »Frauen können eben nicht Auto fahren«.

Ein alltägliches Beispiel zur Analyse der Kommunikation in der ambulanten Pflege beschreibt die folgende Situation.

> **Beispiel**
> Der Krankenpfleger Reinhold kommt jeden Morgen in seiner Tour um 7.30 Uhr zur Insulininjektion zu Herrn Steinleitner. An diesem Morgen kommt er einige Minuten zu früh dort an. Die Schwiegertochter von Herrn Steinleitner begrüßt ihn mit den Worten: »Oh, heute sind Sie aber pünktlich.«

Betrachtet man diese alltägliche Kommunikation mit Hilfe des Modells von Prof. Schulz von Thun, sind mehrere Analyseergebnisse möglich. Zum einen könnte der Beschäftigte des ambulanten Pflegedienstes die Aussage aus den Worten von der Schwiegertochter so analysieren, dass der Inhalt eine positive Rückmeldung ausdrückt, er versteht, dass die Schwiegertochter von Herrn Steinleitner ihn loben möchte und ist darüber erfreut. In diesem Fall sind Sachebene, Appellseite, Beziehungsseite und Selbstkundgabe kompatibel.

Andererseits könnte er aus der Aussage einen versteckten Vorwurf herauslesen und versteht die Worte so, dass er sonst immer unpünktlich kommt. Er ärgert sich über die Begrüßung durch die Schwiegertochter. In diesem Fall ist die Kommunikation zwischen Sender und Empfänger auf einer der vier Seiten gestört. Deshalb sollte genauer differenziert werden, welcher Aspekt der Kommunikation beeinträchtigt ist, um anschließend die Ursache der Störung zu erkennen und darauf zu reagieren. Wäre beispielsweise die Beziehungsebene betroffen, könnte Pfleger Reinhold im Kontakt mit der Schwiegertochter auf dieses Problem eingehen.

Eine andere Betrachtungsweise der Kommunikation bietet das 5-Satz-Modell.

| | |
|---|---|
| Meinen | Sagen |
| Sagen | Hören |
| Hören | Verstehen |
| Verstehen | Einverstanden sein |
| Einverstanden sein | Gemeinsam Handeln |

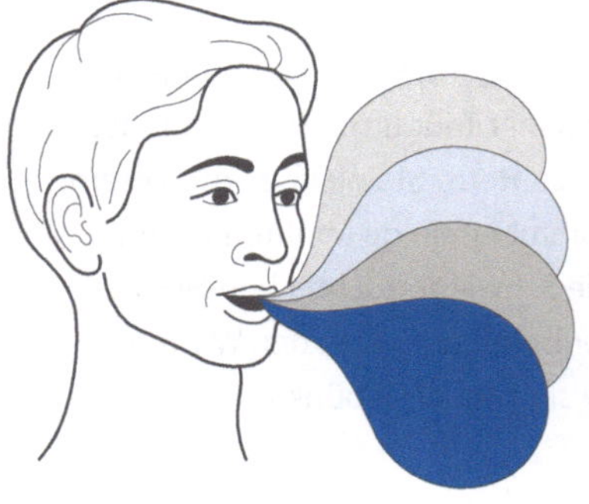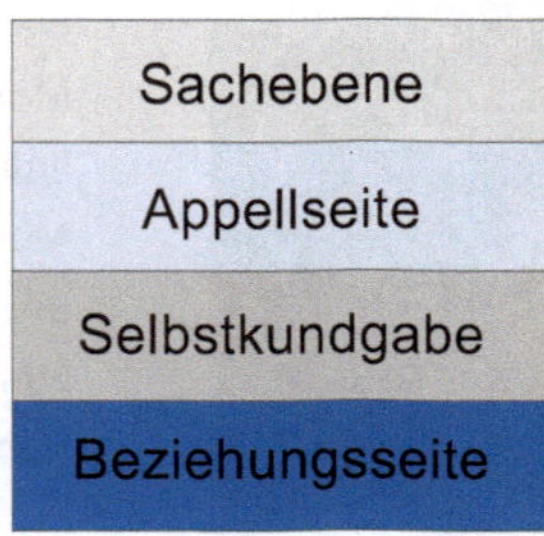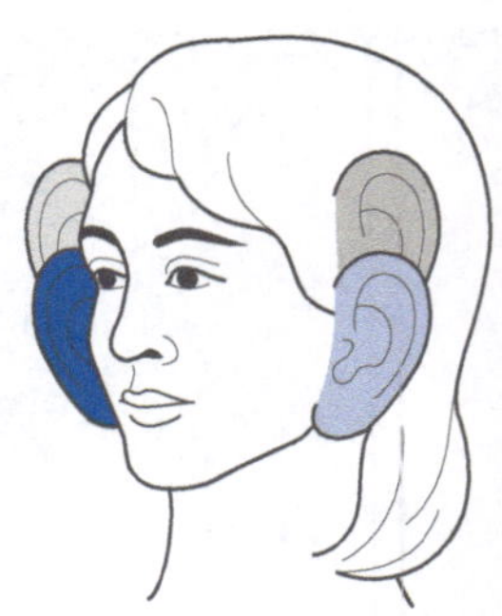


**Abb. 2.2.** Kommunikationsmodell nach Prof. Schulz von Thun

Betrachtet man die alltägliche Kommunikation des Beispiels mit Hilfe des 5-Satz-Modells, sind mehrere Analyseergebnisse möglich. Zum einen könnte der Beschäftigte des ambulanten Pflegedienstes die Aussage aus den Worten von der Schwiegertochter so analysieren, dass der Inhalt eine positive Rückmeldung ausdrückt, er versteht, dass die Schwiegertochter von Herrn Steinleitner ihn loben möchte, und ist darüber erfreut. In diesem Fall ist Pfleger Reinhold mit der Aussage der Schwiegertochter einverstanden und ein kooperativer Umgang wird ermöglicht. Andererseits könnte er aus der Aussage einen versteckten Vorwurf herauslesen und die Worte so verstehen, dass er sonst immer unpünktlich kommt. Er ärgert sich über die Begrüßung durch die Schwiegertochter und ist mit dem Gesagten nicht einverstanden. In diesem Fall war die Kommunikation zwischen Sender und Empfänger ebenfalls gestört.

## 2.2.2 Grundregeln

Eine ungestörte Kommunikation kann nur stattfinden, wenn alle Aspekte der Botschaft berücksichtigt werden. Sowohl der Sender als auch der Empfänger müssen bedenken, dass vier Aspekte ausgesendet wurden bzw. dass vier Aspekte bei der Interpretation der Botschaft eine Rolle spielen können.

**Grundregeln der Kommunikation:**
1. Sachlich bleiben
2. Verständlich reden
3. Aufmerksam zuhören und analysieren
4. Aktiv zuhören
5. Gefühle direkt ansprechen
6. Ich-Botschaften senden
7. Die eigene Meinung sagen
8. Absichten und Ziele klären
9. Überzeugend argumentieren

## 2.2.3 Kommunikation im Pflegedienst

Bei der Betrachtung der Kommunikation in der ambulanten Pflege muss berücksichtigt werden, dass verschiedene Partner an Gesprächen und Informationsaustausch beteiligt sind.

### Kommunikation im Team

Der Informationsaustausch zwischen den Kollegen des Pflegeteams ist für eine gleich bleibende Pflegequalität unverzichtbar. Jeder Mitarbeiter muss einen identischen, aktuellen Kenntnisstand über dem Pflegezustand der Patienten besitzen.

> Ist dies nicht der Fall, sind Konflikte und Unzufriedenheit der Patienten oder ihrer Angehörigen vorprogrammiert. Grundsätzlich gilt, das wichtigste Kommunikationsmittel

innerhalb des Pflegedienstes ist die Dokumentation und die EDV, darauf aufbauend die Pflegeplanung.

Um einen ungehinderten Informationsfluss zu gewährleisten, sollten regelmäßig Dienstübergaben und Telefonate stattfinden oder Übergabebücher genutzt werden, da sich nicht alle Mitarbeiter täglich sehen. Ein wichtiges Instrument der Kommunikation ist auch die Pflegedokumentation. Die Weitergabe von relevanten Informationen im Pflegebericht ist für die nachfolgende Pflegekraft schnell verfügbar und hilfreich.

## Kommunikation mit Patienten

Noch schwieriger kann die Kommunikation mit dem Patienten und seinen Angehörigen sein. Die übermittelten Botschaften müssen immer wieder auf den enthaltenen Appell, die Beziehung zwischen Pflegekraft, Patient und Angehörigem und auf die Aussage der Selbstoffenbarung hin analysiert werden.

> **Beispiel**
>
> So könnte die Aussage: »Mir geht es heute gar nicht gut«, ein Ausdruck der Einsamkeit des Patienten sein. Er appelliert dadurch an die Pflegekraft, noch ein bisschen länger bei ihm zu bleiben. Der Beziehungsaspekt dieser Aussage könnte den Wunsch beinhalten, die Pflegekraft würde die Rolle eines nahen Angehörigen übernehmen. Seine Selbstoffenbarung zeigt seine Einsamkeit.

Die Analyse von alltäglichen Aussagen erleichtert der Bezugspflegekraft den Umgang mit dem Patienten. Sie kann adäquater auf seine Bedürfnisse reagieren, wenn die versteckte Botschaft hinter der oberflächlichen Kommunikation erkannt wird.

Bei der Analyse der Kommunikation mit Angehörigen gilt dies ebenso. Eine vorwurfsvolle Haltung gegenüber den Mitarbeitern des Pflegedienstes ist oftmals durch Eifersucht oder ein schlechtes Gewissen verursacht.

Besonders schwierig ist die Kommunikation mit Patienten, wenn diese unter kognitiven Defiziten, etwa im Rahmen einer Demenz leiden. Je nach Schweregrad der Erkrankung sollten Grundregeln im Gespräch mit dementen Menschen berücksichtigt werden:

**Kommunikation mit dementen Patienten:**
- Kurze Sätze formulieren
- Langsam und deutlich sprechen
- Keine »Verkindlichung«
- »Ja« oder »Nein« Fragen verwenden
- Angepasste Lautstärke, nicht schreien
- Sätze nicht unnötig kompliziert formulieren
- Im Gespräch keine Hinweise darauf geben, dass der Patient nicht ernst genommen wird
- Keine Kommunikation mit Angehörigen über den Kopf des Patienten hinweg

### Rechtliche Hinweise

Kommunikationsfehler können in der ambulanten Pflege schnell zu Haftungsfragen sowohl im arbeitsrechtlichen, strafrechtlichen als auch im zivilrechtlichen Sinne führen. So ist es notwendig, dass Anweisungen prinzipiell schriftlich an den Pflegedienst erfolgen. Pflegeplanungen, Änderungen der Therapie und Behandlungspläne sowie Veränderungen in der Pflegeplanung und der Pflegeziele und natürlich der Pflegedurchführung sind immer schriftlich zu dokumentieren und von den handelnden Personen gegenzuzeichnen. Pflegedienste sind gut beraten, wenn sie ganz klare Standards im Zusammenhang damit schaffen, an welcher Stelle aus welchen Gründen Dinge verändert werden und wie die Kommunikation, also die Mitteilung der Veränderung, innerhalb des Betriebes, aber auch nach außen kommuniziert wird. Pflegedienste müssen sicherstellen, dass das, was auf der einen Seite angeordnet und weitergegeben wird, zweifelsfrei erkannt, realisiert und umgesetzt wird und entsprechende

Rückkopplungen eindeutig vorhanden sind. Klare Standards, Handlungsempfehlungen oder eine Betriebsordnung können hier genaue Betriebsabläufe analysieren, offen legen und verständlich machen. Ambulante Pflegedienste sind in der Beweislast, denn sie müssen nachweisen, dass entstandene Schäden nicht auf Kommunikationsfehlern, falschen Anweisungen oder nicht durchgeführten Kontrollen basieren.

## 2.3    Konfliktmanagement

Im alltäglichen Leben entstehen immer wieder Konflikte, die aufgrund von Meinungsverschiedenheiten oder unterschiedlichen Interessen auftreten. Den größten Teil der Konflikte können die Beteiligten ohne Unterstützung beilegen. Ist diese jedoch kurzfristig nicht möglich, kann es zu Eskalationen kommen. Handelt es sich um Konflikte am Arbeitsplatz, beeinflussen diese möglicherweise das Betriebsklima. Die Folgen bei den Arbeitnehmern sind Frustration, Streitereien, Stress, Beeinträchtigungen der Motivation und eine sinkende Arbeitszufriedenheit.

Das Konfliktmanagement dient dem Abbau bereits vorhandener Konflikte, deren Lösung und der Vermeidung von neu auftretenden Konflikten.

Folgende Bereiche des Konfliktmanagements werden in diesem Kapitel erläutert:

1. Wie entstehen Konflikte?
2. Wie verläuft der Prozess der Konfliktlösung?

### 2.3.1    Konfliktentstehung

Konflikte am Arbeitsplatz entstehen, wenn abweichende Interessen, Meinungen, Auffassungen oder Erwartungen aufeinander treffen.

## Konfliktarten

- Konflikte aufgrund von Missverständnissen
- Interessenkonflikte
- Kompetenzkonflikte
- Beurteilungskonflikte
- Konflikte aus dem Privatleben, die einen Einfluss auf das Betriebsklima nehmen

Bei länger bestehenden Konflikten ist die Ursache gelegentlich nicht mehr zu identifizieren. Dadurch wird die Lösung des Konflikts erschwert.

### Missverständnisse

Im alltäglichen Kontakt kommt es immer wieder zu Missverständnissen. Häufig fehlt die Zeit für Nachfragen, um diese Unklarheiten sofort aus dem Weg zu räumen. Aus der daraus resultierenden Verärgerung ergibt sich schnell ein Konfliktpotenzial.

> **Beispiel**
> Frau Meier möchte am kommenden Wochenende nicht versorgt werden, da ihre Tochter zu Besuch kommt. Sie informiert ihre Bezugspflegekraft Andrea. Diese gibt die Information in der Teamkonferenz weiter, es steht allerdings noch nicht fest, welcher Mitarbeiter am Wochenende die Tour übernehmen soll. Aufgrund einer akuten Grippewelle muss Pflegekraft Bettina einspringen, die zum Zeitpunkt der Teamkonferenz im Urlaub war. Um 7.45 Uhr sucht sie Frau Meier auf, um festzustellen, dass diese eigentlich ausschlafen wollte. Sowohl Frau Meier als auch Bettina sind darüber verärgert.

### Interessenkonflikt

Abweichende Interessen können zwischen verschiedenen Personen oder intrapersonell vorhanden sein. Prinzipiell können alle Mitarbeiter des Pflegedienstes, Patienten und deren Angehörige oder externe Kooperationspartner an einem Interessenkonflikt beteiligt sein.

Bei interpersonellen Konflikten gelingt die Lösung am ehesten durch Gespräche, der intrapersonelle Konflikt ist schwieriger zu lösen. Eine kollegiale Beratung, etwa während der Teamsitzung kann hier hilfreich sein.

> **Beispiel**
> Pflegekraft Susanne betreut Frau Schneider erst seit einigen Wochen. Jeden Morgen wünscht Frau Schneider, dass Susanne sie nach der Grundpflege mit Franzbranntwein einreibt. Jeden Tag erklärt Susanne der Patientin, dass diese Behandlung ihre Haut schädigt, Frau Schneider besteht jedoch auf die Einreibung. Susanne ist in einem Interessenkonflikt, da sie Frau Schneider nicht überzeugen kann.

### Kompetenzkonflikt

In allen Arbeitsbereichen kann es zu Auseinandersetzungen kommen, wenn Verantwortung und Kompetenz einer Stelle nicht eindeutig festgelegt sind.

In der ambulanten Pflege findet man immer wieder Kompetenzkonflikte zwischen Pflegefachkräften und Pflegehelfern. Diese Konflikte sind durch eindeutige Stellenbeschreibungen vermeidbar.

Seltener entstehen Kompetenzkonflikte, wenn Pflegekräfte ärztliche Kompetenzen in Frage stellen oder für sich in Anspruch nehmen.

> Bei der Beratung von Angehörigen muss jede Pflegekraft exakt wissen, welche Entscheidung sie alleine treffen kann und wann ein Arzt informiert werden muss. Eine Missachtung dieser Vorgabe kann strafrechtliche Konsequenzen haben.

### Beurteilungskonflikt

Beurteilungskonflikte treten auf, wenn eine Person die Leistung eines anderen falsch einschätzt. In der ambulanten Pflege geschieht dies häufig durch Patienten oder Angehörige, die als Laien die Fachkompetenz der Pflegekräfte anders wahrnehmen.

> **Beispiel**
> Frau Schmidt wird regelmäßig von Pflegekraft Julia versorgt. Im Rahmen der Grundpflege versucht diese, Frau Schmidt dazu zu animieren, kleine Handgriffe selbst durchzuführen. Als die Tochter von Frau Schmidt Julia bei der Pflege ihrer Mutter beobachtet, geht sie davon aus, dass Julia sich aus Bequemlichkeit so verhält und beschwert sich bei der Pflegedienstleitung. Sie macht jedoch zu ihren Beobachtungen keine näheren Angaben. Am nächsten Tag informiert die Pflegedienstleitung Julia darüber, dass eine Beschwerde über sie vorliegt.

### Privater Konflikt

Gerade in ambulanten Pflegediensten, in denen ein freundschaftlicher Umgang herrscht, können private Probleme das Betriebsklima beeinträchtigen. Wenn Mitarbeiter durch Probleme im privaten Umfeld unzufrieden sind, übertragen sie diese Stimmungslage leicht auf den Arbeitsplatz. Das Resultat kann eine allgemeine Arbeitsunzufriedenheit im gesamten Team sein.

> **Tipps**
> Verständnis für die Probleme anderer ist prinzipiell wichtig, sollte jedoch in einem angemessenen Rahmen bleiben. Nicht jedes Verhalten lässt sich durch private Probleme entschuldigen, insbesondere dann, wenn Kollegen unter diesem Verhalten leiden.

## 2.3.2 Instrumente der Konfliktvermeidung

Unstrittig ist bei der Konfliktbewältigung, genauso wie bei Gesundheit und Pflege, die Prävention, also die Vorbeugung. Konfliktvermeidung schafft Transparenz in der Arbeitsweise und bindet deutlich weniger Personaleinsatz als Konfliktbewältigung. Instrumente der Konfliktvermeidung finden sich folglich im Betriebsverfassungsgesetz, im Instrumentarium des Changemanagement und im Instrumentarium der Personal- und Teamentwicklung.

Ambulante Pflegedienste mit einem umfassenden Verständnis von Qualitätsmanagement bearbeiten im Qualitätsmanagement auch die interne Kommunikation und entwickeln so Instrumente der Konfliktvermeidung. Diese Konfliktvermeidung ist vor allem möglich durch drei Grundprinzipien.

## Instrumente der Konfliktvermeidung, die auf diesen Grundprinzipien beruhen

### 1. Betroffenheitsanalyse

Hierbei handelt es sich um Fragen wie:
- Wer ist von der Innovation betroffen?
- Wer fühlt sich als Betroffener?
- Wo sind mögliche Träger der Innovation?
- Wo sind mögliche Widerstände gegenüber der Innovation?
- Wer muss informiert werden?
- Wer sollte einbezogen werden?

### 2. Feedback-Runde

Diese Runden sind sinnvoll zum einen als Instrument der Konfliktbewältigung genauso wie als regelmäßiges Instrument, um die Zusammenarbeit zu regulieren. Dies funktioniert aber nur, wenn im gesamten Team eine gewisse Offenheit herrscht. Feedback-Runden sind des Weiteren sinnvoll, um Konfliktstoffe und Probleme, die sich angesammelt haben und die nicht unter vier Augen regelt werden können, zu lösen. Feedback-Runden erarbeiten Konfliktpotentiale oder Konfliktstoffe mit noch geringerer Dynamik und beugen so einer weiteren Konfliktdynamik und einer Verkrustung von Konflikten vor.

### 3. Gruppendynamische Analyse zum Erkennen von Steuerungsnotwendigkeiten

Dieses diagnostische Verfahren ist in der Teamentwicklung einsetzbar (z. B. neben Verfahren, die mit Persönlichkeitsstrukturmodellen arbeiten), um eine Teamsituation einzuschätzen und daraus Maßnahmen abzuleiten.

Zur Konfliktvermeidung und Prävention ist es besonders wichtig zu analysieren, ob es sich um einen heißen oder kalten Konflikt handelt. Heiße Konflikte sind Konflikte, die von einem Zusammenprallen der Ideale und damit von Konfrontation geprägt sind. Kalte Konflikte sind Konflikte ohne spektakuläre und dramatische Formen, die von Enttäuschung und Desillusionierung geprägt sind. Durch diese Unterscheidung ist es möglich, genau die Ursachen zu analysieren.

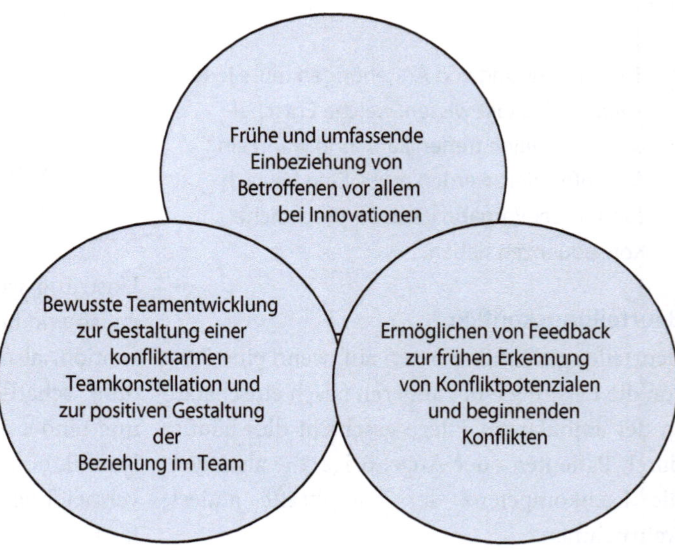


**◼ Abb. 2.3.** Grundprinzipien der Konfliktvermeidung

### 2.3.3 Eskalation

Die starke emotionale Beteiligung von Konfliktparteien kann zur Eskalation der Situation führen. Dabei spielt es keine Rolle, welche Ursache der Konflikt hatte oder wie lange der Konflikt bereits besteht. Auch Unstimmigkeiten, die schon über einen längeren Zeitraum unter der Oberfläche schwelten, können plötzlich eskalieren. Meist fehlt nur der Tropfen, der das Fass zum Überlaufen bringt.

**Anzeichen einer Eskalation:**
- Beeinträchtigung der Kommunikation, z. B. Schweigen oder Schreien
- Verbale Entgleisungen und Beschimpfungen
- Ständige Beschwerden
- Absichtliche Fehlinformationen oder lückenhafter Informationsfluss
- Gruppenbildung
- Leistungsverweigerung

Bei den ersten Anzeichen einer Eskalation muss eine Konfliktlösung in Angriff genommen werden. Den Beteiligten sollte auch deutlich gemacht werden, dass extreme Verhaltensweisen nicht toleriert werden.

> **Tipps**
> Bei gravierenden Problemen kann die Einbeziehung eines externen Beraters, etwa eines Mediators oder eines Supervisors, sinnvoll sein. Diese Möglichkeit sollte insbesondere dann in Betracht gezogen werden, wenn das gesamte Team am Konflikt beteiligt ist.

### 2.3.4 Lösungsstrategien

Im Interesse aller Beteiligten sollten Konflikte möglichst zeitnah gelöst werden, um eine Eskalation zu vermeiden. In den allermeisten Fällen kann dies durch ein offenes Gespräch der Konfliktparteien erreicht werden. Bei Missverständnissen genügt in den meisten Fällen ein einziges Problemlösungsgespräch.

Bei Interessens-, Ziel-, Kompetenz- oder Beurteilungskonflikten muss gegebenenfalls ein Vermittler eingeschaltet werden. Prinzipiell kann jeder Mitarbeiter diese Funktion übernehmen.

> **Tipps**
> Häufig gibt es einen Mitarbeiter, der einen besonders guten Draht zu den beteiligten Personen hat oder der aufgrund seiner diplomatischen Persönlichkeit als Vermittler besonders geeignet ist.
> Sind mehrere Personen in den Konflikt verwickelt, sollte ein Mitglied der Leitungsebene als Vermittler tätig werden.

### Phasen der Konfliktlösung

Der Prozess der Konfliktlösung verläuft normalerweise in drei Phasen.

#### Orientierungsphase

In dieser Phase werden zunächst Kontakte zu den Konfliktpartnern hergestellt, um deren Bereitschaft für die weitere Bearbeitung des Themas zu prüfen. Dies kann durch den Vermittler geschehen bzw. die Konfliktparteien überlegen selbst, ob sie an einer Lösung interessiert sind. Für diesen Zeitraum sollten Regelungen getroffen werden, die eine weitere Eskalation verhindern können. Außerdem müssen alle Beteiligten ihr Einverständnis zur Lösung des Konflikts erklären. Bei bereits verhärteten Fronten kann die Einverständniserklärung auch schriftlich erfolgen.

#### Konfliktbehandlungsphase

Je nach Ursache und Dauer des Konflikts wird mit den Beteiligten gemeinsam oder getrennt die Behandlung und Lösung des Konflikts thematisiert. Dabei richtet sich der Blick zunächst in die Vergangenheit, um die Entstehung zu analysieren.

Sofern dies gelingt, muss danach auch eine Betrachtung der Zukunft erfolgen, um gezielte Interventionen zu vereinbaren, die ein Wiederaufflammen des Konflikts effektiv verhindern können.

### Konsolidierungsphase

Diese Phase ist geprägt durch die Konsolidierung der vereinbarten Problemlösungsstrategien. Die Beteiligten beobachten, ob die Abmachungen wirksam sind und von allen eingehalten werden.

Die Konsolidierungsphase sollte jedoch nicht unnötig ausgedehnt werden. Sinnvoll ist es, gemeinsam einen Zeitpunkt festzulegen, an dem der Erfolg der Konfliktlösung überprüft wird. Sollte von Seiten einer Konfliktpartei noch Diskussionsbedarf bestehen, müssen die Maßnahmen korrigiert und die Konsolidierungsphase verlängert werden. Sind alle Beteiligten mit dem Ergebnis zufrieden, gilt der Konflikt als behoben.

> **Tipps**
>
> Gelöste Konflikte müssen abgehakt werden, sie sollten nicht bei der nächsten sich bietenden Gelegenheit wieder aufgewärmt werden.

**Rechtliche Hinweise**

Konfliktmanagement in ambulanten Diensten setzt voraus, dass die Aufgaben und Kompetenzen innerhalb des Teams klar verteilt sind. Dabei ist zu beachten, in wie weit Konfliktmanagement sich abgrenzt von Beschwerdemanagement. Ein entsprechendes Konzept sollte innerhalb des Pflegedienstes vorhanden sein. Im Bereich des Beschwerdemanagement ist dies vertraglich vorzuhalten. Entscheidend bei Konfliktmanagement ist auch hier das Gleichbehandlungsgesetz. Konflikte müssen sachlich, objektiv bewertet und einer Lösung zugeführt werden. Dabei spielt die Gleichbehandlung eine große Rolle, genauso wie die Bewertung der Verhältnismäßigkeit. Konfliktmanagement setzt von den handelnden Akteuren ein hohes Maß an Kompetenz, Fachlichkeit und kommunikativer Fähigkeit voraus. Wichtig ist hierbei die Analyse der Subjektivität und Objektivität. Werden Konflikte nicht oder nur unzureichend bewältigt, kann dies arbeitsrechtliche, aber auch haftungsrechtliche Folgen haben. Konfliktbewältigung sollte nach Angabe von Ort, Zeit, Grund und Ziel schriftlich dokumentiert werden, handelnde Akteuren sollten benannt und angehört und ein entsprechendes Protokoll zum Schluss unterzeichnet werden. Die einzelnen Handlungsschritte sind schriftlich als Standard oder Handlungsanleitung oder Empfehlung in der Einrichtung zu hinterlegen.

## 2.4   Zielvereinbarung

Ein effektives Instrument der Personalentwicklung ist das Mitarbeitergespräch. In regelmäßigen Abständen, mindestens jedoch einmal im Jahr, sollte ein Informationsaustausch zwischen Vorgesetztem und Mitarbeiter stattfinden.

Ein strukturiertes Mitarbeitergespräch, bei dem Ziele für die zukünftige Zusammenarbeit festgelegt werden, ist das Zielvereinbarungsgespräch. Die Beteiligung der Mitarbeiter an der Entscheidungsfindung im Unternehmen und die Möglichkeit, eigene Ideen und Ziele zu entwickeln, erhöht die Motivation.

Dieses Kapitel beschäftigt sich mit folgenden Fragestellungen:

1. Was ist im Zusammenhang mit Mitarbeitergesprächen zu beachten?
2. Was bedeutet Zielvereinbarungsgespräch?
3. Was ist bei der Formulierung von Zielen zu beachten?

## 2.4.1 Das Mitarbeitergespräch

Die Kommunikation und der Informationsaustausch im Unternehmen finden in der ambulanten Pflege noch überwiegend unkontrolliert und unwillkürlich statt. Die meisten Gespräche im Team beinhalten private Themen, Klatsch und Tratsch, Gerüchte oder objektive und subjektive Meinungsäußerungen.

❗ Diese Art der Kommunikation ist für die Mitarbeiter häufig demotivierend und für das Betriebsklima unzuträglich.

Zur Verbesserung der Gesprächsqualität, der Mitarbeitermotivation und der Kooperation im Team sollten deshalb regelmäßig Mitarbeitergespräche stattfinden.

> **Beispiel**
> Dazu gehören beispielsweise das Beurteilungsgespräch (► Kap. 1.5), das Beratungsgespräch und das Zielvereinbarungsgespräch.

Dadurch wird regelmäßig eine zielgerichtete Kommunikation zwischen der Geschäftsführung und den Pflegekräften ermöglicht. Das Gespräch unter vier Augen kann dazu beitragen, Missverständnisse auszuräumen, die durch »Mundpropaganda« entstanden sind.

## 2.4.2 Das Zielvereinbarungsgespräch

Führen durch Zielvereinbarung oder »management by objectives« ist eine Managementmethode, bei der die Ziele der Mitarbeiter und die Unternehmensziele ermittelt, verglichen und miteinander in Einklang gebracht werden.

Sowohl die Leitungsebene als auch jeder einzelnen Mitarbeiter muss die eigenen Ziele kennen, reflektieren und abgleichen, bevor eine Vereinbarung möglich ist.

### Ablauf des Zielvereinbarungsgesprächs

Ein Zielvereinbarungsgespräch ist nur effektiv, wenn die Gesprächsteilnehmer sich ausreichend darauf vorbereiten können. Wichtig ist deshalb eine frühzeitige Ankündigung und Terminvereinbarung. Der Termin ist für beide Gesprächsteilnehmer bindend und sollte nur im Notfall nicht eingehalten werden.

❗ Beide Teilnehmer müssen ausreichend Zeit für ein ungestörtes Gespräch einplanen.

Zunächst findet ein kurzes Resümee der bisherigen Zusammenarbeit statt. Der schwierigste Teil des Gesprächs ist die Formulierung von gemeinsamen Zielen, die dann nach Möglichkeit durch messbare Kriterien im Folgegespräch überprüfbar sind.

Hierfür müssen die Ziele und Messgrößen schriftlich fixiert und von beiden Gesprächsteilnehmern durch ihre Unterschrift bestätigt werden.

Für beide Gesprächsteilnehmer wird zeitnah ein Gesprächsprotokoll angefertigt.

> **Tipps**
> Die positiven Auswirkungen der Zielvereinbarung entstehen nur, wenn beide Gesprächsteilnehmer sich mit den vereinbarten Zielen identifizieren können. Der Mitarbeiter wird aktiv in die Unternehmensstrategie integriert und kann sich an der Entscheidungsfindung und Problemlösung beteiligen. Der Vorgesetzte sammelt Erfahrungen bezüglich den Prioritäten aller Mitarbeiter.
> Sofern die Mitarbeiterziele und die Unternehmensziele sich vereinbaren lassen, agieren beide Gesprächspartner gleichberechtigt. Aufgezwungene Ziele können erfahrungsgemäß nicht erreicht werden.

### Ziele formulieren

Ähnlich wie bei der Formulierung von Pflegezielen ist es auch bei der Zielvereinbarung sehr schwierig, realistische und geeignete Ziele zu formulieren. Das Formulieren von Zielen sollte deshalb immer wieder geübt werden.

Orientierend bei der Zielformulierung ist die SMART-Regel, die auch dazu dient, die formulierten Ziele zu hinterfragen. Die SMART-Regel wurde ursprünglich in englischer Sprache erstellt und hinterher ins Deutsche übersetzt.

**SMART-Regel:**
- **S** – spezifisch (specific)
- **M** – messbar (measurable)
- **A** – erreichbar (achievable)
- **R** – realistisch (realistic)
- **T** – terminiert (timed)

Eine weitere Hilfestellung bei der Zielformulierung ist die Verwendung von Teilzielen. Dabei werden dem übergeordneten Ziel schrittweise Teilziele zugeordnet, wobei das übergeordnete Ziel ein Fernziel ist und die untergeordneten Ziele als Nahziel dienen. Auch der Zeitrahmen für das Erreichen von Fern- und Nahzielen wird entsprechend festgelegt.

Die Formulierung von Zielen lässt sich am Beispiel von Pflegezielen verdeutlichen und üben.

> **Beispiel**
>
> Frau Müller wird seit drei Jahren von einem ambulanten Pflegedienst versorgt. In den letzten Monaten hat sich ihr Allgemeinzustand langsam verschlechtert, wobei insbesondere die Ernährung problematisch wurde. Bei einer Größe von 1,68 m wiegt sie mittlerweile noch 49 kg, was einem BMI von 17,36 entspricht. Die Formulierung eines Pflegeziels für Frau Müller in der aktuellen Pflegeplanung lautet: »Guter Ernährungszustand, Gewichtsabnahme vermeiden.«
> Unter Berücksichtigung der SMART-Regel könnten folgende Ziele definiert werden: »BMI über 22 in den nächsten drei Monaten erreichen, Zielgewicht 62 kg, Gewichtszu-

nahme von 1 kg pro Woche, Zielgewicht 53 kg in vier Wochen.«
Sowohl die Nahziele als auch das Fernziel sind realistisch formuliert und erreichbar. Durch die Festlegung des Zielgewichts und des dazugehörigen Zeitpunkts werden die Ziele auch messbar. Die Effektivität der geplanten Maßnahmen kann also problemlos überprüft werden. Wird das Nahziel nicht erreicht, können sofort Korrekturmaßnahmen vorgenommen werden. Die Ziele sind spezifisch und terminiert.

### Rechtliche Hinweise

Auch hier gilt der Grundsatz der Gleichbehandlung. Die Einrichtung führt mit allen Mitarbeitern oder mit einem klar definierten Personenkreis Zielvereinbarungen durch. Wichtig dabei ist, dass die Zielvereinbarung eine Beurteilung des Mitarbeiters voraussetzt. Die zu benennenden Beurteilungskriterien sollten von beiden Seiten akzeptiert werden.
Zielvereinbarungen sollten immer auf vorangegangenen Mitarbeitergesprächen und eventuell damals getroffenen Zielvereinbarungen aufbauen und daran anknüpfen. Grundvoraussetzung der Zielvereinbarung ist im rechtlichen Sinne, dass das Ziel klar und deutlich definiert, verständlich und nicht von beiden Seiten unterschiedlich deutbar ist. Vereinbarte Ziele müssen erreichbar sein. Mitarbeiter können die Umsetzung der Zielvereinbarung einklagen bzw. einfordern. Klare schriftliche Formulierungen, Hinweise und Nachfragen auf Verständlichkeit und Interpretation sind Grundvoraussetzungen für eine effektive Zielvereinbarung.
Eine Zielvereinbarung muss kontrolliert werden und setzt eine objektive Analyse des zurückliegenden und in der Zukunft liegenden Zeitkorridors voraus. Zielvereinbarungen müssen demnach so formuliert sein, dass

der Mitarbeiter keinen Schaden erleidet, aber eine realistische Chance hat, gesetzte Ziele zu erreichen. Werden in der Zielvereinbarung Fakten hinterlegt, die für den Mitarbeiter sowohl ein rechtliches als auch haftungsrechtliches, im Zweifelsfalle auch ein gesundheitliches Problem nach sich ziehen, haftet der leitende Mitarbeiter für den daraus entstandenen Schaden. Der leitende Mitarbeiter hätte wissen müssen, zu welchen Folgen die getroffenen Dienstanweisungen, Zielformulierungen und Umsatzmodalitäten hätten führen können.

# Fortbildung

Durch die Einführung der Pflegeversicherung wurde die Verpflichtung zur Fort- und Weiterbildung gesetzlich verankert. Auch in der ambulanten Pflege sind Vorgaben für die Fortbildung aller Mitarbeiter zu beachten.
In diesem Kapitel werden deshalb folgende Fragen beantwortet:

1. Welche Bedeutung hat die innerbetriebliche Fortbildung?
2. Wie werden Fortbildungen in einem ambulanten Pflegedienst organisiert?

## 3.1 Innerbetriebliche Fortbildung

Die gesetzliche Verpflichtung zur Fortbildung dient der Aufrechterhaltung und Verbesserung der Pflegequalität. Dazu zählen Maßnahmen der innerbetrieblichen Fortbildung, externe Fortbildungsveranstaltungen und die Bereitstellung von Fachliteratur und Fachzeitschriften.

Die Organisation der innerbetrieblichen Fortbildung ist Aufgabe des Inhabers und der Pflegedienstleitung eines ambulanten Pflegedienstes. Es ist jedoch sinnvoll, die Mitarbeiter in die Organisation von Fortbildungsveranstaltungen einzubeziehen.

### 3.1.1 Organisation von innerbetrieblichen Fortbildungen

Um geeignete innerbetriebliche Fortbildungsveranstaltungen zu organisieren, sollten zunächst die Fortbildungswünsche und -bedürfnisse der Mitarbeiter festgestellt werden.

> **Tipps**
>
> Das Aushängen eines Formulars für Fortbildungswünsche am Schwarzen Brett erleichtert die Auswahl der Themen, die die Mitarbeiter aktuell beschäftigen.

Anschließend sollte für das kommende Jahr ein Fortbildungsplan erstellt werden (▸ Anhang 5). Dieser ist normalerweise Bestandteil des Qualitätsmanagement-Handbuchs und wird von den Kostenträgern im Rahmen von Qualitätsprüfungen überprüft.

Anschließend können geeignete Fortbildungsangebote über Berufsverbände, Fachzeitschriften oder über das Internet eingeholt werden.

**Möglichen Themen:**

- Pflegedokumentation
- Pflegerecht
- Expertenstandards
- Wundversorgung
- Inkontinenzversorgung
- Enterale Ernährung
- Umgang mit Demenz
- Einsatz von Hilfsmitteln
- Rückenschonende Arbeitsweise
- Umgang mit Medikamenten
- Umgang mit speziellen Krankheitsbildern
- Palliativpflege
- Konfliktmanagement
- Beschwerdemanagement

Für etliche Themen werden Dozenten von Fortbildungsinstituten für »Inhouse-Schulungen« vermittelt. Außerdem gibt es mittlerweile auch verschiedene Fernlehrgänge von Fachhochschulen.

Im Buchhandel findet man darüber hinaus Fortbildungsordner, die Materialsammlungen und Folien beinhalten, so dass die Pflegedienstleitung oder eine interessierte Pflegefachkraft selbst Fortbildungsthemen vorbereiten und vermitteln können.

Möchte man selbst einen Vortrag halten, sollte man die Inhalte in einer Präsentation zusammenfassen, sofern die technischen Möglichkeiten dafür vorhanden sind. Eine Kopie der Präsentation kann den Zuhörern als Skript ausgehändigt werden, so dass diese zuhause bei Bedarf nachlesen können.

**Abb. 3.1.** Inhouse-Fortbildung

Je nach Thema können auch andere Berufsgruppen, etwa Ärzte, Apotheker, Psychologen oder Betriebswirte, das Fortbildungsangebot ergänzen.

> **Tipps**
>
> Externe Kooperationspartner, wie Sanitätshäuser oder Apotheken, bieten Fortbildungsveranstaltungen oftmals sogar kostenlos an. Das Gleiche gilt für die Hersteller von Sondennahrung, Verbandsmaterial oder Inkontinenzmaterial. Fortbildungen zu den Themen Pflegeplanung und Pflegedokumentation werden ebenfalls von Herstellerfirmen vermittelt.

Sobald das Thema und der Dozent feststehen, muss ein Termin gefunden werden, an dem möglichst viele oder alle Mitarbeiter teilnehmen können. Eine rechtzeitige Planung, Ankündigung und Berücksichtigung im Dienstplan ist wichtig. Außerdem muss ein Fortbildungsplan für das ganze Jahr im Voraus erstellt werden.

> **Tipps**
>
> Am besten eignet sich der Wochentag, an dem üblicherweise die Teamsitzung stattfindet. Eine Fortbildung lässt sich auch mit einer etwas verkürzten Teamsitzung kombinieren. Fortbildungsveranstaltungen an Wochenenden oder in den Abendstunden sind für Mitarbeiter mit Familie nicht gut geeignet.

Am Ende der Fortbildungsveranstaltung sollte immer ein Feedback erfolgen, mit dem die Mitarbeiter die Vermittlung der Inhalte durch den Dozenten beurteilen können. Außerdem erhält jeder Mitarbeiter eine Teilnahmebestätigung, die in Kopie im Qualitätsmanagement-Handbuch oder in der Personalakte aufbewahrt werden sollte, da der Medizinische Dienst der Krankenversicherung (MDK) die Durchführung von Fortbildungen im Rahmen der MDK-Prüfung kontrolliert.

Besucht ein Mitarbeiter eines ambulanten Pflegedienstes eine externe Fortbildungsveranstaltung, einen Pflegekongress oder eine Weiterbildung, kann dieser selbst Fortbildungen über das Gelernte durchführen. Die Weitergabe des aktuellen Wissens an alle Mitarbeiter kann ebenfalls während der Teamsitzung erfolgen.

> **Rechtliche Hinweise**
>
> Nicht nur mit dem aktualisierten Altenpflegegesetz und dem Gesundheits- und Krankenpflegegesetz, vielmehr auch durch das Pflegequalitätssicherungsgesetz (PQSG) aus dem Jahre 2002 und dem Gesundheitsmodernisierungsgesetz (GMG) aus dem Jahre 2005 ist die Fort- und Weiterbildungspflicht mehrfach gesetzlich verankert. Die Rahmenverträge in den Bereichen der Häuslichen Krankenpflege nach § 132/132 a SGB V oder die Rahmenverträge im Bereich der Pflegeversicherung auf der Grundlage des § 75 SGB XI erteilten hier spezielle Fortbildungsanforderungen und Regelungen, die die Einrichtungen erfüllen muss.
>
> Ambulante Dienste sind danach verpflicht, einen jährlichen festgelegten Fortbildungsplan zu erstellen und die in den Rahmenverträgen geforderte Weiterbildungsanzahl mit entsprechenden Stunden und Inhalten zu erfüllen. Ambulante Pflegedienste sind gut beraten, wenn sie hier außerhalb der Rahmenverträge eigene Mindestanforderun-

gen und betriebliche Regelung schaffen. So könnten ambulante Pflegedienste innerbetrieblich regeln, dass jeder Mitarbeiter eine Fortbildungspflicht von mindestens 16 Stunden im Jahr hat.

Weil es für Pflegedienste schwierig ist, die Nachweispflicht zu regeln, sollte jedem Mitarbeiter diese Aufgabe selbst übertragen werden. Es könnten z. B. Weiterbildungspässe ( Abb. 3.1) ausgeteilt und diese nach Ablauf des betreffenden Kalenderjahres eingesammelt werden, um sie dann zu kontrollieren. Der Mitarbeiter hat so die Nachweispflicht der im angegebenen Jahr durchgeführten Weiterbildungen. Ergebnisse sollten im Team transparent ausgewertet werden und bei Nichterfüllung Konsequenzen festgelegt sein. Regelmäßige Fort-, Aus- und Weiterbildungen dienen auch als gutes Marketingins-

trument, um den Verbraucher zu zeigen, dass man sich immer auf dem neuesten Stand der pflegewissenschaftlichen Erkenntnisse befindet.

Entscheidend für die Fort-, Aus- und Weiterbildung sind auch innerbetriebliche Regelungen, wer die Kosten für die Fortbildung übernimmt und ob es eine Dienst- oder Freizeitregelung gibt. Pflegedienste sollten hier klare Regelungen treffen, z. B. ob die Einrichtung die Fort-, Aus-, und Weiterbildung organisiert und bezahlt oder der Mitarbeiter seine Freizeit hierfür in Anspruch nimmt, wobei es sich natürlich nur um kleine Fort-, Aus- und Weiterbildungen im Umfang von wenigen Stunden handelt. Auch die Frage des Veranstaltungsortes ist in Bezug auf das Arbeits- und Haftungsrecht zu prüfen. Offene Regelungen sollten durch einen Rechtsanwalt überprüft werden.

| Datum | Inhalt | Veranstalter | Stunden | Hz |
|---|---|---|---|---|
|  |  |  |  |  |
|  |  |  |  |  |
|  |  |  |  |  |
|  |  |  |  |  |
|  |  |  |  |  |
|  |  |  |  |  |
|  |  |  |  |  |
|  |  |  |  |  |
|  |  |  |  |  |
|  |  |  |  |  |
|  |  |  |  |  |
|  |  |  |  |  |

Abb. 3.2. Fortbildungspass

## 3.2    Externe Fortbildung

Der Besuch von Seminaren oder Kongressen stellt immer eine gute Möglichkeit dar, interessante Fortbildungen und Neuentwicklungen auf dem Pflegemarkt kennen zu lernen. Interessante Themen können gezielt ausgewählt werden und meistens ist eine Industrieausstellung angegliedert.

Das Kapitel beschäftigt sich deshalb mit den Fragestellungen:

1. Welche externen Fortbildungen können besucht werden?
2. Welches sind die wichtigsten Seminare und Kongresse?

### Seminare und Kongresse

Die verschiedensten Institute und Veranstalter bieten externe Fort- und Weiterbildungsmöglichkeiten. Über Alten- oder Krankenpflegeschulen, Weiterbildungsinstitute, Fachhochschulen, Berufsverbände oder private Anbieter findet man Angebote zu vielen Themenbereichen. Viele Informationen findet man auch in Fachzeitschriften oder im Internet.

Auch andere Berufsgruppen, etwa Ärzte, Physiotherapeuten, Apotheker, Psychologen oder Seelsorger, können bei der Suche nach Fortbildungsangeboten hilfreich sein.

Im Rahmen der freiwilligen Registrierung von Pflegekräften müssen Fortbildungspunkte erworben werden. Der Besuch von Kongressen oder Seminaren kann in die Berechnung eingehen.

Der Besuch von Kongressen und Seminaren bietet immer die Möglichkeit, neue Entwicklungen in der Pflege kennen zu lernen und gleichzeitig in Workshops oder Fachdiskussionen das eigene Wissen aufzufrischen.

Meistens ist eine Industrieausstellung angegliedert, bei der technische Neuheiten, neue Produkte und Software oder Buchneuerscheinungen vorgestellt werden. Auch der Kontakt zu Ausstellern kann nützliche Informationen liefern.

**Wichtige Kongresse:**

- Hauptstadtkongress, Berlin
- Gesundheitspflege-Kongress, Hamburg
- Rhein-Neckar-Kongress, Mannheim
- Pflegerechtstag Berlin
- Pflegemesse Leipzig
- Altenpflege und ProPflege, Nürnberg und Hannover
- Pflege und Reha, Stuttgart
- MEDICA, Düsseldorf
- Spezialveranstaltungen, z. B für Intensivpflege, Kinderkrankenpflege, Wundmanagement, psychiatrische Pflege, Hygiene, Pflegerecht, Ethik, Pflegemanagement

**Tipps**

Die Informationsweitergabe an alle Mitarbeiter im Rahmen der Teamsitzung ist ein geeigneter Multiplikator der neuen Erkenntnisse.

**Rechtliche Hinweise**

Seminare und Kongresse sind in der ambulanten Pflege, was die Teilnahme und Besucherzahlen anbelangt, noch selten. Dies liegt zum einen an zum Teil hohen Eintrittspreisen, zum anderen aber auch an der permanenten Überlastung der Pflegekräfte innerhalb der Einrichtung und das relativ geringe Vorhandensein von Freizeit- und Dienstkapazitäten.

Sollten Mitarbeiter auf Seminare oder Kongresse geschickt werden, sind klare Regelungen erforderlich, die festlegen, wer die Kosten für den Kongress, aber auch die Reiseunterkunft und Verpflegung bezahlt. Genauso muss geregelt werden, ob es sich um Arbeitszeit oder Freizeit handelt sowie wer bei Unfällen, die sich auf dem Kongress bzw. Seminar ereignen können, haftet. Ambulante Einrichtungen sollten die Chance nutzen, regionale Kongresse und Seminare zu besuchen. Dieses kann zum einen als Auszeichnung für die Mitarbeiter dienen, zum anderen aber auch der fachlichen Weiterbildung des Mitarbeiters und der Einrichtung. Leitungen tun gut daran, delegierte Mitarbeiter und Mitarbeiterinnen zu Seminaren und Kongresse zu schicken und anschließend innerhalb der Einrichtung Vorträge und Zusammenfassungen über das Erlebte halten zu lassen.

Delegationen von Mitarbeitern zu solchen Kongressen und Seminaren sollten nach objektiven Kriterien erfolgen und transparent in der Belegschaft kommuniziert werden. Seminare und Kongresse bieten auch den großen Vorteil des regionalen und überregionalen Austauschs von Kollegen untereinander zu bestimmten fachlichen aber auch zu Strukturproblemen ambulanter Einrichtungen. Viele Einrichtungen müssen keine Angst haben, dass Interna aus derselben nach außen getragen werden, da sicherlich schon bei Einstellung insoweit eine Schweigepflichtserklärung seitens des Mitarbeiters unterzeichnet wurde. Sollte dem nicht so sein, ist die Einrichtung gut beraten, wenn sie sich eine entsprechende Erklärung noch unterzeichnen lässt. Positiv kommuniziertes Arbeitsklima, gute Arbeitsstrukturen und Arbeitsbedingungen und darüber hinaus die Kommunikation der eigenen Mitarbeiter sind Anreizpunkte für andere Einrichtungen, Positionen zu überdenken, Strukturen zu verändern und somit den eigenen Betrieb positiv zu verändern.

## 3.3    Freiwillige Registrierung

Es gibt eine freiwillige, zentrale Erfassung aller beruflich Pflegenden bei einer unabhängigen Registrierungsstelle der Berufsverbände. Damit besteht in Deutschland zum ersten Mal die Möglichkeit, ähnlich wie schon in anderen europäischen Ländern sowie in den USA und Australien, zuverlässige Daten über die Anzahl der in der Berufsgruppe Tätigen, deren Einsatzorte und Qualifikationen zu erheben.

Für die beruflich Pflegenden selbst, aber auch für die Arbeitgeber gilt die Registrierung als Qualitätsprädikat, da nur diejenigen sich als registrierte beruflich Pflegende ausweisen dürfen, die entsprechende Qualifizierungsnachweise erbringen.

## Funktion und Ablauf

Für Pflegekräfte persönlich bedeutet es, nach außen hin zeigen, dass sie sichtbar auf dem Laufenden bleiben, die neuesten Erkenntnisse der Pflege kennen und sich kontinuierlich fortbilden. Auf gesellschaftspolitischer Ebene zeigt sich, dass man zur Professionalisierung der Berufsgruppe durch Erhebung konkreter Daten mit berufspolitischem Gewicht beiträgt.

**Mit der freiwilligen Registrierung werden folgende Ziele angestrebt:**
- Erfassen von Anzahl und Art der Berufstätigkeit und Einsatzorten
- Erfassen der Qualifikation der Mitglieder der Berufsgruppe, Fortbildungskontrolle
- Überwachung/Zertifizierung des Qualifikationsstandes
  - Grundlage für Arbeitgeber zur Personaleinstellung/-haltung
  - Berufliche Qualitätssicherungsmaßnahme
  - Informationsübermittlung zur Stärkung der Berufsgruppe
  - Verbraucherschutz (Qualitätssicherung für die Bevölkerung)

Die Registrierung erfolgt bei der zentralen, unabhängigen, freiwilligen Registrierungsstelle für beruflich Pflegende mit der Geschäftsstelle in Potsdam jeweils für zwei Jahre.

Für die Erstregistrierung ist das ausgefüllte Anmeldeformular einzureichen, zusammen mit den erforderlichen Kopien (z. B. Nachweis des Ausbildungsabschlusses, Erlaubnis zur Führung der Berufsbezeichnung). Die Gebühren für die Erstregistrierung betragen 15,- Euro. Für die Folgeregistrierung, also nach zwei Jahren, wird eine Gebühr von 60,- Euro erhoben.

Zugesandte Unterlagen erleichtern die Nachweisführung der Fortbildungen, gleichzeitig erhält man eine Urkunde und einen Ausweis. Eine erneute Registrierung nach zwei Jahren kann nur erfolgen, wenn die dafür erforderlichen 40 Fortbildungspunkte vorhanden sind.

50% der Fortbildungspunkte sollten im eigenen Fachgebiet bzw. Arbeitsgebiet erworben werden, die anderen 50% fächerübergreifenden Themen gewidmet sein.

Die Kriterien für die Registrierung sind mit dem Deutschen Pflegerat e. V. abgestimmt und eine Liste der Punktevergabe, geordnet nach der jeweiligen Fortbildungsmaßnahme kann bei der unabhängigen Registrierungsstelle angefordert werden (▶ Literaturliste).

willige Registrierung wird in der Zukunft bei der Arbeitsplatzsuche nicht nur für die Pflegekräfte selbst, sondern auch für potenzielle Arbeitgeber eine zunehmende und wichtige Rolle spielen. Sie wird außerdem auch eine Grundvoraussetzung dafür sein, in der politischen Diskussion um die Übernahme ärztlicher Tätigkeiten sowie in der Diskussion über die eigene Verordnungsfähigkeit innerhalb der pflegerischen Kompetenz gegebenenfalls einen Heilberufeausweis zu erhalten. Solange es in Deutschland keine einheitliche und gemeinsame Berufsstandsvertretung wie z. B. eine Kammer gibt, ist es notwendig, dass sich Pflegekräfte registrieren, um ihr eigenes Bildungsniveau offen zu legen und somit auch die Möglichkeit schaffen, valide Zahlen für den sich immer rascher verändernden Pflegemarkt zu bekommen. Wer heute als Pflegekraft Aufgaben der Pflege von morgen übernehmen will, muss bereit sein, seinen eigenen Bildungsstand zu erweitern und dies nachzuweisen, um den wachsenden Herausforderungen pflegerischer Kompetenz des 21. Jahrhunderts gerecht zu werden. Haftungsfragen, Delegations- und Durchführungsverantwortung werden sich in der Zukunft auch wesentlich am Bildungsstand und dessen Nachweis orientieren.

**Rechtliche Hinweise**

Die freiwillige Registrierung ist in Deutschland noch ein sehr junges und zartes Pflänzchen, was aber an Wirkung und Beteiligung deutlich zunimmt. In anderen Ländern, gerade im nordischen Bereich, ist es für Pflegekräfte selbstverständlich, sich von einer unabhängigen Stelle registrieren zu lassen, um den Nachweis zu erbringen, dass sie nicht nur einmal eine qualifizierte Ausbildung absolviert haben, sondern sich regelmäßig über den neuesten Stand der pflegewissenschaftlichen Erkenntnisse informiert und weitergebildet haben.
Freiwillig registrieren heißt, die eigene Leistung und das eigene Verständnis vom Berufsbild und seinen Philosophien und Ausrichtungen nach außen zu zeigen. Die frei-

# Betriebliche Gesundheitsförderung

## 4.1 Burn-out-Syndrom

Beim Burn-out-Syndrom handelt es sich um einen Symptomkomplex, der eine zunehmende Beeinträchtigung der körperlichen und psychischen Leistungsfähigkeit hervorruft. In den Pflegeberufen ist dieses Problem weit verbreitet und zeigt in den letzten Jahren aufgrund der Leistungsverdichtung eine steigende Tendenz. Das Deutsche Institut für Medizinische Dokumentation und Information (DIMDI) hat das Burn-out-Syndrom in die internationale Klassifikation der Krankheiten und verwandter Gesundheitsprobleme (ICD) aufgenommen. Es handelt sich jedoch nicht um ein eigenständiges Krankheitsbild, sondern um einen »Faktor, der den Gesundheitszustand beeinflusst und zur Inanspruchnahme des Gesundheitswesens führt« (ICD 10 Diagnoseschlüssel Z73.0).

Die Betroffenen fühlen sich ausgebrannt und erschöpft. Gerade sehr engagierte Pflegekräfte mit einem hohen Anspruch an die eigene Leistung sind gefährdet. Ein Fortbestehen der Symptome führt zu einer zunehmenden »Schlechtleistung«. Ein frühzeitiges Erkennen der Problematik ermöglicht den Einsatz prophylaktischer Maßnahmen. Im Idealfall erlernt das gesamte Team eines ambulanten Pflegedienstes gemeinsam Techniken, die der Entspannung und Entlastung dienen oder durch gezielte Planung eine bessere Alltagsbewältigung ermöglichen. Unterstützend wirkt auch ein offenes Betriebsklima, in dem ein Gedankenaustausch jederzeit stattfinden kann.

In diesem Kapitel werden im Zusammenhang mit dem Thema Burn-out folgende Problembereiche erläutert:

1. Welche Ursachen hat das Burn-out-Syndrom?
2. Welche Symptome müssen beachtet werden?
3. Welche Maßnahmen dienen der Burn-out-Prophylaxe?

## 4.1.1 Ursachen und Symptome

Das Burn-out-Syndrom tritt bei beruflicher oder privater Belastung auf und beinhaltet einen Symptomkomplex, der von Erschöpfung und »Ausgebranntsein« gekennzeichnet ist. Begünstigt wird das Burn-out-Syndrom durch eine entsprechende Persönlichkeitsstruktur, durch soziale Faktoren und durch eine mangelnde gesellschaftliche Anerkennung.

### Entstehung

Die Betroffenen stellen oft hohe Ansprüche an ihr eigenes Leistungsvermögen und an die Qualität ihrer Arbeit.

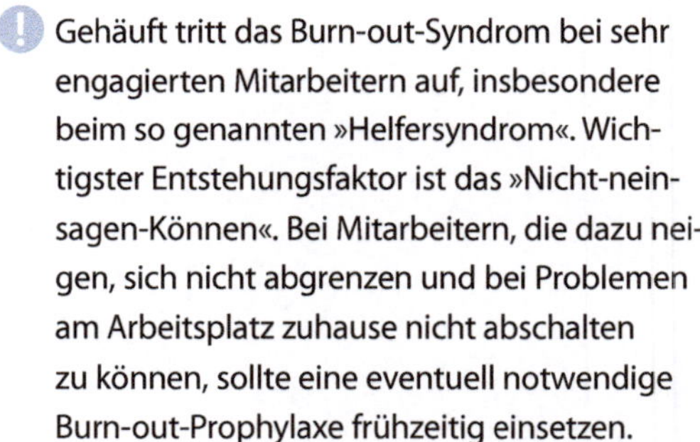 Gehäuft tritt das Burn-out-Syndrom bei sehr engagierten Mitarbeitern auf, insbesondere beim so genannten »Helfersyndrom«. Wichtigster Entstehungsfaktor ist das »Nicht-nein-sagen-Können«. Bei Mitarbeitern, die dazu neigen, sich nicht abgrenzen und bei Problemen am Arbeitsplatz zuhause nicht abschalten zu können, sollte eine eventuell notwendige Burn-out-Prophylaxe frühzeitig einsetzen.

Das »Nichterreichen« der selbst gesetzten Ziele führt zunehmend zu Frustration und Enttäuschung, wodurch eine Verschlechterung der bereits bestehenden Symptome entsteht. Dieser Teufelskreis aus hohen Anforderungen von außen und »Nicht-nein-sagen-Können« bei vorhandener Leistungsbereitschaft begünstigt die Entwicklung gravierender Symptome.

### Symptome des Burn-out

Die Ausprägungen des Burn-out-Syndroms sind unterschiedlich, die Symptome ähneln sich jedoch meistens.

**Symptome:**
- Erschöpfung
- Müdigkeit

- Desinteresse
- Rückzug
- Konzentrationsstörungen
- Schlafstörungen
- Soziale Isolation
- Interessenverlust
- Aggressives und gereiztes Verhalten
- Vereinsamung
- Desorganisation
- Körperliche Symptome, z. B. Rückenbeschwerden, Kopfschmerzen, Magen-Darm-Beschwerden, Infektanfälligkeit

### 4.1.2 Burn-out-Prophylaxe

Das Burn-out-Syndrom kann durch gezielte Prävention verhindert werden. Der erste Schritt der Prophylaxe ist das frühzeitige Erkennen einer Gefährdung.

Der betroffene Mitarbeiter sollte bei den ersten Anzeichen einer Burn-out-Symptomatik direkt und offen angesprochen werden.

> **Tipps**
>
> In den meisten Fällen ist den Betroffenen selbst das Problem gar nicht bewusst. »Ich bin eben im Moment nicht so gut drauf« ist eine häufige und akzeptierte Aussage. Dadurch wird die Situation erst einmal vertagt. Eine Verbesserung ist so allerdings nicht zu erwarten.

Wird eine Gefährdung erkannt, sollte eine Beratung und Unterstützung des Mitarbeiters einsetzen. Die Bewältigung des Alltags im privaten und beruflichen Bereich muss reflektiert werden. Dem Mitarbeiter bleibt es aber freigestellt, ob er Hilfe in Anspruch nehmen möchte.

> ❶ Eine offene, kommunikative Atmosphäre im Team stellt für alle Mitarbeiter eine Gesundheitsförderung dar.

Ein entscheidender Faktor ist die Gestaltung und der Erholungswert der Freizeit. Gerade

❏ **Abb. 4.1.** Burn-out

Mitarbeiter, die familiär sehr eingespannt sind, leiden unter mangelnder Freizeitgestaltung. Selbst wenn nur geringe zeitliche Ressourcen vorhanden sind, entscheidet die Qualität der Freizeitgestaltung über den Erholungswert.

Ein mangelndes Selbstwertgefühl beeinträchtigt die Vereinbarkeit von Beruf, Familie und Freizeit. Die Überwindung der negativen Einstellung gegenüber der eigenen Person kann durch verschiedene Techniken verbessert werden.

**Burn-out-Prophylaxe:**

- Entspannungstechniken
- Gezielte Freizeitgestaltung
- Selbstmanagement (▶ Kap. 4.2)
- Selbstpflege (▶ Kap. 4.2)

- Gezielter Einsatz von Bewegung
- Hinterfragen der eigenen Werte und Ziele
- »Genusstraining«

Der größte Teil dieser Techniken kann schnell und problemlos erlernt werden. Danach kann man anhand der individuellen Vorlieben ausprobieren, welche Methode am besten passt. Während der eine ruhige Techniken, wie Autogenes Training oder Yoga bevorzugt, möchte der andere sich lieber in einem Fitnesscenter verausgaben.

Auch bei der Freizeitgestaltung gilt es, zunächst die eigenen Wünsche und Bedürfnisse zu ermitteln und neue Hobbys nach Möglichkeit auszuprobieren. Der erforderliche Zeitrahmen muss entsprechend geschaffen werden. Im Übrigen kennt fast jeder Mensch Dinge, die er schon immer einmal gerne tun wollte.

Sollten die Maßnahmen der Burn-out-Prophylaxe nicht mehr ausreichen, muss selbstverständlich professionelle Hilfe, etwa durch einen Psychologen oder einen Psychiater, in Anspruch genommen werden.

> **Tipps**
>
> Der größte Teil der prophylaktischen Maßnahmen kann auch im Team stattfinden. Anstelle interner Fortbildungen erlernt das Team gemeinsam Techniken, die entlastend wirken. Dabei sollte man jedoch nicht vergessen, dass nicht nur die Pflegekräfte gefährdet sind. Auch hauswirtschaftliche Mitarbeiter, Geschäftsführung, Verwaltung und Pflegedienstleitung sollten mit den Techniken der Burn-out-Prophylaxe vertraut sein.

### Rechtliche Hinweise

Burn-out spielt nicht nur in der ambulanten Pflege, sondern innerhalb des gesamten Arbeitsmarktes eine immer größer werdende Rolle. Vielfältigste Ursachen und Lösungsansätze wie Prophylaxe und Prävention sind bereits beschrieben.

Burn-out hat aber auch haftungs- und leistungsrechtliche Konsequenzen, wenn es um die Delegation von Behandlungs- oder Pflegemaßnahmen der Pflegedienstleitung an Mitarbeiter mit beginnendem oder vermutetem Burn-out geht. Pflegedienstleitungen müssen hier bei kleinsten Anzeichen den Dialog mit dem Mitarbeiter suchen und Empfehlungen wie Arztbesuche, Krankschreibung oder psychotherapeutische Behandlungen empfehlen.

Burn-out ist ein ernstzunehmendes gesellschaftliches Problem! Die Auswirkungen bei Nichterkennen dieser Systematik sind in Bezug auf Behandlungsfehler, Unfälle und Arbeitsrechtsprozesse kaum abschätzbar. Pflegedienste haben beim Burn-out-Syndrom auch die Möglichkeit, den Betriebsarzt hinzuzuziehen, und um Rat zu fragen. Klare und offene Kommunikation, menschliches Feingefühl und Teamarbeit haben hierbei oberste Priorität. Einrichtungen haben zwischen dem Schutz des Patienten, dem Schutz des Mitarbeiters und dem Schutz der Einrichtung abzuwägen.

Wenn die Delegation oder Durchführung bestimmter Maßnahmen von den betroffenen Mitarbeitern nicht mehr zu verantworten ist, sind entweder arbeitsrechtliche Schritte einzuleiten oder der Mitarbeiter zu beurlauben. Dies ist nur unter Zahlung voller Bezüge möglich. Die bereits angesprochenen Einleitungen von therapeutischen Maßnahmen auf der Grundlage einer Krankschreibung sind sicher der beste und geeignetste Weg für den Mitarbeiter, genauso wie für die Einrichtung und den Patienten. Pflegedienstleitungen müssen genau prüfen und analysieren, um welche Situationen es sich handelt und welche Maßnahmen eingeleitet werden sollten.

## 4.2　Selbstmanagement und Selbstpflege

In der Pflege wird die eigene Person im Allgemeinen nicht wahrgenommen. Die Beobachtung, die Kreativität und die Problemlösung konzentrieren sich auf den Patienten. Diese Selbstmissachtung oder Selbstvernachlässigung kann zu Einbußen der Arbeitszufriedenheit und der körperlichen oder psychischen Verfassung führen.

Auch in der ambulanten Pflege gibt es enttäuschte, demotivierte Mitarbeiter, die ihre Idealvorstellungen von Pflege verloren haben. Die Arbeit wird zunehmend als Belastung empfunden und der Mitarbeiter fühlt sich dieser Situation hilflos ausgesetzt.

Eine Veränderung der eigenen Arbeitssituation kann durch Selbstmanagement erreicht werden. Die Optimierung der organisatorischen Abläufe bei der Tagesplanung durch ein effektives Zeitmanagement kann ebenfalls zu einer Verbesserung führen.

Ein weiterer Faktor, der die individuelle Situation beeinflusst, ist die Selbstpflege. Defizite in diesem Bereich wirken sich über kurz oder lang auf das Wohlbefinden oder gar auf den Gesundheitszustand aus. Das Erlernen von Selbstpflegekompetenzen führt zu einem bewussteren Umgang mit sich selbst und somit zu einer Steigerung des Wohlbefindens, der körperlichen Leistungsfähigkeit und der Zufriedenheit.

Wichtige Fragestellungen in Zusammenhang mit Selbstmanagement und Selbstpflege in diesem Kapitel sind:

1. Wie funktioniert Selbstmanagement?
2. Wie könnte ein Tagesplan aussehen?
3. Welche Selbstpflegekompetenzen können zum Einsatz kommen?

### 4.2.1　Selbstmanagement

Das Wissen um eigene Charaktereigenschaften, die die Arbeitsorganisation beeinflussen, ist ein erster Schritt bei der Anwendung von Selbstmanagement-Techniken. Jeder Mensch reagiert anders auf Leistungsdruck und Anforderungen im Arbeitsalltag.

> Während der eine erst unter Zeitdruck zu Höchstform aufläuft, wird der andere dadurch nervös, unkonzentriert und neigt zu Fehlern. Es ist deshalb wichtig, die eigene Reaktion auf Stress zu beobachten, um den Stress adäquat verarbeiten zu können. Sobald man den eigenen Stresstyp kennt, weiß man, wie viel Stress man sich zumuten kann.

Ein bedeutender Faktor des Selbstmanagements ist die Planung der eigenen Arbeit. Alle anfallenden Aufgaben werden in einer To-do-Liste gesammelt. Die Liste sollte nach Möglichkeit in großer Schrift und eventuell auch farbig erstellt werden, etwa mit einem dicken Filzstift. Sobald eine Aufgabe erledigt wurde, darf sie auf der Liste durchgestrichen werden.

Dabei sollte man Aufgaben in drei Kategorien einteilen:

**Aufgabenkategorien:**
A: sehr wichtige Aufgaben, die dringend erledigt werden müssen
B: wichtige Aufgaben, die bald erledigt werden müssen
C: nicht so wichtige Aufgaben, die irgendwann erledigt werden können

Aufgaben der Kategorie A müssen bei der Zeitplanung zuerst berücksichtigt werden. Aufgabe der Kategorie B können eingeplant werden, wenn noch Kapazität besteht. Aufgaben der Kategorie C können eventuell delegiert werden.

Hat man alle Aufgaben der To-do-Liste erledigt, sollte man sich selbst für die Ausdauer belohnen. Für die Leistungsfähigkeit sind Phasen der Erholung unerlässlich. Auch diese müssen geplant werden, finden jedoch nur statt, wenn tatsächlich alle geplanten Aufgaben erfüllt wurden, es sei denn, bestimmte Aufgaben konnten aus triftigen Gründen nicht erledigt werden.

Hierfür sollte man überlegen, was als Belohnung in Frage kommt: ein abendlicher Saunabesuch, eine Verabredung mit Freunden oder eine gemütliche Stunde mit einem guten Buch auf dem Sofa, je nach individuellen Vorlieben.

## Zeitmanagement

Das Wissen um die eigene Belastbarkeit beeinflusst das Zeitmanagement und ist deshalb Grundvoraussetzung für die Erstellung eines Tages-, Wochen- oder Monatsplans.

Zeitmanagement beinhaltet den bewussten Umgang mit den eigenen Zeitressourcen und die detaillierte Planung der Arbeitszeit.

> **Tipps**
>
> Bevor ein Zeitplan erstellt wird, sollten zunächst »Zeitfresser« identifiziert und ausgeschaltet werden.

Dabei handelt es sich beispielsweise um störende Telefonate oder Gespräche während einer Aufgabe, die höchste Konzentration erfordert, oder um Beeinträchtigungen der Arbeitsabläufe durch fehlende Materialien, die gesucht werden müssen.

Unter Berücksichtigung der Zeitfresser und der Aufgabenkategorien sollten nun für jeden Arbeitstag anhand der To-do-Liste ein Zeitplan (▶ Anhang 6) erstellt werden und zusätzlich eine längerfristige Planung der Woche oder des Monats. Aufgaben der Kategorie A werden nach Möglichkeit in den Tagesplan aufgenommen, wobei entsprechende Ruhezeiten eingeplant werden müssen. Aufgaben der Kategorie B werden in den Wochenplan oder den Monatsplans verteilt. Bei den Aufgaben der Kategorie C muss überlegt werden, ob sie überhaupt in die Planung aufgenommen wer-

den müssen oder ob sie an eine andere Stelle delegiert werden können.

Im Anhang 6 wird ein Tagesplan beispielhaft dargestellt (▶ Anhang 6). Hier wird auch deutlich, dass die notwendigen Informationen, wie Telefonnummern, schon in den Tagesplan eingetragen werden sollten.

Der Tagesplan wird bereits am Vortag erstellt, so dass der Arbeitstag direkt beginnen kann. Selbstverständlich muss im Verlauf des Arbeitstages der Zeitplan gut sichtbar sein, um die Einhaltung der Planung überprüfen zu können.

Am Ende eines Arbeitstages wird die Planung für den nächsten Tag erstellt. Außerdem wird der Schreibtisch oder Arbeitsplatz so gründlich aufgeräumt, als würde man in Urlaub fahren.

> **Tipps**
>
> Der nächste Arbeitstag kann dann ohne Ballast und gut geplant pünktlich beginnen.

## 4.2.2 Selbstpflege

Unter Selbstpflege versteht man im Allgemeinen die Fähigkeit zur Aufrechterhaltung der Körperfunktionen, um eigene Bedürfnisse zu erfüllen. Der Begriff stammt ursprünglich aus dem Pflegemodell von Dorothea E. Orem und ermöglicht die umfassende Planung der Pflege.

In der letzten Zeit hat der Begriff noch eine zusätzliche Bedeutung gewonnen. Unter Selbstpflege versteht man nun auch die Fähigkeit, sich selbst »etwas Gutes zu tun«.

Auch das Selbstcoaching wird mittlerweile dem Begriff Selbstpflege zugeordnet. Selbstpflege beinhaltet also mehr als die Aufrechterhaltung von reinen Körperfunktionen, auch die Stressbewältigung, das Zeitmanagement, die Selbstmotivation und das »Sich-selbst-Verwöhnen« gehören dazu.

Um alle Faktoren der Selbstpflege zu berücksichtigen, ist es hilfreich, den folgenden Fragen-

**▣ Tab. 4.1.** Fragenkatalog zur Selbstpflege

| Aspekt der Selbstpflege | Ja | Nein |
|---|---|---|
| Mit meiner Arbeitsbelastung komme ich gut zurecht? | | |
| Meinen Arbeitstag kann ich gut planen? | | |
| An meinem Arbeitsplatz bin ich zufrieden? | | |
| Zu meinen Kollegen habe ich ein gutes Verhältnis? | | |
| Ich beende meinen Arbeitstag rechtzeitig? | | |
| Ich mache nur in Ausnahmefällen Überstunden? | | |
| Ich genieße meine Freizeit? | | |
| Ich plane meine Freizeit? | | |
| In meiner Freizeit tue ich das, was ich möchte? | | |
| Ich freue mich auf Freizeitaktivitäten? | | |
| In meiner Freizeit pflege ich Kontakte zu Familie, Freunden und Bekannten? | | |
| Ich bekomme ausreichend Schlaf? | | |
| Wenn ich morgens aufwache, fühle ich mich frisch und erholt? | | |
| Ich achte auf ein ausreichendes Frühstück? | | |
| Ich ernähre mich ausgewogen? | | |
| Ich nehme meine Mahlzeiten in ruhiger und angenehmer Atmosphäre ein? | | |
| Ich bewege mich ausreichend? | | |
| Ich bin mindestens einmal in der Woche sportlich aktiv? | | |
| Ich halte mich mindestens einmal am Tag an der frischen Luft auf? | | |
| Ich kann über meine Gefühle mit einer Vertrauensperson sprechen? | | |
| Ich kann Konflikte ansprechen und lösen? | | |
| Insgesamt fühle ich mich wohl und ausgeglichen? | | |

katalog (▣ Tab. 4.1) in regelmäßigen Abständen für sich selbst zu beantworten.

Je mehr Fragen mit »Ja« beantwortet werden können, desto ausgeprägter sind die Selbstpflegefähigkeiten. Wird ein großer Teil der Fragen mit »Nein« beantwortet, erhält man aus der Tabelle Hinweise auf die Bereiche, die noch problematisch sind und verbessert werden können.

Ziel ist es, alle Aspekte der Selbstpflege zu berücksichtigen, dabei handelt es sich jedoch um einen Idealzustand, der nicht jederzeit erreichbar ist.

❗ Es sollte jedoch immer darauf geachtet werden, dass die Phasen mangelnder Selbstpflege von Phasen der Erholung und des »Sich-selbst-Verwöhnens« abgelöst werden. Vorübergehender Stress ist nicht schädlich, wenn absehbar ist, dass es sich nicht um einen Dauerzustand handelt.

### Rechtliche Hinweise

Selbstreflexion ist die Betrachtung und Bewertung der eigenen Personen in Bezug auf Qualifikation, Durchführung von Tätigkeiten und Anforderungsprofilen und sollte Grundvoraussetzung eines jeden Menschen sein. In der ambulanten Pflege gewinnt diese Selbstbetrachtung an Bedeutung. Mitarbeiter, die die eigene Personen nicht einschätzen, können auch nicht absehen, ob und wie sie ihrer Remonstrationspflicht nachkommen, d. h. das Recht und die Pflicht eine gefahrengeneigte Versorgung schriftlich und damit nachweislich anzuzeigen.

Remonstration ist die Anzeige an die vorgesetzte Stelle, dass man selber aus klar definiertem Grund eine bestimmte Maßnahme, eine Behandlung, Pflege oder Therapie nicht durchführen kann. Das im vorangegangenen Kapitel Burn-out beschriebene Krankheitsbild kann ein Grund mangelnder oder zu mindestens zweifelnder Selbsteinschätzung sein. Die Pflegedienstleitung ist hier in ihrer Führungsqualität gefragt, mit ihrem Team bzw. einzelnen Mitarbeitern über die Selbstreflexion und deren Folgen ins Gespräch zu kommen. Aufklärung ist dabei der richtige Weg, um Mitarbeiter in die Lage zu versetzen, die Gesamtsituation und deren eventuelle Folgen richtig einschätzen zu können.

# Teil II Patienten und Angehörige

# Patienten- und Angehörigenarbeit

## 5.1    Beratungsgespräch

Die Bedeutung der Beratung hat in den letzten Jahren deutlich zugenommen, weshalb die Beratung im Allgemeinen in die jeweils neuen Fassungen des Altenpflege- und Krankenpflegegesetzes aufgenommen wurde. Resultat dieses neuen Schwerpunkts ist auch die geänderte Berufsbezeichnung Gesundheits- und Krankenpflege oder Gesundheits- und Kinderkrankenpflege.

Die Beratung wird als gesundheitsfördernd und Krankheiten vermeidend betrachtet, so dass man davon ausgeht, durch intensive Beratung das Gesundheitsverhalten positiv zu beeinflussen. Durch dieses gesundheitsbewusste Verhalten sollen Krankheiten verhindert und Behandlungskosten gesenkt werden.

In der ambulanten Pflege hat die Beratung jedoch noch eine ganz andere Bedeutung. Es handelt sich dabei vor allem bei der Beratung im Erstgespräch um eine vertrauensbildende Maßnahme.

Die Sinnhaftigkeit der Beratung sollte sicher nicht in Abrede gestellt werden, allerdings muss die beratende Pflegekraft sich selbst immer wieder davon überzeugen, dass der Patient auch tatsächlich beraten werden möchte. Ist dies nicht der Fall, wird er die Ratschläge kaum umsetzen.

Wichtige Inhalte dieses Kapitels im Zusammenhang mit dem Themenkomplex Beratung sind deshalb die folgenden Fragestellungen:

1. Welche Bedeutung hat die Beratung?
2. Welche Inhalte sollten im Erstgespräch berücksichtigt werden?

### 5.1.1    Pflegeberatung

Gesundheit und Unabhängigkeit werden mit zunehmendem Alter als ein erstrebenswertes Gut empfunden. Dadurch sind gesundheitsbewusstes Verhalten und eine entsprechende Beratung auch in der Pflege in den Vordergrund getreten.

Das Krankenpflegegesetz (KrPflG) und das Altenpflegegesetz wurden deshalb in § 3 um das Ausbildungsziel »Beratung, Anleitung und Unterstützung von Patientinnen und Patienten und ihrer Bezugspersonen in der individuellen Auseinandersetzung mit Gesundheit und Krankheit« ergänzt. Auch die Änderung der Berufsbezeichnung »Gesundheits- und Krankenpfleger« bzw. »Gesundheits- und Kinderkrankenpfleger« sind Ausdruck dieser Entwicklung.

Beratung kann jederzeit stattfinden und ist normalerweise Bestandteil von alltäglichen Pflegesituationen. Eine spezielle Form der Beratung ist das Erstgespräch (▸ Kap. 5.1.2), bei dem eine umfassende und gezielte Beratung erfolgt, die auch dazu beiträgt, das Vertrauen des Patienten und der Angehörigen zu gewinnen.

Schwierigkeiten und Probleme, die in einer alltäglichen Beratungssituation auftreten können, werden im folgenden Beispiel deutlich.

> **Beispiel**
>
> Die Bezugspflegekraft Andrea kommt wie jeden Morgen zu Frau Zimmermann.
> Andrea: »Guten Morgen, Frau Zimmermann, wie geht es Ihnen heute?«
> Frau Zimmermann: »Eigentlich ganz gut, ich hatte nur mal wieder große Probleme mit dem Stuhlgang. Ich habe aber gestern Abend ein Abführmittel genommen und heute früh hat es zum Glück geklappt.«
> Andrea: »Ach, damit sollten Sie aber sehr vorsichtig sein. Das dürfen Sie nicht so oft einnehmen. Sonst bekommen Sie noch mehr Schwierigkeiten mit der Verdauung.«
> Frau Zimmermann: »Ja, was soll ich denn machen? Ich neige eben zu Verstopfung und das ist auch nicht gerade sehr angenehm. Ich hatte schon zwei Tage richtige Bauchschmerzen.«
> Andrea: »Sie müssen eben versuchen, die Verdauung mit anderen Mitteln anzuregen, z. B. viel trinken.«

Frau Zimmermann: »Ach je, Sie können sich gar nicht vorstellen, wie viel ich trinke! Ich kann schon kein Wasser mehr sehen. Ich habe ja auch gar nicht soviel Durst.«
Andrea: »Und dann ist es auch wichtig, dass Sie sich viel bewegen, das regt den Darm an.«
Frau Zimmermann: »Das würde ich schon gerne, aber Sie wissen ja, dass ich dann immer solche Schmerzen in den Knien bekomme. Und außerdem hat der Herr Doktor gesagt, ich könnte das Abführmittel ruhig einnehmen. Es hätte ja gar nicht so viele Nebenwirkungen.«

**Abb. 5.1.** Beratungseinsatz

In diesem Gespräch wird deutlich, dass eine erfolgreiche Beratung von verschiedenen Faktoren abhängt. Zunächst muss ein Wille, sich beraten zu lassen, vorhanden sein. Beratung kann nicht erzwungen werden. Die Person, die beraten wird, ist normalerweise ein Ratsuchender. Das bedeutet, dass sie einen Rat erteilt bekommen möchte und dann selbst entscheidet, ob sie diesen Rat annehmen will.

Eine Beratung ist keine Belehrung. Der Patient oder seine Angehörigen möchten als eigenständige Person über ihr Verhalten nachdenken und auch entsprechend beraten werden. Wenn stattdessen ein Gespräch mit »lehrmeisterlichem« Tonfall stattfindet, nimmt die Aufgeschlossenheit der Beratung gegenüber deutlich ab.

Die Fähigkeit zur Beratung setzt eine gewisse Autorität, vor allem aber Fachkompetenz sowie Kommunikationsfähigkeit voraus. In diesem Fall wird die Autorität der Pflegekraft zwar akzeptiert, sie wird jedoch auch mit der Autorität des Hausarztes verglichen. Die Patientin entscheidet sich in diesem Fall, der ärztlichen Autorität mehr Glauben zu schenken.

Auch die Beratungsinhalte beeinflussen die Compliance. Wenn dem Patienten Vorschläge unterbreitet werden, die für ihn unangenehm, schmerzhaft, mühsam oder sonst irgendwie mit negativen Emotionen verbunden sind, vermeidet er möglicherweise deren Realisierung.

Möglicherweise ist der Patient gar nicht in der Lage, die Beratung umzusetzen, obwohl er den Inhalten eigentlich rational zustimmt. So macht es wenig Sinn einem Alkoholabhängigen zu empfehlen, auf den Alkohol zu verzichten. Auch wenn er diesen Rat vernünftig findet, kann er ihn nicht ohne weitere Unterstützung berücksichtigen.

## 5.1.2 Erstgespräch

Im täglichen Leben entscheidet der erste Eindruck fast immer über die weitere Beziehung. Der erste Kontakt ist deshalb auch die »Visitenkarte« eines ambulanten Pflegedienstes und gleichzeitig eine vertrauensbildende Maßnahme.

Pflegedienste sollten diese Wirkung nicht unterschätzen und nur Mitarbeiter zum Erstgespräch schicken, die von der Ausstrahlung, dem Kommunikationsverhalten und dem fachlichen Wissen in der Lage sind, auf die Probleme der Patienten und Angehörigen einzugehen, und eine schnelle und klare Analyse der Situation vor Ort vornehmen können, um daraus entsprechende Handlungsfelder abzuleiten. Erstgespräche sollten immer dokumentiert werden. Einrichtungen sollten hierfür entsprechende Standards entwickeln.

## Inhalte des Erstgesprächs

Es ist unerlässlich, im Erstgespräch eine umfassende Beratung durchzuführen, bei der alle wichtigen Themen angesprochen werden. Insbesondere die genaue Darlegung der finanziellen Belastung, mit der der Patient oder seine Angehörigen zu rechnen haben, muss im Erstgespräch nachvollziehbar erfolgen.

> Dadurch vermeidet man, dass der Kunde sich bei Rechnungsstellung betrogen oder übervorteilt fühlt.

Darüber hinaus sollten wichtige organisatorische Dinge, etwa die gewünschte Uhrzeit, ausdrücklich besprochen werden. Selbstverständlich muss zunächst der genaue Pflegebedarf erhoben werden. Um dies detailliert und lückenlos zu erfragen, ist es sinnvoll ein Formular oder eine Checkliste (▶ Anhang 7) einzusetzen. Dadurch wird einerseits gewährleistet, dass keine Teilbereiche der Pflege vergessen werden, und andererseits, dass keine wichtigen Informationen verloren gehen.

> **Tipps**
>
> Der Mitarbeiter, der die Bezugspflege übernimmt, kann sich schon im Vorfeld ausführlich informieren.

Aus diesem Grund muss das verwendete Formular vollständig ausgefüllt und für das Erstgespräch ein realistischer Zeitbedarf angesetzt werden.

Gerät die Pflegekraft, die das Erstgespräch durchführt, unter Zeitdruck, besteht die Gefahr, dass hinterher wichtige Informationen fehlen. Außerdem ist eine entspannte Gesprächsatmosphäre für die weitere Pflegebeziehung ausschlaggebend.

> **Tipps**
>
> Prinzipiell sollte der Erstkontakt in angenehmer, freundlicher, aufgeschlossener und ehrlicher Atmosphäre stattfinden, wobei das Zuhause des Patienten sich als Gesprächsort
> ▼

> am besten eignet. Der Patient fühlt sich dort sicher und geborgen und die Bezugspflegekraft kann die Räumlichkeiten ansehen, um notwendige Hilfsmittel schon im Vorfeld zu organisieren.

## Teilnehmer

Für den zukünftigen Patienten oder seine Angehörigen wird die Wichtigkeit des Gesprächs verdeutlicht, wenn der Geschäftsführer oder die Pflegedienstleitung selbst das Erstgespräch durchführen. Im Idealfall nimmt auch die Pflegekraft teil, die voraussichtlich die Bezugspflege übernehmen wird.

In vielen Fällen wird der Kontakt zu einem Pflegedienst von Angehörigen hergestellt. Gerade bei dementen Patienten sollte eine Person anwesend sein, die genaue Auskünfte über individuelle Vorlieben des Patienten geben kann. Eventuell muss zur Abklärung der finanziellen Situation auch der gesetzliche Betreuer hinzugezogen werden.

> Möglicherweise ist der Betroffene aufgrund kognitiver Defizite nicht mehr in der Lage, die Tragweite seiner Entscheidungen einzuschätzen und entsprechende Unterschriften zu leisten. Es sollte dann zunächst abgeklärt werden, ob eine gesetzliche Betreuung (▶ Kap. 6.1) vorliegt. Im Zweifelsfall muss die Geschäftsfähigkeit durch den Hausarzt attestiert werden.

### 5.1.3 Beratungseinsatz nach § 37,3 SGB XI

Als Instrument der Qualitätssicherung ist der Beratungseinsatz im Sozialgesetzbuch zur Pflegeversicherung vorgesehen. Dadurch soll die Qualität der häuslichen Versorgung gewährleistet und verbessert werden. Voraussetzung hierfür ist die Beratungskompetenz der Pflegefachkraft, die den Beratungseinsatz vornimmt.

Für ambulante Pflegedienste und für Pflegedienste kann der Beratungseinsatz rechtliche Konsequenzen nach sich ziehen. Aus diesem Grund müssen die gesetzlichen Grundlagen der Durchführung berücksichtigt werden.

## Gesetzliche Grundlagen

Zur Sicherung der Pflegequalität in der häuslichen Situation durch fachliche Unterstützung hat der Gesetzgeber die regelmäßige Beratung von Patienten und Angehörigen im Pflegeversicherungsgesetz festgeschrieben. Bei diesen Gelegenheiten sollen Hilfsangebote, zusätzlich erforderliche Pflegeleistungen, Beratungen zur Anpassung des Wohnraums, geeignete Hilfsmittel und andere unterstützende Angebote für den Pflegebedürftigen oder seine Angehörigen überprüft werden. Ziel ist dabei die Vermeidung von Verwahrlosung, Vernachlässigung oder Überforderung der Pflegeperson.

> § 37,3 Pflegebedürftige, die Pflegegeld nach Absatz 1 beziehen, haben
> 1. bei Pflegestufe I und II einmal halbjährlich
> 2. bei Pflegestufe III einmal vierteljährlich
> eine Beratung in der eigenen Häuslichkeit durch eine zugelassene Pflegeeinrichtung oder, sofern dies durch eine zugelassene Pflegeeinrichtung vor Ort nicht gewährleistet werden kann, durch eine von der Pflegekasse beauftragte, jedoch von ihr nicht angestellte Pflegefachkraft abzurufen. Die Beratung dient der Sicherung der Qualität der häuslichen Pflege und der regelmäßigen Hilfestellung und praktischen pflegefachlichen Unterstützung der häuslich Pflegenden. Die Vergütung für die Beratung ist von der zuständigen Pflegekasse, bei privat Pflegeversicherten von dem zuständigen privaten Versicherungsunternehmen zu tragen… Sie beträgt in den Pflegestufen I und II bis zu 16 Euro und in der Pflegestufe III bis zu 26 Euro.

Pflegebedürftige werden also dazu verpflichtet, eine Beratung in Anspruch zu nehmen. Gleichzeitig werden die beratenden Fachkräfte dazu verpflichtet, der Pflegekasse die Durchführung des Einsatzes zu bestätigen und die Ergebnisse und Erkenntnisse über Möglichkeiten zur Verbesserung der Pflegesituation sowohl an die Pflegekasse als auch an den Pflegebedürftigen mitzuteilen.

Ein spezielles Mitteilungsformular wird von den Pflegekassen zur Verfügung gestellt, die Informationsübermittlung an die Pflegekasse erfolgt jedoch nur mit Einverständnis des Betroffenen.

> ❗ Findet der Einsatz nicht regelmäßig statt, weil der Pflegebedürftige ihn nicht abruft, hat die Pflegekasse oder der private Pflegeversicherer das Recht, das Pflegegeld angemessen zu kürzen und im Wiederholungsfall zu entziehen.

## Durchführung

Im Idealfall orientiert sich die Durchführung des Beratungseinsatzes nach § 37,3 SGB XI an einem einrichtungsinternen Standard. Aus juristischen Gründen ist eine ausführliche und eindeutige Dokumentation für alle Beteiligten notwendig, da der Pflegebedürftige mit Sanktionen rechnen muss, wenn kein entsprechender Nachweis vorliegt.

Auch der Pflegedienst kann bei nicht ordnungsgemäßer Durchführung mit rechtlichen Problemen konfrontiert werden. Bei so genannten »Gefälligkeitsgutachten« muss der durchführende ambulante Pflegedienst bzw. die ausführende Pflegefachkraft mit Konsequenzen rechnen.

### ❯ Beispiel

Aufsehen erregte der Fall eines Pflegebedürftigen aus Mannheim, der von einer 56-jährigen Betreuerin wiederholt misshandelt wurde. Eine Videoaufzeichnung der Vorkommnisse wurde im Fernsehen ausgestrahlt (zur Erläuterung: die Videokamera war von der Bezugsperson angebracht worden, um den zu Pflegenden bei Abwesenheit zu beobachten. Ein Funker hat die Funksignale zufällig empfangen). Die Frau vernachlässigte, quälte und schlug den 91-Jährigen über einen längeren Zeitraum, so dass er sich in einem sehr schlechten Zustand befand, als der ambulante Pflegedienst den Beratungseinsatz durchführte. Außer hygienischen Mängeln wurden jedoch keine Beanstandungen dokumentiert. Der Pflegedienst wurde wegen des vorher erfolgten »Gutachtens«, dass die Pflege bis auf hygienische Mängel in Ordnung sei, tatsächlich aber eine hochgradige Vernachlässigung vorlag, zur Verantwortung gezogen.

⊘ Unabhängig davon, welchen positiven Effekt die Überwachung mit der Videokamera in diesem Fall hatte, ist der Einsatz von Überwachungskameras, Babyphon etc. zur Überwachung von Erwachsenen strittig. Es stellt einen massiven Eingriff in die Persönlichkeitsrechte des Betroffenen dar, für den eine Zustimmung des Betroffenen vorliegen muss.

Kommt der Pflegedienst durch die von ihm geleistete Beratung z. B. im Rahmen des Pflegebesuchs nach § 37, Absatz 3 zu dem Ergebnis, dass die Pflegequalität nicht ausreichend gesichert ist, oder dass eine Gefährdung des Patienten droht, hat er umgehend den entsprechenden Kostenträger zu informieren. Auch hier erleichtert eine klare und lückenlose Dokumentation die Argumentation gegenüber den Versicherten und den Kostenträgern.

Eine sachgerechte Durchführung des Beratungseinsatzes kann durch folgende Maßnahmen gewährleistet werden:

**Beratungseinsatz nach § 37,3:**
- Planung, Vorbereitung und rechtzeitige Organisation der Einsätze
- Fundiertes Wissen, Erfahrung und Einschätzungskompetenz der Fachkraft
- Beratungsgespräch mit Patient und Angehörigen, ggf. Einzelgespräch
- Information über geeignete Unterstützungsangebote und Hilfsmittel

- Gegebenenfalls Verwendung einer einrichtungsinternen Dokumentation
- Verwendung des Meldeformulars der Pflegekasse
- Einverständnis des Pflegebedürftigen für die Mitteilung an die Pflegekasse

Sofern ein einrichtungsinterner Standard erstellt wird, sollten diese Punkte inhaltlich berücksichtigt werden. Hilfreich ist außerdem die Erarbeitung einer Informationsmappe mit regionalen Hilfsangeboten, über die der Patient oder seine Angehörigen dann im Bedarfsfall direkt informiert werden können.

Viele ambulante Pflegedienste haben auch einen eigenen Beratungsleitfaden erarbeitet, an dem sich das Beratungsgespräch orientiert, so dass gewährleistet wird, dass wichtige Inhalte nicht vergessen werden. Dies ist sehr wichtiger, da der Zeitbedarf für das Gespräch im Einzelfall in keiner Relation zum Honorar für die Beratung steht, auch wenn eine Anhebung auf 21 bzw. 31 Euro vorgesehen ist.

---

**Tipps**

Pflegebedürftige, bei denen ein erheblicher Bedarf an allgemeiner Beaufsichtigung und Betreuung nach § 45a festgestellt ist, sind berechtigt, den Beratungseinsatz innerhalb der jeweiligen Zeiträume zweimal in Anspruch zu nehmen.

---

**Rechtliche Hinweise**

Spätestens mit dem Inkrafttreten des Pflegeweiterentwicklungsgesetzes (PfWG) zum 01.07.2008 hat die Beratung einen völlig neuen Stellenwert in ambulanten Pflegediensten eingenommen. Es geht nicht mehr nur um die rein pflegefachliche Beratung, sondern auch um Leistungsrecht und Leistungspflicht sowie um Versorgungsmöglichkeiten und Strategien im Umgang mit Problemen, Fragen und Defiziten beim betroffenen Patienten. Was aber darf ein Pflegedienst beraten und was nicht? Pflegedienste befinden sich im Konflikt, auf der einen Seite umfassende Hilfe, Betreuung, Beratung und Hilfestellung zu geben und auf der anderen Seite rechtlich für diese Beratung in die Haftung genommen zu werden. Ein Blick in das Rechtsberatungs- und Dienstleistungsgesetz (seit 1.07.2008: Rechtsdienstleistungsgesetz) macht deutlich, dass z. B. juristische Ausführungen von einem Pflegedienst nur sehr begrenzt vorgenommen werden dürfen. Pflegedienste müssen im Beratungsbereich ein Konzept für die in den hervorgegangenen Kapiteln aufgeführten Bereiche entwickeln. Mitarbeiter müssen in die Lage versetzt werden, die einzelnen Beratungsgebiete und Themeninhalten standardisiert durchzuführen. Pflegedienstleitungen müssen sicherstellen, dass Beratung nur von Mitarbeitern durchgeführt wird, die auch physisch und psychisch in der Lage sind, mit ihrem vorhandenen Wissen das Anforderungsprofil der Beratung auf gesetzlicher und vertraglicher Basis, aber auch aus der Sicht des Unternehmens zu gewährleisten. Beratung kann auch bedeuten, dass man auf Grenzen hinweist und andere Beratungsmöglichkeiten, wie Beratungsstellen, Rechtsanwälte oder Sozialexperten und Sozialarbeiter, empfiehlt. Pflegedienste sollten in der Ausrichtung darüber nachdenken, Teil- oder Vollzeitstellen für Sozialarbeiter zu schaffen. Werbung und Reklame über Beratung machen für ambulante Dienste nur Sinn, wenn diese auch quantitativ und qualitativ hochwertig durchgeführt werden kann.

Mit der eingangs erwähnten Einführung der Pflegeversicherungsreform zum 01.07.2008 ist Beratung auch als Marketinginstrument zu sehen. Durch die Neuschaffung von Pflegestützpunkten und die Akzeptanz externer Berater bei den Pflegekassen hat Beratung nicht nur an Stellenwert gewonnen, sondern dient vielmehr auch dazu, bestimmte Patienten unter Umstände zu bestimmten Einrichtungen zu lenken. Ambulante Pflegedienste sollten deutlich investieren, kompetent mit hohem Niveau Beratung anzubieten und dies auch nach außen zu kommunizieren.

## 5.2 Beschwerdemanagement

Eine Beschwerde ist immer Ausdruck einer Kritik, einer Unzufriedenheit, eines Missverständnisses oder gar eines Fehlers.

Nicht immer werden Beschwerden direkt ausgesprochen, viel häufiger deuten versteckte Hinweise auf einen Missstand hin. Der Beschwerdeführer fürchtet negative Konsequenzen, wenn er seine Unzufriedenheit äußert.

In vielen Fällen werden Beschwerden zwar zur Kenntnis genommen, haben jedoch keine weiteren Reaktionen zur Folge. Der Mitarbeiter, der die Beschwerde entgegennimmt, entschuldigt sich bestenfalls, ärgert sich eventuell und vergisst den Vorfall früher oder später.

Im Beschwerdemanagement werden Beschwerden als Vorfälle oder Fehler betrachtet, die eine Chance bieten, sich weiterzuentwickeln. Sich wiederholende Beschwerden deuten darauf hin, dass organisatorische Defizite und Fehlerquellen existieren, die durch gezielte Maßnahmen vermeidbar sind. Auch im medizinisch-pflegerischen Bereich hat in den letzten Jahren auf dem Gebiet des Beschwerde- und Fehlermanagements ein Prozess des Umdenkens eingesetzt.

Dieses Kapitel versucht deshalb, folgende Fragestellungen zu beantworten:

1. Welche Bedeutung hat eine Beschwerde?
2. Wie sollte man in der ambulanten Pflege mit Beschwerden umgehen?
3. Wie funktioniert die Beschwerdeanalyse?

### 5.2.1 Beschwerde

Im alltäglichen Kontakt mit Patienten und Angehörigen werden Pflegekräfte in unterschiedlichster Form mit Beschwerden konfrontiert. Jede direkt vorgetragene Beschwerde ist Ausdruck einer Unzufriedenheit, wobei der Auslöser nicht in der Person begründet sein muss, die die Beschwerde entgegennimmt.

> Gelegentlich ist der Auslöser einer Beschwerde die Unzufriedenheit des Patienten oder seiner Angehörigen mit der eigenen Situation und den Einschränkungen durch die Pflegebedürftigkeit.

Noch schwieriger ist die Analyse von Beschwerden, die nicht direkt vorgetragen werden, sondern über andere Wege einen ambulanten Pflegedienst erreichen. Dabei wird die Beschwerde meist an eine andere Person weitergeleitet, die den Sachverhalt vorträgt, der dann möglicherweise schon verfremdet ist.

Die meisten Menschen haben Probleme, Fehler einzugestehen. In Gesundheitsberufen kommt erschwerend ein Vertrauensvorschuss hinzu, der durch das hohe Ansehen dieser Berufssparte in der Bevölkerung entsteht.

> Beschwerden können auch als Drohung fungieren, besonders dann, wenn ein Patient oder ein Angehöriger ankündigt, sich bei einer vorgesetzten Stelle beschweren zur wollen. Gerade wenn es sich um unberechtigte Beschwerden handelt, kann die Pflegebeziehung dadurch schwer belastet werden.

### 5.2.2 Umgang mit Beschwerden

Das Vorliegen einer Beschwerde zwingt einen ambulanten Pflegedienst dazu, sich mit eigenen Unzulänglichkeiten zu beschäftigen. Da man diese unangenehme Situation gerne vermeiden möchte, neigt man dazu, den größten Teil der Beschwerden einfach zu ignorieren.

> Der richtige Umgang mit Beschwerden eröffnet jedoch die Chance, eigene Fehler zu erkennen und diese durch Veränderungen der Organisationsstruktur sogar zu vermeiden.

Eine offene Reaktion auf Beschwerden und eine für den Beschwerdeführer nachvollziehbare Erklärung der Fehlerursachen trägt dazu bei, die Beziehung zwischen Pflegedienst, Patient und Angehörigen nicht unnötig zu belasten.

> Jede Beschwerde erfordert deshalb eine zeitnahe Rückmeldung an den Beschwerdeführer, bei der die Auslöser des Vorkommnisses besprochen werden und gegebenenfalls eine Entschuldigung erfolgt.

### Beschwerdemanagement

Ein strukturiertes Fehler- und Beschwerdemanagement erleichtert den Umgang mit Beschwerden und senkt die Wahrscheinlichkeit von Wiederholungsfehlern. Im Rahmen des Qualitätsmanagements sollten alle Mitarbeiter eines ambulanten Pflegedienstes ausreichende Kenntnisse auf diesem Gebiet besitzen. Üblicherweise befinden sich im QM-Handbuch eine Verfahrensanweisung zum Beschwerdemanagement und ein Formular (▶ Anhang 8), mit dem Beschwerden erhoben und ausgewertet werden können.

Da die Erhebung von Beschwerden mit einem gewissen bürokratischen Aufwand verbunden ist, sollte ein Beschwerdeformular so gestaltet sein, dass der Zeitaufwand, der zum Ausfüllen benötigt wird, angemessen ist. Sonst wird das Formular von den Mitarbeitern nicht immer benutzt, so dass nur ein Teil der Beschwerden in die Auswertung einfließt.

Außerdem müssen die Mitarbeiter im Beschwerdefall entscheiden können, ob es überhaupt notwendig ist, eine schriftliche Beschwerdemeldung auszufüllen. Beschwerdemanagement sollte immer wieder thematisiert und geübt werden.

> **Beispiel**
>
> Der eigentlich sehr zuverlässige Pfleger Michael hatte am Vortag Spätdienst. Da seine Tochter erkrankt ist, konnte er in der Nacht nur wenig schlafen. Als er am nächsten Morgen zum Frühdienst kommt, ist er müde und gereizt. Am Nachmittag erhält die Pflegedienstleitung Frau Schüler eine telefonische Beschwerde über Pfleger Michael. Sein Tonfall sei heute sehr barsch gewesen und er habe zudem nach Beendigung der Insulininjektion bei Herrn Wiegand die benutzten Materialien nicht weggeräumt, beschwert sich die Ehefrau von Herrn Wiegand.

Anhand von alltäglichen Beispielen können die Mitarbeiter eines ambulanten Pflegedienstes gemeinsam üben, Fehlerursachen und Fehlerauswirkungen zu analysieren.

Die Auswertung der Beschwerdeformulare erfolgt in regelmäßigen Abständen unter Berücksichtigung von zwei Aspekten. Diese Analyse kann im Rahmen der Teamsitzung stattfinden. Wenn eine Projektgruppe die Beschwerdeanalyse vornimmt, muss eine Zusammenfassung der Ergebnisse an alle Mitarbeiter weitergeleitet werden. Je nach Umfang der Ergebnisse ist hierfür ebenfalls die Teamsitzung geeignet bzw. die Mitarbeiter erhalten eine schriftliche Zusammenfassung der Ergebnisse.

**Aspekte der Beschwerdenanalyse:**
1. Das gehäufte Auftreten von kleineren Beschwerden deutet auf Defizite in der Organisation hin. Dabei handelt es sich meistens um ablauforganisatorische Probleme, etwa bei Beschwerden über Unpünktlichkeit, Unfreundlichkeit oder Unordentlichkeit.
2. Beschwerden über gravierende Fehler sollten als kritische Ereignisse betrachtet werden

und können sowohl durch organisatorische als auch durch persönliche Schwächen ausgelöst werden.

Stellt man beispielsweise durch eine Beschwerdenanalyse fest, dass ein Mitarbeiter aufgrund persönlicher Defizite dazu neigt, wiederholt gravierende, kritische Ereignisse zu verursachen, können diese Erkenntnisse unter Umständen dazu führen, dass anhand dieses Wissens Fehler und Beschwerden in Zukunft weniger häufig auftreten.

> **Tipps**
>
> Insbesondere wenn der Fehler durch mangelnde Kenntnisse verursacht wird, kann die Wiederholung durch entsprechende Fortbildungsmaßnahmen wirkungsvoll verhindert werden. Bei Fehlern, die durch mangelnde Konzentration entstehen, ist es schwieriger, die Ursachen zu finden. Fehler durch fehlende Leistungsbereitschaft können personelle Konsequenzen haben.

Ein wichtiger Faktor des Beschwerdemanagements ist die Identifizierung der Fehlerursachen. Dabei geht es jedoch nicht darum, den Schuldigen zu überführen, sondern darum, zu überlegen, warum dieser Fehler überhaupt passieren konnte.

### 5.2.3  Fehleranalyse

Mitarbeiter in der ambulanten Pflege neigen dazu, bei nachweisbaren Fehlern viel Energie in die Suche nach dem Schuldigen zu investieren. So bleiben kaum Kapazitäten, die Ursachen genauer zu beleuchten, eher werden Ausreden und Erklärungen gefunden. Wirklich lernen aus den Fehlern kann man jedoch nur, wenn die Umstände, die zu diesem Fehler geführt haben, mit berücksichtigt werden. Hilfreich dabei sind die 6-W-Fragen, die die Begleitumstände und Folgen eines Fehlers hinterfragen ( Tab. 5.1).

**◘ Tab. 5.1.** 6-W-Fragen zur Fehleranalyse

| Frage | Bedeutung |
| --- | --- |
| Was ist falsch? | Fehlerart |
| Wo ist der Fehler passiert? | Fehlerort |
| Warum ist der Fehler passiert? | Fehlerursachen |
| Welche Auswirkungen hat der Fehler? | Fehlergewichtung |
| Wie oft ist der Fehler passiert? | Fehlerhäufigkeit |
| Wie teuer ist der Fehler? | Fehlerkosten |

Durch die genaue Überprüfung der Begleitumstände des Fehlers und durch die Analyse der Fehlerursachen und -auswirkungen kann die Wiederholung dieses Fehlers teilweise oder komplett verhindert werden.

Einige Einrichtungen versuchen durch die Einführung eines »incident reporting« kritische Fehlerereignisse zu identifizieren und somit zu verringern.

**Beispiele für kritische Ereignisse in der ambulanten Pflege:**
- Plötzliche Vertragskündigung
- Wechseln zu einem anderen Pflegedienst
- Zahl der stationären Aufnahmen
- Anzahl der Notfälle
- Zahl der Schlüsselverluste
- Neuauftreten eines Dekubitus
- Anzahl der Pflegefehler
- Häufigkeit von Verkehrsunfällen

**Rechtliche Hinweise**

Für Beschwerden sollte in der Einrichtung ein entsprechendes Konzept vorliegen. Entscheidend dafür sind die Anforderung aus den entsprechenden Rahmenverträgen im Bereich des SGB V bzw. SGB XI. Beschwerdemanagement hat nur dann Sinn, wenn Beschwerden nicht nur aufgenommen und analysiert werden, sondern diese auch ausgewertet werden und bezüglich der täglichen Arbeit Resonanz finden. Wichtig dabei ist es, ob die Beschwerden die Struktur-, die Prozess- oder die Ergebnisqualität betreffen, subjektiver oder objektiver Art sind und ob es in der Einrichtung vermehrt zu ganz bestimmten Beschwerden kommt.

Die Analyse von Beschwerden ist eine Grundvoraussetzung für das Qualitätsmanagement (▶ Kap. 10) und kann bei einem ernst genommenen Beschwerdemanagement ein Warnhinweis auf eine sich andeutende schlechte Pflege oder Verfahrensfehler in der Ablauf- oder Durchführungsorganisation sein. Ernst gemeinte Beschwerden und deren Analyse und Bewertung können zum Auffinden von Schwachstellen führen und damit zur Änderung von sich anbahnendem Fehlverhalten führen. Beschwerden können somit auch Grundlage zur Vermeidung von Haftungsfällen, aber auch zum Einleiten von arbeitsrechtlichen Maßnahmen sein. Klare Definitionen und transparentes Umgehen und Auswerten sind Grundvoraussetzung für gut funktionierende Dienste. Fehler zugeben, Probleme erkennen und diese im Team kommunizieren, diese Aspekte sind eine Frage des Führungs- und Leistungsstils, eine Frage der Philosophie der Einrichtung und des gelebten Teamgeistes ambulanter Dienste.

## 5.3 Pflegevertrag

Die Gestaltung des Pflegevertrags ist für ambulante Pflegedienste ein zentrales Element zur rechtlichen Absicherung der Leistungserbringung. Verschiedene Paragraphen des Bürgerlichen Gesetzbuchs (BGB), die Sozialgesetzbücher V und XI und die Landesrahmenverträge regulieren die Vertragsgestaltung zur Sicherung der Pflegequalität und zum Schutz des Verbrauchers.

Anbieter von Pflegedokumentationssystemen haben meistens auch einen vorformulierten Pflegevertrag im Angebot. Diese Formulare beinhalten jedoch gelegentlich nicht alle Punkte, die vertraglich von Bedeutung sind, sondern es handelt sich dabei eher um ein Gerüst eines Pflegevertrags, bei dem spezielle Punkte ergänzt werden sollten.

Ambulante Pflegedienste sollten deshalb ihre Pflegeverträge entsprechend dieser gesetzlichen Grundlagen gestalten und nach Möglichkeit auch von einem Fachmann überprüfen lassen.

Dieses Kapitel beschäftigt sich mit folgenden Fragestellungen:

1. Welche juristische Bedeutung hat ein Pflegevertrag?
2. Was sollte der Pflegevertrag unbedingt enthalten?

### 5.3.1 Juristische Bedeutung

Der Pflegevertrag muss sich zunächst an den allgemeinen Richtlinien zur Vertragsgestaltung des BGB orientieren. Von Bedeutung ist dabei zunächst Abschnitt 3, in dem Rechtsgeschäfte allgemein und die Geschäftsfähigkeit im Besonderen behandelt werden. Weitere Paragraphen dieses Abschnitts beschäftigen sich mit Vertragsrecht, Vertretung und Vollmacht, Verpflichtung zur Leistung, dem Dienstvertrag, dem Widerrufsrecht und der Kündigung eines Vertrags.

Von Bedeutung für den Pflegevertrag sind aber auch die Bestimmungen von SGB V und SGB XI und die daraus resultierenden Bestimmungen der Landesrahmenverträge.

Im Einzelnen gelten deshalb für den Pflegevertrag folgende Bestimmungen:

**Inhalte des Pflegevertrags:**

- Vertragsparteien
- Genaue Auflistung der Leistungen
- Genaue Auflistung der Vergütung in Form einer Tabelle
- Vertretungsrechte, z. B. gesetzliche Betreuung oder Vollmacht
- Direktabrechnungsbefugnis
- Leistungsort
- Mitwirkungspflichten des Pflegebedürftigen
- Kosten bei kurzfristiger Absage oder Nichtabnahme der Leistung
- Vertragsanpassung bei Preisänderungen
- Kündigungsrechte
- Kündigungsfristen
- Haftungsbestimmungen und -beschränkungen
- Ruhen des Vertrags bei Abwesenheit
- Einhaltung der Landesrahmenverträge nach § 75 SGB XI
- Einhaltung der Qualitätsstandards nach § 80 SGB XI
- Berechnung der eigenanteiligen Kosten des Pflegeversicherten

Außerdem dürfen bestimmte Inhalte im Pflegevertrag nicht enthalten sein und sind somit unwirksam.

**Unwirksame Bestimmungen:**

- Bestimmung über Vorkasse oder Abschlagszahlungen
- Rückwirkende Preiserhöhungen
- Kosten bei kurzfristiger Absage trägt der Pflegebedürftige
- Datenweitergabe ohne Zustimmung
- Ausschluss von Schäden beim Verlust des Wohnungsschlüssels

- Längere Kündigungsfrist als eine Woche durch den Pflegebedürftigen
- Kürzere Kündigungsfrist als vier Wochen durch den Pflegedienst
- Beschränkung des Kündigungsrechts
- Gültigkeit des Vertrags über den Tod des Pflegebedürftigen hinaus

Die Berücksichtigung dieser Vorgaben ist bei der Gestaltung des Pflegevertrags unbedingt erforderlich.

### 5.3.2  Gestaltung des Pflegevertrags

Der Vertrag muss in allen Punkten verständlich formuliert sein. Rechte und Pflichten beider Seiten müssen transparent und nachvollziehbar aus dem Vertrag entnommen werden können.

Der Vertrag beinhaltet Art, Inhalt und Umfang der Leistungen einschließlich der dafür vereinbarten Vergütungen. Im Einzelnen müssen, bezugnehmend auf oben genannte gesetzliche Vorgaben, verschiedene Bereiche der Leistungserbringung im Vertrag geregelt werden.

**Regelungsfelder des Pflegevertrags:**
- Erstbesuch
- Feststellung des Hilfebedarfs
- Leistungsvereinbarung
- Vergütungsvereinbarung
- Änderung des Leistungsumfangs
- Regelungen für den Notfall
- Beschwerden
- Umgang mit der Pflegedokumentation
- Kooperationspartner
- Entgelterhöhung
- Abrechnung
- Kündigung des Vertrags
- Zutritt zur Wohnung

❶ Die Kündigungsfrist muss für beide Seiten – Patient und Pflegedienst – Bestandteil des Pflegevertrages sein. Für den Patienten sollte die Kündigungsfrist nicht länger als sieben

Tage betragen. Ohne Angabe von Gründen kann der Patient den Vertrag normalerweise innerhalb von zwei Wochen nach dem ersten Pflegeeinsatz bzw. nach Aushändigung eines schriftlichen Exemplars fristlos kündigen. Ein unmittelbares Vertragsende wird üblicherweise auch vereinbart für den Todesfall oder eine Krankenhausaufnahme des Patienten. Außerdem ist für den Patienten eine möglichst lange Kündigungsfrist des Pflegedienstes von Vorteil, da er bei Bedarf ausreichend Zeit benötigt, einen neuen Pflegedienst zu finden. Häufig wird deshalb eine vier- bis sechswöchige Frist vereinbart. In der Praxis spielen allerdings Kündigungszeiten eine untergeordnete Rolle. Möchte der Patient bzw. der Angehörige ab sofort keine Versorgung mehr durch den Pflegedienst, kann der Pflegedienst die Versorgung nicht erzwingen. Die Kündigungsfrist könnte sich allenfalls auf den Ausfall einer geplanten Pflegeleistung beziehen. Diese jedoch einzufordern ist schwierig, da sich die Leistung des Pflegeversicherungsgesetzes ausschließlich auf pflegerelevante Kosten und auf tatsächlich erbrachte Leistung bezieht. Im Einzelfall ist zu klären, ob der Patient privatrechtlich für den Ausfall des Pflegedienstes herangezogen werden kann. Idealerweise sind im Pflegevertrag bereits entsprechende Regelungen formuliert, doch in der Praxis sollten diese kulant gehandhabt werden.

Eine Regelung, bis zu welchem Zeitpunkt der Pflegebedürftige eine Leistung kostenfrei absagen kann, muss ebenfalls Bestandteil des Pflegevertrags sein.

Bedeutend für die Leistungserbringung ist außerdem die Feststellung einer Abweichung zwischen dem als notwendig erachteten Pflegebedarf und der vertraglich vereinbarten Leistung, insbesondere wenn Leistungen teilweise durch Angehörige erbracht werden. Es ist empfehlenswert, diese Leistungen im Vertrag festzuhalten, um etwaige zivilrechtliche oder haftungsrechtliche Folgen auszuschließen. Bei Nichterbringung von Leistungen durch die Angehörigen oder Verweigerung durch den Pflegebedürftigen können für den ambulanten Pflegedienst juristische Folgen drohen, vor allem dann, wenn der Patient einen Schaden nimmt.

> **!** Für den Pflegebedürftigen ist darüber hinaus die unbeschränkte Haftung des Pflegedienstes für Fehler des Personals oder der Organisation ein wichtiger Bestandteil des Pflegevertrags.

### Rechtliche Hinweise

Der Pflegevertrag ist die zivilrechtliche Legitimation, die vom Patienten geforderten Leistungen der Pflegeversicherung auf dem neuesten Stand pflegewissenschaftlicher Erkenntnisse und nach den in jedem Bundesland ausgehandelten Leistungseinheiten zu erbringen. Der Pflegevertrag sollte verständlich und für alle Beteiligten nachvollziehbar formuliert sein, um bereits hier Vertrauen zwischen Patient und Pflegedienst zu schaffen. Oft nimmt der Patient bei der Verhandlung um den Pflegevertrag nicht die Leistungen in Anspruch, die nach Aufzeigen der Pflegefachkraft pflegerelevant und notwendig wären, sondern er entscheidet sich für die Pflege, die er finanzieren kann. Daher ist es wichtig, im Pflegevertrag auch die Leistungen aufzuführen, die z. B. die Angehörigen erbringen und die vom Pflegedienst nicht durchgeführt werden sollen. Bei evtl. auftretenden Streitfällen kann damit vom Pflegedienst bewiesen werden, dass er die Pflegeplanung und die notwendigen Pflegemaßnahmen definiert hat, diese aber vom Patienten bzw. den Angehörigen nicht erwünscht waren.
Gerade bei haushälterischen Tätigkeiten, wie einkaufen, Zubereitung von Mahlzeiten etc. ist es wichtig, festzulegen, wer diese Tätigkei-

ten durchführt. Dies kann insbesondere bei Insulinpatienten eine wichtige Rolle spielen, da hier die Ernährung von besonderer Relevanz ist.
Pflegedienste sollten sich in Bezug auf die Formulierung von Pflegeverträgen juristisch beraten lassen bzw. Fragen mit den jeweiligen Verbraucherzentralen klären. Auch Berufsverbände können wertvolle juristische Hinweise bieten.

## 5.4 Niedrigschwellige Betreuungsangebote

Im Sozialgesetzbuch XI werden Leistungen für Pflegebedürftige mit erheblichem allgemeinem Betreuungsbedarf gesondert geregelt.
Folgende Fragen werden in diesem Kapitel bearbeitet:

1. Welche Betreuungsangebote sind möglich?
2. Was ist aus rechtlicher Sicht zu beachten?

### 5.4.1 Mögliche Betreuungsangebote

In den Paragraphen 45 a–c des SGB XI befinden sich Bestimmungen über Betreuungsangebote für Pflegebedürftige mit erheblichem allgemeinem Betreuungsbedarf. Dabei handelt es sich um Pflegebedürftige aller Pflegestufen, die infolge einer Demenz, einer geistigen Behinderung oder einer psychischen Erkrankung mit Auswirkungen auf die Alltagskompetenz einen deutlichen Bedarf an allgemeiner Beaufsichtigung und Betreuung aufweisen. Für diesen Personenkreis werden durch die Pflegeversicherung zweckgebundene, finanzielle Mittel für spezifische Angebote zur Verfügung gestellt.
Mögliche niedrigschwellige Betreuungsangebote sind folglich Gruppen oder zusätzliche Leistungen, die zur Entlastung der Angehörigen

beitragen und für die pro Kalenderjahr ein Betrag von 460 Euro auf Antrag gewährt wird.

**Niedrigschwellige Betreuungsangebote:**
- Betreuungsgruppen oder Einzelbetreuung
- Tages- oder Nachtpflege
- Familienentlastende Dienste
- Helferkreise zur stundenweise Entlastung

Um niedrigschwellige Betreuungsangebote ins Leistungsspektrum aufnehmen zu können, müssen einige rechtliche Rahmenbedingungen erfüllt werden.

## 5.4.2 Rechtlicher Rahmen

Ein niedrigschwelliges Betreuungsangebot kann unter bestimmten Voraussetzungen von jedem ambulanten Pflegedienst angeboten werden. Unter Berücksichtigung des jeweiligen Landesrechts kann ein Antrag zur Anerkennung beim zuständigen Landessozialamt gestellt werden.

**Voraussetzungen für niedrigschwellige Betreuungsangebote:**
- Ein Konzept für ein auf Dauer ausgerichtetes Angebot
- Fachliche Anleitung, Schulung und Begleitung durch eine Fachkraft
- Betreuung durch geschulte Helfer
- Ausreichende Versicherung

**Rechtliche Hinweise**

Entscheidend für die so genannten niedrigschwelligen Angebote ist, ob es sich um Leistungen der Häuslichen Krankenpflege, der Pflegeversicherung oder um Leistungen des Sozialhilfeträgers handelt und ob die Leistungen abgerechnet werden können. Die Kostenkalkulation ist Aufgabe des Pflegedienstes. Es ist darauf zu achten, ob der Pflegedienst bei der Abrechung dieser Leistungen ggf.

umsatzsteuerpflichtig wird. Wegen der negativen Auswirkungen der Umsatzsteuerpflicht ist es ratsam, sich Rat bei einem Steuerberater zu holen, um diese zu vermeiden. Auch sollten Pflegedienste darauf achten, ob niedrigschwellige Angebote bzw. Pauschalangebote aus dem leistungsrechtlichen Verhältnis mit Kostenträgern in einem angemessenen Verhältnis zu den vereinbarten Leistungen stehen. Kostenträger können insoweit schnell Abweichungen feststellen und damit entsprechende Anpassungen der Preise, in der Regel der Fälle nach unten, vornehmen. Sollte es sich nicht um niedrigschwellige Leistungen handeln, sondern um privatrechtliche Leistungsangebote, könnte es auch um Leistungen gehen, die zwar in vertraglichen Regelungen mit Kostenträgern enthalten sind, von diesen aber im speziellen Falle abgelehnt wurden. Auch hier ist zu prüfen, dass entsprechend vergleichbare Leistungen, zu ähnlichen Preisen bzw. gleichen Qualifikationen durchgeführt bzw. erbracht werden.

# Regelungsfelder aus der Praxis: Was ist noch erlaubt und was ist schon verboten?

## 6.1 Betreuungsrecht

Betreuungsrecht, freiheitsentziehende Maßnahmen und Vorsorgevollmacht spielen in der ambulanten Pflege eine immer größere Rolle. Wer hat was wem zu sagen? Wer hat die Kompetenz oder das Recht, Anweisungen, Handlungsempfehlungen, Meinungsäußerungen und Entscheidungen zu treffen?

Durch die Überarbeitung des Betreuungsrechts im Jahre 1992 wurde die Entmündigung Volljähriger und die Gebrechlichkeitspflegschaft abgeschafft. Im BGB sind deshalb nun nach dem Erforderlichkeitsgrundsatz und unter Berücksichtigung der Selbstbestimmungsrechte des Betroffenen die Handlungsfähigkeit, die Geschäftsfähigkeit und die Rechtfähigkeit durch das Betreuungsgesetz geregelt.

Ziel des Betreuungsrechts ist die Aufrechterhaltung der Eigenständigkeit einer Person. Eine Betreuung wird deshalb nur für den Bereich beschlossen, in dem die Person tatsächlich nicht mehr alleine entscheiden kann. Das Vormundschaftsgericht legt aus diesem Grund im Betreuungsbeschluss genau fest, ob eine Betreuung für die Aufgabenkreise Gesundheitsfürsorge, Aufenthaltsbestimmung oder Vermögenssorge erforderlich ist. Dieser Beschluss ist üblicherweise befristet und muss bei weiter bestehendem Betreuungsbedarf verlängert werden.

Im Rahmen des Betreuungsrechts sollen in diesem Kapitel folgende Fragen beantwortet werden:

1. Welche gesetzlichen Grundlagen der Betreuung spielen in der ambulanten Pflege eine Rolle?

2. Welche Aufgaben übernimmt der gesetzliche Betreuer?

3. Welche Inhalte sollten in einer Betreuungsverfügung berücksichtigt werden?

## 6.1.1 Gesetzliche Grundlagen

Wenn ein Volljähriger aufgrund einer psychischen Erkrankung oder einer Behinderung seine Angelegenheiten nicht mehr alleine regeln kann, wird auf Antrag vom Vormundschaftsgericht ein Betreuer eingesetzt. Der Betroffene muss zuvor vom Richter angehört werden. Ein Betreuer darf nur für die Bereiche bestellt werden, in denen die Betreuung erforderlich ist. Sie ist nicht erforderlich, wenn die Angelegenheiten durch einen Bevollmächtigten geregelt werden können.

**Aufgabenkreise des Betreuers:**
1. Gesundheitsfürsorge, Personensorge
   - Ärztliche Versorgung
   - Einleitung und Zustimmung zu therapeutischen Maßnahmen
   - Zustimmung zur Operationen
   - Aufklärung des Betreuers über Wirkung und Nebenwirkungen von Medikamenten durch den Arzt
2. Vermögenssorge
   - Geltendmachung von Einkommensansprüchen
   - Antragstellung auf Rente
   - Antragstellung auf Leistungen der Kranken- oder Pflegekasse
   - Steuererklärung
   - Schuldenregulierung
   - Barbetragsverwaltung
3. Aufenthaltsbestimmung
   - Wohnungsangelegenheiten
   - Festlegung des Lebensmittelpunkts
   - Zustimmung zur Unterbringung

Die Entscheidung über den Fernmeldeverkehr des Betreuten und über die Entgegennahme und das Öffnen seiner Post werden vom Aufgabenkreis des Betreuers nur dann erfasst, wenn das Gericht dies ausdrücklich angeordnet hat.

Zum Betreuer kann jede Person bestimmt werden, die geeignet ist, die Interessen des Betreuten zu vertreten, und dazu bereit ist. Außerdem kann ein Betreuungsverein oder die Betreuungsbehörde die Betreuung übernehmen. Der Volljährige kann selbst eine Person vorschlagen, die seine Betreuung übernehmen soll, genauso kann er dem Gericht vorschlagen, eine bestimmte Person nicht zu bestellen. Wenn dadurch die Angelegenheiten des Betreuten besser geregelt werden können, ist es möglich, dass mehrere Betreuer bestellt werden. In diesem Fall legt das Gericht genau fest, welcher Betreuer mit welchem Aufgabenkreis betraut wird.

In jedem Fall ist der Betreuer verpflichtet, alle Tätigkeiten und Angelegenheiten so zu besorgen, wie es dem Wohl des Betreuten entspricht. Er muss dem Vormundschaftsgericht gegenüber einmal im Jahr über seine Tätigkeit Bericht erstatten und erhält dafür auch eine Vergütung.

## 6.1.2 Bedeutung der Betreuung

Um die Bedeutung der gesetzlichen Betreuung genauer zu erläutern, werden im Folgenden einige Fallbeispiele beschrieben.

## Beispiele

Anhand der häufigsten Konfliktsituationen lassen sich Probleme und Fehler, die immer wieder im Zusammenhang mit einer gesetzlichen Betreuung auftreten, verdeutlichen.

### Fehlen einer Betreuung

**Beispiel**

Frau Müller ist 93 Jahre alt. Sie lebt im eigenen Haus gemeinsam mit ihrer Tochter. Aufgrund körperlicher Schwäche und einer demenziellen Entwicklung ist sie zunehmend auf Unterstützung angewiesen. Die Tochter hat in den letzten Jahren mehr und mehr Aufgaben bei der Pflege und im Haushalt übernommen. Vor vier Wochen erlitt Frau Müller einen Apoplex. Momentan ist sie in der geriatrischen Rehabilitation des Kreiskrankenhauses, von wo sie in absehbarer Zeit entlassen werden soll. Die Tochter von Frau Müller wird vor der Entlassung von der Sozialarbeiterin der Klinik ausführlich beraten, wobei ihr empfohlen wird, eine Betreuung beim Amtsgericht zu beantragen. Sie lehnt dies jedoch rigoros ab, da sie ihre Mutter nicht »entmündigen« möchte.

Nach der Entlassung wird Frau Müller von einem ambulanten Pflegedienst mitbetreut, da sie körperlich und geistig weiter abbaut. Der Pflegevertrag wird von Frau Müllers Tochter unterschrieben, obwohl sie keine gesetzliche Betreuung übernommen hat. Im Erstgespräch wird sie von der Pflegefachkraft, die das Gespräch führt, nicht darauf hingewiesen. Auch die Leistungsnachweise werden regelmäßig von Frau Müllers Tochter unterschrieben.

Zwei Jahre später, Frau Müller erreicht nun im Mini Mental State (MMS, ▶ Anhang 15d) noch 13 Punkte, wird sie wegen eines akuten Harnwegsinfekts mit hohem Fieber ins Krankenhaus eingeliefert. Frau Müller kann den Aufnahmeantrag und den Behandlungsvertrag nicht unterschreiben. Der behandelnde Arzt schlägt mehrere Untersuchungen vor, die jedoch zum Teil invasiv sind und ohne Einverständniserklärung nicht durchgeführt werden können. Die Tochter von Frau Müller lehnt eine Betreuung weiter ab, so dass Frau Müller nach wenigen Tagen ohne weitere Abklärung aus dem Krankenhaus entlassen wird.

Das Beispiel beschreibt eine alltägliche Situation in der ambulanten Pflege. Angehörige haben oft das Gefühl, dass eine Betreuung einer Entmündigung gleichkommt und lehnen sie deswegen ab. Sie müssen darüber aufgeklärt werden, dass es sich jedoch lediglich um die Bereitschaft handelt, für den Betreuten Verantwortung zu übernehmen und Sorge zu tragen. Besteht keine Betreuung, müsste im Akutfall per Eilantrag beim Vormundschaftsgericht entschieden werden, etwa bei dringend notwendigen operativen Eingriffen.

Die Aufgabe des Pflegedienstes ist in diesem Fall die eingehende Beratung der Angehörigen. Sie sollten darauf hingewiesen werden, dass sie dem Patienten durch die Betreuung etwas Gutes tun, ihn nicht entmündigen und deshalb auch kein schlechtes Gewissen ihm gegenüber haben müssen.

### Mehrere Betreuer

 **Beispiel**

Herr Volk ist 82 Jahre alt und lebt in einer eigenen kleinen Wohnung in der Nachbarschaft seiner jüngsten Tochter. Diese kümmert sich mehrmals täglich um Herrn Volk und ist darüber hinaus Betreuerin für finanzielle Angelegenheiten. Der Patient hat zwei weitere Kinder, eine Tochter, die mehrere hundert Kilometer entfernt lebt und einen Sohn vor Ort, der die Betreuung für Gesundheitsfürsorge und Aufenthaltsbestimmung übernommen hat.

Vor zwei Wochen stürzte Herr Volk in seiner Wohnung und zog sich dabei eine Fraktur des Oberschenkelhalses zu. Die Tochter, die kurz darauf nach ihm sehen wollte, veranlasste umgehend eine Krankenhauseinweisung. Bei der Operation traten jedoch Komplikationen auf, so dass Herr Volk derzeit wegen Ateminsuffizienz auf der Intensivstation behandelt werden muss. Aufgrund multipler Vorerkrankungen führt der Stationsarzt ein Gespräch mit Tochter und Sohn von Herrn Volk, um sie über eine eventuell erforderliche Reanimation aufzuklären. Tochter und Sohn vertreten jedoch verschiedene Ansichten, wobei die Tochter eine Reanimation befürwortet und der Sohn, der die Betreuung für Gesundheitsfürsorge ausübt, eine Reanimation ablehnt. Auch nach Befragen der entfernt lebenden Tochter kann keine Einigung erzielt werden.

Immer wieder kommt es vor, dass Angehörige einen Teilbereich der Betreuung übernommen haben. Dadurch soll die gemeinsame Verantwortung für den Betreuten zum Ausdruck gebracht werden. Für die Mitarbeiter eines ambulanten Pflegedienstes ist es deshalb wichtig, dass aus der Dokumentation eindeutig hervorgeht, welche Person für welchen Aufgabenkreis zuständig ist. Dies sollte auf dem Stammblatt eindeutig vermerkt sein, damit im Notfall direkt mit dem jeweils zuständigen Betreuer Kontakt aufgenommen wird.

Eine Kopie des Betreuerausweises muss ebenfalls in der Pflegedokumentation abgeheftet werden. Im Falle einer Krankenhauseinweisung müssen die Daten an die weiterbehandelnde Einrichtung unverzüglich weitergeleitet werden.

**Angaben in Stammblatt:**
- Name des Betreuers
- Adresse und Telefon
- Aufgabenkreis und Dauer der Betreuung

### Wohl des Betreuten

 **Beispiel**

Frau Willmann ist 79 Jahre alt und lebt seit dem Tod ihres Mannes vor drei Monaten alleine in einer eigenen Wohnung. Seit vielen Jahren ist bei ihr eine rezidivierende Depression und eine leichte Demenz bekannt, weswegen sie auch schon mehrfach in stationärer psychiatrischer Behandlung war. Auch nach dem Tod des Ehemannes hatten sich deutliche depressive Symptome bei Frau Willmann gezeigt, so dass eine kurzfristige Krisenintervention in einer psychiatrischen Klinik erforderlich war. Bei der Entlassung wurde eine Versorgung durch einen ambulanten Pflegedienst empfohlen, der Frau Willmann die Medikamente richten und verabreichen sollte. Außerdem wurde wegen der leichten Demenz eine gesetzliche Betreuung durch einen Berufbetreuer eingerichtet. Die Mitarbeiter des ambulanten Pflegedienstes beobachteten nun einen kontinuierlichen Gewichtsverlust bei Frau Willmann und teilten dies auch dem behandelnden

Hausarzt mit. Mehrere Ursachen, wie Schluckstörungen oder zahnärztliche Beschwerden, konnten ausgeschlossen werden. Unterdessen hatte Frau Willmann einen BMI von 17,9 erreicht. Jolanta, die Bezugspflegekraft von Frau Willmann, nahm deshalb nach Rücksprache mit dem Hausarzt Kontakt zu dem Betreuer auf.

Im Gespräch mit Jolanta lehnte der Betreuer jede weitere Maßnahme ab. Er berief sich auf das hohe Alter von Frau Willmann und bat darum, sie »in Ruhe sterben zu lassen«. Das Team des ambulanten Pflegedienstes diskutierte dieses Problem in der Teambesprechung. Die Mitarbeiter waren der Meinung, dass die Ursachen für die Gewichtsabnahme in der niedergedrückten Stimmung von Frau Willmann zu finden sind, da sie deshalb unter einer Appetitlosigkeit und Antriebslosigkeit leidet. Auch der konsiliarisch hinzugezogene Psychiater vertrat diesen Standpunkt.

Eine Einigung zwischen Hausarzt, Psychiater, Pflegeteam und Betreuer konnte nicht erzielt werden.

Oftmals kommt es durch unterschiedliche Meinungen und Einstellungen bezüglich lebensverlängernder Maßnahmen zu Differenzen zwischen den Beteiligten. Der gesetzliche Betreuer kann sich in einem solchen Fall jedoch nicht über die Meinung der anderen Beteiligten hinwegsetzen. Gerade bei Fragestellungen, die mit Lebensverlängerung oder Lebensbeendigung einhergehen, müssen der behandelnde Arzt und der gesetzliche Betreuer eine einheitliche Meinung vertreten. Dabei ist das Wohl des Betreuten vorrangig.

 Kann keine einheitliche Lösung gefunden werden, muss im Zweifelsfall das Vormundschaftsgericht entscheiden.

Besteht der nachweisbare Verdacht, dass der gesetzliche Betreuer nicht im Sinne des Patienten handelt, kann ein Betreuerwechsel beim Vormundschaftsgericht angeregt werden. Diese Möglichkeit besteht auch, wenn Angehörige die Betreuung übernommen haben.

### Freiheitsentziehung

> **Beispiel**

Das Ehepaar Schulz lebt gemeinsam in einem eigenen Haus am Stadtrand. Frau Schulz leidet an einer Demenz Grad III, Herr Schulz ist zunehmend körperlich schwach und immobil. Er ist jedoch in der Lage, seine Frau verbal so anzuleiten, dass die beiden mit Unterstützung durch die Familie und die Sozialstation gut zurechtkommen.

Seit mehreren Wochen verlässt Frau Schulz jedoch abends das Haus und irrt durch das Viertel, während Herr Schulz, der dann schon im Bett liegt, sich große Sorgen um seine Frau macht. Da er das Bett alleine nicht verlassen kann, schlägt die berufstätige Tochter des Ehepaares vor, die beiden abends in der Wohnung einzuschließen. Sie sei Betreuerin und würde ihr Einverständnis für diese Maßnahme erteilen.

In diesem Beispiel wird deutlich, dass Betreuer häufig der Meinung sind, über freiheitsentziehende Maßnahmen ohne Weiteres entscheiden oder diese gar anordnen zu können. Dies ist jedoch in den allerwenigsten Fällen ausdrücklich als Aufgabenkreis des Betreuers im Betreuerausweis festgelegt. Zu den Freiheitsentziehungen zählen Maßnahmen der Isolierung, Fixierungen durch mechanische Vorrichtungen oder Sedierungen (▶ Kap. 6.4).

 In allen anderen Fällen kann eine Freiheitsentziehung nur mit Zustimmung und durch Beschluss des Amtsgerichts durchgeführt werden.

### 6.1.3 **Betreuungsverfügung**

Bei der Betreuungsverfügung handelt es sich um eine schriftliche Festlegung, welche Person im Falle eines Betreuungsbedarfs die gesetzliche Vertretung übernehmen soll. Diese Form der Vorsorge ist vor allem dann sinnvoll, wenn mehrere Personen als Betreuer in Frage kommen oder wenn es gar keine näheren Angehörigen gibt.

Die Betreuungsverfügung ist nicht gleichzusetzen mit einer Vollmacht, da sie erst in Kraft tritt, wenn tatsächlich der Betreuungsfall eintritt. Das zuständige Amtsgericht betrachtet diese Verfügung als Handlungsanweisung.

### > Beispiel

Frau Bach ist verwitwet und hat fünf Kinder und drei erwachsene Enkelkinder. Nach dem frühen Tod des Ehemanns lebte Frau Bach zunächst alleine, Jahre später hatte sie einen Lebensgefährten, mit dem ihre Kinder nicht einverstanden waren. Daraufhin ist der Kontakt zwischen Frau Bach und ihren Kindern abgebrochen. Ein Vertrauensverhältnis besteht jedoch zur ältesten Enkeltochter. Frau Bach legt in einer Betreuungsverfügung fest, dass diese im Bedarfsfall ihre gesetzliche Vertretung übernehmen soll.

Frau Winkler hat keine Angehörigen mehr. Sie lebt alleine und ist geistig rege. Im Falle einer Betreuungsnotwendigkeit möchte sie nicht von einer »fremden« Person vertreten werden. Ein gutes und vertrauensvolles Verhältnis hat sie jedoch zu dem Sohn ihrer verstorbenen Freundin. In einer Betreuungsverfügung gibt sie ihn nach Rücksprache als möglichen Betreuer an.

Das Bundesministerium der Justiz (BMJ) hat mehrere Publikationen zum Thema Betreuung, Betreuungsverfügung, Vorsorgevollmacht und Patientenverfügung herausgegeben, unter anderem auch eine Muster-Betreuungsverfügung, die im Anhang dargestellt ist (► Anhang 9). Außerdem wurde ein Zentrales Vorsorgeregister eingerichtet, in dem Betreuungsverfügungen zentral gemeldet werden können.

## 6.2    Vollmacht

Unter einer Vollmacht versteht man die Übertragung einer Vertretungsmacht durch eine ausdrückliche Willenserklärung. Der Bevollmächtigte wird befähigt, an Stelle des Vollmachtgebers rechtlich aufzutreten. Er erstellt einen Vollmachtvertrag, in dem der genaue Umfang der Vollmacht schriftlich fixiert wird, der Bevollmächtigte wiederum bestätigt den Empfang der Vollmacht.

Eine Vollmacht kann jederzeit widerrufen werden. Genauso kann der Vollmachtnehmer die Vollmacht niederlegen. Berücksichtigen muss er jedoch, dass der Vollmachtgeber zuvor Fürsorge für seine Angelegenheiten treffen kann.

In der ambulanten Pflege spielen besonders die Vorsorgevollmacht und die Generalvollmacht eine Rolle. In der Vorsorgevollmacht legt der Vollmachtgeber schriftlich fest, wer im Falle einer Notsituation Aufgaben für ihn übernehmen soll. Bei der Generalvollmacht werden dem Bevollmächtigten alle rechtlichen Aufgaben übertragen.

Die gesetzlichen Rahmenbedingungen der Vollmacht sind im BGB festgelegt.

Dieses Kapitel versucht, die folgenden Fragestellungen näher zu erläutern:

1. Was bedeutet Vorsorgevollmacht?
2. Welche gesetzlichen Grundlagen müssen bei einer Generalvollmacht betracht werden?
3. Welche Auswirkungen hat eine Vollmacht?

### 6.2.1    Gesetzliche Grundlagen

Voraussetzung für die Wirksamkeit einer Vollmacht ist immer die Tatsache, dass der Vollmachtgeber bei der Bekundung frei entscheidet und geschäftsfähig ist. Die Geschäftsfähigkeit und der freie Wille werden bei einer notariellen Beurkundung bestätigt. Diese ist jedoch nicht in jedem Fall zwingend notwendig. Eine Vollmacht kann auch handschriftlich erteilt werden. Bestehen an der freien Willensäußerung bei der notariellen Beurkundung oder an einer handschriftlich erteilten Vollmacht Zweifel, kann zusätzlich ein ärztliches Attest eingeholt werden. Es sollte auf das Datum der Vollmachtserteilung ausgestellt sein.

Bei der Vollmacht wird auf direktem Wege eine Vertretungsbefugnis auf den Vollmachtnehmer übertragen. Der Vollmachtgeber legt in gesunden Tagen fest, dass der Vollmachtnehmer berechtigt ist, in seinem Namen zu handeln. Die genauen gesetzlichen Vorschriften für die Vollmacht sind im BGB geregelt.

### Vorsorgevollmacht

Diese Form der Vollmacht ermächtigt den Vollmachtnehmer, für den Vollmachtgeber zu entscheiden und zu handeln, wenn dieser aufgrund einer Notsituation oder einer Erkrankung nicht mehr geschäftsfähig bzw. entscheidungsfähig ist. Voraussetzung ist deshalb ein uneingeschränktes Vertrauensverhältnis zwischen den Beteiligten.

**Buchtipp**

Ausführlichere Informationen und ein Beispiel für eine Vorsorgevollmacht finden sich in dem Buch »Von Fall zu Fall – Ambulante Pflege im Recht« von R. Höfert und T. Meißner, Springer Verlag, Heidelberg.

Die Vollmacht muss grundsätzlich nicht schriftlich erteilt werden, also nicht von allen beteiligten Personen unterschrieben sein. Aus Beweisgründen ist dies jedoch ratsam. Vor einer Beurkundung derselben erfolgt eine gesonderte Beratung durch den Notar, der hierzu gesetzlich verpflichtet ist.

Um eine gesetzliche Betreuung nach Möglichkeit zu vermeiden, legt der Vollmachtgeber schriftlich fest, welche Person oder welche Personen sein Vertrauen besitzen. Die Vollmacht muss von allen beteiligten Personen unterschrieben und aufbewahrt werden. Nach Möglichkeit erfolgt eine Beratung und Beurkundung durch einen Notar.

> Soll der Vollmachtnehmer auch berechtigt sein, in medizinische Maßnahmen einzuwilligen, muss die Vollmacht schriftlich abgefasst sein. Gleiches gilt auch für die Veranlassung einer freiheitsentziehenden Unterbringung. Diese Befugnisse müssen jedoch ausdrücklich in der Vollmacht aufgeführt sein. Ein vorgedrucktes Formular ist deshalb nicht immer geeignet, den Willen des Vollmachtgebers eindeutig zum Ausdruck zu bringen.

## Generalvollmacht

Möchte der Vollmachtgeber alle rechtlichen Vertretungen in die Hände einer Vertrauensperson übergeben, kann er eine Generalvollmacht erteilen. Eine Generalvollmacht sollte beurkundet sein. Im Falle einer Geschäftsunfähigkeit kann der Bevollmächtigte sofort im Sinne des Vollmachtgebers handeln, ohne dass zuvor das Vormundschaftsgericht eingeschaltet werden muss.

Eine Generalvollmacht sollte ebenfalls notariell beglaubigt sein, um eine Rechtswirksamkeit auch bei schwierigeren Entscheidungen, etwa Grundstücksverkäufe, zu gewährleisten.

Eine Vielzahl von Vordrucken kann über das Internet, über Patientenorganisationen oder Beratungsstellen bezogen werden. Auf die Darstellung eines Beispiels für eine vorformulierte Vollmacht wird an dieser Stelle bewusst verzichtet. Eine Beratung durch einen Notar oder gegebenenfalls den kommunalen Betreuungsverein, der seit 2005 ebenfalls Beurkundungen von Vollmachten durchführt, kann durch Standardformulare nicht ersetzt werden.

## 6.2.2  Auswirkungen der Vollmacht

Prinzipiell ist eine Vollmacht zunächst positiv zu betrachten, da der Vollmachtgeber persönlich entschieden hat, wer seine Interessen wahrneh-

men soll. Dennoch können im Zusammenhang mit einer Bevollmächtigung unvorhersehbare Probleme auftreten.

Möglicherweise missbraucht der Bevollmächtigte das in ihn gesetzte Vertrauen und orientiert sich bei Entscheidungen an eigenen Interessen. Vor allem bei finanziellen Entscheidungen können derartige Differenzen auftreten.

Immer dann, wenn der freie Wille des Vollmachtgebers von dem des Vollmachtnehmer abweicht, müssen bei Bedarf weiterführende juristische Maßnahmen einsetzen.

## Beispiele

Die Auswirkungen einer Vollmacht werden im Folgenden durch Beispiele erläutert.

### Wille des Vollmachtgebers

 **Beispiel**

Frau Meyer lebt in einem Betreuten Wohnen, da sie zuhause nicht mehr alleine zurechtkam. Ihren beiden Kindern hat sie eine Generalvollmacht erteilt, da sie beiden volles Vertrauen entgegenbringt. Die Tochter geht einmal in der Woche zur Bank und hebt einen gemeinsam vereinbarten Betrag von Frau Meyers Konto ab. Über dieses Geld verfügt Frau Meyer, ähnlich einem Taschengeld. Seit einigen Wochen stellt die Tochter allerdings fest, dass Frau Meyer zusätzlich größere Beträge von ihrem Konto abgehoben hat, obwohl sie keine größeren Anschaffungen getätigt hat.

Frau Meyers Kinder sind darüber sehr verwundert, im Gespräch mit der Mutter stellt sich jedoch heraus, dass Frau Meyer größere Beträge von mehreren 1000 Euro an andere Bewohner und an das Pflegepersonal des Betreuten Wohnens verschenkt hat. Beide Kinder machen sich deshalb große Sorgen um die finanzielle Zukunft ihrer Mutter. Diese beteuert jedoch, dass sie das Geld aus freiem Willen verschenkt und dies auch so beibehalten möchte. Die Bevollmächtigten sind in diesem Fall nicht berechtigt, gegen den Willen der Mutter zu handeln. Sie beantragen beim Vormundschaftsgericht eine gesetzliche Betreuung für finanzielle Angelegenheiten.

Dieser Fall zeigt deutlich, dass eine Generalvollmacht nicht dazu berechtigt, gegen den Willen des Vollmachtgebers Entscheidungen zu treffen, auch wenn diese aus der Sicht des Bevollmächtigten dem Wohle des Vollmachtgebers dienen. Gelegentlich kann also trotz Generalvollmacht eine gesetzliche Betreuung erforderlich sein.

## Interesse des Vollmachtnehmers

 **Beispiel**

Frau Wiegand und Herr Scholz leben seit sieben Jahren in einer eheähnlichen Lebensgemeinschaft. Für den Fall einer akuten Erkrankung haben sie sich gegenseitig eine Generalvollmacht erteilt. Frau Wiegand ist berufstätig und hat ein gesichertes Einkommen. Herr Scholz besitzt eine Eigentumswohnung, in der beide leben. Er ist seit vier Jahren arbeitslos und kümmert sich um den Haushalt. Nach einer virusbedingten Enzephalitis ist Herr Scholz nicht mehr geschäftsfähig und kann seine Angelegenheiten nicht mehr regeln. Seine kognitiven Fähigkeiten sind so stark beeinträchtigt, dass er rund um die Uhr beaufsichtigt werden muss. Körperlich ist Herr Scholz unverändert mobil, seine Denkfähigkeit und seine Merkfähigkeit sind jedoch stark verändert. Auch der Schlaf-Wach-Rhythmus von Herrn Scholz ist gestört. In der Rehabilitationsklinik wird eine dauerhafte Pflegebedürftigkeit festgestellt. Frau Wiegand möchte die Pflege von Herrn Scholz gerne übernehmen und entscheidet, dass er nach Hause entlassen werden soll. Da sie ihren Beruf nicht aufgeben möchte, soll Herr Scholz acht Stunden am Tag alleine zuhause bleiben. Die Versorgung durch ambulante Hilfen lehnt sie aus finanziellen Gründen ab. Als Generalbevollmächtigte ist sie berechtigt, den Aufenthaltsort von Herrn Scholz festzulegen.

Im Gegensatz zur gesetzlichen Betreuung muss der Bevollmächtigte nicht nachweisen, dass er im Sinne des Vollmachtgebers handelt. Da der Vollmachtgeber ihm durch die Generalvollmacht sein umfassendes Vertrauen ausgesprochen hat, kann er allein entscheiden und muss nicht, wie bei einer gesetzlichen Betreuung, über seine Entscheidungen berichten oder Rechenschaft ablegen. Diese Tatsache verdeutlicht auch die Gefahr des Missbrauchs, die bei einer Generalvollmacht besteht.

> **Tipps**
>
> Das Vorhandensein einer Vollmacht muss ähnlich einer gesetzlichen Betreuung auf dem Stammblatt mit allen Angaben zur Person des Bevollmächtigten und seinen Aufgaben dokumentiert werden. Jeder Mitarbeiter eines ambulanten Pflegedienstes weiß dann, wer als Ansprechpartner bei Nachfragen zuständig ist.

> **Rechtliche Hinweise**
>
> Vollmachten sind für ambulante Pflegedienste nicht nur in Bezug auf Handlungsanweisung und Informationspflichten eine Herausforderung, sondern auch in zivil- und strafrechtlicher Hinsicht. Daher sollte die Pflegedienstleitung bereits beim Erstgespräch gezielt nach dem Vorliegen von Vollmachten und ähnlichen Regelungen fragen (▶ Kap. 6.3). Bei Vollmachten ist es wichtig zu sehen, ob es sich um eine einfache oder eine beurkundete Vollmacht handelt. Nicht in jedem Fall ist für den Pflegedienst sichtbar, ob die Vollmacht unter Zwang oder Druck oder freiwillig gegeben wurde bzw. in einer Situation der kognitiven Beeinträchtigung.

Bei Zweifeln an der Richtigkeit und der Wirksamkeit der Vollmacht sollten Bedenken angemeldet werden. Hier spielt immer die klare Abwägung, ob es sich um die Interessen des Vollmachtnehmers oder des Vollmachtgebers handelt, eine bedeutende Rolle. Vollmachten sollten aktuell und immer schriftlich mit genauem Hintergrund und Vollmachtsgrund ausgestattet sein. Bei Zweifeln des Pflegedienstes könnten im Einzelfall auch Angehörige bzw. Nachbarn befragt werden. Der Pflegedienst muss hier sehr sensibel vorgehen, um auf gesetzlicher und haftungsrechtlicher Grundlage handlungsfähig zu bleiben.

Eine gute Möglichkeit bietet auch ein Gespräch mit dem behandelnden Hausarzt bzw. mit dem beratenden Rechtsanwalt der Einrichtung. Diese Personen könnten im Zweifelsfall Hinweise geben, die Situation mit einer subjektiven Wahrnehmung und objektiven Tatsachen zu analysieren. Zweifelt die Pflegeeinrichtung an den Handlungen auf der Grundlage einer Vollmacht, ist im Bedarfsfall das Vormundschaftsgericht einzuschalten. Generalvollmachten sind in der Rechtssprechung sehr umstritten. Bei der Generalvollmacht besteht die Gefahr, dass der Bevollmächtigte bestimmte Bereiche subjektiv betrachtet und die Objektivität in Bezug auf den Vollmachtgeber nicht ausreichend gewahrt ist. Es wird daher empfohlen, diese Vollmacht entweder vom Tätigkeitsbereich her oder zeitlich zu beschränken bzw. mit aufzunehmen, dass sie jederzeit widerrufbar ist. Außerdem ist zu empfehlen, im Zweifelsfalle zwei Personen in eine Vollmacht einzusetzen, um so eine Einigung und ein Nachdenken über bestimmte Entscheidungen herbeizuführen. Gegebenenfalls ist die Vollmacht notariell zu beurkunden, damit alle Parteien noch einmal nachweislich auf die Tragweite der Vollmacht hingewiesen werden.

## 6.3 Patientenverfügung

Die Patientenverfügung ist im pflegerischen und medizinischen Bereich aber auch in der gesellschaftlichen Diskussion noch immer ein heikles, umstrittenes Thema. Ärzte, Pflegepersonal, Patienten und betroffene Angehörige fühlen sich verunsichert, inwieweit eine Patientenverfügung Gültigkeit besitzt. Begünstigt wird diese Unsicherheit durch die Tatsache, dass es in Deutschland derzeit keine detaillierte und verbindliche gesetzliche Regelung zur Patientenverfügung gibt.

Die Gültigkeit der Patientenverfügung, die Patientenautonomie am Lebensende und das Patientenrecht, Entscheidungen bezüglich lebensverlängernder Maßnahmen zu treffen, wurde immer wieder kontrovers diskutiert.

Der Bundesgerichtshof (BGH) hat allerdings in einem Beschluss eine Grundsatzentscheidung bezüglich der Gültigkeit von Patientenverfügungen gefällt. Auslöser war der Fall des Komapatienten Peter K., dessen Vater und Betreuer einen Abbruch der künstlichen Ernährung seines Sohnes durch das Pflegeheim forderte. Der BGH hat in seinem Beschluss vom 17. März 2003 (Az XII ZB 2/03) klargestellt, dass der in gesunden Zeiten geäußerte Wille, nicht durch invasive Maßnahmen am Sterben gehindert zu werden, auch bei Eintritt eines Bewusstseinsverlustes fortdauert und alle Beteiligten absolut bindet.

Dennoch haben viele Ärzte, Mitarbeiter in der Pflege und Angehörige ein ungutes Gefühl beim Abbruch von lebenserhaltenden Maßnahmen. Das Gewissen der Beteiligten kollidiert mit dem fraglichen Sterbewillen des Patienten. Aus dieser Gewissensfreiheit ergibt sich jedoch laut BGH-Beschluss kein Recht, sich durch aktives Handeln über das Selbstbestimmungsrecht des durch seinen Bevollmächtigten oder Betreuer vertretenen Patienten hinwegzusetzen und seinerseits in dessen Recht auf körperliche

Unversehrtheit einzugreifen (BGH-Beschluss XII ZR 177/03). Für einen ambulanten Pflegedienst ist es in diesem Zusammenhang auch wichtig, wie man mit den Emotionen der Mitarbeiter in einem solchen Fall umgehen sollte.

Als Entscheiddungskriterium wird oftmals der Verlauf der Erkrankung betrachtet. Das Bundesverfassungsgericht (BVerfG) hat jedoch schon 2001 in einem Urteil festgelegt, dass die Verbindlichkeit einer Patientenverfügung unabhängig davon ist, in welchem Stadium sich die Krankheit befindet; es muss sich also nicht um einen irreversiblen Verlauf handeln (BVerfG 1 BvR 618/93). Verhandelt wurde der Fall einer Patientin, die als Zeugin Jehovas Bluttransfusionen ablehnte.

Auch das Thema Sterbehilfe muss in diesem Zusammenhang betrachtet werden. Die Differenzierung zwischen aktiver und passiver Sterbehilfe und die Unterscheidung zwischen Hilfe zum Sterben und Hilfe beim Sterben sind auch in der ambulanten Pflege relevant.

Die Fragestellungen dieses komplexen Themenbereiches in diesem Kapitel sind deshalb:

1. Welche Faktoren beeinflussen die Gültigkeit einer Patientenverfügung?
2. Welche Bedeutung hat die Patientenverfügung?
3. Wann muss das Vormundschaftsgericht eingeschaltet werden?
4. Was ist bei der Formulierung zu beachten?
5. Was bedeutet Sterbehilfe?

## 6.3.1 Gültigkeit einer Patientenverfügung

Immer wieder Streitpunkt in der öffentlichen Diskussion ist die Gültigkeit eine Patientenverfügung. Der Beschluss des BGH zur Wirksamkeit einer Patientenverfügung im Zusammenhang mit dem Abbruch lebensverlängernder Maßnahmen hatte zur Verunsicherung von Patienten, Ärzten, Pflegepersonal und Betreuern geführt, da in der Begründung der irreversible,

tödliche Verlauf des Grundleidens als Voraussetzung genannt wird:

> »Ist ein Patient einwilligungsunfähig und hat sein Grundleiden einen irreversiblen, tödlichen Verlauf angenommen, so müssen lebenserhaltende oder -verlängernde Maßnahmen unterbleiben, wenn dies seinem zuvor – etwa in Form einer so genannten Patientenverfügung – geäußerten Willen entspricht. Dies folgt aus der Würde des Menschen…« (BGH, 17.03.2003 Az XII ZB 2/03)

Ärzte sind somit verpflichtet, den Willen des Patienten zu beachten, wenn sie darüber entscheiden, ob sie die Weiterbehandlung eines sterbenden Patienten »anbieten«. Dieser Wille kann bei äußerungsunfähigen Patienten aus der Patientenverfügung ersehen werden. Sie ist deshalb eine wichtige Entscheidungshilfe für den behandelnden Arzt.

Dennoch muss in bestimmten Fällen das Vormundschaftsgericht eingeschaltet werden.

❗ Die Gültigkeit einer Patientenverfügung ist immer davon abhängig, welche Form und welchen Umfang die Verfügung hat. Als Willenserklärung zur medizinischen Behandlung im Falle einer Einwilligungsunfähigkeit ist sie verbindlich, wenn der Wille des Patienten für die konkrete Behandlungssituation eindeutig festgestellt werden kann. Das bedeutet, dass der Patient nach Möglichkeit alle Maßnahmen, einzeln aufführen sollte, denen er zustimmt oder die er ablehnt. Die Gültigkeit der Patientenverfügung sollte außerdem in regelmäßigen Abständen durch Unterschrift erneut bestätigt werden.

Das Bundesministerium für Justiz (BMJ) hat auch zum Thema Patientenverfügung eine Publikation herausgebracht. Darüber hinaus existiert eine Vielzahl von Vordrucken verschiedenster Organisationen zum Thema Patientenverfügung. Es ist jedoch nicht sinnvoll, eine Standard-Patientenverfügung zu verwenden, da diese möglicherweise nicht alle Bereiche abdeckt, die geregelt werden sollen. Aus diesem Grund hat das BMJ Textbausteine veröffentlicht, die in der individuell erstellten Patientenverfügung verwendet werden können.

Auf eine Muster-Patientenverfügung wird deshalb in diesem Buch verzichtet. Stattdessen sollen an dieser Stelle Inhalte aufgeführt werden, die im Idealfall in der individuell formulierten Patientenverfügung enthalten sind.

**Notwendige Inhalte der Patientenverfügung:**
- Schmerztherapie
- Behandlung von Symptomen, z. B. Atemnot, Übelkeit, Angst, Unruhe
- Aussagen zur künstlichen Ernährung
- Reanimation
- Künstliche Beatmung
- Dialyse
- Antibiotika, Medikamente
- Transfusionen
- Organspende
- Krankenhausaufnahme

## Vormundschaftsgericht

Eine Entscheidung durch das Vormundschaftsgericht ist immer dann einzuholen, wenn ein Bevollmächtigter oder ein gesetzlicher Betreuer eine Einwilligung in einen ärztlichen Eingriff oder einer Heilbehandlung geben möchten, bei denen die Gefahr besteht, dass der Patient aufgrund der Maßnahme stirbt oder einen schweren und länger dauernden gesundheitlichen Schaden erleidet (▶ Kap. 6.1).

❗ Im Falle des Abbruchs einer lebensverlängernden oder lebenserhaltenden Maßnahme ist jedoch auch eine vormundschaftsgerichtliche Entscheidung erforderlich, wenn der Arzt eine Weiterbehandlung »anbietet« und der Betreuer diese verweigert. Der Betreuer will in diesem Fall dem Patientenwillen gegenüber Arzt und Pflegepersonal Geltung verschaffen. Der Arzt ist durch den hippokratischen Eid verpflichtet, keine (aktive) Sterbehilfe durchzuführen.

## 6.3.2 Bedeutung der Patientenverfügung

Über die juristische Bedeutung hinaus, hat das Vorhandensein oder Fehlen einer Patientenverfügung Auswirkungen auf die Durchführung der Pflege eines ambulanten Pflegedienstes. Zum einen wird erkennbar, welche Maßnahmen durchgeführt und welche unterlassen werden sollen, andererseits kann das Vorliegen einer Patientenverfügung den Mitarbeitern, die in einer engen Beziehung zum Patienten stehen, emotionale Probleme verursachen.

## Beispiele

Die Problematik der Auswirkungen, die eine Patientenverfügung besitzt, soll im Folgenden durch Beispiele genauer erläutert werden.

### Lebensverlängerung
> **Beispiel**
> Herr Schwarz ist 83 Jahre alt und lebt mit seiner Frau und seiner Tochter im eigenen Haus. Die Tochter hat die gesetzliche Betreuung für alle Bereiche übernommen. Herr Schwarz hat vor mehr als 35 Jahren mit seiner Ehefrau eine Generalvollmacht erstellt, in der als letzter Satz die allgemeine Aussage steht: »Ich wünsche keine lebensverlängernden Maßnahmen.« Die Eheleute haben sich gegenseitig als Generalbevollmächtigte ernannt, mittlerweile ist die Ehefrau allerdings an einer hochgradigen Demenz erkrankt.
> Vor neun Jahren erlitt Herr Schwarz einen Apoplex und ist seither auf fremde Hilfe angewiesen, worunter er sehr leidet. Seit dieser Zeit wird die Familie von einem ambulanten Pflegedienst unterstützt. Herr Schwarz kennt die Mitarbeiter und hat im Lauf der Jahre ein Vertrauensverhältnis entwickelt.

Der geistige Abbau von Frau Schwarz und die eigenen Defizite haben bei Herrn Schwarz zur Entwicklung einer depressiven Symptomatik geführt. Zusätzlich hat er vorübergehend vermehrt Alkohol konsumiert, worüber seine Tochter sehr erbost war. Ihren Vater bezeichnet sie seither als Alkoholiker. Schließlich wurde eine psychiatrische Behandlung erforderlich, da Herr Schwarz einen Suizidversuch unternahm. In der Klinik hat sich seine Stimmung deutlich verbessert und er konnte in gebessertem Zustand entlassen werden. Nach der Entlassung aus dem Krankenhaus hat Herr Schwarz eine deutliche Ernährungsstörung entwickelt und zunehmend an Gewicht verloren. Inzwischen wiegt Herr Schwarz noch 44 kg bei einer Größe von 1,74 m, sein BMI beträgt also 14,53. Die Mitarbeiter des ambulanten Pflegedienstes sind dadurch sehr beunruhigt und suchen immer wieder das Gespräch mit dem Hausarzt und der Tochter. Der Hausarzt untersucht Herrn Schwarz gründlich, kann jedoch keine körperlichen Ursachen für seinen Zustand finden. Er empfiehlt die regelmäßige Verabreichung von Zusatznahrung und ist auch bereit, diese zu rezeptieren. Die Tochter lehnt jedoch sämtliche Maßnahmen ab. Sie begründet dies mit den Inhalten der Generalvollmacht und der Tatsache, dass Herr Schwarz sowieso nicht mehr leben wolle, er habe bereits einen Suizidversuch unternommen. Sie wünscht, dass ihr Vater »verhungern dürfe«. Das Zusammenleben mit dem Vater sei für die Familie ohnehin eine Belastung und das Eigenheim der Eltern sei ebenfalls, bei weiter bestehender finanzieller Belastung durch die Pflege des Vaters, gefährdet. Die Mitarbeiter des ambulanten Pflegedienstes können diese Begründung nicht nachvollziehen, da die Tochter jedoch die gesetzliche Betreuung des Vaters besitzt, sehen sie keinen Handlungsspielraum.

Dieses Beispiel zeigt deutlich, dass bei einer Patientenverfügung die Gültigkeit von verschie-

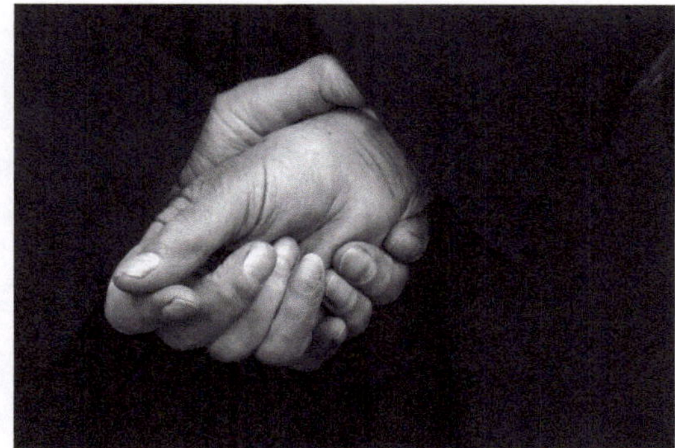

**Abb. 6.1.** Trauer (Klaus Hackl)

denen Faktoren abhängt. Zum einen muss der Zeitpunkt der Erstellung bei der Bewertung berücksichtigt werden. Eine Aktualisierung der Generalvollmacht erfolgte im Beispiel nicht. Die als Generalbevollmächtigte eingesetzte Ehefrau ist mittlerweile dement und kann zur Entscheidungsfindung keinen Beitrag leisten. Bei der Tochter, die die gesetzliche Betreuung ausübt, erscheint es fraglich, ob sie tatsächlich das Wohl des Betreuten im Auge hat. Durch diese Umstände wird die Gültigkeit der Willensäußerung von Herrn Schwarz deutlich eingeschränkt. Die Fragestellung nach seiner momentanen Einstellung ist nicht eindeutig zu beantworten.

Des Weiteren sind die Inhalte der Patientenverfügung von Bedeutung. Detaillierte Aussagen über Wünsche des Vollmachtgebers enthält die Generalvollmacht in diesem Fall nicht. Die Frage nach der künstlichen Ernährung kann somit ebenfalls nicht eindeutig beantwortet werden, zumal der behandelnde Arzt die Verabreichung von Zusatznahrung befürwortet. In einer derartigen Konfliktsituation ist die Einbeziehung des Vormundschaftsgerichts mit Sicherheit sinnvoll und notwendig.

### Emotionale Beteiligung der Mitarbeiter

 **Beispiel**

Frau Bayer ist 94 Jahre alt und lebt mit ihrem Sohn, dessen Ehefrau und zwei erwachsenen Enkelkindern in einem Haus. Seit acht Jahren wird sie zusätzlich von einem ambulanten

Pflegedienst mitbetreut, der mittlerweile dreimal am Tag vorbei kommt. Die Grundpflege am Morgen wird überwiegend von Pflegekraft Silvia durchgeführt. Sie kommt schon seit mehreren Jahren regelmäßig zu Frau Bayer und hat ein herzliches, familiäres Verhältnis zu ihr und ihren Angehörigen. In den letzten Monaten hat sich der körperliche Zustand der Patientin massiv verschlechtert; bei Frau Bayer kam der Verdacht auf eine Tumorerkrankung hinzu. Frau Bayer und ihre Familie lehnten eine weitere Diagnostik wegen des hohen Alters und des zuvor schon eingeschränkten Allgemeinzustands ab. Stattdessen hat Frau Bayer aus freiem Willen und im Zustand geistiger Gesundheit eine Patientenverfügung verfasst, in der sie eine Krankenhausaufnahme, eine Reanimation, künstliche Ernährung und eine Infusions- und Antibiotikatherapie ausdrücklich ablehnt. Die Familie befürwortet ihre Entscheidung und teilt diese auch dem behandelnden Arzt und dem ambulanten Pflegedienst mit. Schwester Silvia und ihre Kollegen können die Beweggründe von Frau Bayer nachvollziehen. Frau Bayers Zustand verschlechtert sich dramatisch und sie wird zunehmend somnolent, so dass eine ausreichende Flüssigkeitsversorgung nicht mehr gewährleistet ist. Hinzu kommt eine beginnende Pneumonie mit erhöhten Temperaturen. Inzwischen zweifelt Silvia an der Entscheidung von Frau Bayer. Sie grübelt, ob eine Antibiotikagabe und eine Infusionstherapie eventuell angezeigt wären, und bespricht dies auch mit ihren Kollegen in der Teambesprechung. Diese vertreten jedoch die einheitliche Auffassung, dass dieses Vorgehen Frau Bayers Wünschen entspricht und deshalb auch gerechtfertigt ist. Nach fast sechs Wochen verstirbt Frau Bayer im Kreise ihrer Angehörigen.

In diesem Beispiel wird deutlich, wie das Vorhandensein einer Patientenverfügung die Gewissensentscheidung der Mitarbeiter beeinflusst.

Die Pflegekraft Silvia leidet offensichtlich sehr unter der Entscheidung von Frau Bayer, da sie die Patientin schätzt und ein sehr inniges Verhältnis zu ihr hat. Eine rationale Entscheidung ist von Silvia in diesem Fall nicht zu erwarten, da sie emotional sehr beteiligt ist. Eine »Mitwirkung« beim Sterben von Frau Bayer bereitet ihr Probleme, weil sie an der Sinnhaftigkeit zweifelt. Sie kann nicht »loslassen« und hält eine Antibiose und unter Umständen eine Infusionstherapie für richtig. Aus dieser Konstellation ergeben sich zwei Fragestellungen:

**Reflexion im Pflegeteam:**
1. Welche Bedeutung hat die Lebensqualität bei der Entscheidung?
2. Wie können die betroffenen Mitarbeiter entlastet werden?

Für die Pflegedienstleitung oder die Kollegen ist es wichtig zu erkennen, wann ein Mitarbeiter sich nicht mehr ausreichend abgrenzen kann, um in diesem Fall ein offenes Gespräch anzubieten.

> **Tipps**
>
> Ist ein Mitarbeiter aufgrund der emotionalen Belastung nicht in der Lage, den Sterbeprozess zu begleiten, muss gegebenenfalls eine Entlastung durch eine Änderung des Routenplans angeboten werden. Auch bei einer aussagekräftigen, ausführlichen Patientenverfügung ist es möglich, dass ein Mitarbeiter unter Gewissenskonflikten leidet. Der Meinungsaustausch über die Erhaltung oder Verbesserung der Lebensqualität des Sterbenden im Team trägt dazu bei, alle Mitarbeiter zu entlasten.

### 6.3.3 Formulierung einer Patientenverfügung

Um eine Patientenverfügung möglichst eindeutig und verständlich zu formulieren, sollten einige Punkte beachtet werden.

**Formulierung einer Patientenverfügung:**

- Die Patientenverfügung sollte nach Möglichkeit eigenhändig und handschriftlich verfasst werden
- Alle wichtigen Punkte bezüglich erwünschter oder unerwünschter medizinischer Verfahren sollten einzeln erwähnt werden
- Eigene Wertvorstellungen können die Nachvollziehbarkeit der Verfügung erleichtern
- Wenn möglich sollte die Patientenverfügung einmal im Jahr aktualisiert werden
- Die Patientenverfügung muss so aufbewahrt werden, dass der behandelnde Arzt, der Bevollmächtigte oder der Betreuer schnell darauf zugreifen können, wichtig ist dies auch für eine eventuelle Krankenhausaufnahme
- Sinnvoll ist es, in der Patientenverfügung eine oder mehrere Vertrauenspersonen zu benennen, die im Zweifelsfall die Einstellung des Patienten wiedergeben und beschreiben können, oder Personen zu bevollmächtigen, eine verbindliche Entscheidung zu treffen
- Vertrauenspersonen oder Bevollmächtigte müssen im Vorfeld über die Inhalte der Patientenverfügung unterrichtet werden und sollten eine Kopie bekommen

> **Tipps**
>
> In jedem Fall sollten alle oben erwähnten medizinischen Maßnahmen in der Patientenverfügung einzeln erläutert werden. Auch in einem Beratungsgespräch durch einen ambulanten Pflegedienst dürfen diese Punkte nicht fehlen. Der ambulante Pflegedienst sollte außerdem das Vorhandensein einer Patientenverfügung unbedingt auf dem Stammblatt vermerken.

Eine abschließende gesetzliche Regelung der Problematik steht noch aus. Beobachtet man die aktuellen Entwicklungen im Gesundheitswesen, sollte man das Thema Patientenverfügung auch aus einem anderen Blickwinkel betrachten. Bei älteren Menschen werden bei der Beurteilung der Notwendigkeit von medizinischen Maßnahmen inzwischen vermehrt Kosten-Nutzen-Analysen vorgenommen. »Budgetbewusste« Ärzte bieten deshalb teure Therapien gar nicht erst an. Möglicherweise muss eine Patientenverfügung in der Zukunft aus diesem Grund eher Maßnahmen beinhalten, die der Patient ausdrücklich wünscht, und nicht nur Maßnahmen, die er verweigert.

### 6.3.4 Sterbehilfe

Um den Begriff Sterbehilfe und dessen Legalität zu beurteilen, müssen die Arten und Formen von Sterbehilfe genauer unterschieden werden. Zunächst differenziert man zwischen »Hilfe zum Sterben« und »Hilfe beim Sterben«.

**Hilfe zum Sterben**

Die Hilfe zum Sterben beinhaltet alle Aktivitäten, die den Tod herbeiführen sollen. Man unterscheidet zwischen aktiver und passiver Sterbehilfe. Die passive Sterbehilfe umfasst alle Maßnahmen, die in den Ablauf des Sterbeprozesses einwirken und diesen möglicherweise beschleunigen.

**Passive Sterbehilfe:**

- Unterlassen lebenserhaltender Maßnahmen
- Abbruch lebenserhaltende Maßnahmen
- Schmerzlinderung mit lebensverkürzender Nebenwirkung

Voraussetzung für die passive Sterbehilfe ist immer die Verweigerung der Maßnahmen durch den einwilligungsfähigen Patienten bzw. das Vorhandensein einer Patientenverfügung. Unabdingbar ist außerdem das Vorliegen einer Erkrankung mit schlechter Prognose.

❗ Die passive Sterbehilfe ist straffrei.

Aktive Sterbehilfe hingegen ist als Straftatbestand im Sinne des Strafgesetzbuchs zu betrachten und wird entsprechend strafrechtlich verfolgt. Verschiedene Paragraphen regeln die aktive Hilfe zum Sterben.

**Aktive Sterbehilfe:**
- Mord (§ 211 StGB)
- Totschlag (§ 212 StGB)
- Tötung auf Verlangen (§ 216 StGB)
- Beihilfe zum Suizid, als Straftat gegen das Arzneimittelgesetz

In Deutschland sind alle Maßnahmen der aktiven Sterbehilfe verboten und werden in Abhängigkeit vom jeweiligen Straftatbestand bestraft. In den meisten anderen Ländern ist die aktive Sterbehilfe ebenfalls nicht erlaubt, bezüglich der Bestrafung gelten jedoch andere Voraussetzungen, insbesondere beim assistierten Suizid. So ist beispielsweise die aktive Sterbehilfe in den Niederlanden nicht strafbar, wenn sie von einem Arzt unter Berücksichtigung bestimmter Sorgfaltspflichten begangen wurde. In der Schweiz, den Niederlanden und in den USA ist die Hilfe zur Selbsttötung nicht strafbar.

## Hilfe beim Sterben

Deutlich abzugrenzen von der Sterbehilfe in jeglicher Form ist die »Hilfe beim Sterben«. Dabei handelt es sich um alle Maßnahmen, die den Sterbeprozess erleichtern sollen, also um palliative Maßnahmen.

Die Palliation wurde in Deutschland zunächst in stationären Einrichtungen, etwa Hospizen oder Palliativstationen praktiziert, mittlerweile haben auch etliche ambulante Pflegedienste die Sterbebegleitung in ihre Leistungen integriert oder sich gar darauf spezialisiert.

**Palliativpflege:**
- Schmerzlinderung
- Symptomkontrolle
- Beistand und Begleitung
- Interdisziplinäre Zusammenarbeit
- Berücksichtigung der Selbstbestimmung des Sterbenden

Die Hilfe beim Sterben muss von der Hilfe zum Sterben streng abgegrenzt werden, sie ist selbstverständlich nicht strafbar, sondern ein unerlässlicher und wertvoller Bestandteil der Pflege.

### Rechtliche Hinweise

Pflegedienste sollten bereits beim Erstgespräch nach Vorsorgevollmachten (▶ Kap. 6.2) bzw. Patientenverfügungen fragen. Sie sollten auch mit dem behandelnden Arzt und dem gesamten therapeutischen Team im Hinblick auf Aktualität, Außen- und Innenwirkung und Konsequenzen im Handlungsfall besprochen werden. Wichtig ist bei solchen Situationen, dass alle an der Behandlung und Pflege Beteiligten den gleichen Wissenstand haben und dass die Mitarbeiter der ambulanten Pflegeeinrichtung das Vorhandensein, die Konsequenzen und die Handlungsanweisungen, die sich aus der Patientenverfügung ergeben, kennen. Unabdingbar ist ein uneingeschränkter Dialog zwischen Hausarzt, behandelnden Fachärzten, Pflegedienst und Angehörigen. Dabei ist wichtig zu klären, wann die Vollmacht erlischt. Ein aktuelles Gespräch mit dem Behandlungsteam sollte Klarheit darüber verschaffen, wie die letzte Lebensphase des Patienten gewünscht ist, z. B. im Notfall der Einsatz eines Rettungswagens, das Hinzuziehen des Hausarztes oder das ausschließliche Einbeziehen der Familie.

## 6.4    Freiheitsentziehung

Noch immer gibt es widersprüchliche Aussagen zum Thema Freiheitsentziehung (FE) in der ambulanten Pflege. Ursache für die unklare Rechtslage ist der § 1906 BGB, in dem eine freiheitsentziehende Maßnahme (FEM)

definiert wird, wenn der Betreute sich in einer Anstalt, einem Heim oder einer sonstigen Einrichtung aufhält. Die eigene Wohnung wird hier nicht explizit erwähnt, so dass viele Mitarbeiter der ambulanten Pflege der Auffassung sind, es handle sich nicht um eine Freiheitsentziehung.

Die Rechtsprechung geht jedoch davon aus, dass die eigene Häuslichkeit in diesem Fall mit einer Unterbringung in einem Heim zu vergleichen ist, da durch die fremde, professionelle Pflege eine Situation vergleichbar einer Einrichtung gegeben ist. Die Freiheitsentziehung ist also nur rechtens, wenn der Betroffene der Maßnahme zustimmt oder wenn eine vormundschaftsgerichtliche Genehmigung vorliegt.

Mögliche freiheitsentziehende Maßnahmen sind Fixierungen durch mechanische Vorrichtungen, das Einsperren des Betroffenen, sedierende Maßnahmen oder sonstige Vorkehrungen, etwa das Festhalten an der Haustür oder das Entfernen von notwendigen Hilfsmitteln.

In diesem Kapitel werden folgende Fragen im Zusammenhang mit dem Thema Freiheitsentziehung beantwortet:

1. Unter welchen Voraussetzungen kann eine freiheitsentziehende Maßnahme durchgeführt werden?
2. Welche Formen von Freiheitsentziehung gibt es?
3. Was ist bei der Dokumentation einer Freiheitsentziehung zu beachten?

## 6.4.1 Gesetzliche Grundlagen der Freiheitsentziehung

Die Freiheit jedes Menschen wird garantiert durch das Grundgesetz (GG):

(1) Jeder hat das Recht auf freie Entfaltung seiner Persönlichkeit, soweit er nicht die Rechte anderer verletzt und nicht gegen die verfassungsgemäße Ordnung oder das Sittengesetz verstößt.

(2) Jeder hat das Recht auf Leben und körperliche Unversehrtheit. Die Freiheit der Person ist unverletzlich. In diese Rechte darf nur aufgrund eines Gesetzes eingegriffen werden. (GG Art. 2)

Diese grundgesetzlich garantierte Freiheit kann nur unter Berücksichtigung der Vorgaben im Betreuungsrecht des BGB § 1906 eingeschränkt werden oder wenn ein rechtfertigender Notstand vorliegt, das bedeutet eine Situation der Notwehr, um Schaden von anderen oder der betroffenen Person abzuwenden (§ 34 StGB).

Der § 1906 BGB beschäftigt sich mit der Unterbringung des Betreuten in einer Einrichtung, die mit Freiheitsentziehung verbunden ist. Durch den Betreuer kann diese nur veranlasste werden, wenn bestimmte Voraussetzungen vorliegen.

**Voraussetzungen für eine Unterbringung:**
— Aufgrund einer psychischen Krankheit oder geistigen oder seelischen Behinderung des Betreuten, wenn die Gefahr besteht, dass er sich selbst tötet oder erheblichen gesundheitlichen Schaden zufügt.
— Wenn eine Untersuchung des Gesundheitszustands, eine Heilbehandlung oder ein ärztlicher Eingriff notwendig ist, der ohne die Unterbringung des Betreuten nicht durchgeführt werden kann, und der Betreute aufgrund einer psychischen Krankheit oder geistigen oder seelischen Behinderung die Notwendigkeit der Unterbringung nicht erkennen oder nicht nach dieser Einsicht handeln kann.

❗ Die Freiheitsentziehung in der eigenen Wohnung wird von der Rechtsprechung mit einer unterbringungsähnlichen Maßnahme in einer Einrichtung gleichgesetzt (§ 1906 BGB), wenn der Betroffene professionelle Hilfe in Anspruch nimmt. Eine Einwilligung des Betroffenen oder eine richterliche Genehmigung ist deshalb notwendig.

Die Antragstellung beim Vormundschaftsgericht wird mit Verweis auf § 1906 BGB häufig als nicht notwendig erachtet, da die eigene Wohnung nicht genannt wird. In einigen Fällen hat das Gericht das Einschließen in der Wohnung genehmigt, weil dadurch eine Einweisung in ein geschlossenes Heim verhindert werden konnte. Genehmigungspflichtig sind jedoch auch alle anderen freiheitsentziehenden Maßnahmen.

Ist jedoch Gefahr in Verzug, kann im Rahmen der Aufsichtspflicht eine Freiheitsbeschränkung unter bestimmten Voraussetzungen gerechtfertigt sein. Geregelt werden die Voraussetzungen im Strafgesetzbuch (StGB) § 34.

**Rechtfertigender Notstand:**
- Die Gefährdung muss erheblich sein
- Es muss eine Selbst- oder Fremdgefährdung vorliegen
- Die Gefahr muss konkret und aktuell vorliegen
- Wenn die Gefahr vorüber ist, muss der Freiheitsentzug umgehend beendet werden
- Wenn die Gefährdung länger andauert, muss der Betreuer unverzüglich eine richterliche Genehmigung einholen
- Als längerer Zeitraum werden 48 Stunden angesehen, am Wochenende verlängert sich dieser Zeitraum auf 72 Stunden
- Eine ärztliche Anordnung ist unerlässlich

Diese Voraussetzungen gelten, wenn der ambulante Pflegedienst in die Freiheitsentziehung involviert ist, eine andere Situation liegt vor, wenn die Maßnahmen im Verantwortungsbereich der Angehörigen des Patienten liegen.

In der Praxis der ambulanten Pflege spielen Freiheitsentziehungen durch rechtfertigenden Notstand eine untergeordnete Rolle. Zwar treten immer wieder Situationen auf, in denen ein selbst- oder fremdgefährdendes Verhalten droht, der Mitarbeiter vor Ort wird jedoch in den allermeisten Fällen versuchen, das Problem ohne Freiheitsbeschränkung zu lösen.

In den folgenden Beispielen werden zwei Situationen beschrieben, in denen eine Selbst- oder Fremdgefährdung droht und der Mitarbeiter das Problem jedoch ohne eine Freiheitsbeschränkung lösen kann.

> **Beispiel**

Frau Weigand äußert seit Monaten lebensmüde Gedanken. Als Pflegerin Sabine am Morgen zur Grundpflege die Wohnung der Patienten betritt, findet sie ein Wasserglas, in dem Frau Weigand mehrere Tabletten aufgelöst hat. Sie bleibt bei der Patientin bis zum Eintreffen des Hausarztes und der Schwiegertochter. Frau Weigand wird vorübergehend in ein Krankenhaus eingewiesen.

Herr Schumann ist an einer mittelschweren Demenz erkrankt und wird deshalb immer von Pfleger Udo betreut. Als dieser in Urlaub ist, übernimmt Pflegekraft Karin die Pflege von Herrn Schumann. Als sie die Wohnung betritt, verkennt Herr Schumann die Situation und hält Karin für einen Eindringling. Mit seinem Gehstock fordert er sie eindringlich zum sofortigen Verlassen der Wohnung auf. Über ihr Mobiltelefon informiert Karin umgehend den Hausarzt von Herrn Schumann und ihre Kollegin.

## 6.4.2 Formen der Freiheitsentziehung

Wie oben erwähnt existieren mehrere Formen der Freiheitsentziehung. Zur besseren Abgrenzung werden diese in drei Gruppen eingeteilt:
- Freiheitsbeschränkung durch mechanische Vorrichtungen
- Einsperren des Betroffenen oder sonstige Vorkehrungen
- Sedierende Medikamente

Zum besseren Verständnis der einzelnen Maßnahmen werden diese im Folgenden mithilfe praktischer Beispiele dargestellt.

## Freiheitsbeschränkung durch mechanische Vorrichtungen

Auf dem Pflegemarkt existiert eine Vielzahl von Hilfsmitteln, die der Freiheitsbeschränkung durch mechanische Vorrichtungen dienen. Dabei handelt es sich um Vorrichtungen, die am Bett, am Stuhl oder am Rollstuhl des Patienten angebracht werden.

**Mechanische Vorrichtungen:**
- Bettgitter
- Schutzdecken, Betttücher
- Bauchgurte
- Hand-, Fuß- oder Schultergurte
- Therapietische für Stuhl oder Rollstuhl

### Bettgitter

In der ambulanten Pflege ist die häufigste freiheitsentziehende Maßnahme das Anbringen eines Bettgitters. Oftmals wird schon im Erstgespräch die Anschaffung eines Pflegebetts empfohlen. Bei einigen Modellen ist ein Bettgitter bereits integriert oder wird zusätzlich angefordert. Das vorhandene Bettgitter kommt dann auch in vielen Fällen ohne weitere Überlegungen zum Einsatz.

❗ Für einige Pflegekräfte gehört das Bettgitter zum Bett, wie der Deckel zum Topf. Es vermittelt einen beruhigenden Eindruck, so dass die Mitarbeiter es zum Schutz des Patienten hochziehen, ohne die Notwendigkeit dieser Maßnahme zu hinterfragen.

Es muss jedoch immer bedacht werden, dass das Bettgitter für den Patienten auch eine Gefährdung darstellt. Die größte Gefahr besteht darin, dass der Patient versucht, das Bett trotz Bettgitter zu verlassen. Die Verletzungen, die aus einem Sturz über das Bettgitter resultieren, sind gravierender als bei einem Sturz aus dem Bett. Unruhige Patienten können sich außerdem am Bettgitter selbst verletzen, etwa durch Tritte oder Schläge gegen das Gitter bzw. durch das Verhaken und Hängenbleiben im Gitter mit Extremitäten oder Kopf.

> **Beispiel**
>
> Herr Hartmann ist 82 Jahre alt und lebt mit Ehefrau und Tochter in einer Mietwohnung. Nach einem Krankenhausaufenthalt bedingt durch Exsikkose und einen akuten Verwirrtheitszustand wird Herr Hartmann nach Hause entlassen. Die Unterstützung durch einen ambulanten Pflegedienst wird von den Angehörigen in die Wege geleitet.
> Der beratende Mitarbeiter des Pflegedienstes empfiehlt im Erstgespräch ein Pflegebett und ein Bettgitter zur Sturzprophylaxe. Die Angehörigen sind damit einverstanden, da Herr Hartmann schon vor dem stationären Aufenthalt zunehmend immobil wurde. Der Patient ist nur eingeschränkt gehfähig und kann ohne fremde Hilfe das Bett nicht verlassen. Herr Hartmann kann seine Einwilligung zu dieser Maßnahme aufgrund kognitiver Einbußen nicht erteilen. Die Mitarbeiter gehen jedoch davon aus, dass eine weitere Legitimation des Bettgitters nicht erforderlich ist.

In diesem Fall wird ein Bettgitter zur »Beruhigung« der Pflegekräfte, der Angehörigen und möglicherweise auch des Patienten angebracht. Da eine schriftliche Einwilligungserklärung jedoch nicht eingeholt werden kann, handelt es sich um eine nicht legitimierte Maßnahme. Die Angehörigen und der Pflegedienst sind nicht befugt, eine Freiheitsentziehung anzuordnen. Eine nachvollziehbare Dokumentation oder eine ärztliche Anordnung sind ebenfalls nicht vorhanden.

❗ Bei diesem »klassischen« Beispiel handelt es sich streng betrachtet um einen Verstoß gegen § 239 »Freiheitsberaubung«, der strafrechtlich verfolgt werden könnte.

Ein sicherer Schutz durch ein Bettgitter ist eigentlich nur möglich, wenn der Betroffene sich am Bettgitter nicht verletzen kann oder wenn zusätzliche Hilfsmittel eingesetzt werden, die Verletzungen und Strangulationen verhindern, etwa ein Seitenschutz oder ein Bauch- oder Fußgurt.

Bei einem ruhig liegenden Patienten ist die Notwendigkeit des Bettgitters an sich schon in Frage zu stellen. Bei unruhigen Patienten sind Alternativen zu prüfen, etwa eine Matratze vor dem Bett oder eine Klingelmatratze. Bei Patienten, die sich nicht eindeutig äußern können, kann das Bettgitter eine Belastung oder eine Beruhigung darstellen.

> **Tipps**
>
> Das Anbringen eines Bettgitters darf nur erfolgen, wenn die Vor- und Nachteile gegeneinander abgewogen wurden und wenn eine ausreichende Kontrolle und Beaufsichtigung des Patienten gewährleistet und dokumentiert ist. Bei ständigem Anbringen ist die Zustimmung des Vormundschaftsgerichtes einzuholen.

## Einsperren

Das Einschließen in der Wohnung oder in einem Zimmer zählt ebenfalls zu den freiheitsentziehenden Maßnahmen, die nur mit einer Legitimation durchgeführt werden dürfen. In diesen Bereich fallen noch andere Methoden, die den Patienten am Verlassen einer Räumlichkeit hindern sollen, etwa das Wegnehmen von Schuhen, Kleidung, Brille, Rollstuhl, Rollator oder anderen Hilfsmitteln.

> **❯ Beispiel**
>
> Frau Schubert, 69 Jahre und an einem Morbus Alzheimer erkrankt, lebt alleine in einer Zweizimmerwohnung in der Nähe ihres jüngsten Sohnes. Sie kann ihren Alltag noch mit Unterstützung des ambulanten Pflegedienstes bewältigen, wird jedoch gegen Abend immer sehr unruhig. Mit Einbruch der Dunkelheit ist sie vor allem zeitlich desorientiert und glaubt, sie müsse nach Hause gehen, um ihren Kindern das Abendessen zuzubereiten. Häufig verlässt sie dann ihre Wohnung und läuft zu dem drei Straßen entfernten Haus ihres Sohnes, dass sie früher mit ihrer Familie bewohnte. Den Weg dorthin findet sie immer, ist jedoch unaufmerksam beim Überqueren der Straße.
>
> Der Sohn ist deshalb besorgt und veranlasst den ambulanten Pflegedienst, seine Mutter nach dem letzten Besuch im Spätdienst in ihrer Wohnung einzuschließen. Der ambulante Pflegedienst hat ohnehin einen Schlüssel für die Wohnung von Frau Schubert und stimmt der Maßnahme zu. Über mehrere Wochen wird die Patientin jeden Abend von dem Mitarbeiter im Spätdienst eingeschlossen, bis Frau Schubert eines Abends versucht, ihre Wohnung durch das Fenster zu verlassen. Sie wird dabei von Nachbarn beobachtet, die den Sohn alarmieren. Frau Schubert wird vollkommen aufgebracht und panisch vorgefunden, die Angst um ihre Kinder war so groß, dass sie auf das Fensterbrett kletterte. Glücklicherweise liegt Frau Schuberts Wohnung im Erdgeschoss.

Das Einschließen des Patienten dient eigentlich seinem Schutz, stellt jedoch gleichzeitig auch eine Gefährdung seiner Person dar. Zum einen kann der Patient panische Ängste entwickeln, wenn er bemerkt, dass er einen Raum nicht verlassen kann. Sucht er einen anderen Ausweg, ist, wie in diesem Beispiel, eine potenzielle Gefahr vorhanden.

Andererseits besteht die Gefahr, dass in den verschlossenen Räumen ein Feuer ausbricht und der Betroffene nur unter erschwerten Bedingungen gerettet werden kann. Aus diesen Gründen ist auch beim Verschließen von Räumen eine Genehmigung des Betroffenen, ist dieser nicht einwilligungsfähig seitens des Vormundschaftsgerichtes erforderlich.

> **Tipps**
>
> Alternativ können elektronische Hilfsmittel eingesetzt werden, die das Verlassen der Wohnung zuverlässig anzeigen. Diese werden in Form von Arm- oder Fußbändern bzw. Chips zum Einnähen in die Kleidung
>
> 

angeboten und funktionieren durch Funkwellen oder Satellitentechnik. Der Vorteil des GPS-Systems ist das leichtere Auffinden des Betroffenen, da das System bei Bedarf den Aufenthaltsort ermittelt und beispielsweise als SMS versendet. Auch hierbei handelt es sich um eine genehmigungspflichtige Freiheitsentziehung.

Vitalfunktion, der Nahrungsaufnahme und des Schmerzempfindens. Daraus resultieren erhöhte Risiken für Dekubitus, Thrombose, Pneumonie, Sturz, Kontrakturen und Mangelernährung. Diese Risiken und Nebenwirkungen müssen von einer Pflegefachkraft rechtzeitig erkannt und an den behandelnden Arzt weitergegeben werden.

## Sedierung

Unter Umständen ist auch die Verabreichung von Psychopharmaka eine freiheitsentziehende Maßnahme, weil der Patient durch diese Medikation in seiner Bewegungsfreiheit eingeschränkt wird. Werden Medikamente mit sedierender Wirkung oder Nebenwirkung nur mit dem Ziel der »Ruhigstellung« verabreicht, ist dies genehmigungspflichtig. Sedierende Medikamente, die zur Heilbehandlung gegeben werden, stellen keine Freiheitsbeschränkung dar.

Ein großer Teil älterer Menschen nimmt regelmäßig Psychopharmaka ein, insbesondere dann, wenn eine Demenz vorliegt. Besonders häufig werden niederpotente Neuroleptika und Benzodiazepine verordnet. Eine Heilbehandlung der Demenz im engeren Sinne ist durch diese Medikamente nicht gegeben, wohl aber die Behandlung der begleitenden Symptome der Erkrankung, wie Unruhe und Erregungszustände.

### 6.4.3　Legitimation und Dokumentation

In vielen ambulanten Pflegeeinrichtungen sind freiheitsentziehende Maßnahmen noch immer ein wenig beachtetes und nicht immer ausreichend dokumentiertes Thema. Dabei stellt zum einen die Legitimation der Freiheitsbeschränkung ein Problem dar und zum anderen die kontinuierliche Dokumentation der durchgeführten Maßnahmen.

Vermeidbar wäre die Problematik durch eine eindeutige und ausführlich dokumentierte Begründung der Freiheitsentziehung, etwa durch die Willenserklärung des Patienten oder durch einen Beschluss des zuständigen Vormundschaftsgerichts bzw. durch den rechtfertigenden Notstand (▶ Anhang 10).

❗ Die Einwilligung oder der Beschluss muss in der Pflegedokumentation erkennbar sein, in den meisten Dokumentationssystemen ist auf dem Stammblatt ein entsprechender Abschnitt vorgesehen. Unerlässlich ist auch die schriftliche ärztliche Anordnung der Maßnahme, wenn der Pflegedienst in die Durchführung involviert ist.

Die Einwilligungserklärung muss immer schriftlich erfolgen, sofern der Patient dazu in der Lage ist. Im Zweifelsfall sollte der behandelnde Arzt die Geschäftsfähigkeit des Patienten attestieren. Es reicht jedoch nicht aus, dass die Einwilligungserklärung von Angehörigen, Bevollmächtigten oder Betreuern unterschrieben wird.

─ **Tipps** ───────────────

Bei der Medikation von älteren Menschen mit Psychopharmaka muss immer die mögliche Kumulation des Wirkstoffs bedacht werden. Mit steigendem Alter sinkt die Stoffwechselfunktion, vor allem bei Medikamenten, die über die Leber ausgeschieden werden. Eine Dosisanpassung verhindert das Auftreten von Nebenwirkungen, die den Patienten gefährden. Die häufigsten Nebenwirkungen der Psychopharmakatherapie sind Einschränkungen der Mobilität, der

▼

Wenn der Patient nicht einwilligungsfähig ist, muss auf jeden Fall eine richterliche Genehmigung eingeholt werden. Diese wird meistens zeitlich befristet und muss deshalb bei Bedarf entsprechend verlängert werden. Der Antrag muss durch den gesetzlichen Betreuer gestellt werden, der ambulante Pflegedienst sollte den Betreuer jedoch entsprechend beraten und auffordern. Eine Genehmigung ist nicht erforderlich, wenn der Patient nicht einsichtsfähig ist und auch keinen Willen zur Ortsveränderung zeigt, z. B. bei unwillkürlichen Bewegungen.

Im Anhang 10 wird ein Formular der Heimaufsichtsbehörde Heidelberg dargestellt, das die Legitimation von Freiheitsentziehungen veranschaulicht. Es basiert auf einer Empfehlung des Landessozialministerium Baden Württemberg.

Darüber hinaus muss die Durchführung der freiheitsentziehenden Maßnahme regelmäßig dokumentiert werden, wobei die Kontrolle und Beaufsichtigung des Betroffenen nicht vernachlässigt werden sollte. Auch zu diesem Zweck werden entsprechende Formblätter von den Herstellern von Dokumentationssystemen angeboten.

Die Dokumentation der Durchführung und somit die Bestätigung des korrekten Anlegens, gerade bei mechanischen Vorrichtungen, ist deshalb wichtig, weil es immer wieder zu schweren Verletzungen oder Todesfällen durch unsachgemäß angebrachte Fixierungshilfsmittel kam.

**Tipps**

Eine Forschungsgruppe der Universität Witten Herdecke hat eine Stellungnahme zu Fixiersystemen erarbeitet. Weitere Informationen liefert auch das Projekt ReduFix unter der Leitung von PD Dr. Clemens Becker vom Robert Bosch Krankenhaus Stuttgart und Prof. Dr. Thomas Klie von der Evangelischen Fachhochschule Freiburg. Die Alternativen zur Freiheitsentziehung werden in diesen und anderen Veröffentlichungen dargestellt.

**Rechtliche Hinweise**

Grundsätzlich gilt bei Freiheitsberaubung nach Strafgesetzbuch § 239:

(1) Wer einen Menschen einsperrt oder auf andere Weise der Freiheit beraubt, wird mit einer Freiheitsstrafe bis zu 5 Jahre oder mit einer Geldstrafe bestraft.

(2) Der Versuch ist strafbar.

(3) Auf Freiheitsstrafe von einem Jahr bis zu 10 Jahren ist zu erkennen, wenn der Täter

1. das Opfer länger als 1 Woche der Freiheit beraubt oder

2. durch die Tat oder eine während der Tat begangene Handlung eigene schwere Gesundheitsschädigung des Opfers verursacht

(4) Verursacht der Täter durch die Tat oder eine während der Tat begangene Handlung den Tod des Opfers, so ist die Strafefreiheitsstrafe nicht unter 3 Jahre.

(5) In minderschweren Fällen des Absatzes 3 ist auf Freiheitsstrafe von 6 Monaten bis zu 5 Jahren, in minderschweren Fällen des Absatzes 4 auf Freiheitsstrafe von einem Jahr bis zu 10 Jahren zu erkennen. (StGB § 239)

Entscheidend ist für den Pflegedienst, dass eine rechtswidrige Freiheitsentziehung nicht vorliegt, wenn der Betreute mit der Maßnahme einverstanden ist und die entsprechende Einwilligungsfähigkeit besitzt. Nur bei einwilligungsunfähigen Betreuten entscheidet der zuständige Betreuer, wenn er den Aufgabenkreis Aufenthaltsbestimmung hat, Gefahr in Verzug ist und es sich um keine dauerhafte Maßnahme handelt (deutlich unter 24 Stunden). Im Zweifelsfall muss der Betreuer die Maßnahme beim Vormundschaftsgericht beantragen.

Freiheitsentziehende Maßnahmen jeglicher Art bedürfen der klaren Schriftform sowie der Absprache mit den handelnden Akteuren. Sie müssen auf den dargelegten rechtlichen Grundlagen basieren. Es muss dokumentiert und kommuniziert werden,

> welche Möglichkeiten, aber auch welche Konsequenzen sich aus den freiheitsentziehenden Maßnahmen ergeben können. Die Mitarbeiter sind hierüber entsprechend zu informieren und aufzuklären.

## 6.5 Körperverletzung

Schadensersatzforderungen und Schmerzensgeldklagen haben in den letzten Jahren im medizinisch-pflegerischen Bereich an Häufigkeit zugenommen. Dabei spielt auch der Straftatbestand der Körperverletzung eine wichtige Rolle. Der haftungsrechtliche Aspekt einer Straftat gegen die körperliche Unversehrtheit wird vor allem bei der Entstehung von Wunden, bei der Wundtherapie, bei Stürzen und Sturzfolgen, bei Infektionen und bei dem Vorliegen einer Mangelernährung oder Exsikkose geprüft, wobei auch die Kostenträger inzwischen vermehrt derartige Vorkommnisse hinterfragen.

Schmerzensgeldforderungen können auch durch eine falsch dosierte Insulininjektion ohne vorherige Blutzuckermessung entstehen.

Aus diesem Grund muss eine fachgerechte Pflege und Betreuung durch qualifiziertes Personal nachweisbar sein. Der Inhaber oder Träger eines ambulanten Pflegedienstes sollte eine ausführliche Dokumentation aller Maßnahmen, insbesondere auch der Aufklärung und Einwilligung des Patienten berücksichtigen. Unter dieser Voraussetzung sind Eingriffe in die körperliche Unversehrtheit nicht als Straftatbestand zu werten.

Die Körperverletzung ist eine extreme Form der Gewaltanwendung in der Pflege, geschieht jedoch meist aufgrund von Unkenntnis oder Nachlässigkeit. Ein vorsätzliches Handeln ist in den allermeisten Fällen nicht zu erkennen. Mildere Formen der Gewalt findet man jedoch in alltäglichen Pflegesituationen und nimmt diese nicht als Gewaltanwendung wahr. Das bewusste Erkennen und Respektieren des Selbstbestimmungsrechts des Patienten trägt zur Gewaltvermeidung in der Pflegebeziehung bei.

In diesem Kapitel werden folgende Fragestellungen im Zusammenhang mit dem Straftatbestand der Körperverletzung beleuchtet:

1. Welche Straftaten gegen die körperliche Unversehrtheit existieren?
2. Welche Rolle spielen Vorsatz und Fahrlässigkeit?
3. Was sind Beispiele für Körperverletzung im Bereich der ambulanten Pflege?
4. Welche Dokumentationsvorgaben müssen berücksichtigt werden?

### 6.5.1 Straftaten gegen die körperliche Unversehrtheit

Jeder Eingriff in die körperliche Unversehrtheit stellt prinzipiell eine Körperverletzung und somit einen Straftatbestand dar. Das bedeutet, dass jede Injektion oder etwa das Legen eines Katheters strafbar wäre.

> **!** Straffrei ist diese Form der Körperverletzung durch die Einwilligungserklärung des Patienten.

Voraussetzung für die Einwilligung des Patienten in eine Maßnahme ist die Aufklärung durch den Arzt, die Aufklärung durch den Pflegedienst oder die Aufklärung des Betreuers durch den Arzt und den Pflegedienst.

Aufklärung bedeutet, dass der Patient über die Art der Maßnahme, die Notwendigkeit, die Vor- und Nachteile und die Risiken des Eingriffs ausführlich informiert wird und zwar so, dass er diese Informationen auch verstehen kann.

> **!** Die Einwilligung oder Verweigerung kann in ausdrücklicher oder stillschweigender Form erfolgen. Hat der Patient einer Pflegemaßnahme ausdrücklich zugestimmt,

muss er diese Einwilligung nicht jedes Mal wiederholen. Solange seine Einwilligungsfähigkeit fortbesteht, gilt auch die fortdauernde, stillschweigende Einwilligung weiter, wenn die Maßnahme sich nicht verändert hat.

Die mutmaßliche Einwilligung des gefährdeten Patienten in eine Maßnahme, die seiner Rettung dienen soll, erfolgt im Rahmen eines Notstands. Dabei handelt es sich um die Ermittlung des hypothetischen Willens einer nicht äußerungsfähigen Person. In diesem Fall geht man davon aus, dass der Patient der Maßnahme zustimmen würde, wenn er sich äußern könnte. Die mutmaßliche Einwilligung kommt bei Notoperationen oder Unfällen zum Einsatz.

Dabei muss jedoch das Selbstbestimmungsrecht des Patienten beachtet werden. Jeder Patient hat das Recht, sich unvernünftig zu verhalten. Das Grundgesetz (GG) gewährleistet ein Recht auf körperliche Unversehrtheit auch gegenüber einem Patienten, der es ablehnt, einen lebensrettenden Eingriff zu dulden. Ein Beispiel hierfür ist die Glaubensgemeinschaft der Zeugen Jehovas, die Bluttransfusionen ablehnen, auch wenn deshalb eine lebensgefährliche Situation entsteht.

---

> **Tipps**
>
> Eine Einwilligung durch den Betreuer für Gesundheitsfürsorge ist nicht für jede Maßnahme erforderlich. Es muss im Einzelfall geprüft werden, ob der Patient den Sinn der Maßnahme versteht und somit eine Einwilligungsfähigkeit gegeben ist. Je nach Krankheits- und Pflegesituation kann die Prüfung der Einwilligungsfähigkeit zu verschiedenen Ergebnissen führen. So kann ein dementer Patient beispielsweise einer Blutentnahme zustimmen, wenn er den Sinn der Maßnahme begreift, derselbe Patient versteht die Aufklärung über eine Schrittmacherimplantation nicht, so dass der Betreuer die Entscheidung treffen muss.

Im Strafgesetzbuch (StGB) werden verschiedene Straftaten gegen die körperliche Unversehrtheit aufgeführt, die unterschiedliche Strafen nach sich ziehen (◘ Tab. 6.1).

Entscheidend ist bei der Feststellung des Strafmaßes auch die Tatsache, ob es sich um einen schweren oder einen minder schweren Fall der Körperverletzung handelt. Die Schwere der körperlichen Misshandlung oder Gesundheitsschädigung ist abhängig von der Art der Durchführung, von den Folgen der Handlung und von der Absicht, die dahinter steckt.

Die Art der Handlung kann aktiv oder passiv sein, also das Begehen der Straftat durch Tun oder durch Unterlassen bedeuten. Eine gefährliche Körperverletzung entsteht im medizinisch-pflegerischen Bereich beispielsweise durch Beibringen von Gift bzw. Medikamenten oder mittels einer Waffe oder eines anderen gefährlichen Werkzeugs, etwa chirurgische Instrumente oder mittels einer das Leben gefährdenden Behandlung.

Eine Körperverletzung kann fahrlässig oder vorsätzlich durchgeführt werden. Auch dieser Unterschied beeinflusst die Strafbarkeit und das Strafmaß.

**Fahrlässigkeit und Vorsatz:**

- Eine Fahrlässigkeitsprüfung, bei der die Verletzung einer erforderlichen Sorgfaltspflicht und deren Erkennbarkeit hinterfragt wird, findet statt, da fahrlässiges Handeln nach § 15 StGB ebenfalls mit Strafen bedroht ist, jedoch nur, wenn das Gesetz die Strafbarkeit explizit vorsieht, z. B. bei fahrlässiger Körperverletzung § 229 StGB.
- Eine vorsätzliche Straftat ist immer strafbar, da der Täter die Schuld subjektiv erkannt hat und somit ein Unrechtsbewusstsein vorhanden ist. Trotz dieser Erkenntnis hat er eine Handlung durchgeführt.

Im Gegensatz dazu sind im Zivilrecht fahrlässige, grob fahrlässige und vorsätzliche Taten immer strafbar. Die Fahrlässigkeit wird vom Vorsatz dadurch unterschieden, dass das Ergeb-

**▣ Tab. 6.1.** Straftaten gegen die körperliche Unversehrtheit

| Paragraph des StGB | Straftat | Strafmaß |
|---|---|---|
| § 223 | Körperverletzung | Bis zu 5 Jahren Freiheitsstrafe oder Geldstrafe |
| § 224 | Gefährliche Körperverletzung | 6 Monate bis 10 Jahre Freiheitsstrafe, in minder schweren Fällen 3 Monate bis 5 Jahre |
| § 225 Abs. 1 | Misshandlung von Schutzbefohlenen | In minder schweren Fällen 3 Monate bis 5 Jahre |
| § 226 | Schwere Körperverletzung | Freiheitsstrafe von 1 bis zu 10 Jahren |
| § 227 | Körperverletzung mit Todesfolge | Freiheitsstrafe nicht unter 3 Jahren, im minderschweren Fällen von 1 bis zu 10 Jahren |
| § 229 | Fahrlässige Körperverletzung | Bis zu 3 Jahren Freiheitsstrafe oder Geldstrafe |

nis einer Handlung nicht beabsichtigt ist. Die Folgen der Tat wären jedoch vermeidbar und voraussehbar gewesen.

> ❗ Eine Straftat gegen die körperliche Unversehrtheit durch einen ambulanten Pflegedienst kann sowohl strafrechtlich als auch zivilrechtlich verfolgt werden. Die strafrechtliche Verfolgung bedingt eine Geld- oder Freiheitsstrafe, die zivilrechtliche Strafe führt meist zur Zahlung eines Schmerzensgeldes oder eines Schadensersatzes.

## 6.5.2 Fälle von Körperverletzung

Im 2. Prüfbericht des Medizinischen Dienstes der Krankenversicherung (MDK) von September 2007 wurden 14950 Pflegebedürftige aus ambulanten Pflegeeinrichtungen befragt. Die Ergebnisse zeigen, dass jeder dritte Pflegebedürftige nicht genug zu essen und zu trinken bekommt und mehr als 40 % der zu Hause gepflegten Patienten nicht ausreichend gelagert werden und deshalb einen Dekubitus erleiden.

Diese Pflegemängel können aus rechtlicher Sicht möglicherweise folgende Straf- und Zivilrechtstatbestände darstellen:
- Menschenrechtsverletzung
- Verstoß gegen die Menschenwürde
- Verletzung von allgemeinen Persönlichkeitsrechten
- Fahrlässige Körperverletzung
- Misshandlung von Schutzbefohlenen

Daraus könnten sich zivilrechtliche Schadensersatz- und Schmerzensgeldansprüche ergeben. Es ist jedoch nicht legitim, auf der Basis von statistischen Erhebungen in Prüfberichten auf die Qualität der Pflege im Allgemeinen zu schließen und strafrechtliche Konsequenzen abzuleiten.

Dennoch müssen diese Defizite nachdenklich machen und die Sensibilität für derartige Straftaten schärfen.

Aus diesem Grund sollen im folgenden Abschnitt praktische und zum Teil alltägliche Beispiele für Straftaten gegen die körperliche Unversehrtheit beschrieben werden.

### Beispiele für Körperverletzung

> **Beispiel**
>
> Die Delegation von behandlungspflegerischen Maßnahmen, etwa Injektionen oder Verbandswechsel, an Pflegehilfskräfte stellt eine Anstiftung zur Körperverletzung dar. Eine Injektion ohne vorherige Hände- oder Hautdesinfektion mit Ausbildung der Komplikation eines Spritzenabszesses entspricht einer fahrlässigen Körperverletzung.

Die Medikamentenverabreichung ohne ärztliche Anordnung kann eine vorsätzliche oder eine fahrlässige Körperverletzung bedeuten, insbesondere bei der Gabe von Psychopharmaka oder anderen Medikamenten mit erheblichen Nebenwirkungen. Auch eine versehentliche Medikamentenverwechslung, dass Verweigern einer Medikamentengabe durch die Pflegekraft oder die fehlerhafte Dosierung entspricht prinzipiell einer Körperverletzung.

Eine nicht fachgerechte Wundversorgung ist ebenfalls eine Form der Körperverletzung, dabei spielt es keine Rolle, ob die Pflegekraft den Verbandswechsel selbst durchführt.

Auch die Assistenz beim Verbandswechsel durch den Arzt, beispielsweise mit abgekochten Kohlblättern und Haushaltszucker, stellt eine Körperverletzung durch Tun dar. Eine Körperverletzung durch Unterlassen ist z. B. der Umstand, dass eine Pflegefachkraft informiert ist über das Therapiekonzept des Arztes. So hielt eine Pflegekraft die tatsächlich von einem Arzt durchgeführte Wundbehandlung mit Seesand und Haushaltshonig für fehlerhaft. Sie nahm jedoch ihre Remonstrationspflicht nicht wahr und ignorierte die nicht sachgemäß durchgeführte Wundtherapie durch den Arzt.

Eine Injektion mit Einwilligung des Patienten ist zwar eine Straftat, aber gerechtfertigt, wohingegen eine Injektion nach ausdrücklicher Verweigerung der Pflegehandlung durch den Patienten den Straftatbestand der Körperverletzung erfüllt. Dabei sollte unterschieden werden, ob der Patient die Injektion an sich verweigert oder ob er die Durchführung der Injektion durch eine bestimmte Pflegekraft ablehnt. Im ersten Fall wäre die Zwangsinjektion strafbar, im zweiten Fall stimmt der Patient dem Eingriff eigentlich zu. Die Injektion wurde durch den behandelnden Arzt delegiert und somit spielt es keine Rolle, welche Pflegekraft die Delegation durchführt, sofern sie dazu qualifiziert ist. Hat der Patient

die Injektion schon mehrfach erhalten, kann das stillschweigende Einverständnis vorausgesetzt werden und es liegt keine Körperverletzung vor.

Der Pflegedienstinhaber trifft eine Patientin mehrfach nicht zuhause an und unterlässt es, die Wohnung öffnen zu lassen, da diese Patienten normalerweise eine recht rüstige Person ist. Sie bekommt Essen auf Rädern und die gelieferten Mahlzeiten stapeln sich vor der Wohnungstür. Dennoch werden keine Maßnahmen ergriffen. Tatsächlich befindet sich die ältere Dame nach einem Apoplex in einer hilflosen Lage. Da sie erst nach zwei Tagen in der Wohnung aufgefunden wird, trägt sie irreparable Schäden davon. Der Vorwurf gegen den Inhaber des ambulanten Pflegedienstes lautet: gefährliche Körperverletzung.

Die Mitarbeiterin eines ambulanten Pflegedienstes wird beim Betreten der Wohnung durch den Patienten angegriffen, da dieser sie nicht erkennt. Er schreit laut und beginnt sie zu würgen. Die Pflegekraft tritt den Patienten, um sich zu befreien. Eine Nachbarin bemerkt das Geschrei und holt Hilfe. Beide Beteiligten tragen leichte Verletzungen davon. Eine Körperverletzung durch den Patienten liegt in diesem Fall nicht vor, da er wegen psychischer Störung schuldunfähig bzw. vermindert schuldfähig ist. Auch die Pflegekraft kann nicht wegen Körperverletzung belangt werden, weil sie in dieser Situation in Notwehr gehandelt hat.

Die Missachtung von Hygienevorschriften kann den Tatbestand der Körperverletzung erfüllen, wenn dadurch gesundheitliche Schäden verursacht werden. Die Mitarbeiter eines ambulanten Pflegedienstes waschen ihre Dienstkleidung in der häuslichen Waschmaschine. Die Familie einer Mitarbeiterin ist an einem Norovirus erkrankt, wodurch eine Übertragung auf mehrere Patienten stattfindet.

Bei dem wöchentlichen Vollbad vergisst eine Pflegekraft, die Wassertemperatur zu überprüfen und setzt eine demente Patientin mit dem Badelifter in das fast 60° C heiße Badewasser. Da die Patientin unter neuroleptischer Medikation steht, ist ihr Schmerzempfinden reduziert und sie erleidet schwere Verbrühungen. An den Folgen dieser Verletzungen verstirbt sie wenige Wochen später im Krankenhaus. Die Mitarbeiterin des ambulanten Pflegedienstes wird wegen Körperverletzung mit Todesfolge bestraft. Mangelernährung und Exsikkose als Folge einer nicht adäquaten Pflege entsprechen einer Straftat gegen die körperliche Unversehrtheit. Aus Zeitmangel wurde eine Patientin, die nicht mehr eigenständig Nahrung aufnehmen kann, über einen längeren Zeitraum nicht ausreichend mit Essen und Flüssigkeit versorgt. Eine eindeutige Dokumentation im Ernährungs- und Flüssigkeitsprotokoll war nicht vorhanden. In diesem Fall lautete der Tatbestand nicht Körperverletzung sondern Misshandlung von Schutzbefohlenen, da der Patientin die Nahrung und Flüssigkeit auch gegen ihren Willen durch Zukneifen der Nase verabreicht wurde. Außerdem ist in diesem Fall auch der Tatbestand der Unterlassenen Hilfeleistung (▶ Kap. 6.7) gegeben.

Eine fehlende oder lückenhafte Dokumentation kann ebenfalls den Vorwurf der Körperverletzung nach sich ziehen. Eine mangelhafte Eintragung im Lagerungsprotokoll bei gleichzeitigem Entstehen eines Dekubitus führt dazu, dass die korrekte und fachgerechte Durchführung der Dekubitusprophylaxe nicht bewiesen werden kann. Da in diesem Fall eine Beweislastumkehr erfolgt, gelten nicht dokumentierte Maßnahmen als nicht durchgeführt.

Das Verursachen eines Autounfalls im Winter mit Sommerreifen kann bei Personenschäden als fahrlässige Körperverletzung betrachtet werden. Die Einrichtungsleitung wird in diesem Fall mit zur Verantwortung gezogen, da ein Organisationsverschulden vorliegt.

### 6.5.3 Dokumentation

Der Straftatbestand gegen die körperliche Unversehrtheit wird durch die ausführliche Dokumentation der Aufklärung des Patienten und seiner Einwilligung bzw. der Verweigerung einer Handlung ausgeschlossen.

> In der ambulanten Pflege erfolgt die Aufklärung und Einwilligung in alle Maßnahmen üblicherweise im Erstgespräch, in dem sämtliche Maßnahmen mit dem Patienten oder seinem gesetzlichen Betreuer besprochen und anschließend durch die Unterzeichnung des Pflegevertrags (▶ Kap. 5.3) bestätigt werden.

Wenn der Patient dazu in der Lage ist, sollte er auch bei der Erstellung der Pflegeplanung beteiligt werden. Ein wichtiges Instrument der Aufklärung und Einwilligung ist auch die Pflegevisite. Dabei kann eine gemeinsame Evaluation der Pflegemaßnahmen erfolgen, wodurch das stillschweigende Einverständnis des Patienten oder des Betreuers verlängert wird.

Um den Straftatbestand der Körperverletzung auszuschließen, muss auch ein Nachweis erfolgen, dass die Pflege sach- und fachgerecht durchgeführt wurde. In der ambulanten Pflege wird dies gewährleistet durch die Teilnahme an Maßnahmen der Qualitätssicherung, die für alle Einrichtungen des Gesundheitswesens verpflichtend ist.

Eine fachgerechte Pflege kann außerdem durch die Orientierung an einrichtungsinternen Pflegestandards nachgewiesen werden. Dabei muss jedoch die Implementierung von Expertenstandards berücksichtigt werden (▶ Kap. 10.1).

> Der Nachweis einer fachgerechten Pflege ist nur möglich, wenn die geplanten und mit dem Patienten vereinbarten Maßnahmen und Leistungen durch Pflegekräfte mit einer entsprechenden Qualifikation erbracht wer-

den. Die Überprüfung der Qualifikation kann durch die Handzeichen der Leistungsnachweise und durch die Dienst- und Tourenplanung erfolgen.

### 6.5.4  Gewalt in der Pflege

Auch wenn keine Straftat im Sinne des StGB vorliegt, kommt es in der Pflege im Allgemeinen immer wieder zu Situationen, in denen eine Gewaltausübung stattfindet. Prinzipiell können alle Beteiligten, also Patienten, Pflegende und Angehörige, Gewalt ausüben oder darunter leiden.

## Gewalt durch Pflegende

Zeitdruck, Stress, Überforderung und Erschöpfung können bei Pflegekräften die Toleranzgrenze senken und dadurch das Auftreten von Gewalt beeinflussen.

> Prinzipiell kann man davon ausgehen, dass Pflegekräfte Gewalt nicht bewusst oder beabsichtigt ausüben, sondern dass dies unbewusst geschieht und deshalb in vielen Fällen überhaupt nicht wahrgenommen wird. Dennoch spielt die Machtposition der Pflegekraft gegenüber dem Patienten und seinen Angehörigen eine Rolle.

Der Sozialmediziner und Psychotherapeut Prof. Erich Grond hat eine Liste von Situationen zusammengestellt, die alltäglich auftreten und dennoch eine Form der Gewalt bedeuten. Zum besseren Verständnis orientiert sich die Aufzählung an den AEDL nach Prof. Monika Krohwinkel. In der folgenden Übersicht findet sich die Auflistung von Prof. Grond, die beliebig zwar aus dem stationären Bereich stammt, jedoch auf die ambulante Pflege übertragen und erweitert werden kann.

---

**Übersicht 1: Beispiele für Gewalt in der Pflege anhand der AEDL (nach Prof. E. Grond, 1997)**

**Kommunizieren**
- Konflikte nicht aussprechen
- Zu schnell sprechen
- Den Bewohner beim Reden nicht anschauen

**Sich bewegen**
- Den Bewegungsraum einschränken
- Die Ausgänge blockieren
- Gegen den Willen des Bewohners einen Bewegungsmelder anbringen

**Vitale Funktionen aufrechterhalten**
- Falsches Bettzeug zuteilen und rationieren
- Zu warme oder zu dünne Kleidung zumuten

**Sich pflegen**
- Einen festen Badetag einfordern

**Essen und Trinken**
- Auf starre Essenzeiten bestehen
- Das Essen zu schnell oder zu kalt anreichen

**Ausscheiden**
- Die Vorlage zu festen Zeiten wechseln
- Den Bewohner auffordern, den Urin laufen zu lassen, er sei doch mit Windeln versorgt

**Sich kleiden**
- Kleider ein- oder wegschließen
- Den Bewohner nachts mit einem Strampelsack fixieren
- Alle Bewohner gleich, z. B. im Jogginganzug, kleiden

**Ruhe und Schlafen**
- Feste Mittagsruhe
- Ausschließlich Heimbettwäsche zulassen

**Sich beschäftigen, den Wohnraum gestalten**
- Starrer Tagesablauf
- Heimmöbel durchsetzen
- Nicht zum Beschäftigen anregen

**Sich als Mann/Frau fühlen**
- Verschiedene Stationen für Männer und Frauen

**Für eine sichere Umgebung sorgen**
- Verwirrte Menschen mit Bettgitter oder Gurten fixieren oder medikamentös ruhig stellen
- Zu kleine Uhren oder Kalender anbringen
- Türen abschließen

**Soziale Bereiche des Lebens sichern**
- Bewohner mit fremden Menschen in ein Mehrbettzimmer legen
- Die Hausordnung stur durchsetzen

**Mit existenziellen Erfahrungen des Lebens umgehen**
- Sich nicht an der individuellen Biografie orientieren
- Plump optimistisch reagieren im Sinne von »das wird schon wieder«
- Gespräche über den Sinn des Lebens oder das Sterben abblocken

Nicht alle der in der Übersicht aufgelisteten Handlungen bedeuten eine erhöhte Gewaltbereitschaft, sie stellen jedoch Vorstufen der Gewaltanwendung dar. Eine entscheidende Maßnahme zur Gewaltvermeidung ist die bewusste Wahrnehmung des eigenen Verhaltens im Umgang mit den Patienten. Mit Sicherheit hat jeder Mitarbeiter in der Pflege schon ähnliche Situationen erlebt, diese jedoch nicht reflektiert. Der Austausch im Team über problembehaftete Pflegebeziehungen trägt zur bewussten Reflexion und Gewaltvermeidung bei.

> **Tipps**
> In schwierigen Fällen kann das Hinzuziehen eines Supervisors sinnvoll sein.

### Gewalt durch Angehörige

Die oben aufgeführten Handlungen können selbstverständlich auch durch Angehörige ausgeführt werden. Ausschlaggebend ist ebenfalls das Überschreiten der Belastungsgrenze. Angehörige, die einen Pflegebedürftigen über einen längeren Zeitraum versorgen, fühlen sich häufig überfordert, sozial isoliert, angebunden und alleingelassen.

Die Aufgabe der Bezugspflegekraft ist es, Probleme wahrzunehmen, anzusprechen und eine Entlastung anzubieten. In vielen Fällen fühlen Angehörige sich schon durch Gespräche entlastet, weil sie erfahren, dass man ihnen Verständnis entgegenbringt. Andere Möglichkeiten der Entlastung bieten Gesprächskreise für pflegende Angehörige oder niederschwellige Betreuungsangebote (▶ Kap. 5.4).

### Gewalt durch Patienten

Vergleichbar der Situation von Angehörigen besteht auch die Möglichkeit, dass der Patient unter seinen Lebensbedingungen leidet. Gerade allein lebende Patienten oder Patienten mit gravierenden körperlichen Einschränkungen bzw. kognitiven Einbußen empfinden häufig eine große Unzufriedenheit mit ihrer Situation.

Nicht immer müssen körperliche Übergriffe als Ausdruck der Verzweiflung stattfinden. In den meisten Fällen treten eher verbale Entgleisungen, etwa Nörgeln, Jammern, Beschimpfungen und Beleidigungen auf. In diesen Situationen ist es hilfreich, dem Patienten Verständnis zu signalisieren. Das offene Ansprechen der Probleme ist für alle Beteiligten effektiver als das Ignorieren der Problematik. Sowohl bei Angehörigen als auch bei Pflegekräften führen fortgesetzte verbale Aggressionen durch den Patienten zu Verärgerung und Wut.

> **Tipps**
>
> Körperliche Übergriffe durch Patienten entstehen in den meisten Fällen durch Verkennen und Angst. Der Patient ist durch die reduzierte Wahrnehmungsfähigkeit oder durch den Verlust des Realitätsbezugs höchstwahrscheinlich vermindert schuldfähig oder schuldunfähig.

Aggression kann auch ein Krankheitszeichen sein, etwa bei wahnhaften oder depressiven Störungen, bei Erkrankungen des Frontalhirns, bei Suchterkrankungen, bei Psychosen und anderen behandlungsbedürftigen Krankheiten. In diesem Fall sollte umgehend der behandelnde Arzt informiert werden.

**Rechtliche Hinweise**

Das kriminologische Forschungsinstitut Niedersachsen (KFN) in Hannover hat im Jahre 2007 eine Neuuntersuchung zum Thema »Gewalt in der Pflege« vorgelegt (▶ Kap. 6.9). Die Ergebnisse lassen aufhorchen. Weder Gewalt gegen Pflegebedürftige durch Pflegekräfte, noch Gewalt gegen Pflegekräfte durch Pflegebedürftige oder Angehörige dürfen tabuisiert werden. Lösungsansätze können nur im gemeinsamen Dialog zwischen Pflegekräften, Angehörigen, Kostenträgern und natürlich den betroffenen Patienten gefunden werden. Gewalt in der Pflege darf nicht pauschaliert werden. Gewalt muss klar definiert werden. Sie kann physischer aber auch psychischer Natur sein. Die Mitarbeiter ambulanter Dienste müssen aufgeklärt und zum Dialog aufgefordert werden. Die bereits angesprochene Möglichkeit der Supervision ist auch bei der Bearbeitung dieses Themenbereiches sicher eine sinnvolle begleitende Maßnahme. Gewalt in der Pflege, gerade in Richtung vom Patienten zum Mitarbeiter, sollte auch Inhalt von Gesprächen mit den Angehörigen und dem Hausarzt sein.

Genauso hat der Pflegedienst die Pflicht, den Hausarzt darauf hinzuweisen, wenn dem Mitarbeiter Handlungen zur Kenntnis kommen, die auf Gewalt von Angehörigen gegenüber Patienten hinweisen. Sensibilität und Einfühlungsvermögen sind hier gefragt. Bei Folgeschäden in Haftungsfällen muss der Pflegedienst beweisen können, dass er die Situation erkannt hat und welchen Hinweispflichten und Lösungsansätzen er nachgekommen ist.

## 6.6 Pflegefehler

Noch vor wenigen Jahren wurde die Entstehung eines Dekubitus immer als Pflegefehler gewertet. Mittlerweile ist diese rigorose Auffassung nicht mehr verbreitet, da ein Dekubitus unter anderem in der Sterbephase eines Patienten entstehen kann. Dennoch werden Fehler und Unterlassungen durch professionelle Pflegekräfte stärker beobachtet und häufiger untersucht.

In der ambulanten Pflege ist der Nachweis eines Pflegefehlers schwieriger, da außer dem Pflegedienst eventuell auch andere Personen an der Versorgung beteiligt sind. Die eindeutige Dokumentation der vereinbarten und durchgeführten Pflegeleistungen trägt zur Vermeidung von Pflegefehlern bei. Der ambulante Pflegedienst kann keine Verantwortung übernehmen für Leistungen, die andere Beteiligte erbringen. Allerdings müssen die Leistungen, die durch den Pflegedienst erbracht werden, aus der Dokumentation klar erkennbar sein.

Dieses Kapitel beschäftigt sich mit folgenden Fragestellungen:

1. Wie entstehen Pflegefehler?
2. Welche Vorgaben müssen zur Vermeidung von Pflegefehlern berücksichtigt werden?

### 6.6.1 Entstehung von Pflegefehlern

Da es sich bei einem Pflegefehler bereits um einen Mangel handelt, der im Rahmen der professionellen Tätigkeit zu einer Verletzung, Erkrankung oder Schädigung führt, zählt schon die mangelhafte Durchführung von Prophylaxen als Pflegefehler. Im Gegensatz dazu ist ein ärztlicher Kunstfehler durch eine fehlerhafte Behandlung definiert.

**Häufige Pflegefehler:**
- Dekubitus
- Exsikkose
- Sturz
- Thrombose
- Kontraktur
- Mangelernährung
- Wundinfektion
- Medikamentenverwechslung

Ein großer Teil der Pflegefehler wird also durch fehlende Prophylaxen verursacht. In der ambulanten Pflege sind jedoch oftmals die Angehörigen des Patienten in die Versorgung involviert. Aufgabe der professionellen Pflegekräfte ist in diesem Zusammenhang die ausführliche und verständliche Beratung und Anleitung der Angehörigen.

## Mangelversorgung

Mitarbeiter in der ambulanten Pflege versuchen immer wieder, zur Schonung und Entlastung der Angehörigen beizutragen. So kommt es vor, dass Angehörigen erklärt wird, Inkontinenzmaterial so anzulegen, dass es vom letzten Besuch im Spätdienst bis zur Grundpflege am Morgen nicht gewechselt werden muss. Entsteht auf diese Weise ein Dekubitus, handelt es sich um einen Pflegefehler, da das Wohl des Patienten eine wichtigere Stellung einnimmt als die Entlastung der Angehörigen.

> **Beispiel**
> Frau Maurer wird zuhause durch einen ambulanten Pflegedienst und ihre Nichte betreut. Die Nichte ist sehr ängstlich und zurückhaltend, vor allem wenn es um körperliche Kontakte mit der Tante geht, die auch die Intimsphäre berühren. Die Grundpflege wird deshalb komplett von den Pflegekräften des Pflegedienstes erbracht, obwohl Frau Maurer noch recht mobil ist. Die Nichte kümmert sich um die Ernährung, Flüssigkeitsversorgung, Medikamentenverabreichung und um den Haushalt.
> Die Mitarbeiter des ambulanten Pflegedienstes beobachten nun vermehrt Anzeichen einer Exsikkose und beschließen, ein Einfuhrprotokoll zu führen. Die Nichte von Frau Maurer wird über diese Maßnahme ausführlich informiert und ist bereit, die von ihr verabreichte Flüssigkeitsmenge zu notieren. Der ambulante Pflegedienst reicht zusätzlich bei jedem Besuch ein Getränk und berechnet die Gesamtmenge der Einfuhr in 24 Stunden. Diese Maßnahmen werden ausführlich in der Pflegeplanung dokumentiert. Eine Exsikkose kann durch die Kooperation mit der Nichte vermieden werden.

Die Entstehung von Pflegefehlern kann meistens durch die ausführliche Beratung der Angehörigen vermieden werden, wobei die Inhalte und Ergebnisse der Gespräche in der Dokumentation erkennbar sein müssen. Wenn Angehörige nicht bereit sind zu kooperieren oder im Rahmen der Krankenbeobachtung festgestellt wird, dass die Maßnahmen nicht korrekt ausgeführt werden, muss auch dieser Umstand in der Dokumentation erwähnt werden.

Bei Patienten, die nicht durch Angehörige oder andere Personen mitversorgt werden, obliegt die Verantwortung für eine fachgerechte Pflege einzig dem Pflegedienst.

> **Tipps**
>
> In diesem Fall muss eindeutig festgestellt werden, wann die Grenzen der ambulanten Versorgung erreicht sind. Aufgabe des Pflegedienstes ist deshalb die Einleitung von weiterführenden Maßnahmen, wenn eine Mangelversorgung oder gar eine Verwahrlosung droht. Ansprechpartner ist dann auch der behandelnde Arzt. Eine rechtzeitige Reaktion kann unter Umständen sogar stationäre Einweisungen vermeiden.

## Informationsdefizite

Ein weiterer Faktor bei der Entstehung von Pflegefehlern ist die fehlende oder mangelhafte Informationsübermittlung. Gerade in der ambulanten Pflege gibt es mehrere Schnittstellen, an denen Informationen »hängen bleiben« können.

Wichtige Informationen, etwa Veränderungen der Medikation oder der Behandlungspflege durch den Hausarzt, Änderungen des Pflegezustands, neue aufgetretene Pflegeprobleme und deren Konsequenzen, müssen zeitnah übermittelt werden. Defizite bei der Weitergabe von Veränderungen können für den Patienten gravierende Folgen haben.

**Informationslücken:**

- Zwischen Patient und Pflegedienst
- Zwischen Angehörigen und Pflegedienst
- Zwischen Hausarzt und Pflegedienst
- Zwischen Mitarbeitern des Pflegedienstes

Die Informationsweiterleitung an diesen Schnittstellen muss im Rahmen des Qualitätsmanagements eindeutig geregelt sein. Das beinhaltet außer der Art der Übermittlung auch den Zeitpunkt der Informationsweitergabe.

> **Tipps**
>
> Eine sichere Weiterleitung von Informationen ist nur in schriftlicher Form möglich und gültig.

Informationslücken spielen auch bei der Entstehung von Pflegefehlern durch Unkenntnis eine Rolle. Mitarbeiter eines ambulanten Pflegedienstes müssen über aktuelle Entwicklungen der Pflegewissenschaft informiert sein und diese auch in ihrem Arbeitsalltag berücksichtigen. Der Inhaber eines ambulanten Pflegedienstes ist durch das Pflegequalitätssicherungsgesetz (PQsG) verpflichtet, aktuelles Fachwissen zur Verfügung zu stellen.

Zu den Maßnahmen der internen Qualitätssicherung zählen auch die Teilnahme an Fortbildungen (▶ Kap. 3) oder die Bereitstellung von Fachliteratur.

### 6.6.2  Vermeidung von Pflegefehlern

Pflegefehler können nur durch eine korrekte und sachgerechte Durchführung der Pflege und durch eine lückenlose Informationsübermittlung definitiv verhindert werden.

Die fehlerfreie Durchführung von Pflegeleistungen wird durch verschiedene Maßnahmen des Qualitätsmanagements gewährleistet. Diese Instrumente der Qualitätssicherung müssen im Qualitätsmanagement-Handbuch eindeutig festgelegt und allen Mitarbeitern bekannt und vertraut sein.

**Instrumente des Qualitätsmanagements:**

- Qualifikation der Mitarbeiter
- Stellenbeschreibungen
- Fortbildungen
- Fachliteratur
- Eindeutige Vorgaben zur Informationsweitergabe
- Sicherstellung der internen Informationsweiterleitung
- Klare Vorgaben zum Umgang mit Mobiltelefonen
- Regelmäßige Teambesprechungen und Übergaben
- Orientierung an Pflegestandards und Expertenstandards

- Sinnvolle Erstellung einer Pflegeplanung
- Risikoassessment
- Zeitnahe Reaktion auf Pflegeprobleme
- Formulierung von realistischen Pflegezielen
- Klare Formulierung von Pflegemaßnahmen
- Berücksichtigung von biografischen Aspekten
- Dokumentation von Besonderheiten und deren Konsequenzen im Pflegebericht
- Sinnvolle und realistische Planung und Dokumentation von Prophylaxen
- Einsatz zusätzlicher Formulare, z. B. Lagerungsprotokolle, Wunddokumentation
- Fotodokumentation
- Vorgaben zu den Anforderungen an die Dokumentation
- Regelmäßige Pflegevisite
- Beratungseinsatz nach § 37 Abs. 3 SGB XI
- Umfassende Evaluation der Pflegeplanung
- Beratung und Anleitung von Angehörigen
- Austausch mit anderen Kooperationspartnern
- Leistungs- und Qualitätsvereinbarungen (LQV)
- Hygienevorschriften
- Unfallverhütung
- Umgang mit Medikamenten
- Umgang mit Medizinprodukten
- Offenes Arbeitsklima
- Realistische Einschätzung der Kenntnisse und Möglichkeiten der Angehörigen

Unter Berücksichtigung all dieser Aspekte können Pflegefehler weitestgehend ausgeschlossen werden. Voraussetzung hierfür ist die genaue Kenntnis aller Mitarbeiter über die geltenden Vorgaben und die Überprüfung der Kenntnisnahme jedes einzelnen durch die Einrichtungsleitung.

Außerdem kommen auch Maßnahmen der externen Qualitätssicherung zum Einsatz, etwa durch Qualitätsprüfungen durch den MDK oder andere unabhängige Institutionen.

Sicherlich können Fehler durch menschliches Versagen auf diese Weise nicht hundertprozentig verhindert werden, eindeutige Regelungen tragen jedoch zur Fehlervermeidung bei, da Unkenntnis und daraus resultierende Unsicherheiten der Mitarbeiter ausgeschlossen sind.

### Rechtliche Hinweise

Grundvoraussetzung für den Umgang mit Pflegefehlern ist die Transparenz und die Philosophie der Einrichtung. Dem gesamten Team eines ambulanten Pflegedienstes muss klar sein, dass Pflegefehler vermieden werden müssen, diese aber im Einzelfall passieren können und dann nicht vertuscht werden dürfen, sondern offen gelegt werden müssen.

Sind Pflegefehler aufgetreten, müssen diese analysiert, die Ursachen gesucht und Maßnahmen getroffen werden, damit solche Fehler nicht noch einmal passieren können. Die Analyse von Pflegefehlern ist eine Chance für Einrichtungen, aus den Fehlern zu lernen und diese transparent und publik zu machen, um weitere Fehler zu vermeiden. So sollte zum Beispiel beim Verwechseln von Medikamenten immer der Arzt über den Vorfall informiert werden, Gleiches gilt für den Patienten und die Angehörigen. Je schneller Pflegefehler offen gelegt werden, um so eher ist es möglich, therapeutische Korrekturen vorzunehmen und damit weitere und größere Schäden vom Patienten abzuwenden.

Kommt es durch den Pflegefehler z. B. zu Krankenhauseinweisungen oder zu massiv erhöhten Folgekosten ist der gesamte Vorgang von der Entstehung bis zur Aufklärung des Fehlers lückenlos zu dokumentieren. Dem Pflegedienst ist zu empfehlen, dies dem entsprechenden Kostenträger freiwillig zu melden und auf die eingeleiteten Maßnahmen hinzuweisen. Insgesamt muss die Situation mit dem betreuenden Rechtsanwalt der Einrichtung besprochen und entsprechende Maßnahmen sind ergriffen werden.

## 6.7    Unterlassene Hilfeleistung

Der Tatbestand der unterlassenen Hilfeleistung, eine Straftat im Sinne des Strafgesetzbuchs, wird in der Pflege und vor allem in der ambulanten Pflege nicht als alltägliche Tatsache wahrgenommen. Viel eher assoziiert man diese Straftat mit dem Eintreffen einer Person an einer Unfallstelle, etwa bei Verkehrsunfällen.

Im alltäglichen Patientenkontakt kann jedoch durchaus eine Hilfeleistung erforderlich sein, deren Unterlassung strafbar ist. Dabei muss es sich nicht immer auf den ersten Blick um eine Notfallsituation handeln. Gelegentlich kündigen sich akute Veränderungen des Gesundheitszustands über einen längeren Zeitraum an.

Tritt jedoch ein Notfall auf, ist es unerlässlich, dass die Mitarbeiter eines ambulanten Pflegedienstes unverzüglich und korrekt handeln. Um dies zu gewährleisten, kann die Erstellung von Notfallformularen hilfreich sein.

In der ambulanten Pflege kann der Tatbestand der unterlassenen Hilfeleistung unter Berücksichtigung folgender Fragen betrachtet werden:

1. Was bedeutet unterlassene Hilfeleistung?
2. In welchen Situationen kann dieser Straftatbestand auftreten?
3. Was beinhaltet das Notfallblatt?

### 6.7.1    Gesetzliche Grundlagen

In § 323c StGB werden die Voraussetzungen für den Tatbestand der unterlassenen Hilfeleistung unter Berücksichtigung der Tatsache geregelt, dass jeder Mensch verpflichtet ist, einem anderen Menschen in einer Notlage Hilfe zu leisten.

> Wer bei Unglücksfällen oder gemeiner Gefahr oder Not nicht Hilfe leistet, obwohl dies erforderlich und ihm den Umstände nach zuzumuten, insbesondere ohne erhebliche eigene Gefahr und ohne Verletzung anderer wichtiger Pflichten möglich ist, wird mit Freiheitsstrafe bis zu einem Jahr oder mit Geldstrafe bestraft. (§ 323c StGB)

Zivilrechtlich beschäftigt sich die unterlassene Hilfeleistung darüber hinaus mit der Frage, ob der Helfer einen Schaden ersetzen muss oder Ansprüche auf Erstattung eigener Aufwendungen hat.

> Nach einem Verkehrsunfall hat jeder Beteiligte 1. unverzüglich zu halten, 2. den Verkehr zu sichern und bei geringfügigem Schaden unverzüglich beiseite zu fahren, 3. sich über die Unfallfolgen zu vergewissern, 4. Verletzten zu helfen. (§ 34 Straßenverkehrsordnung StVO)
>
> Wer ein Geschäft für einen anderen besorgt, ohne von ihm beauftragt oder ihm gegenüber sonst dazu berechtigt zu sein, hat das Geschäft so zu führen, wie das Interesse des Geschäftsherrn mit Rücksicht auf dessen wirklichen oder mutmaßlichen Willen es erfordert. (§ 677 BGB)
>
> Bezweckt die Geschäftsführung die Abwendung einer dem Geschäftsherrn drohenden dringenden Gefahr, so hat der Geschäftsführer nur Vorsatz und grobe Fahrlässigkeit zu vertreten. (§ 680 BGB)

Wenn eine Person in einer Notlage im Rahmen ihrer Möglichkeiten versucht zu helfen, hat dies keine negativen Konsequenzen, auch wenn das Ergebnis der Hilfeleistung nicht erfolgreich ist. Dies gilt jedoch nur für medizinische Laien, ausgebildetes medizinisches Personal muss bei der Hilfeleistung entsprechend der Qualifikation und Fachkenntnis handeln.

Menschen mit einer medizinischen oder pflegerischen Ausbildung übernehmen eine freiwillige Garantenstellung gegenüber dem Hilfebedürftigen, so dass in diesem Fall das Strafmaß für die Unterlassung höher anzusiedeln ist. Deshalb geht man davon aus, dass auch eine leichte Fahrlässigkeit zu Schadensersatzansprüchen führen kann.

 Der Helfer ist dabei verpflichtet, eine erforderliche und zumutbare Hilfe zu leisten, ohne sich selbst in erhebliche Gefahr zu begeben.

## 6.7.2 Vorkommen

Im pflegerischen Alltag treten immer wieder Situationen auf, in denen sehr schnell eine Notfallsituation vorliegt. Die Mitarbeiter müssen also jederzeit dazu in der Lage sein, adäquat zu reagieren.

### Beispiele unterlassener Hilfeleistung

Um die Situationen, die den Straftatbestand einer unterlassenen Hilfeleistung hervorrufen können, besser zu verstehen, werden an dieser Stelle zwei unterschiedliche Beispiele beschrieben.

#### Reanimation

> **Beispiel**

Eine examinierte Pflegefachkraft eines ambulanten Pflegedienstes betritt morgens um 7.30 Uhr die Wohnung von Herrn Metzler. Der Patient ist 76 Jahre alt und lebt alleine. Sie findet Herrn Metzler leblos am Boden liegend und kann keinen Puls und keine Atmung feststellen, die Körpertemperatur erscheint jedoch noch normal. Aus diesem Grund informiert sie umgehend den Hausarzt von Herrn Metzler. Dieser teilt ihr mit, dass er so bald als möglich einen Hausbesuch machen wird, um den Totenschein auszufüllen.
Als sie später der Pflegedienstleitung über diesen Vorfall berichtet, bezeichnet diese das Verhalten der Mitarbeiterin als unterlassene Hilfeleistung. Sie hätte Herrn Metzler reanimieren und den Notarzt und Rettungsdienst alarmieren müssen.

Da die Mitarbeiter eines ambulanten Pflegedienstes überwiegend alleine unterwegs sind, ist es für sie besonders wichtig, in Notfallsituationen schnell zu reagieren und eine nach-vollziehbare Entscheidung zu treffen. Gerade bei Patienten, die einen geringen Pflegebedarf aufweisen, rechnet man nicht mit einer akuten, lebensbedrohenden Erkrankung und ist im Ernstfall umso überraschter und schockierter.

Die Mitarbeiterin in diesem Fallbeispiel hat – bedingt durch den Schock – nicht richtig reagiert und der Vorwurf der unterlassenen Hilfeleistung wäre deshalb haltbar. Das Absetzen eines Notrufs und die Einleitung von Maßnahmen zur Reanimation nach der Einhelfer-Methode fanden nicht statt.

Eine regelmäßige Auffrischung von Erste-Hilfe-Kursen oder Reanimationsübungen mit einer Puppe sollten für alle Mitarbeiter verpflichtend sein.

#### Schleichende Verschlechterung

> **Beispiel**

Frau Gärtner ist 78 Jahre alt und lebt mit ihrem Lebensgefährten in einer kleinen Wohnung. Seit mehreren Jahren ist sie an Diabetes erkrankt und wird deshalb von einem ambulanten Pflegedienst betreut. Als ihre Bezugspflegekraft Christina morgens zur Injektion kommt, geht es Frau Gärtner nicht gut. Sie klagt über Übelkeit, Kopfschmerzen, Schwindel und Gangstörungen, die Blutzuckerwerte sind allerdings unverändert stabil. Christina hält telefonisch Rücksprache mit dem Hausarzt von Frau Gärtner. Er verordnet die Gabe von MCP-Tropfen und Paracetamol. Der Lebensgefährte holt das Rezept aus der Praxis und die Medikamente aus der Apotheke. Dennoch geht es Frau Gärtner am nächsten Tag nicht besser, sie kann das Bett nicht verlassen und hält den Kopf schief, der rechte Arm hängt schlaff herab. Christina informiert noch einmal den Hausarzt, der am nächsten Tag einen Hausbesuch ankündigt. In der Nacht ruft der Lebensgefährte von Frau Gärtner den Notarzt, nachdem sich der Zustand noch weiter verschlechtert hat. Sie wird in ein Krankenhaus eingewiesen. In der Klinik wird ein apoplektischer

Insult diagnostiziert. Frau Gärtner wird möglicherweise bleibende Schäden davontragen. Daraufhin macht sich Christina große Vorwürfe, da sie nicht direkt beim ersten Anzeichen gehandelt hat. Sie fragt sich, ob durch eine frühere Reaktion auf die Symptome Schlimmeres hätte verhindert werden können.

In diesem Fall hat die Mitarbeiterin sich prinzipiell korrekt verhalten, da sie zeitnah den Hausarzt informiert hat. Der Vorwurf der unterlassenen Hilfeleistung ist ihr deshalb nicht zu machen. Dennoch ist es nachvollziehbar, dass sie sich Vorwürfe macht, da sie eventuell noch nachdrücklicher auf eine ärztliche Intervention hätte hinweisen müssen.

In der ambulanten Pflege ist die Kooperation mit den Hausärzten individuell sehr unterschiedlich. Eine erfahrene Pflegekraft sollte im Idealfall einschätzen können, ob ein Telefonat mit dem Hausarzt ausreicht oder ob weitere Maßnahmen ergriffen werden müssen.

### 6.7.3 Notfallblatt

Die Gewährleistung einer adäquaten, zeitnahen und korrekten Reaktion auf unterschiedlichste Vorkommnisse muss durch einen ambulanten Pflegedienst jederzeit vorhanden sein. Dies ist umso schwieriger, wenn es häufige Personalwechsel bei der Patientenbetreuung gibt.

Damit alle Mitarbeiter in einer Notfallsituation richtig reagieren, sollten Notfallstandards ein fester Bestandteil der Pflegestandards sein. Es ist jedoch darauf zu achten, dass den Mitarbeitern die Inhalte dieser Standards auch bekannt sind.

> **Tipps**
>
> Im Rahmen der Teambesprechung sollten deshalb in regelmäßigen Abständen Reanimationsübungen stattfinden. In diesem Rahmen kann auch eine Wiederholung, Überarbeitung und Aktualisierung der Notfallstandards erfolgen.

Ein weiteres Instrument, das eine korrekte Reaktion im Notfall unterstützt, ist das Notfallblatt (► Anhang 11). Schon im Erstgespräch sollte dieses Formular für jeden neuen Patienten ausgearbeitet werden. Eine regelmäßige Aktualisierung der Daten sollte im Rahmen der Evaluation der Pflegeplanung und zusätzlich bei Bedarf erfolgen. Dies betrifft vor allem die Telefonnummern von Angehörigen oder Betreuern.

**Inhalte des Notfallblatts:**
- Erreichbarkeit von Angehörigen, Betreuer und Bezugspersonen
- Telefonnummern von Hausarzt, Notarzt und Rettungsdienst
- Vorhandensein einer Patientenverfügung
- Besondere körperliche Beeinträchtigungen
- Besondere Risiken

Weitere Informationen, etwa der Wunsch des Patienten, bevorzugt in ein bestimmtes Krankenhaus aufgenommen zu werden, können ergänzt werden.

Ein Notfallblatt ist nur hilfreich, wenn die Angaben zuverlässig, richtig und aktuell sind. Außerdem muss jeder Mitarbeiter wissen, wo das Notfallblatt sich befindet. Am besten eignet sich die Aufbewahrung als Deckblatt auf der Patientenkurve in der Wohnung des Patienten. In Ausnahmefällen kann es auch mit den Unterlagen der Tour weitergegeben werden, beispielsweise bei dementen Patienten, die Formulare verlegen oder wegwerfen.

> **Rechtliche Hinweise**
>
> Die beiden geschilderten Beispiele zeigen, wie unterschiedlich die Notfallsituationen analysiert und im Ergebnis bewertet werden können. Notfallsituationen im Zusammenhang mit unterlassener Hilfeleistung können aber auch im Bereich des Nichtantreffens von Patienten mit der Entscheidung einer eventuellen Türöffnung einhergehen.

Wenn die Wohnungstür des Patienten nicht geöffnet wird und der Patient dadurch zu Schaden kommt, kann schnell vom Sachverhalt der unterlassenen Hilfeleistung ausgegangen werden. Wird die Wohnungstür geöffnet und der Patient ist nicht in der Wohnung, stellt sich für den Pflegedienst die Frage der Haftung, die Bezahlung der Feuerwehr und des entstandenen Schadens an der Wohnungstür.

Mitarbeiter von ambulanten Pflegediensten sollten mindestens alle 2 Jahre, besser aber jährlich, an einer Erste-Hilfe-Schulung teilnehmen. Neben diesen rein fachlichen Schulungen sind Pflegedienste gut beraten, wenn sie kontinuierlich Notfallsituationen in Teambesprechungen oder Dienstberatungen darstellen, verschiedene Lösungsansätze aufzeigen, vor allem aber Entscheidungshilfen für die Mitarbeiter geben. Unterlassene Hilfeleistungen im Zusammenhang mit Notfallsituationen kommen in der ambulanten Pflege häufig vor. Um dem Vorwurf der unterlassenen Hilfeleistung zu begegnen, sollte das Vorgehen in Notfallsituationen im Erstgespräch, im Pflegevertrag, durch Vorsorgevollmachten, Betreuungsverfügungen etc. festgehalten werden und dem Mitarbeiter bekannt sein. Wichtig für jede Notfallsituation ist ruhiges und bedachtes Handeln des leitenden Mitarbeiters und seine Entscheidung, ob die Situation es noch zulässt, zunächst die PDL zu informieren. Ist die Situation aber nicht eindeutig oder stellt sie sich dem Mitarbeiter als lebensbedrohlich dar, muss zuerst der Notruf zu Notarzt, Feuerwehr oder Rettungsleitstelle erfolgen. Informationspflichten über die Einleitung von Erste-Hilfemaßnahmen bestehen gegenüber der Pflegedienstleitung und dem Hausarzt. Sie müssen mit kühlem Kopf genau differenziert und immer nur im Einzelfall

entschieden werden. Eingetretene und bewältigte Notfallsituationen sollten im Team ausgewertet und analysiert werden, um die gesamte Belegschaft mit solchen Situationen vertraut zu machen.

Über Notfallsituationen sollte zeitnah eine ausführliche und objektive Dokumentation des Vorfalls, möglichst mit detaillierter Zeitangabe erfolgen. Diese Dokumentationen werden später als Beweis verwendet, um zu analysieren, wer welche Maßnahmen zu welcher Zeit und auf welcher Grundlage eingeleitet hat. Die Bewertung der Notfallsituation in Bezug auf das Haftungsrecht ist ein elementarer Bestandteil bei Gerichtsprozessen. Je detaillierter die Situation in Bezug auf Handlung, Ort und Zeit beschrieben ist, desto leichter ist für die Bewertenden des Sachverhaltes nachvollziehbar, ob ein Fehlverhalten vorliegt.

## 6.8 Verweigerung von Pflegemaßnahmen

Die Verweigerung von Pflegehandlungen ist ein immer wiederkehrendes Problem in der ambulanten Versorgung. Gerade Patienten mit kognitiven Einschränkungen können den Sinn einer pflegerischen Maßnahme nicht immer richtig einordnen, reagieren ängstlich und wehren Pflegehandlungen ab.

Für die Mitarbeiter entsteht somit eine Situation, in der sie einerseits ihre Arbeit korrekt und vollständig erledigen möchten und andererseits die Verweigerung des Patienten akzeptieren müssen. Eine angemessene Reaktion auf diesen Zwiespalt ist sehr schwierig.

Zu berücksichtigen sind in diesem Zusammenhang immer biografische Aspekte und Gefährdungen, die durch die Verweigerung hervorgerufen werden können. Im Extremfall kann es durch eine langfristige Verweigerung von Pflegemaßnahmen zur Verwahrlosung und zu gesundheitlichen Schäden kommen.

Aus diesem Grund werden in diesem Kapitel folgende Fragestellungen beantwortet:

1. Warum kommt es zur Verweigerung von Pflegehandlungen?
2. Welche Reaktion ist im Einzelfall angemessen?

## 6.8.1 Vorkommen

Das Verweigern von pflegerischen Handlungen durch den Patienten ist ein ernst zu nehmendes Problem in der ambulanten Betreuung. In den meisten Fällen entstehen Versorgungslücken, wenn der Patient die Pflegemaßnahmen über Tage, Wochen oder gar Monate verweigert.

> **Tipps**
>
> Besonders häufig werden Maßnahmen abgelehnt, wenn diese für den Patienten unangenehm, schmerzhaft oder peinlich sind. Weiter werden häufig Maßnahmen abgelehnt bei einer ungewohnten Uhrzeit des Einsatzes, bei unbekannten Mitarbeitern oder wenn der Patient zusätzliche Pflegeleistungen nicht bezahlen will bzw. kann oder Angehörige ihn dazu drängen.

Bei dementen Patienten kommt es immer wieder zur Verweigerung von Pflegemaßnahmen, da sich der Sinn der Handlung dem Patienten nicht erschließt oder seine Intimsphäre verletzt wird. Der Patient reagiert ängstlich, fühlt sich belästigt oder gar verfolgt. Für ihn ist es deshalb selbstverständlich, sich der Situation zu entziehen.

**Häufig verweigerte Maßnahmen:**
- Körperpflege
- Behandlungspflege
- Mobilisation
- Toilettengänge
- Wechsel von Inkontinenzmaterial
- Nahrungs- und Flüssigkeitsaufnahme
- Medikamentenverabreichung
- Verwendung von Hilfsmitteln
- Öffnen der Tür

Verweigert werden können jedoch auch alle anderen Maßnahmen bis hin zu sozialen Kontakten und Gesprächen.

> **!** Wenn paranoide Ängste vorliegen, etwa Vergiftungsängste, können diese verbal nicht beeinflusst werden. Eine fachärztliche und fachpflegerische Behandlung ist in diesem Fall angezeigt.

Für die Mitarbeiter ist es im Falle einer Verweigerung schwierig zu entscheiden, ob sie auf die Durchführung der Maßnahme bestehen sollen oder ob der Wunsch des Patienten berücksichtigt werden kann. Im Einzelfall können sogar Zwangshandlungen beobachtet werden.

> **!** Zulässig sind Zwangsmaßnahmen nur in Einrichtungen, in denen eine Maßnahme nach dem Unterbringungsgesetz UBG durchgeführt wird, etwa geschlossene psychiatrische Kliniken. Voraussetzung für diese Maßnahmen ist außerdem das Vorliegen einer Fremd- oder Eigengefährdung. Diese Voraussetzung muss vormundschaftsgerichtlich bestätigt sein.

## 6.8.2 Reaktionsmöglichkeiten

Eine angemessene Reaktion auf die Verweigerung einer Pflegehandlung muss unter Berücksichtigung der individuellen Bedürfnisse des Patienten sorgfältig abgewogen werden. Dies fällt umso schwerer, je vehementer der Patient die Maßnahme ablehnt und je geringer seine verbalen Fähigkeiten sind.

Bei Patienten, die ihren Willen nicht mehr verbal äußern können, muss die Verweigerung einer Pflegehandlung durch Mimik oder Gestik dennoch ernst genommen werden. Immer wieder kommt es vor, dass Patienten beispielsweise bei der Verabreichung von Medikamenten oder Flüssigkeit den Mund fest zu kneifen und dadurch ihre Ablehnung zum Ausdruck bringen.

## Fallbeispiele

Um die verschiedenen Formen der Verweigerung von Pflegehandlungen näher zu erläutern und dadurch verschiedene Reaktionsmöglichkeiten aufzuzeigen, werden an dieser Stelle einige Beispiele aufgeführt.

### Akute Verweigerung

 **Beispiel**

Herr Schulz ist 76 Jahre alt, lebt alleine in einer Eigentumswohnung und leidet vor allem unter einer fortschreitenden Demenz. Seit drei Jahren wird Herr Schulz überwiegend von Pflegekraft Astrid betreut, die mit Herrn Schulz sehr gut zurechtkommt. Herr Schulz freut sich auf die morgendlichen Besuche von Astrid und erwartet sie oft schon an der Tür. In den Sommerferien hat Astrid mit ihrer Familie einen Urlaub gebucht, von dem sie Herrn Schulz schon zwei Wochen vor den Ferien ausführlich berichtet. Herr Schulz freut sich für Astrid und beteuert immer wieder, sie habe sich den Urlaub ja wirklich verdient. Am ersten Urlaubstag von Astrid wird Herr Schulz von Pflegerin Angela besucht. Wie meistens wartet er schon an der Tür, ist allerdings überrascht, als er Angela sieht. Herr Schulz ist mit der Situation vollkommen überfordert, da er Angela nicht zuordnen kann. Er fragt sie nach ihrem Anliegen, worauf sie ihm antwortet, sie wolle ihm ein bisschen am Waschbecken helfen und das Frühstück richten. Herr Schulz antwortet freundlich aber bestimmt, dass dies absolut nicht notwendig sei, er käme sehr gute alleine zurecht und würde sich sein Frühstück immer selbst richten. Er fordert Angela auf, sich umgehend zu verabschieden.

Die Mitarbeiterin des Pflegedienstes hat in diesem Fall mehrere Möglichkeiten, auf die Verweigerung zu reagieren: sie versucht, sich Zutritt zur Wohnung zu verschaffen, dabei redet sie beruhigend auf den Patienten ein. Dieser lässt sich jedoch nicht zur Kooperation bewegen und versucht, das Eindringen in seine Wohnung abzuwehren. Er wird dabei recht laut und schlägt auch nach Angela. Es kommt zur Eskalation der Situation, wobei Angela schließlich über ihr Mobiltelefon den Hausarzt informiert, der den Patienten in ein Krankenhaus einweisen lässt.

Ein derartiges Vorgehen muss unbedingt vermieden werden! Stattdessen wäre die folgende Vorgehensweise angebracht:

Eine andere Möglichkeit wäre es, sich freundlich zu verabschieden und nach einer halben Stunde noch einmal bei Herrn Schulz vorbeizuschauen. Dieser ist mittlerweile sehr hungrig und freut sich, dass endlich jemand bei ihm vorbeikommt, um sein Frühstück zuzubereiten. Er lässt es zwar nicht zu, dass die unbekannte Mitarbeiterin ihm bei der Grundpflege behilflich ist, verabschiedet sich jedoch nach dem Frühstück freundlich mit den Worten: »Bis morgen früh dann!«. Am nächsten Morgen erlaubt er Angela vielleicht sogar die Unterstützung bei der Körperpflege.

Bei einer akut auftretenden Verweigerung ist es für den betreffenden Mitarbeiter wichtig, zunächst die Situation zu analysieren, um die Gründe der Ablehnung herauszufinden. Erst dann kann eine adäquate Reaktion stattfinden.

> **Tipps**
>
> Eine Durchsetzung der Maßnahmen gegen den Willen des Patienten ist in diesem Fall fast immer erfolglos. Eine akute Gefährdung des Patienten durch die Verweigerung der Pflegehandlung ist ebenfalls nicht zu erwarten. Insbesondere bei dementen Patienten ist eine abwartende, beobachtende Haltung, ohne den Patienten unter Druck zu setzen, empfehlenswert. Je ausgeprägter die kog-
> ▼

> nitiven Defizite, desto weniger »vernünftig«
> kann der Patient seine Ablehnung verbalisie-
> ren und desto nutzloser sind Überzeugungs-
> versuche.

## Dauerhafte Verweigerung

 **Beispiel**

Frau Brunner, 97 Jahre alt, lebte mit ihrer
Tochter, 72 Jahre, seit vier Jahren gemeinsam
in einer Mietwohnung. Nach einem Sturz
mit Schenkelhalsfraktur waren die beiden
verwitweten Damen zusammengezogen.
Frau Brunner wurde seither auch von einem
ambulanten Pflegedienst mitbetreut.
Vor zwei Wochen ist die Tochter der Patientin
nach einem Herzinfarkt akut verstorben. Frau
Brunner kann diesen Verlust nicht verarbeiten und leidet seitdem an lebensmüden Gedanken. Mit den Mitarbeitern des ambulanten Pflegedienstes hat sie sich bisher immer
sehr gut verstanden und fühlt sich von ihnen
auch getröstet.
Trotzdem hat Frau Brunner beschlossen,
dass ihr Leben nun keinen Sinn mehr habe,
und verweigert seit dem Tod der Tochter
die Nahrungsaufnahme. Die Mitarbeiter des
ambulanten Pflegedienstes verstehen Frau
Brunners Absicht, können ihre Entscheidung
jedoch nicht tolerieren, zumal die Patientin in
den letzten beiden Wochen schon massiv an
Gewicht verloren hat. Sie erklären Frau Brunner, dass es ihnen nicht möglich sei, einfach
zuzuschauen, wie sie verhungere. Die Patientin kann dies zwar nachvollziehen, lässt sich
dadurch jedoch nicht in ihrer Entscheidung
beeinflussen.

In diesem Fall wurde von den Mitarbeitern des
Pflegedienstes zunächst auch eine abwartende
Haltung eingenommen. Mittlerweile ist jedoch
eine Situation eingetreten, in der ein weiteres
Abwarten zu einer Gefährdung der Patientin
führen wird.

Die Bezugspflegekraft geht deshalb davon
aus, dass Maßnahmen gegen den Willen von
Frau Brunner in Betracht gezogen werden
müssen, und bespricht die Situation mit den
Kollegen und dem Hausarzt der Patientin. Alle
Beteiligten einigen sich zunächst auf eine anti-
depressive Behandlung und die Verabreichung
von flüssiger Zusatznahrung. Um der Patientin Zuwendung zukommen zu lassen, wird die
Nachbarschaftshilfe einbezogen.

Nach knapp zwei Monaten hat sich der Zustand von Frau Brunner deutlich verbessert, sie
nimmt auch wieder freiwillig Nahrung zu sich.
Nach dem Abklingen der akuten Belastungsre-
aktion hat sich die Stimmung verbessert, Frau
Brunner hat wieder Lebensmut gewonnen und
ist dankbar, dass sie noch am Leben ist.

Hier wird deutlich, dass die Grenzen des Ab-
wartens und Beobachtens genau wahrgenommen werden müssen, um eine gesundheitliche
Gefährdung des Patienten durch die Verweigerung auszuschließen. In diesem Fall müsste
bei weiterer Persistenz der Ablehnung eine
Eigengefährdung ausgeschlossen werden.

## Verweigerung von Einzelmaßnahmen

 **Beispiel**

Frau Esser ist 94 Jahre alt und trotz ihres Alters
noch recht rüstig, so dass sie noch mit wenig Unterstützung durch die Familie in ihrer
eigenen Wohnung zurechtkommt. Die Angehörigen machen sich jedoch Sorgen um die
alte Dame und veranlassen die Hilfestellung
bei der Körperpflege durch einen ambulanten
Pflegedienst. Frau Esser soll einmal in der Woche Hilfestellung beim Duschen bekommen.
Als die Mitarbeiterin des ambulanten Pflegedienstes zur Durchführung dieser Maßnahme
Frau Esser aufsucht, wird sie von dieser sehr
freundlich begrüßt. Die Patientin ist zuge-
wandt, aufgeschlossen und kooperativ. Es ist
jedoch unmöglich, die Patientin zum Duschen
zu bewegen. Schon bei der Erwähnung des
Wortes »Dusche« wird Frau Esser schlagar-

tig sehr nervös, abwehrend und erregt und versucht, sich lautstark und mit Einsatz körperlicher Kräfte der Maßnahme zu entziehen. Durch das Geschrei wird eine Nachbarin aufmerksam, die der Mitarbeiterin des ambulanten Pflegedienstes erklärt, dass sie Frau Esser schon seit Jahrzehnten kenne. Sie berichtet, dass Frau Esser als junge Frau im Konzentrationslager Theresienstadt gewesen sei, da sie Halbjüdin ist. Aus diesem Grund betritt sie eine Dusche nicht freiwillig, sie vermutet, es könnte eine Gaskammer sein.

Dieses Beispiel zeigt, dass die Verweigerung von Einzelmaßnahmen unter Berücksichtigung der Biografie des Patienten gut nachvollziehbar sein kann. Für den Pflegedienst, die Patientin und die Angehörigen stellt das Verweigern der Maßnahme auch kein Problem dar, sie kann beispielsweise durch Baden ersetzt werden, ohne dass die Patientin dadurch negative gesundheitliche Auswirkungen erleidet. Eine möglichst frühzeitige Erhebung der Biografie trägt dazu bei, derartige Probleme zu vermeiden.

### 6.8.3 Maßnahmen bei Verweigerung

Ein prinzipieller Ablauf für den Umgang mit der Ablehnung von Pflegemaßnahmen durch Patienten sollte immer mehrere Punkte berücksichtigen.

**Umgang mit Verweigerung:**
- Information an Hausarzt und Angehörige
- Absprache im Team
- Dokumentation der Verweigerung und der Konsequenzen
- Dokumentation der Beratung
- Veranlassung von Zwangsmaßnahmen, falls erforderlich

Eine eindeutige Information an den behandelnden Arzt und die Angehörigen ist immer die erste Maßnahme beim Auftreten einer Verwei-

gerung. Behandelnder Arzt, Pflegeteam und Angehörige sollten nach Möglichkeit eine einheitliche Sichtweise der Problematik finden. Dies ist jedoch nicht immer möglich.

Eventuell muss eine unterbringungsähnliche Maßnahme mit Zwangsbehandlung eingeleitet werden, dabei spielt es keine Rolle, wer diese Maßnahme beim Vormundschaftsgerichtlich anregt.

Um eine Vernachlässigung (▶ Kap. 6.9) des Patienten auszuschließen, ist eine detaillierte und korrekte Dokumentation der Verweigerung unerlässlich, auch wenn Maßnahmen wiederholt und über einen längeren Zeitraum verweigert werden. Die Wahrnehmung von Pflegeproblemen lässt nach, wenn das Problem über einen längeren Zeitraum besteht. Es wird dann in den Pflegeberichten zunächst immer seltener und dann überhaupt nicht mehr erwähnt.

> **!** Aus der Dokumentation muss erkennbar sein, dass dem Patienten die Maßnahme zumindest angeboten wurde.

Dokumentiert werden müssen verschiedene Faktoren, die im Zusammenhang mit der Verweigerung einer Pflegehandlung eine Rolle spielen.

**Dokumentation:**
- Anbieten der Maßnahme und Ablehnung durch den Patienten im Pflegebericht
- Beratung des Patienten oder seiner Angehörigen im Pflegebericht
- Information an die behandelnden Ärzte im Pflegebericht
- Gegebenenfalls Veränderung der Pflegeplanung bei der Evaluation
- Information von Patient und Angehörigen über Konsequenzen der Verweigerung im Pflegebericht
- Verweigerung der Maßnahmen im Leistungsnachweis

Für alle Entscheidungen im Umgang mit der Verweigerung von Pflegehandlungen ist es unerlässlich, dass alle Mitarbeiter im Team über das Ergebnis informiert sind. Die Besprechung der Probleme, der Meinungsaustausch im Pflegeteam und die Dokumentation der Entscheidungsfindung sollten fester Bestandteil der Teambesprechung sein.

> Das Abzeichnen in den Leistungsnachweisen muss immer die tatsächlich durchgeführten Maßnahmen widerspiegeln, auch ein versehentliches Abzeichnen von verweigerten Maßnahmen entspricht einem Abrechnungsbetrug!

### Rechtliche Hinweise

Prinzipiell gilt für die ambulante Pflege das Selbstbestimmungsrecht des Patienten. Voraussetzung für dieses Selbstbestimmungsrecht ist, dass der Patient bei Verweigerung, ausführlich über den Sachverhalt, die rechtlichen, medizinischen und pflegerischen Folgen aufgeklärt wird, unabhängig davon, ob er einzelne Maßnahmen oder die komplett Versorgung verweigert.

Der Patient muss mit verständlichen Worten in die Lage versetzt werden, die gesamte Situation beurteilen zu können. Dieser Vorgang sollte klar und deutlich dokumentiert und vom Patienten gegengezeichnet werden. Solche wie oben beschriebenen Situationen sollten zeitnah innerhalb des therapeutischen Teams unter Hinzuziehung möglicher Angehöriger differenziert dargelegt, analysiert und Handlungsempfehlungen gegeben werden. Leitungen von ambulanten Pflegediensten stehen hier in der Verantwortung, für die Mitarbeiter vor Ort Handlungsfelder zu entwickeln und entsprechende Maßnahmen einzuleiten.

Die Verweigerung von Maßnahmen, die der Patient gerade bei Sachleistungsempfängern im SGB XI einfach nicht bezahlen will, die aber aus pflegerischer Sicht notwendig sind, müssen im Pflegevertrag genau festgehalten und dokumentiert werden. Aufzunehmen ist die notwendige Maßnahme, die Verweigerung und die entsprechende Aufklärung über die Folgen. Pflegeverträge können dann ein wichtiges Beweismittel sein, in dem sie nicht nur die Leistungen enthalten, die der Pflegedienst durchführt, sondern auch aufgezählt wird, welche Leistungen der Patient nicht möchte bzw. welche Leistungen durch Angehörige oder andere, möglicherweise durch den Patienten selber, erbracht werden.

Zwangsmaßnahmen, die sich dem Willen des Patienten entgegenstellen, können nur durch äußerste Notfallsituationen in Verbindung mit ärztlichen Entscheidungen oder durch Vormundschaftsgerichte gerechtfertigt werden. Hilfreich ist es, wenn Pflegedienste beim Erstbesuch oder auch bei Beratungsbesuchen nach § 37 Absatz 3 SGB XI auf mögliche Notfallsituationen und Leistungsverweigerung hinweisen und entsprechende Konsequenzen aufzeigen. So könnten z. B. Vorsorgevollmachten bzw. Betreuungsverfügungen angesprochen werden, um so in Notfallsituationen adäquat und nach dem Willen des Patienten reagieren zu können. Gegebenenfalls ist eine Information an den Kostenträger zielführend.

## 6.9 Verwahrlosung und Vernachlässigung

Verwahrlosung und Vernachlässigung von abhängigen Personen ist ein zunehmendes gesellschaftliches Problem. Gerade bei Kindern, Jugendlichen oder sogar bei Tieren wird dies zum Teil auch ausführlich in den Medien dargestellt. Prinzipiell ist Verwahrlosung bzw. Vernachlässigung eine Form von Gewalt, von der auch ältere Menschen und Pflegebedürftige immer wieder betroffen sind.

Dabei können verschiedene Formen beobachtet werden:

- Körperliche Verwahrlosung
- Verwahrlosung der Umgebung
- Soziale Isolation und Reizdeprivation

Für die Mitarbeiter in der ambulanten Pflege ist es zumeist schwierig, den Grad der Verwahrlosung bzw. der Vernachlässigung einzuschätzen und zu entscheiden, wann ein Eingreifen erforderlich wird. Besonders schwierig ist die Situation, wenn Angehörige das Problem negieren. Dadurch ist auch die Dunkelziffer der Fälle von Gewalt gegen betagte Menschen sehr hoch.

Dieses Kapitel beschäftigt sich deshalb mit folgenden Fragestellungen:

1. Welche Erscheinungsformen der Verwahrlosung existieren?
2. Wie entwickelt sich der Zustand der Verwahrlosung?
3. Welche Maßnahmen können die Entstehung verhindern?

## 6.9.1 Wahrnehmung der Verwahrlosung

Die unterschiedlichen Erscheinungsbilder und deren Wahrnehmung im Zusammenhang mit dem Thema Verwahrlosung sollen durch folgendes Beispiel verdeutlicht werden.

## Fallbeispiel

 **Beispiel**

Frau Kuhn, 86 Jahre, war zeitlebens eine vornehme und gepflegte Dame, die sich in höheren Gesellschaftskreisen bewegte. Inzwischen lebt die verwitwete Dame in einer kleinen Eigentumswohnung. Außer einer Freundin im gleichen Alter hat sie keine weiteren Angehörigen. Frau Kuhn legt großen Wert auf ihr Erscheinungsbild, seidene Blusen, Lippenstift und Schuhe mit hohen Absätzen empfindet sie als selbstverständlich.

Aufgrund ihres hohen Alters und eines Tremors ist sie jedoch motorisch eingeschränkt, so dass das Bügeln, das Schminken und vor allem die Intimpflege bei bestehender Inkontinenz nicht mehr einwandfrei funktionieren. Auch bei der Haushaltsführung hat sie zunehmend Probleme, so dass sie eine Haushaltshilfe engagiert. Diese empfindet den Geruch in der Wohnung und das »ungepflegte« Äußere von Frau Kuhn als Zumutung und teilt ihr mit, sie könne in einem derart verwahrlosten Haushalt nicht arbeiten. Frau Kuhn kann diesen Vorwurf überhaupt nicht nachvollziehen, ihre Selbstwahrnehmung unterscheidet sich massiv von der Wahrnehmung der Haushaltshilfe. Frau Kuhn ist gekränkt und beendet das Arbeitsverhältnis.

Dieses Beispiel zeigt deutlich, wie subjektiv die Auffassung der Verwahrlosung ist. Was für den einen bereits eine Verwahrlosung darstellt, ist für andere vollkommen normal und unauffällig. Die Beurteilung einer Vernachlässigung mit dem daraus resultierenden Grad der Gefährdung für die betroffene Person ist deshalb sehr schwierig.

Mitarbeiter in der ambulanten Pflege empfinden beispielsweise die tägliche Durchführung der Körperpflege als richtig und wichtig. Dabei betreuen sie jedoch auch Patienten, die aufgrund ihrer Biografie andere Gewohnheiten in diesem Bereich besitzen. So war es früher durchaus üblich, sich nicht täglich gründlich zu waschen oder gar zu duschen, stattdessen wurde meist am Samstag ein Vollbad genommen.

Die Berücksichtigung dieser Gewohnheiten ist jedoch nur selten möglich. Zu bedenken ist in diesem Zusammenhang, dass die ältere Generation prinzipiell medizinisches und pflegerisches Personal als Autorität empfindet und auch Situationen hinnimmt, die eigentlich als unangenehm oder peinlich empfunden werden.

### 6.9.2  Begriffsklärung Vernachlässigung und Verwahrlosung

Der Begriff Verwahrlosung wird zumeist in der aktiven Form verwendet, das bedeutet, man wird nicht verwahrlost, sondern kann seine eigenen Bedürfnisse nicht mehr alleine bewältigen – die Person verwahrlost. Bei der Vernachlässigung ist eher das Gegenteil der Fall. Eine abhängige Person wird vernachlässigt, weil ihre Bedürfnisse nicht erkannt oder nicht ausreichend erfüllt werden. Allerdings kann eine Person auch sich selbst vernachlässigen, weil sie beispielsweise psychisch oder kognitiv nicht in der Lage ist, adäquat für sich zu sorgen.

Das Ergebnis einer Vernachlässigung kann immer der Zustand der kompletten Verwahrlosung sein. In diesem Kapitel werden deshalb die Begriffe Vernachlässigung und Verwahrlosung eng miteinander verknüpft und im gleichen Sinn verwendet.

### Formen der Verwahrlosung

Vernachlässigung und Verwahrlosung können in unterschiedlichster Form und Ausprägung auftreten.

**Formen:**
- Körperliche Verwahrlosung
- Verwahrlosung der Umgebung
- Soziale Isolation

Häufig treten auch Kombinationen zwischen diesen Verwahrlosungsformen auf. Auch die Intensität ist sehr variabel. Von Nichtbeachtung eines Pflegebedürftigen bis hin zu schweren körperlichen Folgeerscheinungen gibt es eine breite Spanne der Vernachlässigung. Die Intensität kann in Abhängigkeit von der psychischen und physischen Situation der Pflegeperson schwanken, manchmal korreliert die Ausprägung der Verwahrlosung jedoch auch mit dem psychischen oder physischen Zustand

■ **Tab. 6.2.** Mögliche Formen der Vernachlässigung oder Verwahrlosung

| AEDL nach Krohwinkel | Verwahrlosung |
|---|---|
| Kommunizieren | Vermeidung von Kommunikation, Bevormundung |
| Sich bewegen | Freiheitsentziehung, Entfernung von Hilfsmitteln oder Schuhen |
| Vitale Funktionen aufrechterhalten | Fehler bei der Medikamentengabe |
| Sich Pflegen | Mangelnde Hygiene, Körperpflege gegen den Willen des Patienten |
| Essen und Trinken | Fehl- oder Mangelernährung, unzureichende Flüssigkeitszufuhr, unangepasste Kost |
| Ausscheiden | Zu seltener Wechsel von Inkontinenzmaterial, Verweigerung von Toilettengängen |
| Sich kleiden | Unangepasste Kleidung, unzureichende Wäschepflege, Nachtbekleidung am Tag |
| Ruhen und Schlafen | Verabreichung von Psychopharmaka zur Sedierung, fehlende Berücksichtigung von Schlafgewohnheiten |
| Sich beschäftigen | Fehlende oder inadäquate Beschäftigungsmöglichkeiten (z.B. nicht altersentsprechend) |
| Sich als Mann/Frau fühlen | Verletzung der Intimsphäre |
| Für eine sichere Umgebung sorgen | Fehlende Anpassung des Wohnraums an körperliche Einschränkungen |
| Soziale Bereiche des Lebens sichern | Einschränkung von Kontakten |
| Existenzielle Erfahrungen des Lebens | Verhinderung der Religionsausübung, Verweigerung der Kommunikation über Krankheit, Sterben, Verheimlichen von Diagnosen |

des Pflegebedürftigen. Gerade bei dementen Patienten gibt es oft einen Zusammenhang zwischen Verhaltensauffälligkeiten des Pflegebedürftigen und dem Grad der Verwahrlosung bzw. Vernachlässigung.

> ❗ Aufgrund der Vielzahl möglicher Beispiele für Verwahrlosung und Vernachlässigung werden in diesem Kapitel keine weiteren Fallbeispiele beschrieben. Stattdessen erfolgt in ◻ Tab. 6.2. eine Auflistung, die sich an den AEDL nach Prof. M. Krohwinkel orientiert.

### 6.9.3 Ursachen der Verwahrlosung

Die Ursachen und auslösenden Faktoren einer Vernachlässigung oder Verwahrlosung sind vielschichtig. Deshalb muss zwischen den verschiedenen Wohn- und Lebensformen genauer differenziert werden.

## Alleinlebende Menschen

Bei dieser Personengruppe wird mit zunehmendem Alter und dadurch dementsprechende Einschränkungen der Mobilität oder der Sinnesleistungen zumeist eine leichte Form der körperlichen Verwahrlosung und der hygienischen Verhältnisse des Wohnraums beobachtet. Das heißt, dass die Bewältigung von körperlichen und hauswirtschaftlichen Aktivitäten zunehmend schwer fällt, wobei im Bereich der Motorik vor allem die grobe Kraft aber auch die Feinmotorik eine Rolle spielen.

Auf dem Gebiet der Sinnesleistungen wird die Verwahrlosung vor allem durch Beeinträchtigungen der Sehkraft bzw. das Nachlassen der taktilen Fähigkeiten begünstigt. Ein weiterer Punkt ist der Verlust des Geruchs- und Geschmackssinns mit Appetitlosigkeit und Gewichtsverlust.

Es kann sich um einen schleichend progredienten Prozess handeln, der über einen langen Zeitraum nicht bemerkt wird, da das soziale Netz des älteren Menschen sich oftmals mit zunehmendem Alter reduziert. Im Extremfall leben alte Menschen in völliger sozialer Isolation. Häufig kommt es jedoch zu einer akuten Dekompensation der häuslichen Situation durch plötzlich auftretende Krankheiten, die in vielen Fällen auch mit einer stationären Einweisung verbunden sind.

Zu beachten ist auch, dass diese Personengruppe vermehrt sturzgefährdet ist. Typischerweise kommt es nach einem solchen Ereignis zur »Entdeckung« der Problematik mit der Konsequenz, dass die Rückkehr des Betroffenen in sein häusliches Umfeld kritisch betrachtet wird oder nicht mehr möglich ist. Eine frühzeitige Feststellung der Überlastungssituation ist deshalb für diesen Personenkreis besonders wichtig.

> **Tipps**
> Die Überprüfung der häuslichen Situation sollte bei allen Patienten als Teil der Teambesprechung in regelmäßigen Abständen erfolgen, um akute Krisensituationen zu vermeiden. Ein effektives Mittel zur Vorbeugung einer Gefährdung ist darüber hinaus die Pflegevisite oder Fallbesprechung.

Interessanterweise werden von den Mitarbeitern der Pflegeeinrichtung zunächst die hauswirtschaftlichen Defizite bemerkt. Die Vernachlässigung der Körperpflege bleibt oft unerkannt, gerade bei Patienten, bei denen nur kleinere behandlungspflegerische Leistungen erbracht werden, etwa Insulininjektionen, Medikamentengabe oder Kompressionsstrümpfe. Lediglich das Vorliegen einer Inkontinenz wird durch den Uringeruch in der Wohnung frühzeitig erkannt. Bei diesem Personenkreis ist oft umstritten, ob eine ausführliche Pflegeanamnese überhaupt erhoben werden muss, da die Abrechnung der Leistungen nach SGB V erfolgt. Die Notwendigkeit der Pflegeanamnese und der Biografieerhebung ist jedoch bei genauerer Betrachtung der möglichen Gefahren unbestritten.

## Menschen in einer Paarbeziehung

Dieser Personenkreis verwahrlost aus denselben Gründen, wie Alleinlebende, allerdings kann durch die Partnerschaft zumindest vorübergehend eine Kompensation der verloren gegangenen Fähigkeiten bestehen.

Allerdings kommt es zu akuten Situationen, wenn der Lebenspartner, der die Haushaltsorganisation zum größeren Teil durchführt, erkrankt oder plötzlich nicht mehr dazu in der Lage ist. In den meisten Fällen ist dies die Ehefrau oder Lebensgefährtin. Der andere Partner kann die ungewohnten Aufgaben nicht alleine bewältigen und verwahrlost in kurzer Zeit.

> ❗ Ist ein Partner schwer pflegebedürftig, ist es deshalb von großer Bedeutung, die Belastung des Lebenspartners in Grenzen zu halten. Das frühzeitige Einsetzen von Betreuungsangeboten zur Unterstützung und Schonung der Pflegeperson ist unerlässlich.

Die lebenslange Beziehung der Ehepartner spielt bei der Verwahrlosung eine große Rolle. Menschen, die zeitlebens eine Konflikt beladene Beziehung führten, werden in der Pflegesituation eher mit Stress und Überlastung oder sogar mit Ablehnung und Ekel reagieren. Professionelle Pflegekräfte erkennen dieses Problem zwar häufig, können jedoch die Ursachen nicht einordnen. Hieraus entsteht gelegentlich eine vorwurfsvolle Haltung gegenüber dem pflegenden Partner.

> ❗ Zum einen ist deshalb die Biografie des Pflegebedürftigen wichtig, zum anderen muss der Pflegeperson Anerkennung und Verständnis entgegengebracht werden. Ein vorschnelles Verurteilen des pflegenden Partners ist unangebracht.

## Menschen in der Familie

Gerade bei Pflegebedürftigen, die in einer Familiengemeinschaft leben, ist die Verwahrlosung und Vernachlässigung am schwersten festzustellen. Zunächst liegt es im Interesse der Familie, die Vernachlässigung zu verheimlichen, oder dieser Zustand wird von den Familienmitgliedern selbst gar nicht wahrgenommen. Die körperliche Verwahrlosung tritt in der Familie seltener auf, hier kommt es häufiger zur sozialen Isolation und psychischen Verwahrlosung.

Auch hier ist die vorher bestehende Beziehung der Familienmitglieder ausschlaggebend. Oft kann diese von der professionellen Pflegekraft nicht beobachtet werden, da die Kommunikation sich verändert, wenn fremde Personen anwesend sind. Angehörige können ihren Hilfebedarf meist gut formulieren, wenn es sich um rein körperliche Bedürfnisse handelt, und stehen einer Beratung und Anleitung in diesem Bereich oft aufgeschlossen gegenüber. Handelt es sich allerdings um psychosoziale Probleme im Umgang mit dem Pflegebedürftigen, werden diese häufig verschwiegen. Besonders ausgeprägt ist dieses Verhalten, wenn der Patient an einer Demenz erkrankt ist. Das Aufrechterhalten der Fassade ist in diesem Fall umso wichtiger, je enger die Beziehung der Familie ist.

Verwahrlosung in der Familie oder in der Paarbeziehung wird durch mehrere Faktoren begünstigt.

**Auslösende Faktoren:**
- Körperliche oder psychische Überforderung der Pflegeperson
- Fehlende soziale Integration und Unterstützung
- Scham oder Ekel der Pflegeperson
- Finanzielle Abhängigkeit
- Fehlende Rückzugsmöglichkeiten der Pflegeperson
- Herausforderndes Verhalten des Pflegebedürftigen

Das Deutsche Zentrum für Altersfragen (DZA) hat mit Hilfe von Literaturrecherchen, Repräsentativbefragungen und Datenerhebungen des Kriminologischen Forschungsinstituts Niedersachen

e. V. (KFN) die familiäre Gewalt gegen ältere Pflegebedürftige untersucht. Für das Jahr 1991 wurde eine Häufigkeit von 340.000 Menschen zwischen 60 und 75 Jahren geschätzt, die mindestens einmal Opfer körperlicher Gewalt durch Familien- oder Haushaltsmitglieder waren.

Die Initiative »Gewalt gegen ältere Menschen« hat darüber hinaus festgestellt, dass als häufigste Gewalterfahrung seelische Misshandlungen und finanzielle Schädigung benannt werden. Etwas seltener beklagten die Betroffenen körperliche Verletzung, Einschränkung der Bewegungsfreiheit, Hinzufügen von Schaden, sexuelle Belästigung sowie Vernachlässigung in der Pflege.

### 6.9.4  Auswirkungen der Gewalt

Menschen, die über einen längeren Zeitraum körperlich oder psychisch vernachlässigt werden und verwahrlosen, können Folgeerscheinungen entwickeln. Die Auswirkungen der Vernachlässigung können so gering sein, dass sie von Außenstehenden überhaupt nicht bemerkt werden, im Extremfall kann Verwahrlosung allerdings bis zum Tod des Betroffenen führen.

#### Körperliche Verwahrlosung

Die Auswirkungen sind abhängig von der Form der Vernachlässigung. Häufig treten Infektionen, Dekubitus, Kontrakturen oder Mangelernährung auf. Auch Stürze können durch Vernachlässigung begründet sein, wobei die Folgen möglicherweise gravierend sind (Frakturen, Schädelhirntrauma o. Ä.). Auch fehlerhafte Medikamentengaben können Dauerschäden verursachen (z. B. falsches Medikament, falsche Dosierung).

Die körperliche Vernachlässigung durch Pflegepersonen mit Folgeschäden, etwa dem Auftreten eines Dekubitus bei mangelhafter Lagerung und Mobilisation, entspricht einer fehlerhaften, nicht sachgerechten Pflege und kann als Körperverletzung betrachtet werden. Gegebenenfalls

steht dem Pflegebedürftigen für derartige Schädigungen auch ein Schmerzensgeld zu.

> ! Die exakte Dokumentation der Medikation durch den behandelnden Arzt mit Handzeichen und bei Bedarfsmedikationen mit Angabe des Bedarfsfalls und der Tageshöchstmenge ist unerlässlich.

#### Verwahrlosung der Umgebung

Die zunehmende Belastung des Betroffenen oder der Familie kann zur mangelnden Hygiene des Wohnraums führen. Im Extremfall kommt es zu einer Vermüllung der Wohnung bzw. dem »Messie-Syndrom«.

Eine Verwahrlosung der Umgebung wird jedoch von Mitarbeitern in der ambulanten Pflege relativ schnell bemerkt und unterstützende Maßnahmen eingeleitet. Problematisch ist die Situation, wenn der Pflegebedürftige eine Unterstützung nicht zulässt oder diese nicht finanzieren kann.

Eine mangelnde Haushaltsführung, die mit nicht ausreichender Nahrungsaufnahme verbunden ist, wird nicht sofort festgestellt, da der Gewichtsverlust leicht übersehen wird, auch wenn ein täglicher Kontakt stattfindet. Auch Patienten, die »Essen auf Rädern« bekommen, sind häufig unterernährt, da das Essen nicht schmeckt, nicht die gewünschte Temperatur hat oder die Zusammensetzung der Nährstoffe nicht den individuellen Bedürfnissen entspricht.

> ! Eine genaue Ursachenforschung und regelmäßige Gewichtskontrollen sind bei Patienten mit Ernährungsproblemen wichtig. Außerdem sollte eine Berechnung des BMI erfolgen.

#### Soziale Isolation

Gerade bei alleinstehenden Personen fällt die soziale Isolierung nicht auf, da sie als normaler Zustand empfunden wird. Die fehlende Kommunikation, der Mangel an Außenkontakten und die eingeschränkte Möglichkeit, sich sinnvoll zu beschäftigen, kann ebenfalls Folgeschäden verursachen.

**Mögliche Folgen der Isolation:**
- Depressive Verstimmung bis hin zur Suizidalität
- Demenzielle Entwicklung
- Entwicklung paranoider Symptome

Häufig werden depressive Symptome älterer Menschen von der Umwelt nicht wahrgenommen, da eine Antriebslosigkeit und das Verbalisieren hoffnungsloser oder gar lebensmüder Gedanken als Teil des normalen Alterungsprozesses betrachtet werden. Aussagen alter Menschen wie: »Das Beste wäre, ich würde sterben«, oder: »Es hat doch alles keinen Sinn mehr«, gehören zur alltäglichen Kommunikation in der Pflege.

> In Deutschland leiden etwa vier Millionen Menschen an einer Depression aber nur ein Drittel der Betroffenen wird behandelt. 15 % der Patienten suizidieren sich, davon sind 40 % Menschen über 60 Jahre.

### 6.9.5  Maßnahmen bei Verwahrlosung

Die Ursachen und Folgeschäden der Verwahrlosung können in einer ausführlichen Pflegeanamnese (▶ Anhang 12) und einem Risikoassessment erkannt werden. Aufgrund dieser Erkenntnisse sollten frühzeitig entsprechende Maßnahmen eingeleitet werden.

**Beim Risikoassessment können folgende Daten erhoben werden:**
- Sturzrisiko
- Dekubitusrisiko
- Ernährungsstatus, z.°B. Mini Nutritional Assessment (MNA)
- Mini Mental State (MMS; ▶ Anhang 15d) oder Dem-Tect (▶ Anhang 15e) zur Einschätzung der kognitiven Fähigkeiten

Bei Verwahrlosungstendenzen müssen geeignete Unterstützungsangebote für den Pflegebedürftigen oder die Familie gefunden werden. Wichtig ist die Entlastung der Betroffenen durch niederschwellige Betreuungsangebote. In diesem Bereich ist das Angebot bisher leider noch deutlich geringer als der Bedarf.

**Mögliche Handlungsstrategien:**
- Information des Patienten oder der Betreuungsperson über Symptomatik, Verlauf und Prognose der Erkrankung, besonders wichtig bei Demenz
- Anleitung und Beratung
- Vermittlung von Angehörigengruppen oder Gesprächskreisen
- Teilnahme an Pflegekursen
- Vermittlung von Selbsthilfegruppen
- Unterstützung durch Nachbarschaftshilfe
- Entlastung durch Kurzzeit-, Tages- oder Verhinderungspflege
- Kontakt zu Hausarzt, Krankenhaus, Seelsorge, Beratungsstellen, Pflegekassen oder anderen Schnittstellen
- Offenes Ansprechen depressiver Symptome oder lebensmüder Gedanken
- In schweren Fällen muss eine teil- oder vollstationäre Versorgung in Betracht gezogen werden

> Der Beratungseinsatz bei häuslicher Pflege nach § 37,3 SGB XI kann Verwahrlosungstendenzen verdeutlichen (▶ Kap. 5.1). »Gefälligkeitsgutachten« beim Beratungseinsatz sind unbedingt zu vermeiden, da im Schadensfall eine Haftung des Pflegedienstes eingefordert werden kann.

Wenn sämtliche Unterstützungs- und Beratungsangebote nicht ausreichen, um die Situation zu verbessern und eine Gefährdung des Patienten zu vermeiden, muss in Absprache mit dem behandelnden Hausarzt und den Angehörigen eine gesetzliche Betreuung durch das Vormundschaftsgericht oder das Amtsgericht beantragt werden.

Im Falle der fragwürdigen Finanzierung von Hilfsangeboten ist eine Betreuung für den Bereich Vermögensangelegenheiten vermutlich ausreichend. In schweren Fällen der Verwahrlosung, Vernachlässigung oder Gewalt gegen ältere Menschen kann es notwendig sein, auch die Bereiche Gesundheitsfürsorge oder Aufenthaltsbestimmung betreuen zu lassen.

> **Tipps**
>
> Einige ambulante Pflegedienste oder karitative Einrichtungen bieten »Entmüllungseinsätze« bei Messie-Syndrom an. Weitere Informationen erhält man über die örtlichen Gesundheitsämter.

### Rechtliche Hinweise

Auch, wenn ambulante Pflegedienste ein breites Spektrum an Leistungsmöglichkeiten aufzeigen, können sie bestimmte Situationen, gerade im Bereich der Verwahrlosung und Vernachlässigung, nicht aus eigener Kraft verändern. Hier gilt das Selbstbestimmungsrecht des Patienten. Pflegedienste sind gut beraten, sozialpsychiatrische Dienste oder Sozialämter einzuschalten bzw. eine Betreuung anzuregen.

Die Dokumentation des Gesamtvorgangs ist, wie in den meisten Fällen, zwingend erforderlich und notwendig für die Bewertung und Einschätzung des Sachverhaltes. Verwahrlosung und unterlassene Hilfeleistung müssen unbedingt voneinander abgegrenzt werden. Pflegedienstleitungen ambulanter Dienste sollten sich selber ein Bild von der Situation beim Patienten machen, um auch mögliche Gefährdung für den Mitarbeiter bei der Versorgung von Verwahrlosten gerade in Bezug auf Ungeziefer und Infektionen auszuschließen. Der Mitarbeiter hat auch in diesen Fällen das Recht, die Versorgung bei unzumutbaren Bedingungen entsprechend der Remonstrationspflicht abzulehnen.

Lehnt der Pflegedienst insgesamt die Versorgung von Verwahrlosten im Einzelfall ab, ist dies genau zu begründen, mit den behandelnden Ärzten abzustimmen und dem Versorgungs- bzw. Kostenträger zu klären. Nur in der Abstimmung zwischen Kostenträgern, Behörden, Ärzten und gegebenenfalls Angehörigen liegt die Chance des Pflegedienstes, adäquate Entscheidungen zu treffen und nicht mit Regressforderungen sowie Verweigerungsvorwürfen konfrontiert zu werden. Insgesamt stellt die Versorgung von Verwahrlosten für den Mitarbeiter eine große Herausforderung dar. Unter diesen verschärften und besonderen Arbeitsbedingungen ist eine außerordentlich hohe psychische Belastung zu verzeichnen. Mit den Mitarbeitern sollte deshalb bei der Versorgung solcher Personengruppen intensive Gespräche geführt werden und Supervisionsmaßnahmen angeboten werden. Sinnvoll ist es, diese Dinge im Team oder zu mindestens bei den pflegenden Mitarbeitern zu besprechen. Hier sind Leitungskräfte gefragt, den Mitarbeitern auch deutlich Grenzen aufzuzeigen, wie weit der Pflegedienst helfen kann und wo das Zugriffsrecht, aber auch die Möglichkeiten der Einrichtung begrenzt sind. Diese »unbefriedigende« Pflegesituation ist für Mitarbeiter eine große Herausforderung.

**III**

# Teil III  Pflegeprozess: Planen – Durchführen – Dokumentieren

# Pflegeprozess und Pflegevisite

## 7.1    Der Pflegeprozess

Der Pflegeprozess ist eine schriftlich fixierte, strukturierte Vorbereitung und Planung der Pflegeleistung. Eine festgelegte Abfolge verschiedener Schritte bewirkt, dass anstelle einer spontanen willkürlichen Pflege eine geplante und nachvollziehbare Betreuung entsteht. Die Pflegeleistung wird dadurch für alle Beteiligten transparent.

Prinzipiell handelt es sich beim Pflegeprozess um ein systematisches Handlungsmodell auf der Basis des Problemlösungsprozesses.

Der Pflegeprozess ist Bestandteil der Sozialgesetzbücher SGB V und SGB XI und somit eine gesetzlich verankerte Betriebsvoraussetzung für alle Erbringer von Pflegeleistungen. Dennoch wird der Pflegeprozess noch immer kritisch betrachtet und von vielen Mitarbeitern als überflüssig oder zu theoretisch empfunden.

Dieses Kapitel beschäftigt sich deshalb zunächst mit folgenden Fragen:

1. Wie ist der Pflegeprozess entstanden?
2. Welche Bedeutung hat der Pflegeprozess?
3. Wie kann der Pflegeprozess im alltäglichen Handeln integriert werden?

### 7.1.1    Geschichte des Pflegeprozesses

Eine erste Beschreibung des Pflegeprozesses erfolgte 1967 von Yura und Walsh. Dabei handelte es sich zunächst um ein Drei-Schritt-Modell.

Beeinflusst wurde das Modell durch die Arbeiten von Hildegard Peplau (1952), Lydia Hall (1955) und Virginia Henderson (1960).

### Das Vier-Schritt-Modell

Das Drei-Schritt-Modell wurde von der WHO aufgegriffen, weiter entwickelt und 1979 als Vier-Schritt-Modell weltweit für die Planung und Durchführung der Pflege empfohlen (◘ Abb. 7.1).

### Das Sechs-Schritt-Modell

Daraufhin wurde auch im deutschsprachigen Raum die Thematik diskutiert. 1974 übernahm Liliane Juchli das von Virginia Henderson entwickelte Pflegemodell in ihr Pflegelehrbuch. Anfang der 80er Jahre veröffentlichen die beiden Schweizerinnen V. Fiechter und M. Meier das Sechs-Schritt-Modell des Pflegeprozesses (◘ Abb. 7.2), das bis zum heutigen Zeitpunkt als Grundlage jeder Pflegeplanung dient. Da zu dieser Zeit eine Novellierung des Krankenpflegegesetzes in Deutschland erfolgte, wurde das Modell des Pflegeprozesses als Basis pflegerischen Handelns aufgenommen.

Die beiden Autorinnen beschrieben den Pflegeprozess wie folgt:

Der Krankenpflegeprozess hat zum Ziel, auf systematische Art und Weise dem Bedürfnis des Patienten nach pflegerischer Betreuung zu entsprechen. Der Krankenpflegeprozess besteht aus einer Reihe von logischen, vonei-

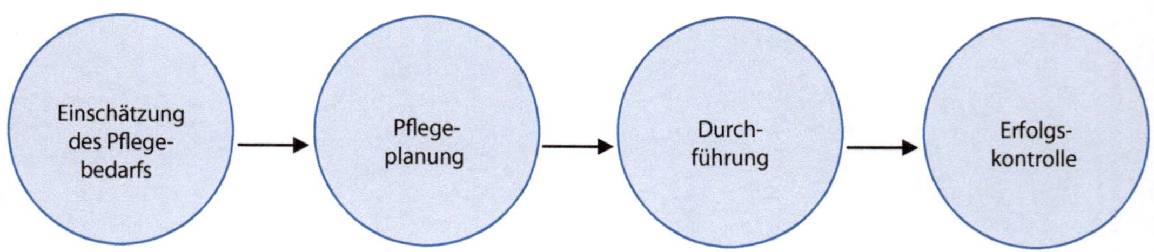


◘ **Abb. 7.1.** Der Pflegeprozess in der Form des Vier-Schritt-Modells der WHO (1979)

nander abhängigen Überlegungs-, Entscheidungs- und Handlungsschritten, die auf eine Problemlösung, also auf ein Ziel hin ausgerichtet sind und im Sinne eines Regelkreises einen Rückkopplungseffekt (Feedback) in Form von Beurteilung und Neuanpassung erhalten. Der Krankenpflegeprozess kann als Regelkreis mit sechs Schritten dargestellt werden. (Fiechter und Meier 1988)

Dennoch steht ein großer Teil der Mitarbeiter dem Modell des Pflegeprozesses zunächst skeptisch und hilflos gegenüber. Ein Kritikpunkt bezieht sich auf die Sinnhaftigkeit der schriftlichen Dokumentation von Planungsschritten, die als selbstverständlich betrachtet werden und bis zu diesem Zeitpunkt nicht im Detail aufgeführt werden mussten. Trotz der Professionalisierung der Pflege in den

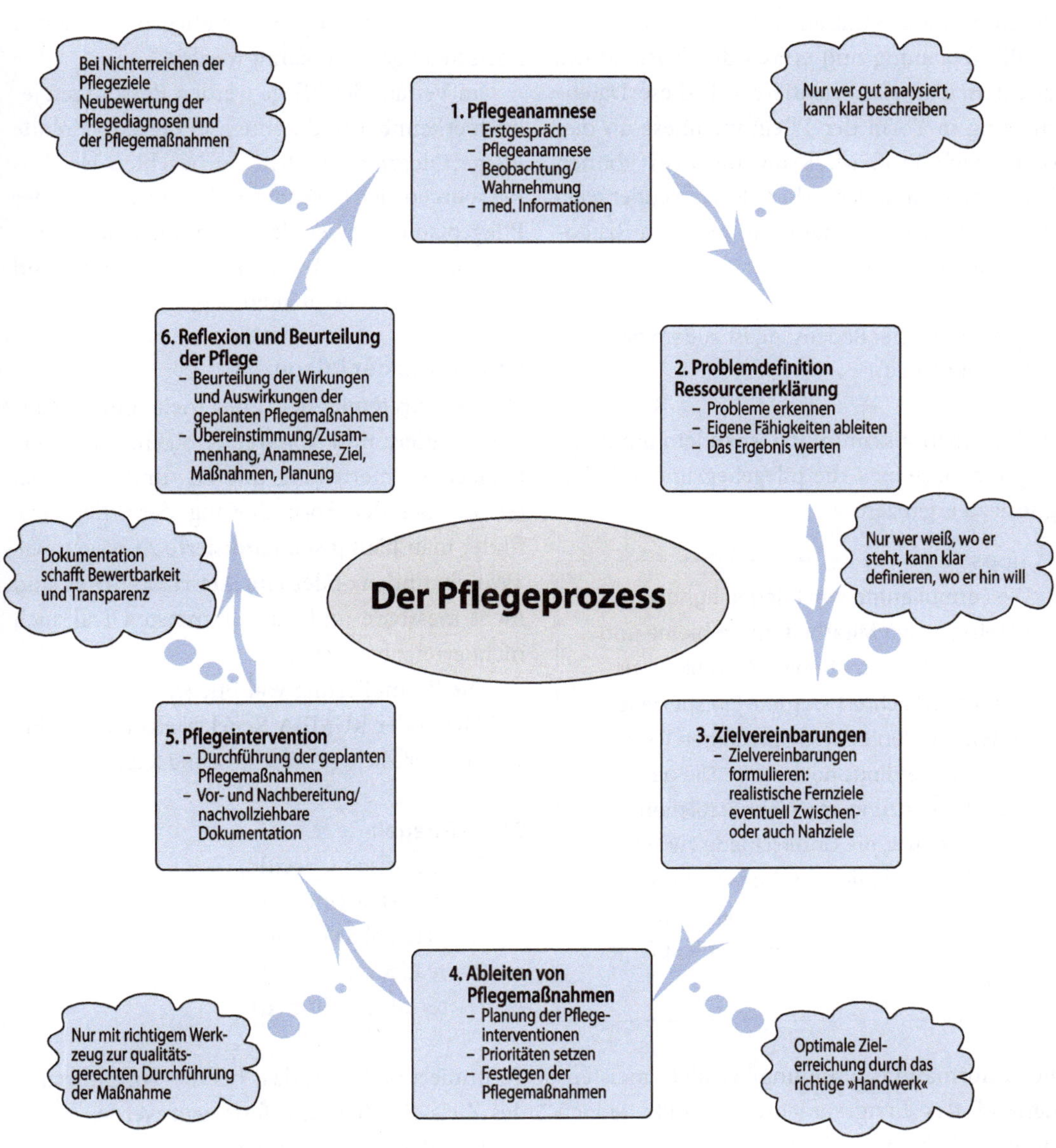


**Abb. 7.2.** Der Pflegeprozess als Sechs-Schritt-Modell nach Fiechter und Meier

letzten Jahrzehnten und der Implementierung des Pflegeprozesses als fester Bestandteil der Gesundheits- und Kranken- sowie Altenpflegeausbildung gibt es auch heute noch kritische Stimmen.

Die einzelnen Schritte des Modells von Fiechter und Meier werden als gängigste Variante im deutschsprachigen Raum im Folgenden kurz erläutert.

### Informationssammlung

Die Informationssammlung dient als Grundlage der Pflegeplanung und erfasst den Zustand des Patienten. Zumeist orientiert sich diese Datenerhebung in Form der Pflegeanamnese an den AEDL nach Prof. M. Krohwinkel, es können allerdings auch andere Modelle verwendet werden. Zusätzlich zur Anamnese kann ein Risikoassessment erfolgen.

**!** Von besonderer Bedeutung ist zudem die Biografiearbeit.

Die Informationssammlung ist zudem durch die Pflegediagnose bzw. die pflegebegründende Diagnose zu ergänzen.

> **Tipps**
>
> Die Formulierung von Pflegediagnosen bereitet vielen Mitarbeitern Probleme und kann durch internationale Klassifikationssysteme erleichtert werden. Ein spezielles System für den deutschsprachigen Raum existiert allerdings noch nicht. Die genaue Abgrenzung von einer ärztlichen Diagnose bzw. die Unterschiede zwischen ärztlichen und pflegerischen Diagnosen müssen immer wieder reflektiert werden. Erleichternd ist hierbei der Begriff »pflegebegründend«.

Die Informationssammlung erfolgt meistens während des Erstgesprächs, sie sollte jedoch kontinuierlich im Verlauf der Pflegebeziehung überarbeitet und ergänzt werden. Bei akuten Veränderungen des Zustands sollte die Informationssammlung komplett neu erhoben werden.

### Erkennen von Problemen und Ressourcen

Durch die Informationssammlung werden vorhandene Pflegeprobleme deutlich. Dabei handelt es sich prinzipiell um jede Einschränkung der Selbstpflegefähigkeiten des Patienten. Ressourcen und Fähigkeiten des Patienten sowie individuelle Vorlieben und Abneidungen sollten erfragt und immer wieder ergänzt werden. Oft können diese zu Beginn der Pflegebedürftigkeit noch nicht genau erkannt werden.

Im Verlauf der Pflege werden Ressourcen jedoch erkennbar und können in die aktivierende Pflege integriert werden. Zu beachten ist, dass Ressourcen sich verändern. Eine Evaluation der Pflegeplanung muss deshalb immer auch eine Überprüfung der Informationssammlung und der Ressourcen beinhalten.

### Festlegung der Pflegeziele

Die Beschreibung der Pflegeziele muss realitätsorientiert und konkret erfolgen. Dabei erfolgt eine Unterteilung in Nah- und Fernziele. Gerade bei der Formulierung der Pflegeziele findet man häufig standardisierte Aussagen wie »Wohlbefinden« oder »intakte Haut«. Dies sind nicht messbare und im schlimmsten Fall auch nicht erreichbare Ziele.

Die Formulierung von Pflegezielen nach der SMART- oder RUMBA-Regel erleichtert das Erreichen der Ziele (▶ Kap. 2.4.2 und Kap. 8.5.1).

**SMART-Regel:**
- **S** – spezifisch (specific)
- **M** – messbar (measurable)
- **A** – erreichbar (achievable)
- **R** – realistisch (realistic)
- **T** – terminiert (timed)

Terminiert bedeutet, dass bei der Formulierung des Ziels ein Zeitraum festgelegt werden muss, in dem das Ziel erreicht sein soll. Dieser entspricht dem Zeitpunkt der Evaluation.

## Planung der Pflegemaßnahmen

Der Maßnahmenplan ist ein Handlungsplan, der die Erreichung der festgelegten Pflegeziele beinhaltet. Ein Zusammenhang zwischen Problem, Ziel und Maßnahme muss also aus der Pflegeplanung abzuleiten sein. Dabei ist es nicht erforderlich, eine Maßnahmenplanung ein Form eines Romans oder eines Pflegelehrbuchs zu erstellen.

! Eine prägnante Darstellung der erforderlichen Maßnahmen mit genauer Angabe der Häufigkeit, der verwendeten Materialien und der Anzahl und Qualifikation der Pflegepersonen ist für die Planung der Pflegemaßnahmen notwendig.

## Durchführung der Pflege

Die geplanten Maßnahmen können im Team besprochen werden und müssen dann von allen Mitarbeitern in gleicher Form durchgeführt werden. Eine Abweichung von der Planung sollte im Pflegebericht begründet werden. Sowohl in den Leistungsnachweisen als auch in den Pflegeberichten müssen Kontinuität und Übereinstimmung erkennbar sein. Leistungen können als Leistungskomplexe oder Leistungsmodule geplant und dann als Paket abgezeichnet werden.

## Evaluation

Die Auswertung und Überprüfung der durchgeführten Pflege ist der Rückkopplungsmechanismus des Regelkreises Pflegeprozess und somit der entscheidende Schritt zur Auslösung eines neuen Prozesses. Da der Pflegeprozess nun wieder beim ersten Schritt beginnt, müssen bei der Evaluation alle Schritte neu bearbeitet werden, d. h. die Informationssammlung, die Probleme und Ressourcen, die Zielformulierung, die Maßnahmenplanung und die Durchführung der Pflege werden bewertet.

! Eine Evaluation muss in regelmäßigen, individuell festgelegten Intervallen erfolgen. Bei akuten Veränderungen erfolgt die Evaluation auch außerhalb der Intervalle nach Bedarf.

### 7.1.2 Bedeutung des Pflegeprozesses

Die Pflegeplanung ist ein wesentlicher Bestandteil der heutigen Pflege geworden. Durch die gesetzliche Verankerung des Pflegeprozesses in den Sozialgesetzbüchern SGB V und SGB XI ist die Planung und Durchführung der Pflege nach dem Regelkreis des Pflegeprozesses für alle Pflegeeinrichtungen unverzichtbar und bindend. Dazu gehört auch die entsprechende Dokumentation der sechs Schritte. Der Medizinische Dienst der Spitzenverbände Bund der Krankenkassen (MDS) hat außerdem in einer Grundsatzstellungnahme detaillierte Anforderungen an die Durchführung, die Form, den Inhalt, die Frequenz und die Qualität der Pflegedokumentation beschrieben (▶ Kap. 8).

> **Tipps**
>
> Die Grundsatzstellungnahme »Pflegeplanung und Pflegedokumentation« kann über den Medizinischen Dienst des Spitzenverbandes Bund der Krankenkassen (MDS) in Essen oder die jeweiligen Medizinischen Dienste der Krankenkassen (MDK) bezogen werden.

Positive Effekte einer strukturierten Planung sind das reflektierte, durchdachte Handeln bei der Leistungserbringung, eine einheitliche Arbeitsweise aller Mitarbeiter, Kontinuität, Transparenz und die juristische Absicherung des ambulanten Pflegedienstes.

## Kritik am Pflegeprozess

Eine ablehnende Haltung der Mitarbeiter gegenüber dem Pflegeprozess resultiert häufig aus einer Unsicherheit bei der Formulierung von Problemen, Ressourcen, Zielen und Maßnahmen. Hinzu kommt der Zeitaufwand, der durch die zunehmende Leistungsverdichtung im Gesundheitswesen von den Mitarbeitern als belastend empfunden wird.

Obwohl die meisten Mitarbeiter die Notwendigkeit der Pflegeplanung zunächst akzeptieren, wird der Pflegeprozess nicht »gelebt«. Ein logischer Zusammenhang in Form des Regelkreises kann in vielen Pflegeplanungen nicht festgestellt werden. Oft handelt es sich um standardisierte Formulierungen, die im Rahmen der Ausbildung erlernt werden oder gar aus einer Software in Form von Textbausteinen kopiert werden. Die so entstandenen Pflegeplanungen lassen jegliche Individualität vermissen und werden deshalb als lästige Schreibübung empfunden. Darüber hinaus sind die Inhalte dann eventuell unrealistisch und nicht durchführbar.

Gelegentlich werden die Schritte des Pflegeprozesses nicht in der korrekten Abfolge durchgeführt, etwa die Beschreibung der Pflegemaßnahmen vor der Formulierung von Problemen oder Zielen bzw. vor der Informationssammlung. Einige Autoren empfehlen sogar die Umkehrung der Reihenfolge. Dadurch wird der Pflegeprozess ad absurdum geführt und es ist nachvollziehbar, dass die Mitarbeiter diese Aufgabe als lästig und überflüssig empfinden.

### 7.1.3 Handlungsstrategien

Um eine inhaltlich zutreffende und realistische Pflegeplanung zu erstellen, muss der Sinn und Nutzen des Pflegeprozesses von allen Mitarbeitern verstanden werden. Dabei sollte man auch berücksichtigen, wie häufig Patienten sich darüber beschweren, dass die Pflege in Abhängigkeit von der betreuenden Pflegekraft »anders« durchgeführt wird.

> **Beispiel**
>
> Jeder Mitarbeiter eines ambulanten Pflegedienstes kennt mit Sicherheit den Satz: »Ihre Kollegin macht das aber ganz anders als Sie«, oder gar den Vorwurf: »Ihre Kollegin macht das aber viel besser«.

Prinzipiell wird die Pflegeleistung durch die Orientierung am Pflegeprozess für Patienten, Angehörige und Kollegen verständlicher.

> **Tipps**
>
> Hilfreich ist es, die Formulierung von Pflegeplanungen in Kleingruppen zu besprechen und zu üben. Die Mitarbeiter gewinnen dadurch mehr Sicherheit in der Verschriftlichung von Handlungen, die eigentlich als selbstverständlich eingeschätzt werden.

Das Angebot von Fortbildungen für die Mitarbeiter sollte kontinuierlich stattfinden, da sich durch die Entbürokratisierung der Pflegeplanung immer wieder Veränderungen ergeben (▶ Kap. 8). Auch die Anforderungen des MDK haben sich in den letzten Jahren deutlich verändert, da das Thema durch gesundheitspolitische Diskussionen aufgegriffen wurde. Die Verunsicherung und Frustration der Mitarbeiter kann so reduziert werden.

Empfehlenswert ist die Festlegung von einheitlichen Standards und Mindestanforderungen für die Pflegedokumentation, die für alle Mitarbeiter bindend sind. Zur Verbesserung der Akzeptanz dieser Standards ist die Erarbeitung in Qualitätszirkeln sinnvoll.

## 7.2 Die Pflegevisite

Die Pflegevisite ist eines der wichtigsten Instrumente des Qualitätsmanagements in der Pflege. Sie dient der regelmäßigen Überprüfung des Pflegeprozesses und der Pflegequalität, unter Berücksichtigung neuer aufgetretene Pflegeprobleme oder eines veränderten Pflegezustands.

Die Pflegevisite bietet die Möglichkeit, alle Schritte des Pflegeprozesses einzeln und in ihrer Gesamtheit zu überprüfen und dadurch einen Neubeginn des Prozesses auszulösen. Insofern kann man die Pflegevisite als zusätzlichen Schritt im Pflegeprozess betrachten.

Aus diesem Grund wird die Pflegevisite in diesem Kapitel besprochen und folgende Fragestellung erörtert:

1. Welche Funktion hat die Pflegevisite?
2. Welche Möglichkeiten der Durchführung existieren?
3. Welche Aspekte sollten bei der Pflegevisite berücksichtigt werden?

## 7.2.1 Funktion der Pflegevisite

Durch die Pflegevisite haben die Pflegedienstleitung und jeder einzelne Mitarbeiter eines ambulanten Pflegedienstes die Möglichkeit, die fachgerechte Durchführung der Pflege zu überprüfen und bei Veränderungen des Pflegezustands entsprechende Maßnahmen einzuleiten. Somit ist die Hauptfunktion der Pflegevisite die Qualitätssicherung, sie ist eines der wichtigsten Instrumente des Qualitätsmanagements.

Weitere Funktionen der Pflegevisite ist die Zielvereinbarung zwischen Patient, Pflegedienst und Bezugspersonen und die gezielte Erfassung von Wünschen und Bedürfnissen. Dadurch hat die Pflegevisite eine wichtige Bedeutung bei der Weiterentwicklung der Pflegebeziehung für alle Beteiligten.

Außerdem können im Rahmen der Pflegevisite auch andere Bereiche des Qualitätsmanagements, etwa das Beschwerde- und Fehlermanagement oder das Hygiene- und Notfallmanagement, überprüft werden.

> **Tipps**
>
> Für den Patienten oder seinen Angehörigen kann es sehr wichtig sein, den Kontakt zu der Leitungsebene eines ambulanten Pflegedienstes zu pflegen. Eine gute Möglichkeit der Kontaktpflege bietet die Pflegevisite. Selbstverständlich ist es aus zeitlichen Gründen nicht möglich, dass der Geschäftsführer, der Einrichtungsträger oder die Pflegedienstleitung an allen Pflegevisiten teilnimmt, es sollte jedoch zumindest eine regelmäßige Teilnahme in größeren Abständen angestrebt werden.

## 7.2.2 Durchführung der Pflegevisite

Um die verschiedenen Möglichkeiten der Durchführung einer Pflegevisite abzuwägen, werden zunächst die unterschiedlichen Formen der Pflegevisite erläutert.

**Formen der Pflegevisite:**
- Prozesshafte Pflegevisite, der gesamte Pflegeprozess wird überprüft
- Ausschnitthafte Pflegevisite, ein Teilbereich wird betrachtet, z. B. bei speziellen Pflegeproblemen
- Konsiliarische Pflegevisite, unter Einbeziehung eines Spezialisten
- »Blitz«-Pflegevisite bzw. Übergabe am Bett

Es muss also zunächst festgelegt werden, welchen Umfang die geplante Pflegevisite haben soll. Abhängig ist der Umfang auch vom zeitlichen Abstand der vorangegangenen Pflegevisite. Sind seit der letzten Pflegevisite schon mehrere Monate vergangen, wird man eher eine prozesshafte Pflegevisite durchführen. Ist wegen akut aufgetretener neuer Pflegeprobleme in relativ kurzem Abstand eine Pflegevisite erforderlich, ist eine ausschnitthafte Pflegevisite möglicherweise ausreichend.

> **Tipps**
>
> Ein Prozessstandard für die Pflegevisite sollte genaue Angaben über das zeitliche Intervall der Durchführung von Pflegevisiten beinhalten. Diese können, müssen sich aber nicht an der Pflegestufe orientieren.

Bei der konsiliarischen Pflegevisite wird meist nur ein Teilbereich der Pflege betrachtet. In den letzten Jahren hat diese Form der Pflegevisite durch den vermehrten Einsatz von externen Fachkräften, etwa Wundmanager oder Ernährungsberater, deutlich zugenommen.

❗ Bei der konsiliarischen Pflegevisite ist unbedingt zu bedenken, dass die Angaben der externen Fachkraft nicht bedenkenlos übernommen werden können. Der ambulante Pflegedienst, der die Leistungen erbringt, übernimmt die Verantwortung und muss deshalb die Richtigkeit der Anordnungen und Empfehlungen der externen Fachkraft hinterfragen und überprüfen.

### 7.2.3  Handlungsstrategien

Je nach Umfang und zeitlicher Planung sollte anschließend festgelegt werden, welche Personen an der Pflegevisite teilnehmen können. Dabei muss das Einverständnis des Patienten oder seines Betreuers zur Beteiligung von externen Kooperationspartnern eingeholt werden. Auch hierfür sollte jeder ambulanter Pflegedienst Standards definieren, die die Entscheidung im Einzelfall erleichtern.

**Mögliche Teilnehmer:**
- Geschäftsführer
- Pflegedienstleitung
- Bezugspflegekraft
- QM-Beauftragter
- Externe Fachkraft
- Andere Berufsgruppen
- Angehörige
- Betreuer

Die Einbeziehung des Patienten und seiner Angehörigen oder seines Betreuers ist nur dann möglich, wenn alle betroffenen Personen rechtzeitig über den Termin informiert werden. Allen Beteiligten sollte im Vorfeld auch die Zeit eingeräumt werden, die sie eventuell benötigen, um sich auf die Pflegevisite vorzubereiten. Die Pflegevisite ist effektiver, wenn Fragen, Unklarheiten, Verbesserungsvorschläge oder auch Beschwerden zuvor notiert werden können.

### Ablauf der Pflegevisite

Bei der Terminplanung sollte ein großzügiger Zeitkorridor eingeplant werden, so dass es meistens sinnvoll ist, die Pflegevisite bei einem zu-

sätzlichen Besuch des Patienten am Nachmittag durchzuführen. Dadurch ist auch die Pünktlichkeit eher gewährleistet.

Der Ablauf einer Pflegevisite kann sich an folgendem Schema orientieren, ist jedoch im Einzelfall sehr variabel, gerade dann, wenn überraschend neue Probleme, Ziele, Beschwerden, Meinungsäußerungen oder Vorschläge auftreten.

**Ablaufschema:**
1. Begrüßung der Teilnehmer
2. Überprüfung der Dokumentation
3. Besprechung von neuen Problemen, Zielen oder Maßnahmen
4. Vereinbarung der neuen Handlungsstrategie
5. Dokumentation im Pflegevisitenprotokoll

Ein wichtiger Faktor bei der Pflegevisite sind auch die Folgemaßnahmen, die aus den Ergebnissen der Pflegevisite entstehen. Dazu zählen die Zusammenfassung der besprochenen Inhalte im Pflegevisitenprotokoll und meist die zeitnahe Änderung der bisherigen Pflegemaßnahmen, die möglichst terminiert sein sollte.

> **Tipps**
>
> Eine Pflegevisite ist nur dann effektiv, wenn in der Nachbereitung auch festgelegt wird, welche Aufgaben von wem übernommen werden, bis wann diese ausgeführt werden und wann dies kontrolliert werden soll. Die Kontrolltermine müssen wie jeder andere Termin auch im Kalender eingetragen werden, damit sie nicht übersehen werden.

### Dokumentation der Pflegevisite

Es existiert eine Vielzahl von Pflegevisitenprotokollen, die meistens von den Herstellern von Dokumentationssystemen vertrieben werden. Bei der Auswahl eines Protokolls ist zunächst darauf zu achten, dass das Formular möglichst umfassend aber trotzdem nicht zu umfangreich ist.

Prinzipiell sollte ein Pflegevisitenformular die Vollständigkeit gewährleisten. Es kann deshalb in knapper Form, ähnlich einer Checkliste, oder in sehr ausführlicher Form zum Einsatz kommen. Es ist auch möglich, Formulare für die Pflegevisite selbst zu erstellen. Eine Kombination von kurzen und umfassenderen Protokollen ist ebenfalls möglich (▶ Anhang 13a und 13b).

> **Tipps**
>
> Je nach Pflegezustand des Patienten kann dann das entsprechende Formular ausgewählt werden. Für Patienten, die nur eine Leistung nach SGB V erhalten, ist eine mehrseitige Pflegevisite oftmals nicht erforderlich. Wenn mehrere Formulare vorhanden sind, sollte immer auf die Benutzerfreundlichkeit geachtet werden, um eine Verwirrung der Mitarbeiter zu vermeiden.

Die Dokumentation der Pflegevisite ist, wie jede andere Dokumentation auch, eine unerlässliche Aufgabe. Je unkomplizierter die Vorgaben für die Durchführung der Pflegevisite und das verwendete Pflegevisitenprotokoll ist, desto größer ist die Wahrscheinlichkeit, dass die Pflegevisite regelmäßig und sinnvoll durchgeführt wird.

Zur Erleichterung der Dokumentation werden im Anhang drei Formulare dargestellt. Dabei handelt es sich um ein sehr kurzes Pflegevisitenprotokoll in Form einer Checkliste (▶ Anhang 13a) und um eine ausführlichere Pflegevisite (▶ Anhang 13b). Ergänzt werden können beide Formulare durch die ebenfalls dargestellte Checkliste zur Kontrolle der Pflegedokumentation (▶ Anhang 13c).

Bei Patienten, deren Pflegezustand sich deutlich verändert hat, beispielsweise nach einem Krankenhausaufenthalt, ist es immer sinnvoll, eine ausführlichere Pflegevisite durchzuführen.

> **Rechtliche Hinweise**
>
> Der Pflegeprozess spielt eine wichtige Rolle bei Nachweispflichten und Beweislastumkehr. Die Analyse von Prüfberichten des Medizinischen Dienstes der Krankenversicherung (MDK) macht deutlich, dass es für Pflegedienste ein großes Problem ist, den Pflegeprozess darzustellen. Je detaillierter und transparenter der Dienst einzelne Maßnahmen in Bezug auf Ziel- und Ist-Analyse formuliert, desto besser wird dem externen Betrachter deutlich, dass es sich um ein abgestimmtes Verfahren handelt, also eine Einheit von detaillierter Analyse des Ist-Zustandes und den daraus abgeleiteten Pflegezielen. Werden bestimmte Therapie- und Pflegeziele nicht erreicht, kann es zu haftungsrechtlichen Folgen kommen. Aufgrund von Pflegemängeln oder Pflegefehlern ist es wichtig nachzuweisen, an welcher Stelle des gesamten Pflegeprozesses ein Mangel oder ein Pflegefehlverhalten vorlag. Auch ist die Ausrichtung und die Darstellung des Pflegeprozesses für die Zukunft ein immer wichtigerer Beweisfaktor bei Streitfällen.
>
> Es musst feststellbar sein, wie der Fehler im Pflegeprozess, im Einzelfall eventuell fahrlässige Körperverletzung im strafrechtlichen Sinne, entstanden sein kann. Pflegeprozesse sind regelmäßig in Dienstberatungen und Fallbesprechungen auf Sinnhaftigkeit und Nachvollziehbarkeit zu überprüfen. Dem Mitarbeiter muss deutlich werden, mit welchen Formulierungen er kurz und knapp Tatsachen und Eindrücke beschreiben und damit den Gesamtprozess verdeutlichen kann. Es muss möglich sein, anhand der Darstellung des Pflegeprozesses eindeutig nachzuweisen, wie es z. B. zu einer geeigneten oder fehlerhaften Lagerung und damit im Resultat zu einer Versteifung des zu lagernden Körperteils kommen konnte. Insbesondere muss daraus hervorgehen, ob es sich um ein Versäumnis des Mitarbeiters, der Pflegeplanung oder der Verfahrensanweisung der Pflegedienstleitung handelt.
>
> Natürlich ist im Pflegeprozess auch der Datenschutz ein wichtiges Element.

# Entbürokratisierte Pflegeplanung

## 8.1    Pflegeplanung

Die Pflegeplanung ist ein entscheidender Faktor für die Struktur-, Prozess- und Ergebnisqualität in der ambulanten Pflege. Dennoch gibt es immer wieder Kritik am Sinn der Pflegeplanung, insbesondere durch Mitarbeiter, die häufig die Meinung vertreten, dass die Pflegeplanung sehr viel Zeit in Anspruch nimmt, die bei der Versorgung der Patienten verloren geht.

Aus diesem Grund wurden in den letzten Jahren immer wieder Maßnahmen zur Vereinfachung und Entbürokratisierung der Pflegeplanung ergriffen. Sozialministerien, das Bundesministerium für Familie, Senioren, Frauen und Jugend (BMFSFJ), Hersteller von Dokumentationssystemen und der Medizinische Dienst der Spitzenverbände der Krankenkassen haben entbürokratisierte Dokumentationssysteme entwickelt oder Vorgaben und Anforderungen an die Pflegeplanung und Dokumentation festgehalten.

In diesem Kapitel sollen nun folgende Fragen zur Pflegeplanung und zur Entbürokratisierung erläutert werden:

1. Welche Pflegemodelle werden häufig zur Erstellung der Planung verwendet?
2. Inwieweit kann die Pflegeplanung entbürokratisiert werden?
3. Welche Anforderungen an die Pflegeplanung sind aktuell zu beachten?

### 8.1.1    Pflegemodelle

Bereits 1859 formulierte Florence Nightingale ihre Erfahrungen und Ansichten der Pflege in ihrem Werk »Notes on Nursing: What it is, and what it is not«. Seitdem hat die Pflegeforschung eine Vielzahl von Pflegetheorien und Pflegemodellen hervorgebracht. Durch die Etablierung einer geplanten, systematischen und umfassen-

den Prozesspflege im Krankenpflegegesetz von 1985 ist die pflegetheoretische Entwicklung vorangeschritten, da die Ausbildungsziele dadurch gesichert wurden.

> It has been said and written scores of times, that every woman makes a good nurse. I believe, on the contrary, that the very elements of nursing are all but unknown. (Florence Nightingale, Notes on Nursing: What it is, and what it is not)

In diesem Kapitel werden nur die gängigsten Pflegemodelle besprochen, die in der ambulanten Pflege häufig verwendet werden. Eine ausführlichere Darstellung von Pflegetheorien und Pflegemodellen folgt in Kapitel 11 bei der Beschreibung des Pflegekonzepts (▶ Kap. 11).

Über viele Jahre waren die Pflegemodelle von Nancy Roper und Virginia Henderson, die von der Schweizerin Liliane Juchli für den deutschsprachigen Raum als ATL-Modell (Ak-

**▫ Abb. 8.1.** Florence Nightingale (1820-1910). In Deutschland wird seit 1967 an ihrem Geburtstag, dem 12.05., der »Tag der Krankenpflege« begangen.

tivitäten des täglichen Lebens) weiterentwickelt wurden, in Deutschland das einzige Pflegemodell, das verwendet wurde.

1984 entwickelte und 1993 veröffentlichte Prof. Monika Krohwinkel das AEDL-Strukturmodell, das 13 Aktivitäten und existentielle Erfahrungen des Lebens beschreibt. Dadurch wurde das ATL-Modell fast komplett verdrängt, nur wenige Pflegeeinrichtungen orientieren sich noch an diesem Pflegemodell. Bei der Erstellung der Pflegeplanung wird auch von den meisten Herstellern von Pflegedokumentationssystemen das AEDL-Modell zugrunde gelegt.

Eine Weiterentwicklung des Modells erfolgte im Juli 2007, die Neuerscheinung des Buchs zur »Fördernden Prozesspflege« von Monika Krohwinkel beschreibt nun 13 ABEDL's, wobei das B für Beziehungen steht.

> **Tipps**
>
> Alle Mitarbeiter eines ambulanten Pflegedienstes müssen wissen, nach welchem Pflegemodell in der Einrichtung gearbeitet wird, und mit dem Modell inhaltlich vertraut sein. Informationen über das gewählte Pflegemodell könnten deshalb Bestandteil der Einarbeitungsmappe sein.

Nach welchem Pflegemodell ein Pflegedienst arbeitet, liegt in seinem eigenen Ermessen. Die Anwendung eines Modells steht im Vordergrund, also nicht nur das Wissen darüber. Pflegedienste sind gut beraten, wenn sie mindestens 1-mal jährlich in Weiterbildungen oder Dienstberatungen auf die Inhalte und die Ausrichtung des zugrunde liegenden Pflegemodells hinweisen. Auch ist es sinnvoll, das Pflegemodell und seine Struktur innerhalb des Pflegedienstes deutlich sichtbar aufzuhängen, so dass es für jeden Mitarbeiter täglich sichtbar – und erinnerbar – ist. Bei Pflegevisiten, Fallbesprechungen etc. ist immer auf das Pflegemodell Bezug zu nehmen, so dass es sich bei den Mitarbeitern als wichtiger Bestandteil der täglichen Arbeit festigen kann.

## 8.1.2 Entbürokratisierung

In den letzten Jahren wurden vermehrt entbürokratisierte Dokumentationssysteme entwickelt. Ein bürokratisiertes System weist folgende Merkmale auf:

**Bürokratisiertes System:**

- Unübersichtliche Formulare
- Zu viele Formulare
- Doppeldokumentation auf verschiedenen Formularen
- Wiederkehrende Routineeintragungen
- Unlogische Formularschnittstellen

Um diese Probleme zu vermeiden, haben die Hersteller in Kooperation mit einigen Sozialministerien auch für die ambulante Pflege entbürokratisierte Systeme entwickelt.

> **Tipps**
>
> Musterdokumentationen und grundsätzliche Handlungsanweisungen zum Thema entbürokratisierte Pflegeplanung finden sich z. B. im Internetauftritt der Sozialministerien von Rheinland Pfalz, Bayern, Nordrhein Westfalen, Schleswig Holstein, Niedersachsen, der Sozialbehörde Hamburg für den stationären Bereich und beim Bundesministerium für Familie, Senioren, Frauen und Jugend (BMFSFJ). Die Entwicklung eines eigenen, entbürokratisierten Pflegedokumentationssystems ist zwar zeitaufwändig aber unter Umständen eine Alternative zum Bezug über einen Hersteller.

## 8.1.3 Anforderungen an die Pflegeplanung

### Rechtliche Anforderungen

Die Erarbeitung eines Pflegeplans für alle betreuten Patienten ist eine haftungsrechtliche und eine vertragsrechtliche Verpflichtung für alle Pflegeeinrichtungen. Darüber hinaus kommt der Pflegeplanung eine sicherungsrechtliche Funktion im Rahmen der Qualitätssicherung zu, die im Pflegequalitätssicherungsgesetz (PQSG) festgelegt ist.

> **!** Das Führen einer Pflegeplanung und einer Pflegedokumentation (▶ Kap. 9) ist eine Sorgfaltspflicht. Die Anforderungen an die Pflegeplanung werden somit durch mehrere Gesetze geregelt. Je detaillierter die Pflegeplanung die Ausgangssituation des Patienten beschreibt und Ziele formuliert, desto einfacher ist es im Haftungsfall nachzuweisen, ob die Maßnahmen dem Gesamtprozess der Pflegeplanung und der entsprechenden Situation gerecht geworden sind. Pflegeplanung und -dokumentation dienen somit sowohl dem Schutz der Pflegeeinrichtung als auch der Darstellung der geleisteten Arbeit.

Einfluss auf die Durchführung der Pflegeplanung haben auch viele andere Gesetze, etwa das Bundesdatenschutzgesetz, das Pflegeversicherungsgesetz (SGB XI), das Krankenversicherungsgesetz (SGB V), das Krankenpflegegesetz, das Altenpflegegesetz, die Heimgesetze und etliche andere Gesetze und Verordnungen.

An dieser Stelle wird deshalb eine Zusammenfassung der wichtigsten Anforderungen aufgeführt, die an eine individuelle, korrekte Pflegeplanung gestellt werden. Dadurch soll die Erstellung einer rechtssicheren Pflegeplanung erleichtert werden.

Im Sozialgesetzbuch XI werden in verschiedenen Paragraphen allgemeine Anforderungen an die Pflege und die Pflegeplanung beschrieben. Analog gelten diese Anforderungen auch bei Leistungen nach SGB V.

**§ 11 SGB XI Qualitätsanforderungen an die Durchführung der Pflege:**
- Human und aktivierend
- Entsprechend dem allgemein anerkannten Stand medizinisch-pflegerischer Erkenntnisse

- Möglichst selbstständig und selbstbestimmt
- In Würde

Voraussetzung für eine angemessene Pflege und Pflegeplanung ist somit die Berücksichtigung der Menschenwürde, der Lebensqualität und Zufriedenheit des Patienten, der Biografie und bisherigen Lebensgewohnheiten, der Erhaltung und Wiedergewinnung einer möglichst selbstständigen Lebensführung und der Möglichkeit zur Teilnahme am sozialen und kulturellen Leben.

> **!** Diese Forderungen und Voraussetzungen müssen auch in der Pflegeplanung erkennbar sein. Eine Pflegeplanung muss deshalb unter Berücksichtigung von individuellen Pflegezielen, Wünschen und Bedürfnissen und unter Einbeziehung von Ressourcen und Fähigkeiten des Patienten zur Aktivierung und zur sozialen und kulturellen Integration erstellt werden. Unerlässlich ist auch die kontinuierliche Aktualisierung der Planung (§ 80 SGB XI).

## Weitere Anforderungen

Neben den rechtlichen Anforderungen bei der Erstellung einer Pflegeplanung gibt es natürlich auch formale und inhaltliche Aspekte.

> **Tipps**
>
> Auch der Aufbewahrungsort und die Einsichtsrechte in die Pflegeplanung müssen festgelegt werden. Im Normalfall sollte die Pflegeplanung beim Pflegebedürftigen aufbewahrt werden, dieser hat auch das Recht, die Planung einzusehen. Nur in Ausnahmefällen, etwa bei dementen Patienten, kann die Pflegedokumentation in den Geschäftsräumen aufbewahrt werden. Die Aufbewahrung im Fahrzeug ist nicht zulässig, da ein Schutz vor dem Zugriff durch Dritte nicht gewährleistet werden kann.

Jegliche Dokumentationsarbeit unterliegt gewissen formalen Kriterien, die auch bei der

Formulierung einer Pflegeplanung berücksichtigt werden müssen. Neben datenschutzrechtlichen Aspekten sollen auch Vorgaben für die Dokumentation im Allgemeinen beachtet werden.

**Formale Vorgaben an die Dokumentation:**

- Eigenhändig erstellt
- Zeitnah
- Rückverfolgbar
- Mit dokumentenechtem Stift
- Korrekturen müssen kenntlich sein
- Keine Verwendung von Korrekturflüssigkeit oder Radiergummi
- Leserlich
- Übersichtlich
- Mit Datum und Unterschrift
- Bei Handzeichen mit aktueller Handzeichenliste
- Aufbewahrung: wird empfohlen für einen Zeitraum von fünf Jahren nach Ablauf des betreffenden Kalenderjahres
- Alle Schritte des Pflegeprozesses werden von einer Pflegefachkraft bearbeitet

Große Probleme bereitet vielen Mitarbeitern die Formulierung der Pflegeplanung. Gerade in der ambulanten Pflege, wo Mitarbeiter zusammentreffen, die verschiedenste Ausbildungsstätten besucht haben, sind die Pflegeplanungen oftmals uneinheitlich. Eine genaue Vorgabe ist deshalb für die Mitarbeiter sehr wichtig.

**Inhaltliche Vorgaben an die Dokumentation:**

- Neutral und wertfrei
- Auf Fakten basierend
- Sachlich begründet
- Aktuell
- Präzise
- Vollständig
- In knappen Sätzen, keine »Romane«

Zusammenfassend beinhaltet eine Dokumentationsvorgabe für die Pflegeplanung folgende Punkte:

**Dokumentationsvorgaben:**

1. Probleme müssen genau beschrieben und begründet sein
2. Ressourcen und Fähigkeiten müssen vollständig erwähnt sein
3. Individuelle Vorlieben und Wünsche müssen vorhanden sein
4. Ziele müssen realistisch, erreichbar und messbar sein (▶ Kap. 7)
5. Maßnahmen müssen genau und umfassend beschrieben sein:
   - Wie wird die Maßnahme durchgeführt?
   - Wer führt die Maßnahme durch?
   - Wie viele Personen führen die Maßnahmen durch?
   - Welches Material wird benötigt?
   - Wie oft wird die Maßnahme durchgeführt?

## 8.2   Informationssammlung

Grundvoraussetzung für eine entbürokratisierte Pflegeplanung unter Berücksichtigung des Pflegeprozesses ist eine umfassende und ausführliche Informationssammlung. Um den Ist-Zustand des Patienten zu erheben, sollten Informationen über Pflegeprobleme, Pflegebedürfnisse, Fähigkeiten, Ressourcen, Risiken, biografische Aspekte und individuelle Vorlieben detailliert festgehalten werden.

Auch für die Einstufung des Patienten oder eine eventuelle Höherstufung ist es unerlässlich, dass Informationen über den aktuellen Pflegezustand vorhanden sind. Diese begründen die Notwendigkeit der geplanten und durchgeführten Pflegemaßnahmen.

Dieser Abschnitt beschäftigt sich aus diesem Grund ausführlich mit der Frage:

1. Welche Informationen müssen bei der Erhebung des Ist-Zustands erfasst werden?
2. Welche Handlungsstrategien gibt es zur Informationssammlung?

### 8.2.1 Inhalte der Informationssammlung

In der Informationssammlung werden systematisch Probleme, Ressourcen, Selbstpflegekompetenzen, Wünsche und Vorlieben des Patienten erfasst. Üblicherweise wird der größte Teil dieser Daten im Erstgespräch erhoben und in den ersten Tagen der Pflegebeziehung ergänzt. Damit ist die Informationssammlung jedoch nicht abgeschlossen.

> ❶ Im Rahmen der Evaluation, bei der der Pflegeprozess wieder neu angestoßen wird, muss auch eine Aktualisierung der Informationssammlung stattfinden. Diese Veränderungen müssen mit Datum und Handzeichen versehen werden und können farblich oder durch Symbole kenntlich gemacht werden.

Eine individuelle Pflegeplanung kann nur dann erstellt werden, wenn die Informationssammlung tatsächlich komplett und ausführlich erfolgt.

**Inhalte der Informationssammlung:**
- Stammdaten
- Pflegeanamnese
- Biografie
- Risikoassessment
- Notfallmanagement

### Stammblatt

Je nach Hersteller beinhalten die Stammdatenblätter unterschiedliche Angaben. Sinnvoll ist es jedoch, möglichst alle wichtigen Daten auf einen Blick zur Verfügung zu haben. Deshalb sollten alle wichtigen Informationen auf dem Stammdatenblatt vorhanden sein.

**Erforderliche Stammdaten:**
- Personalien (Vorname, Name, Geburtsname und -datum)
- Versicherungsdaten, Kostenübernahme, Pflegestufe
- Beginn der Leistungserbringung
- Medizinische Diagnosen, Allergien
- Behandelnder Hausarzt, Fachärzte
- Ggf. Medikamente
- Größe, Gewicht, BMI
- Kostform, Diät, Flüssigkeitsbedarf
- Besonderheiten, z. B. Herzschrittmacher, Marcumar etc.
- Betreuer, Adresse des Betreuers, Betreuungsbereich, Dauer der Betreuung (▶ Kap. 6.1)
- Vollmachten (Wer ist im Notfall entscheidungsbefugt?)
- Patientenverfügung (▶ Kap. 6.3)
- Regelung zu freiheitsentziehenden Maßnahmen (▶ Kap. 6.4)
- Hilfsmittelversorgung
- Stationäre Aufenthalte

Informationen für den Notfall können auf dem Stammdatenblatt oder auf einem gesonderten Notfallformular festgehalten werden.

### Pflegeanamnese und Biografie

Die Erhebung der Pflegeanamnese orientiert sich an dem ausgewählten Pflegemodell. In den meisten ambulanten Pflegediensten ist dies das Modell von Prof. Monika Krohwinkel. Es bleibt jedoch jedem Pflegedienst selbst überlassen, nach welchem Pflegemodell er arbeiten möchte.

> ❶ In der Pflegeanamnese sollten grundsätzlich alle Items des Pflegemodells, also beispielsweise alle ATL's oder alle AEDL's, bearbeitet werden. Ist der Patient in einem Bereich selbstständig oder wird die Unterstützung auf diesem Gebiet durch Angehörige übernommen, muss dies eindeutig aus der Pflegeanamnese hervorgehen.

Wünschenswert ist es, wenn die Pflegeanamnese möglichst viele individuelle Informationen beinhaltet, da der Umgang mit dem Patienten dadurch erleichtert wird, insbesondere dann, wenn es sich um einen dementen Menschen handelt.

In jedem Fall muss aus den Angaben in der Pflegeanamnese deutlich werden, welche Fähigkeiten der Patient besitzt und welche Tätigkeiten er noch alleine ausführen kann bzw. in welchen Bereichen Unterstützung notwendig ist.

> **Tipps**
>
> Auf dem Markt werden verschiedene Pflegeanamneseformulare angeboten, die zum Teil sehr knapp sind, etwa Ankreuzformulare, und andere, die sich über mehrere Seiten erstrecken. Das gewählte Formular sollte umfassend und übersichtlich sein und kann ein Ankreuzverfahren mit Freitext kombinieren. Dadurch können häufige Punkte schnell erfasst werden, es besteht jedoch trotzdem die Möglichkeit, individuelle Besonderheiten zu ergänzen. Gerade bei Höherstufungsanträgen ist es sinnvoll, dass bereits aus der Anamnese hervorgeht, warum der Patient Unterstützung benötigt.

Eine beispielhafte Pflegeanamnese wurde in Kapitel 6 (► Kap. 6.9) im Zusammenhang mit dem Thema Verwahrlosung dargestellt. In der Übersicht werden biografische Aspekte ergänzt, die als Hilfestellung bei der Erhebung der Biografie dienen (◘ Abb. 8.2).

> **Tödliche Gastfreundschaft**
>
> In der Umgebung der Hauptstadt des Staates Lu ließ sich einmal ein Storch nieder. Der Sultan von Lu eilte sofort herbei, um den Storch zu begrüßen und ihm zu Ehren ein Fest zu veranstalten. Musik ertönte, großartige Opfer wurden dargebracht, aber der Vogel saß da wie betäubt. Ganz elend schaute er und mochte weder einen Bissen Fleisch noch einen Schluck Wein. Nach drei Tagen war der tot. Der Sultan von Lu hatte seinem Gast angeboten, was er selbst liebte, aber er hatte nicht daran gedacht, was ein Storch mag.

**Biografische Aspekte:**
- Wohnort
- Sprache, Dialekt
- Kindheit, Familie (Eltern, Geschwister)
- Prägende Ereignisse wie Schicksalsschläge, Krieg, Gefangenschaft, Verwundung etc.
- Traditionen, Weltanschauung
- Ausbildung, Berufstätigkeit
- Ehe, Familie, Kinder, Bezugspersonen
- Hobbys, Vorlieben, Beschäftigung
- Abneigungen, Ängste
- Rituale, Gewohnheiten

Möchte der Patient keine Angaben zu seiner Biografie machen, so muss diese Tatsache ebenfalls dokumentiert werden. Natürlich steht es jedem Patienten frei, was er über sich selbst preisgeben möchte. In der Pflegeplanung muss jedoch erkennbar sein, dass Bemühungen zur Datenerhebung stattfanden.

## Risikomanagement

In fast allen ambulanten Pflegediensten wird mittlerweile das Dekubitusrisiko bestimmt und regelmäßig aktualisiert. Zu einem umfassenden Risikomanagement gehört jedoch die Feststellung aller Risiken, die den Patienten gefährden können.

> ❗ Ein wichtiger Faktor ist beispielsweise das Risiko der Mangelernährung. Schon im Erstgespräch sollten deshalb die Größe, das Gewicht und der BMI bestimmt werden. Auch diese Werte müssen in regelmäßigen Abständen überprüft werden. Bei immobilen Patienten kann ersatzweise zumindest der Taillen- oder Oberschenkelumfang gemessen werden. Das Messen des Handgelenks wird ebenfalls von einigen ambulanten Diensten praktiziert, ist jedoch nicht sinnvoll, da Gewichtsveränderungen am Handgelenk nicht rechtzeitig erkennbar sind.

Je nach Pflegezustand gehören zu einem umfassenden Risikoassessment weitere Faktoren.

**Risikoassessment:**
- Dekubitusrisiko
- Sturzrisiko
- Thromboserisiko
- Pneumonierisiko
- Kontrakturenrisiko
- Gefahr von Munderkrankungen, z. B. Soor
- Gefährdung durch unzureichende Flüssigkeitszufuhr
- Inkontinenzrisiko
- Schmerzempfinden
- Gefahr der Mangelernährung
- Gefahr der Deprivation

Einige Anbieter von Dokumentationssystemen haben umfassende Formulare für das Risikoassessment entwickelt. Es reicht jedoch aus, nur die Bereiche zu aktualisieren, bei denen wirklich ein Risiko vorliegt. Für die meisten der oben genannten Risikobereiche existieren mittlerweile Risikoskalen, so dass ein Zahlenwert erfasst wird, der dann bei der Evaluation aktualisiert und mit den Vorbefunden verglichen werden kann.

Ambulante Pflegedienste stehen meist in dem Spannungsfeld zwischen dem Anspruch ganzheitlicher Pflege einerseits und sektoraler Pflegeaufträge andererseits, seien sie durch den behandelnden Arzt, das SGB XI, den Patienten oder seine Angehörigen erteilt. Genau dieses Spannungsfeld spiegelt sich im Bereich des Risikomanagements und damit auch in den Prophylaxen wider.

Da der Pflegedienst nicht alle innerhalb des Haushalts oder am Patienten erfolgten Tätigkeiten durchführt, kann er selbstverständlich auch nicht für alle auftretenden Fehler in Haftung genommen werden. Entscheidend ist aber, dass der Pflegedienst seine Aufklärungspflicht über mögliche Gefährdungen des Patienten wahrnimmt und schon beim Erstbesuch auf diese hinweisen sollte (▶ Kap. 5.1). Insbesondere bei Sturzrisiken, Mangelernährung oder Dekubitus-

risiken hat der Pflegedienst eine Beratungs- und Aufklärungspflicht. Diese sollte lückenlos dokumentiert werden und von den handelnden Akteuren gegengezeichnet sein. Hat der Pflegedienst zwar auf ein Risiko hingewiesen, das aber vom Patienten bzw. den Angehörigen nicht beachtet wurde, muss der Pflegedienst auch zu seinem eigenen Schutz den Kostenträger und den behandelnden Arzt informieren.

### Dekubitusrisiko

Für das Dekubitusrisiko gibt es mittlerweile eine Vielzahl von Risikoskalen, die mehr oder weniger gut für die jeweiligen Klienten geeignet sind. Im deutschsprachigen Raum hat sich vor allem die Risikoerhebung nach der Braden-Skala etabliert.

**Weitere Dekubitusrisikoskalen:**
- Norton-Skala
- Modifizierte Norton-Skala (nach Bienstein)
- Medley-Skala
- Waterlow-Skala

Die Norton-Skala war bis vor einigen Jahren die bekannteste in Deutschland verwendete Skala, es wird jedoch häufig ein falsch negatives Ergebnis erzielt, vor allen bei geriatrischen Patienten. Durch die Modifikation der Skala wird zwar ein größeres Spektrum potenziell gefährdeter Patienten erfasst, diese Skala ist jedoch wissenschaftlich nur oberflächlich erprobt.

Eine bessere Validität erreicht die Braden-Skala, in der auch die Kriterien »Reibung und Scherkräfte« berücksichtigt werden und somit auch das sensorische Empfindungsvermögen. Die Medley-Skala ist in Deutschland noch wenig bekannt, sie erfasst jedoch mehr gefährdete Patienten als die Norton-Skala. Die Waterlow-Skala ist ebenfalls noch wenig verbreitet und besonders geeignet für den operativen Bereich der Akutkrankenhäuser.

> Unabhängig davon, welche Skala verwendet wird, ist es unerlässlich, dass immer die gleiche Skala zum Einsatz kommt, damit die

Ergebnisse miteinander verglichen werden können. Erst dadurch wird der Verlauf des Dekubitusrisikos erkennbar.

Das Deutsche Netzwerk für Qualitätsentwicklung in der Pflege (DNQP) hat im Expertenstandard »Dekubitusprophylaxe« intensive Literaturrecherchen und wissenschaftliche Erhebungen zu diesem Thema vorgelegt (▶ Kap. 10).

### Sturzrisiko

Auch für die Erhebung des Sturzrisikos stehen verschiedene Skalen oder Tests zur Verfügung. Die bekanntesten Instrumente sind die Sturzrisikoskala nach Siegfried Huhn, Timed »Up & Go«, der Mobilitätstest nach TINETTI, die Sturzrisikoskala nach Runge, die GRIGO-Sturzrisikoskala und die Care-Card™.

> **!** Bei der Erhebung des Sturzrisikos ist es ebenfalls unerlässlich, dass eine regelmäßige Überprüfung erfolgt, um einen Verlauf deutlich zu machen.

Das Deutsche Netzwerk für Qualitätsentwicklung in der Pflege (DNQP) hat im Expertenstandard »Sturzprophylaxe« detaillierte Vorgaben zur Sturzrisikoerhebung bereitgestellt (▶ Kap. 10).

### Weitere Risiken

Im Gegensatz zu dem Dekubitus- und Sturzrisiko wurden bisher zum Thrombose-, Kontrakturen- und Pneumonierisiko sowie zum Risiko einer Munderkrankung kaum Messinstrumente eingesetzt. In Deutschland werden bisher nur die Risikoskalen nach RiP® (Risikopotentialanalyse) verwendet, die von Karla Kämmer entwickelt wurden.

Für die Einschätzung des Thromboserisikos steht außerdem die Skala von Dipl. Med. Päd. Peter Kümpel zur Verfügung, die sich an das Thrombosis Risk Factor Assessment von Dr. Joseph A. Caprini anlehnt, das Anfang der 1990er Jahre in den USA entstand und vor allem im stationären Bereich eingesetzt wird.

> **Tipps**
>
> Risikoskalen haben sich in diesen Bereichen noch nicht durchgesetzt, wichtig ist jedoch die Berücksichtigung möglicher Risiken nach Einschätzung durch eine Pflegefachkraft und die Erwähnung entsprechender Prophylaxen in der Pflegeplanung. Dabei ist jedoch zu beachten, dass die geplanten Prophylaxen auch in den Leistungsnachweisen nachvollziehbar sein müssen. Wird beispielsweise eine Gefährdung im Bereich der Ernährung oder Flüssigkeitsversorgung erkannt und entsprechende prophylaktische Maßnahmen geplant, müssen auch Aufzeichnungen, etwa in Form eines Einfuhr- oder Ernährungsprotokolls, vorhanden sein. Besteht das Risiko nicht mehr, wird dies bei der nächsten Evaluation angepasst.

Die Gefahr einer Mangelernährung, die Gefahr der Dehydration, das Schmerzrisiko und die Gefahr der Inkontinenz sollen durch die Fachkompetenz der Pflegekraft eingeschätzt und dokumentiert werden. Indikatoren sind beispielsweise Veränderung von Konfektionsgröße, Gewichtsverlauf und BMI sowie das Ernährungsprotokoll, Trinkprotokoll, Vitalwerte, Bilanzierung oder Miktionsprotokolle, Kontrolle der Gelenkbeweglichkeit, Schmerzmedikation und Beachtung der medizinischen Diagnosen. Schmerzrisikoskalen stehen auch für demente Patienten zur Verfügung.

Wird eine Gefährdung festgestellt, kann diese durch weitere Erhebungen, etwa das Mini Nutrition Assessment (MNA), das Nutrition Risk Assessment (NRA) oder die Ernährungs-Risiko-Skala nach Lewis genauer überprüft werden. Diese Tests können teilweise auch im Internet durchgeführt werden. Außerdem existieren verschiedene Formeln zur Berechnung des Flüssigkeitsbedarfs, die in der Grundsatzstellungnahme »Ernährung« des Medizinischen Dienstes des Spitzenverbandes Bund der Krankenkassen (MDS) veröffentlicht wurden.

Die Gefahr der Deprivation oder der Verhaltensauffälligkeit im Rahmen einer Demenz kann durch verschiedene Tests überprüft werden. Bekannte aber noch wenig genutzte Möglichkeiten sind das Cohen-Mansfield-Agitation-Inventory (CMAI), der Mini Mental State (MMS) und der Dem-Tect. Ausgewählte Assessment-Instrumente werden in den Anhängen 15 dargestellt, dabei handelt es sich jedoch lediglich um einen Ausschnitt des Risikomanagements.

Teil des Risikomanagements ist die Einleitung prophylaktischer Maßnahmen.

## Prophylaxen

Prophylaxen sind ein wesentliches Merkmal pflegerischer Tätigkeit. Pflegedienste sollten den Patienten auf die notwendigen prophylaktischen Maßnahmen hinweisen und die Durchführung einfordern. Dies dient nicht nur dem Schutz des Patienten vor weiteren Schäden, sondern auch der Entlastung gegenüber evtl. erhobenen Schadenersatzansprüchen durch den Patienten, falls ein Schaden eintreten sollte. Anders als in der stationären Pflege besteht die pflegerische Versorgung im ambulanten Bereich aus entweder einzeln verordneten oder vom Patienten erteilten grundpflegerischen Leistungen. Auf dieser Grundlage erhält die Diskussion um Prophylaxen im Bereich der häuslichen Pflege zunehmend an Bedeutung.

In der Richtlinie des Bundesausschusses der Ärzte und Krankenkassen über die Verordnung Häuslicher Krankenpflege (SGB V § 92, Absatz 1, Satz 2 Nummer 6 und Absatz 7 SGB V heißt es:

»(…) pflegerische Prophylaxen, Lagern und Hilfen bei der Mobilität sind Bestandteil der verordneten Leistungen in dem Umfang, wie sie zur Wirksamkeit der verordneten Leistungen notwendig sind, auch wenn die Häufigkeit, in der sie nach Maßgabe der individuellen Pflegesituation erbracht werden müssen, von der Frequenz der verordneten Pflegeleistungen abweichen. Die allgemeine Krankenbeobachtung ist Bestandteil jeder einzelnen Leistung der Häuslichen Krankenpflege und von daher nicht gesondert verordnungsfähig«.

> **Beispiel**
> Der Hausarzt verordnet Herrn Meier einmal täglich Insulininjektionen. Der Patient ist bettlägerig und wird von seiner Familie im Bereich der Grundpflege etc. versorgt. Sieht der Pflegedienst die Notwendigkeit von prophylaktischen Maßnahmen, wie Dekubitus- oder Thromboseprophylaxe, so ist er verpflichtet, diese innerhalb der vom Arzt verordneten und von den Kassen bewilligten Leistungen zu erbringen. Diese zusätzlichen Leistungen wären also mit der verordneten Insulingabe abgegolten.

**Tipps**

Stellt der Pflegedienst beispielsweise die Notwendigkeit von prophylaktischen Maßnahmen fest, sollte er diese dem Arzt bzw. der Krankenkasse melden oder sich von den Angehörigen schriftlich bescheinigen lassen, dass diese die notwendigen prophylaktischen Maßnahmen durchführen.
Direkte und unmittelbare Bindungswirkung haben die Richtlinien des Bundesausschusses nach § 92, Absatz 7 SGB V nur auf Ärzte und Krankenkassen. Mittelbare Wirkung auf die Pflegedienste besteht nur dann, wenn ein entsprechender Rahmenvertrag auf Landesebene auf Grundlage der Richtlinie abgeschlossen wurde. Dieser Rahmenvertrag ist für den Pflegedienst bindend, daher ist es sinnvoll, zu prüfen, welche Formulierung in dem für den Pflegedienst geltenden Rahmenvertrag auf der Grundlage von § 132 und 132a gewählt wurde.

## Notfallmanagement

Es ist von Vorteil, Informationen für das Verhalten im Notfall auf einem speziellen Formular zu dokumentieren, da es für den Mitarbeiter vor Ort dann einfacher ist, diese wichtigen Informationen in kürzester Zeit abzurufen.

Angaben, die auf einem Notfallblatt vorhanden sein sollten, sind wichtige Telefonnummern von Notarzt, Rettungsdienst und Feuerwehr aber auch die aktuellen Telefonnummern der Angehörigen und des Hausarztes.

Sofern eine Betreuung, eine Vollmacht oder eine Patientenverfügung vorhanden ist, sollte dies auch auf dem Notfallformular eingetragen werden. Auch Wünsche des Patienten bezüglich eines möglichen stationären Aufenthaltes gehören auf das Notfallblatt. Ein Beispiel für ein Notfallblatt findet sich auch im Zusammenhang mit der unterlassenen Hilfeleistung (▶ Kap. 6.7, ▶ Anhang 11).

## 8.2.2 Handlungsstrategien zur Informationssammlung

Selbstverständlich sind die Formulare zur Erhebung der Stammdaten und der Pflegeanamnese gleichzeitig ein Leitfaden für das Informationsgespräch. Es ist jedoch sehr schwierig, schon beim ersten Kontakt persönliche Auffassungen und Meinungen des zukünftigen Patienten zu erkennen.

Um dies zu erleichtern, werden an dieser Stelle Fragen aufgeführt, die einen individuellen Zugang zum Patienten ermöglichen, so dass auch schwierigere Fragen, etwa zur AEDL »Mit existentiellen Erfahrungen des Lebens umgehen«, beantwortet werden können.

**Fragen im Informationsgespräch:**
1. Wie empfinden Sie die neue Situation?
2. Welches Problem belastet Sie am meisten?
3. Beeinflusst dies Ihren Alltag?
4. Wenn ja, in welcher Form?
5. Wie kommen Ihre Angehörigen damit zurecht?
6. Haben Sie Vorschläge und Wünsche?
7. Haben Sie Ängste und Sorgen?
8. Waren Sie schon in einer ähnlichen Situation?
9. Welche Aktivitäten vermissen Sie am meisten?
10. Haben Sie eine Vertrauensperson?
11. Was erwarten Sie von einem ambulanten Pflegedienst?
12. Welche Themen wurden noch nicht besprochen, welche Fragen sind noch offen?

Je nach Offenheit und kognitiver Fähigkeit des Patienten können diese Fragen detailliert beantwortet werden und zur Entwicklung einer intensiven Beziehung zwischen Patient, Pflegekraft, Vertrauensperson und Angehörigen beitragen.

> **Tipps**
> Einige Autoren schlagen vor, den Pflegeprozess rückwärts zu durchlaufen, dabei wäre die Informationssammlung dann der letzte Schritt. Dieser Vorschlag führt den Sinn der Pflegeplanung ad absurdum, da im Endeffekt nur Informationen zur Kenntnis genommen werden, die auch Pflegeprobleme verursachen oder zu denen bereits Maßnahmen geplant sind. Dadurch läuft man jedoch Gefahr, wichtige Informationen zu übersehen.
> Oft hört man auch, dass es nicht erlaubt sei, die Pflegeanamnese nachträglich zu verändern. Natürlich müssen Änderungen durch die Verwendung einer anderen Farbe oder durch Symbole mit Datum und Handzeichen kenntlich gemacht werden. Bei größeren Veränderungen des Pflegezustands ist es bei Bedarf auch notwendig, eine komplett neue Pflegeanamnese zu erstellen. Geschieht dies nicht, kann der Pflegeprozess ebenfalls nicht neu beginnen.

## 8.3 Probleme und Ressourcen

Die Identifizierung von Pflegeproblemen ist ein entscheidender Faktor für die Qualität der Pflegeplanung. Dabei ist zu berücksichtigen, welche Relevanz das Problem für den Patienten hat. Noch entscheidender ist die Beachtung der noch vorhandenen Fähigkeiten und Ressourcen des Betroffenen.

Dieses Kapitel beschäftigt sich speziell mit folgenden Fragen:
1. Wie können Pflegeprobleme sinnvoll identifiziert werden?
2. Welche Rolle spielen Fähigkeiten und Ressourcen des Patienten?

### 8.3.1 Pflegeprobleme

Auf den ersten Blick erscheint die Identifikation von Pflegeproblemen anhand der Informationen, die aus der Pflegeanamnese gewonnen werden, recht einfach und selbstverständlich. Der entscheidende Faktor bei der Bewertung von Pflegeproblemen ist jedoch die Relevanz des Problems für den Patienten oder für seine Bezugspersonen. Nicht jedes Problem, das im Rahmen der Informationssammlung festgestellt wird, stellt für den Patienten im alltäglichen Leben ein Problem dar.

Gelegentlich handelt es sich um Faktoren, die schon lange Zeit bestehen und die für den Patienten überhaupt keine Bedeutung haben. Insbesondere Probleme im Zusammenhang mit der Körperpflege oder der Ernährung und Flüssigkeitsaufnahme werden von einer Pflegefachkraft oftmals ganz anders bewertet als vom Patienten.

> **Tipps**
>
> Pflegeprobleme sollten nach Möglichkeit gemeinsam mit dem Patienten oder seinen Angehörigen identifiziert werden und deren Wertigkeit mithilfe einer Prioritätenliste festgelegt werden.

Sobald eine Prioritätenliste für Pflegeprobleme im Einvernehmen mit Patient und Angehörigen erstellt wurde, werden für die Probleme mit der höchsten Priorität Ziele bestimmt und Maßnahmen geplant. Wenn ein Fernziel erreicht wurde, kann das nächste wichtige Problem der Liste abgearbeitet werden.

> **Tipps**
>
> Diese Form der Pflegearbeit ist nicht problemorientiert sondern zielgerichtet.

Wird ein Ziel nicht erreicht, kann dies unter Umständen auch an der Tatsache liegen, dass der Patient diesen Aspekt seines Alltags nicht als Problem empfindet.

Der MDS empfiehlt in seiner Grundsatzstellungnahme »Pflegeprozess und Dokumentation« die Formulierung von Pflegeproblemen im PESR-Format. Dabei steht:
- P für engl. problem (Problem)
- E für etiology (Einflussfaktoren)
- S für symptom (Symptome) und
- R für ressource (Ressource).

Die Problemformulierung orientiert sich also an vier Elementen.

**PESR-Format:**
1. Was hat der Pflegebedürftige?
2. Warum hat er es?
3. Wie zeigt es sich?
4. Welche Fähigkeiten, Potentiale hat der Pflegebedürftige?

Weitere Fragestellungen bei der Beschreibung von Pflegeproblemen, die Qualität, Quantität, Art der Beeinträchtigung, Ursachen des Problems, Zusammenhänge und Einflussfaktoren, Ausdruck des Problems und Fähigkeiten des Betroffenen beschreiben, werden bei jedem Pflegeproblemen ergänzt.

> **!** Ziel ist die informative, übersichtliche und individuelle Kurzbeschreibung der Bereiche in der Pflegesituation, die für die Bewältigung des Alltags unter Berücksichtigung der Unabhängigkeit und des Wohlbefindens des Patienten von Bedeutung sind.

Bewertet man die Qualität der Pflegeplanung, etwa im Rahmen der Evaluation, ist es immer förderlich, zu erheben, wie viele Probleme identifiziert wurden. Die Probleme, Bedürfnisse, Fähigkeiten und Ressourcen des Patienten müssen so präzise formuliert sein, dass daraus Ziele und Maßnahmen abgeleitet werden können. Auch die ihm Risikoassessment erhobenen Gefährdungen stellen ein Problem dar und müssen deshalb in die Problemformulierung aufgenommen werden.

### 8.3.2 Ressourcen

Bei der herkömmlichen Variante der Pflegeplanung werden von den meisten Mitarbeitern in der Pflege Pflegeprobleme anhand der körperlichen Einschränkungen des Patienten direkt wahrgenommen. Umso schwieriger erscheint die Identifizierung von Fähigkeiten, die der Patient noch besitzt und die im Rahmen seiner Pflegebedürftigkeit wichtige Ressourcen für die Aktivierung darstellen.

> Selbstverständliche und alltägliche Fähigkeiten können für den Patienten in der Wahrnehmung seiner Abhängigkeit schon eine Ressource bedeuten. Die Aufgabe der Pflegefachkraft in diesem Zusammenhang ist das Aufspüren von wichtigen Ressourcen und die Einbindung dieser Fähigkeiten in ihre Tätigkeit, um dadurch eine größtmögliche Selbstbestimmung und Selbstständigkeit zu erlangen, wiederherzustellen und zu erhalten.

## 8.4 Pflegediagnosen

Die Pflegediagnostik ist ein Bestandteil des Pflegeprozesses und unterscheidet sich dadurch komplett von der ärztlichen Diagnostik. Für die Mitarbeiter in der Pflege ist es allerdings häufig noch sehr schwierig, den Unterschied zwischen Diagnose und Pflegediagnose zu definieren.

Sinn der Pflegediagnosen ist die kurze und prägnante Beschreibung von pflegebegründenden Aspekten, die sowohl körperliche als auch psychische und soziale Komponenten beinhalten und die im Sinne einer eigenen Fachsprache typische Pflegephänomene international einheitlich definieren und benennen. Deshalb werden Pflegediagnosen auch pflegebegründende Diagnosen genannt.

In der deutschen Pflegelandschaft hat sich die Verwendung von Pflegediagnosen nur langsam verbreitet. In anderen Ländern, insbesondere in den USA aber auch in der Schweiz, werden Pflegediagnosen schon seit einigen Jahren genutzt.

Für den deutschsprachigen Raum gibt es bisher noch keine anerkannte, einheitliche Klassifikation von Pflegediagnosen. Eine deutsche Übersetzung der NANDA-Taxonomie (North American Nursing Diagnosis Association) liegt zwar vor, hat sich bisher jedoch noch nicht durchgesetzt. Auch die deutschsprachigen Berufsverbände des Weltbundes der beruflich Pflegenden (ICN International Council of Nurses) haben eine Internationale Klassifikation für die Pflegepraxis erarbeitet.

### 8.4.1 Bedeutung der Pflegediagnosen

Die Bedeutung der Pflegediagnostik hat für eine aktuelle Pflegedokumentation auch durch die Einführung der DRG's (Diagnostic Related Groups, diagnosebezogene Fallgruppen) zugenommen. Gerade die Abrechnung von pflegerischen Leistungen soll durch die Entwicklung von Pflegediagnosen erleichtert werden. Ein weiteres Ziel ist die Nutzung von Pflegediagnosen als einheitliche, internationale Fachsprache.

In der alltäglichen Pflegeplanungen und Leistungserbringung in Deutschland haben Pflegediagnosen bisher noch keine gravierende

Bedeutung erlangt, in anderen Ländern wird bereits seit einigen Jahren mit diesem System gearbeitet. Ursächlich hierfür sind das Fehlen von einheitlichen Regelungen und die Tatsache, dass Pflegediagnostik noch nicht lange an den Kranken- und Gesundheitspflege- sowie Altenpflegeschulen unterrichtet wird.

**Man unterscheidet verschiedene Formen von Pflegediagnosen:**
- Aktuelle Pflegediagnosen
- Risiko- oder Gefährdungspflegediagnosen
- Syndrompflegediagnosen
- »Wellness«-Pflegediagnosen

Viele Pflegekräfte hatten während ihrer Ausbildung keinen Kontakt zu diesem Thema und tun sich deshalb schwer, den Unterschied zwischen einer Pflegediagnose und einer ärztlichen Diagnose klar zu definieren. Erleichtert wird dies durch die Bezeichnung pflegebegründende Diagnose. Dabei handelt es sich um ein Symptom, eine Situation, eine Einschränkung oder ein Syndrom, welche die Notwendigkeit einer pflegerischen Intervention verursachen.

> **Beispiel**
> Herr Richter wurde nach einem Schlaganfall mit einer Hemiparese und einer Harninkontinenz aus dem Krankenhaus entlassen. Die ärztlichen Diagnosen werden auf das Stammblatt übertragen, die Formulierung von Pflegediagnosen bzw. pflegebegründenden Diagnosen erscheint jedoch schwierig. Die Einschränkung der Mobilität und die Beeinträchtigungen der Kontinenz als Symptome und Situationen, die Herrn Richter beeinträchtigen, werden von den Pflegekräften zwar wahrgenommen, eine prägnante Pflegediagnose fällt jedoch den meisten Pflegekräften schwer. Die ärztliche Diagnose Inkontinenz und Hemiparese nach Apoplex sind eindeutig, die Auswirkungen auf den Pflegebedarf wären die Einschränkung der

Mobilität und die Beeinträchtigung der Harninkontinenz. Je nach Taxonomie werden diese Symptome unterschiedlich bezeichnet.

## 8.5 Pflegeziele

Viele Mitarbeiter in der Pflege haben Probleme, individuelle und realistische Pflegeziele zu formulieren. Meist findet man in Pflegeplanungen ganz allgemeine Aussagen zum Pflegeziel, etwa Begriffe wie Wohlbefinden, intakte Haut oder guter Ernährungszustand. Dabei wird oftmals vergessen, dass Ziele, die derart festgelegt werden, möglicherweise niemals erreicht werden können. Die Pflege als solches und die Überprüfung der Pflegeplanung in der Evaluation müssten dann als deprimierend und sinnlos empfunden werden.

In diesem Kapitel wird deswegen die folgende Fragestellung beantwortet:

1. Wie können Pflegeziele individuell und realistisch formuliert werden?

### 8.5.1 Festlegung von Pflegezielen

Eine der schwierigsten Aufgaben in der Pflegeplanung ist die Formulierung von Pflegezielen. Fast immer findet man sehr allgemein formulierte Pflegeziele, die keinerlei Funktion besitzen, insbesondere dann, wenn sie gar nicht erreicht werden können.

> **Beispiel**
> In der bisher praktizierten Form der Pflegeplanung findet man üblicherweise folgende Formulierungen:
> - Wohlbefinden
> - Sauberkeit
> - Intakte Haut
> - Vermeidung von Folgeschäden
> - Erhaltung der Selbstständigkeit

Bei der Überprüfung dieser Ziele im Rahmen der Evaluation ist es dann kaum möglich zu beurteilen, ob das Ziel erreicht wurde.

Im Zusammenhang mit dem Thema Zielvereinbarung (▶ Kap. 2.5) wurde bereits die SMART-Regel beschrieben. Alternativ kann auch die RUMBA-Regel verwendet werden.

**RUMBA-Regel:**
- **R** für engl. relevant (von Bedeutung)
- **U** für understandable (allgemein verständlich)
- **M** für measurable (messbar)
- **B** für behavioural oriented (an Normen orientiert)
- **A** für achievable (erreichbar)

Beide Regeln beinhalten das Kriterium der Messbarkeit, was am einfachsten durch die Festlegung von angestrebten Zahlenwerten im Pflegeziel möglich ist. So kann etwa ein angestrebtes Gewicht, eine Mindesteinfuhrmenge, eine Kalorienzufuhr und ähnliche Ziele konkret geplant und exakt evaluiert werden.

Die übrigen Kriterien der RUMBA-Regel sind nachvollziehbar. Dass sich die Pflege an Werten und Normen orientiert, ist selbstverständlich. Die Relevanz der Probleme, die Verständlichkeit und die Erreichbarkeit der Ziele sind ebenfalls für jede Pflegekraft Grundvoraussetzung ihrer Tätigkeit.

> **Tipps**
>
> Beispiele für Pflegeprobleme, Ressourcen und Pflegeziele befinden sich in Auszügen einer Pflegeplanung am Ende dieses Kapitels.

## 8.6 Pflegemaßnahmen

Im nächsten Schritt des Pflegeprozesses werden nun die Pflegemaßnahmen beschrieben. Dies bereitet normalerweise die wenigsten Probleme, ist allerdings sehr zeitaufwändig, da in der bisherigen Form der Pflegeplanung zu jedem Pflegeproblem eine Maßnahme formuliert wurde. In der entbürokratisierten Variante findet eine Trennung zwischen dem Bereich Pflegeproblem, Fähigkeit, Ressource, Pflegeziel und dem Bereich Pflegemaßnahmen statt.

Dadurch werden Maßnahmen, die zu verschiedenen Items gehören, nicht mehrfach in der Pflegeplanung aufgeführt. Stattdessen werden Pflegemaßnahmen in einem Ablaufplan, in Tätigkeitskomplexen und in einer Tages- bzw. Wochenstruktur zusammengefasst.

Dieses Kapitel beantwortet deshalb die folgende Frage:

1. Was ist bei der Formulierung von Pflegemaßnahmen zu berücksichtigen?

### 8.6.1 Formulierung von Pflegemaßnahmen

Bei der Formulierung von Pflegemaßnahmen sind prinzipielle, inhaltliche Punkte zu berücksichtigen. Die pflegerischen Interventionen können dabei mithilfe folgender Fragen genauer beschrieben werden.

**Fragen zu Pflegemaßnahmen:**
- Wer?
- Was?
- Wann?
- Wie oft?
- Wo?
- Wie?

Dabei sollten die entsprechenden Maßnahmen präzise, verständlich, kurz und prägnant und unter Berücksichtigung der Qualifikation der durchführenden Personen erläutert werden. Außerdem muss aus der Beschreibung deutlich werden, ob die Tätigkeit einer vollständigen oder teilweisen Übernahme, einer Unterstützung oder einer Beratung, Beaufsichtigung oder Anleitung entspricht. Die Formulierung der Pflegemaßnahme enthält also auch die Tätigkeit, die der Patient selbst durchführt.

## 8.6.2 Entbürokratisierte Planung

Bei der entbürokratisierten Pflegeplanung werden die Maßnahmen unter Berücksichtigung der allgemeinen Anforderungen an die Formulierung von Interventionen zu Leistungskomplexen zusammengefasst. Diese Komplexe können dann in den Durchführungnachweisen mit einem Handzeichen abgezeichnet werden. Im Vergleich zum Abzeichnen von Einzelleistungen ist dadurch unter Umständen eine erhebliche Zeitersparnis möglich.

Dabei ist zu beachten, dass beim Abweichen von dem geplanten Maßnahmenkomplex mittels Handzeichen ein Verweis auf den Pflegebericht (▶ Kap. 9) erfolgt, in dem die Ursachen der Änderung und der tatsächliche Ablauf der Pflegemaßnahmen aufgeführt werden.

> ❗ Bei der entbürokratisierten Form der Pflegeplanung muss aus der Beschreibung der Leistungskomplexe ebenfalls eindeutig erkennbar sein, wer welche Maßnahme wann durchführt, welche Materialien verwendet werden und welche Qualifikation erforderlich ist.

Viele Mitarbeiter in der Pflege können die von ihnen durchgeführten Maßnahmen bei der entbürokratisierten Pflegeplanung leichter formulieren, als dies bei der herkömmlichen Variante bisher der Fall war, insbesondere dann, wenn die Formulierung allgemein Probleme bereitet, etwa bei fremdsprachigen Pflegekräften.

> **Tipps**
>
> Das Ergebnis der Planung ist oftmals auch individueller, weil deutlich weniger standardisierte Vorgehensweisen beschrieben werden.

## 8.7 Evaluation

Als letzter Schritt des Pflegeprozesses wird in der Evaluation das Ergebnis der durchgeführten Maßnahmen unter Berücksichtigung der festgelegten Pflegeziele überprüft und ein Neubeginn des Pflegeprozesses initiiert.

In Zusammenhang mit diesem Thema gibt es immer noch sehr viele Unklarheiten und offene Fragen, die in diesem Kapitel beantwortet werden:

1. Wie erfolgt die korrekte Durchführung der Evaluation?
2. Welche Bereiche müssen evaluiert werden?
3. Wie oft oder in welchem Zeitintervall sollte eine Evaluation erfolgen?

### 8.7.1 Durchführung der Evaluation

Bei der Evaluation handelt es sich häufig um ein »Stiefkind« des Pflegeprozesses. In vielen Pflegeeinrichtungen wird in regelmäßigen oder unregelmäßigen Abständen die Pflegeplanung überprüft, wobei oftmals Eintragungen des Datums und der Aussage »unverändert« oder »weiter wie bisher« zu finden sind. Eine wirkliche Evaluation kann in dieser Form nicht stattfinden.

Um eine effektive Überprüfung der bisherigen Maßnahmen zu ermöglichen, sollten im Rahmen der Evaluation unbedingt alle Schritte des Pflegeprozesses neu durchlaufen werden. Sämtliche Planungsschritte müssen dann aktualisiert werden.

**Inhalte der Evaluation:**
- Pflegeanamnese
- Biografie
- Risikoerhebung
- Daraus resultierende Pflegeprobleme
- Anpassung der Pflegeziele

- Anpassung der Pflegemaßnahmen
- Festlegung des nächsten Evaluationszeitpunkts

Das bedeutet, dass mithilfe der neu überprüften Informationssammlung, festgestellten Veränderungen der Pflegeprobleme, unter Beachtung eventuell veränderter Ressourcen oder Risiken eine zeitnahe Aktualisierung der durchzuführenden Pflegemaßnahmen erfolgen muss. Die exakte Festlegung der neuen Ziele gibt den Zeitrahmen für die nächste Evaluation vor und sollte ebenfalls in der Dokumentation vermerkt werden.

> **Tipps**
>
> Zumeist wird lediglich die Planung überprüft, dabei können wichtige Faktoren, beispielsweise neue aufgetretene Funktionsverluste, gravierende Abweichungen des Körpergewichts, ein verändertes Dekubitusrisiko oder neu erlernte Fähigkeiten des Patienten leicht übersehen werden. Im Verlauf der Pflegebeziehung lernen sich Patient und Pflegekraft auch näher kennen. Es ist deshalb sinnvoll, diese neuen Erkenntnisse bei der Evaluation zu nutzen, z. B. zur Ergänzung der Biografie.

## 8.7.2 Evaluationsintervall

Festlegungen zum erforderlichen Zeitabstand einer Evaluation sind oft widersprüchlich. Einige Aussagen orientieren sich an der Pflegestufe, andere legen unabhängig von der Pflegestufe einen genauen Zeitraum fest.

Grundsätzlich sollte die Evaluation jedoch individuell geplant werden. Da die Pflegeziele unterschiedliche Zeiträume zur Zielerreichung vorsehen, muss auch die Evaluation nach dem Ablauf dieses Zeitraums stattfinden. Beeinflusst wird dieses Intervall natürlich auch vom Pflegezustand des Patienten. Ist dieser relativ stabil, werden eventuell kaum Änderungen notwendig

sein und das Evaluationsintervall kann einige Monate betragen. Bei akuten Veränderungen des Pflegezustands kann eine Evaluation schon nach einigen Tagen oder wenigen Wochen erforderlich sein.

Der Zeitabstand der Evaluation korreliert also eindeutig mit den geplanten Pflegezielen, die bei der Überprüfung der Dokumentation ebenfalls evaluiert werden müssen. Folgende Fragestellungen können die Überprüfung der Pflegeziele erleichtern:

**Evaluation von Pflegezielen:**
- Wurde das Ziel erreicht?
- Warum wurde das Ziel nicht erreicht?
- War das Ziel zu hoch gesteckt?
- War der Zeitraum zu knapp?
- Waren die geplanten Maßnahmen nicht geeignet?
- Entsprach das Ziel nicht den Vorstellungen des Patienten?
- Entsprach das Ziel nicht den Vorstellungen von anderen Beteiligten?
- Fehlen dem Patienten notwendige Ressourcen?
- Kann das Ziel in Zukunft erreicht werden?
- Muss ein neues Ziel formuliert werden?

> **Tipps**
>
> Aus praktischen Gründen ist es sinnvoll, eine Gedächtnisstütze für die nächste Evaluation im Kalender oder in der EDV zu hinterlegen. Auch wenn der Zustand eines Patienten sich nur minimal verändert hat, sollte ein Zeitraum von drei Monaten bis zur nächsten Evaluation nicht überschritten werden.

> ❯ **Beispiel**
>
> In diesem Ausschnitt aus einer Pflegeplanung soll die praktische Umsetzung der aufgeführten Anforderungen an die Informationssammlung, die Zielformulierung und die Maßnahmenplanung durch ein Beispiel erleichtert werden.

## Falsche Formulierung:

| Problem | Ziel | Maßnahme |
| --- | --- | --- |
| Bettlägerigkeit | Selbstständigkeit fördern | Ganzwaschung im Bett |
| Kann nicht alleine trinken | Ausreichende Flüssigkeitszufuhr | Zum Trinken auffordern |
| Isst nicht selbstständig | Guter EZ | Bei allen Mahlzeiten wird das Essen gereicht |

## Richtige Formulierung

| Problem | Ressource | Ziel | Maßnahme |
| --- | --- | --- | --- |
| Kann sich nicht selbst waschen, weil sie mit dem Waschlappen sofort zu putzen beginnt, kennt die Reihenfolge des Wachvorgangs nicht, hat trockene Haut an Beinen und Rücken | Bleibt in der Nähe des Waschbeckens, spielt mit den Händen im Wasser, mag Düfte (Seife, Deo, Parfüm), zieht die obere Zahnprothese alleine an | Gesicht alleine waschen und eincremen, Bewegungen der Pflegekraft mit den Händen folgen, gepflegtes Äußeres | Bewohnerin wird um 9:00 h gewaschen, Grundpflege nach Standard x, Bew. wäscht das Gesicht nach Anleitung selbst, obere Zahnprothese wird gereinigt und der Bew. in die rechte Hand gegeben |
| Trinkt nur nach Aufforderung, vergisst das Trinken, gießt herumstehende Flüssigkeiten immer in die Blumen, weiß mit dem Glas nichts anzufangen | Kann nach Aufforderung Glas zum Mund führen, mag gerne süße und kalte Getränke, zeigt wenn ihr etwas nicht schmeckt | Angestrebte Trinkmenge 1600ml/24h, Glas selbstständig in die Hand nehmen | Tagsüber stündlich zum Trinken auffordern, nachts bei jedem Rundgang, Trinkprotokoll, süße, gekühlte Säfte gemischt mit Wasser anbieten, Getränke nicht im Zimmer stehen lassen |
| Kann nicht selbstständig essen, kann mit Besteck nicht mehr richtig umgehen, kommt mit der Reihenfolge der Speisen nicht zurecht, erkennt Bestandteile des Essens nicht | Schluckvorgang ist intakt, Appetit ist normal, süße Speisen werden bevorzugt, bleibt während der Mahlzeit am Tisch sitzen, isst gerne in Gesellschaft | Angestrebte Kalorienzufuhr von 1800kcal/24h (Berechnung s. Anamnese), BMI >20, kann Besteck alleine zum Mund führen | Essen unter Anleitung: Es wird nur jeweils ein Gang zum Tisch gebracht und das passende Bersteck in die rechte Hand gegeben, Mahlzeit in kleiner Tischgruppe, Essprotokoll für 4 Wochen, zweites Dessert anbieten |

◨ **Abb. 8.2.** Beispiele für die Formulierung einer Pflegeplanung – Falsch und Richtig

> **Rechtliche Hinweise**
>
> Die Dokumentation ist in der Pflege ein grundlegendes Element beim therapeutischen und pflegerischen Handeln. Dabei geht es nicht nur um die Anamnese, sondern um die Erfassung von Problemen und Ressourcen, die Formulierung von Pflegezielen, die dazu notwendigen Pflegemaßnahmen, die Evaluation – kurz: um den Gesamtprozess der Pflege. Gute Dokumentation schafft Sicherheit für die Einrichtung, Klarheit für die Behandlungen innerhalb des Teams und Sicherheit bei Streitfällen und bei Schadenersatzansprüchen.
>
> Dazu muss die Pflegedokumentation zwar knapp formuliert, aber dennoch transparent und für Mitarbeiter und Einsichtsberechtigte nachvollziehbar sein. Daher sollten Mitarbeiter regelmäßig über Dokumentationsmöglichkeiten fort- und weitergebildet werden.
>
> Wichtig ist, dass die Mitarbeiter die Pflegedokumentation nicht als bürokratischen Vorgang, sondern als eine effiziente Nachgestaltung der täglichen Arbeit verstehen. Dokumentation muss als Chance und Möglichkeit begriffen werden, nicht als Belästigung und Einschränkung der täglichen Arbeit.
>
> Die Dokumentation kann standardisiert werden. Wichtig ist dabei, dass diese Standardisierung den individuellen Pflegeprozess abbildet. Pflegedienste müssen lernen, administrativ einfache Anweisungen in neue Dokumentationssysteme zu übernehmen und das eigene System auf die beschriebenen Nachhaltigkeit und Flexibilität, vor allem aber auf Transparenz und Nachvollziehbarkeit des Dokumentierten zu überprüfen. Diese Gratwanderung zwischen Standardisierung und Flexibilität ist eine der größten Herausforderung an die Dokumentationssysteme des Pflegedienstes.

# Pflegedokumentation

## 9.1 Anforderungen an die Dokumentation

Die Pflegedokumentation ist mit Sicherheit der entscheidende Faktor beim Nachweis einer korrekten, gewissenhaften und sach- und fachgerechten Pflege unter Berücksichtigung der aktuellen wissenschaftlichen Kenntnisse und der Aktivierung des Patienten. Sie bietet somit ein hohes Maß an Rechtssicherheit, wenn sie regelmäßig und ordnungsgemäß geführt wird.

In der Pflege im Allgemeinen und somit auch in der ambulanten Pflege findet man allerdings auch Pflegedokumentationen, die lückenhaft geführt werden und deshalb den Nachweis einer ordnungsgemäßen Betreuung des Patienten nicht ermöglichen. Entscheidend für die Pflegequalität und den Nachweis einer adäquaten Pflege ist die Einstellung der Mitarbeiter zu diesem Thema.

In den letzten Jahren hat sich die Anzahl der strafrechtlichen, haftungs- und zivilrechtlichen Verfolgung von Leistungsanbietern innerhalb des Gesundheitssystems in Bezug auf Kostenerstattung deutlich gesteigert, etwa bei Krankenhausaufenthalten, Fehlbehandlungen und Schmerzensgeldzahlungen. Ursache ist in vielen Fällen das Fehlen einer ausreichenden Pflegedokumentation, die als Nachweis der fachgerechten Pflege benötigt wird, beispielsweise bei der Entstehung einer Wunde oder bei einem Sturz.

Dieses Kapitel beantwortet folgende Fragestellungen:

1. Welche Bereiche der Pflegedokumentation sind relevant?
2. Welche Anforderungen an die Pflegedokumentation müssen von jedem ambulanten Pflegedienst beachtet werden?
3. Welche Kenntnisse zu diesem Thema müssen die Mitarbeiter besitzen?

## 9.1.1 Computergestützt, papiergestützt oder beides?

Die Entscheidung, ob eine EDV-Lösung oder eine Papierversion für die Pflegedokumentation genutzt werden soll, muss genau überlegt werden. Beide Varianten haben Vor- und Nachteile.

### Papierversion

Die Pflegedokumentation beinhaltet mindestens folgende Formulare:

- Stammblatt
- Pflegeanamnese
- Risikoassessment
- Biografie
- Pflegeplanung
- Leistungsnachweise
- Anordnungsformular
- Überleitungsblatt
- Berichtebogen
- Sonderformulare bei Bedarf z. B.:
  - Überwachungs- oder Vitalzeichenformular
  - Lagerungsformular
  - Ernährungsformular
  - Bilanz
  - Wunddokumentation
  - Freiheitsentziehung

### Vorteile der Papierdokumentation

Der große Vorteil der Pflegeplanung in Form einer Papierdokumentation ist die Tatsache, dass diese Art der Planung allen Pflegefachkräften durch die Ausbildung bekannt und der Umgang mit der Dokumentation deshalb geläufig ist. Die entbürokratisierte Pflegeplanung bietet außerdem eine Zeitersparnis.

Die Einarbeitung von neuen Mitarbeitern in ambulanten Pflegediensten, die eine Papierdokumentation verwenden, ist meistens unproblematisch.

Ein weiterer Vorteil ist die Möglichkeit, Inhalte vor Ort beim Patienten sofort zu aktualisieren und dadurch zeitnahe Eintragungen zu gewährleisten. Dies erleichtert auch die Rückverfolgbarkeit der Eintragungen.

### Nachteile der Papierdokumentation

Die Papierdokumentation ist nur bedingt fälschungssicher, da Korrekturen sichtbar und nachvollziehbar sind. Um Manipulationen vorzunehmen, kann ein komplettes Blatt entfernt werden.

Ein bedeutender Nachteil der Pflegeplanung in Papierform ist die Lesbarkeit. Viele Mitarbeiter haben eine unleserliche Schrift, bei fremdsprachigen Mitarbeitern kommen gelegentlich noch Probleme mit der Rechtschreibung hinzu.

> ❗ Untersuchungen zeigen, dass Mitarbeiter mit Problemen im schriftlichen Ausdruck es bevorzugen, wichtige Inhalte gar nicht zu dokumentieren, bevor sie etwas Falsches schreiben.

Problematisch ist bei einigen ambulanten Pflegediensten außerdem die Aufbewahrung der alten Dokumente, da hierfür ausreichend Platz zur Verfügung stehen muss.

### EDV-Version

Eine computergestützte Pflegedokumentation ist vielen Mitarbeitern noch nicht bekannt, so dass zunächst ein großer Schulungsbedarf besteht, insbesondere bei Mitarbeitern, die überhaupt noch keine PC-Kenntnisse besitzen. In der ambulanten Pflege ist dies nicht ungewöhnlich. Üblicherweise wird jedoch von den Herstellern der Software eine Einarbeitung und Anleitung durchgeführt.

Obwohl die Anzahl von Softwareanbietern für den ambulanten Bereich deutlich gestiegen ist, ist es wichtig herauszufinden, welche Software für den entsprechenden Pflegedienst einsetzbar ist. Entscheidend ist hier, dass sich nicht der Pflegedienst an die Software anpassen muss, sondern die Software an Organisationsstrukturen des Pflegedienstes. Dabei soll nicht unerwähnt bleiben, dass es immer sinnvoll ist, gegebene Strukturen zu überprüfen und anzupassen.

> ❗ Um eine fälschungssichere EDV-Dokumentation zu gewährleisten, muss jeder Mitarbeiter über ein Kennwort verfügen, damit Eintragungen einer Person zugeordnet werden können. Außerdem müssen die Zugriffsrechte eindeutig geregelt sein, um nachträgliche Änderungen auszuschließen. Die Einhaltung dieser Sicherheitsvorkehrungen muss vom Hersteller der Software in einem Zertifikat bestätigt werden. Auch die korrekte Einrichtung des Systems verantwortet der Vertreiber.

### Vorteile der EDV-Dokumentation

Wenn die Mitarbeiter mit dem System gut zurechtkommen, bieten die Programme ebenfalls eine Zeitersparnis, da alle Maßnahmen mit einem Klick oder einen Barcode bestätigt werden könnten.

Ein weiterer Vorteil der computergestützten Pflegedokumentation ist die Möglichkeit der statistischen Auswertung. Ohne Aufwand können Informationen aus den eingegebenen Daten abgerufen werden, deren Auswertung einen Hinweis auf die Qualität der erbrachten Leistungen ermöglicht bzw. den Verlauf des Pflegezustandes eines einzelnen Patienten deutlich macht. Abgerufen werden können die Daten eines einzelnen Patienten und die Häufigkeit bestimmter Merkmale des gesamten Patientenklientels. Die meisten Programme ermöglichen auch eine grafische Darstellung.

**Mögliche Statistiken:**
- Auftreten eines Dekubitus
- Verlauf des Dekubitusrisikos
- Verlauf von BMI und Gewicht
- Häufigkeit von Stürzen
- Auftreten von Notfällen
- Übergabe von wichtigen Besonderheiten

Außerdem von Vorteil bei der EDV ist die direkte Übernahme der Daten in ein Abrechnungsprogramm bzw. die Kompatibilität von Programmkomponenten zur Verwaltung und zur Pflegeplanung, so dass ein Austausch von Daten möglich ist. Etliche Daten müssen dann nur einmalig in den Computer eingegeben werden und sind sofort für andere Nutzer verfügbar.

### Nachteile der EDV-Dokumentation

Bei der Nutzung einer computergestützten Pflegedokumentation gibt es allerdings auch Nachteile. Je nach Programm müssen bei der Evaluation mehrere Schritte durchlaufen werden, um eine minimale Änderung vorzunehmen. Bei anderen Programmen sind ältere Daten teilweise schwer auffindbar, es müssen seitenweise Pflegeberichte durchforstet werden, um Informationen zu überprüfen.

Ein weiterer Nachteil ist die Aktualisierung von Medikamenten und anderen ärztlichen Verordnungen, da zunächst ein neuer Ausdruck angefertigt werden muss, um dann das Handzeichen des anordnenden Arztes einzuholen.

> **Tipps**
>
> Das Vorliegen einer aktuellen ärztlichen Anordnung mit Handzeichen wird dadurch erschwert.

Auch Einfuhr- oder Ernährungsprotokolle und Lagerungsprotokolle können nur bedingt in der EDV-Pflegedokumentation geführt werden, da eine zeitnahe Eintragung kaum möglich ist.

Zu berücksichtigen sind außerdem die technischen Voraussetzungen, die einen erheblichen Investitionsbedarf darstellen, gerade wenn Barcodes genutzt werden, und die nachhaltige Sicherung der Daten.

## Kombination

Eine Kombination von Papier- und EDV-Dokumentation bietet die Möglichkeit, die Vor- und Nachteile der beiden Varianten auszugleichen. In der folgenden Tabelle werden Pluspunkte und negative Aspekte von Papier- und EDV-Dokumentation gegenübergestellt (◘ Tab. 9.1).

Eine entbürokratisierte Variante der Pflegeplanung in Papierformat ist vom Zeitaufwand der EDV-Dokumentation nicht unterlegen. Bei der EDV-Variante besteht jedoch die Gefahr, dass Maßnahmenpakete einfach angeklickt werden, obwohl nicht alle Leistungen erbracht wurden. Einige Einrichtungsleitungen bestehen auf das Abklicken jeder einzelnen Leistung, um diesen Fehler zu vermeiden. Dadurch geht die Zeitersparnis der computergestützten Pflegedokumentation jedoch häufig wieder verloren.

PC-Programme bieten fast immer vorformulierte Textbausteine für die Pflegeplanung an. Dadurch wird die Formulierung vor allem für fremdsprachige Mitarbeiter erleichtert, es geht aber auch ein großer Teil der Individualität des Patienten verloren.

◘ **Tab. 9.1.** Vergleich Papier- und EDV-Dokumentation

|  | Papier | EDV |
|---|---|---|
| Zeitnahe Eintragung | + | - |
| Rückverfolgbarkeit | + | (+) |
| Lesbarkeit | - | + |
| Kosten | + | - |
| Verfügbarkeit beim Patienten | + | - |
| Aktualität | + | - |
| Fälschungssicherheit | - | + |
| Statistische Auswertung | - | + |

> **Tipps**
>
> Nachweisprotokolle, die zeitnah geführt wer-
> den müssen, etwa Bilanzen und Lagerungs-
> protokolle, sollten auf Papier dokumentiert
> werden. Die Verwendung eines Medikamen-
> tenblatts in der Papierversion erleichtert eben-
> falls die Aktualisierung der Anordnungen.
> Alle anderen Daten können in der EDV doku-
> mentiert werden.

### 9.1.2 Wunddokumentation

Eine regelmäßige und gut geführte Wunddokumentation hat in den letzten Jahren durch
zunehmende Regressforderungen an Bedeutung
gewonnen.

Bei Patienten, bei denen eine Hautbeschädi-
gung vorhanden ist, sollte immer eine Wunddokumentation geführt werden. Festgehalten wird
der Wundverlauf von der Entstehung bis zur
Abheilung mit genauer Beschreibung des Ausse-
hens der Wunde. Eintragungen in Pflegebericht
oder in der Pflegeplanung sind beim Vorliegen
eines Wundprotokolls nicht mehr notwendig.

**Inhalte der Wunddokumentation:**

- Wundart
- Wundstadium
- Größe der Wunde
- Tiefe der Wunde
- Aussehen der Wunde
- Beschreibung der Wundränder
- Belag, Farbe und Geruch
- Verlauf der Heilung
- Besonderheiten, etwa Taschenbildung
- Ärztlich verordnete Wundbehandlung
- Durchführung des Verbandswechsels

Auch prophylaktische Maßnahmen zur Verbesserung der Wundheilung und damit in Verbindung stehende Kontrollen von Risikofaktoren,
etwa der Ernährungszustand, die Vitalwerte
oder die Einfuhrkontrolle, müssen in der Wunddokumentation erwähnt werden.

> Wird die Wunddokumentation von einer
> externen Fachkraft geführt, sind die Pflege-
> fachkräfte des ambulanten Pflegedienstes
> dennoch verpflichtet, die Korrektheit der An-
> gaben zu überprüfen.

### Fotodokumentation

Auch die Fotodokumentation wird gelegentlich
von externen Wundmanagern übernommen.
Der ambulante Pflegedienst muss sicherstellen,
dass bei Bedarf Bilder gemacht werden und dass
der Patient oder sein Betreuer damit einverstanden ist. Viele ambulante Pflegedienste machen
jedoch auch eigene Fotos für die Wunddokumentation.

Wenn eine Wunde neu entsteht oder ein
Patient mit vorbestehenden Wunden neu aufgenommen wird, ist es empfehlenswert aber
nicht verpflichtend, ein Foto aufzunehmen. Eine
klare, eindeutige Beschreibung der Wunde ist
zwar ausreichend, ein Foto ist jedoch meistens
aussagekräftiger, bei geringerem Aufwand.

Die Fotodokumentation muss ebenfalls bestimmte Anforderungen erfüllen. So sollte das
Bild bei guter Beleuchtung und immer aus dem
gleichen Abstand aufgenommen werden.

> **Tipps**
>
> Auf dem Foto sollte ein Lineal oder ein Ras-
> ter angelegt werden, um die Größe und das
> Ausmaß der Wunde erkennbar zu machen.
> Außerdem muss eine Beschriftung mit den
> Personalien des Patienten, dem Datum und
> der Lokalisation der Wunde erfolgen.

### 9.1.3 Lagerungs- und Bewegungsprotokoll

Die Dokumentation von Lagerungen, Bewegungen und Mikrobewegungen ist ein wichtiger Nachweis einer korrekt durchgeführten
Pflege, der jedoch noch allzu häufig vernachlässigt wird.

Um zu beweisen, dass eine fachgerechte und ausreichende Dekubitusprophylaxe durchgeführt wurde, sind ein lückenloser Lagerungsplan und eine Dokumentation der tatsächlich erfolgten Lagerungen, Mobilisationen und Bewegungen in Form eines Lagerungsprotokolls unerlässlich.

> **!** Da der ambulante Pflegedienst nur zeitweise vor Ort ist, muss auch die Beratung, Anleitung und Einbindung von Angehörigen aus der Dokumentation hervorgehen.

Der Unterschied zwischen einem Lagerungsplan und einem Lagerungsprotokoll muss immer wieder bewusst wahrgenommen werden, dies gilt jedoch für alle Pläne und Protokolle, etwa den Trinkplan und das Einfuhrprotokoll oder den Ernährungsplan und das Ernährungsprotokoll.

Der Lagerungsplan beinhaltet die geplanten Maßnahmen, wobei sowohl die Uhrzeit als auch die Durchführung beschrieben werden. Die Planung von Bewegungen, Transfers und Lagerungen kann in eine Ablaufplanung integriert werden, muss dann aber nachvollziehbar sein, insbesondere auch dann, wenn sie von Angehörigen durchgeführt wird. Auch die geplante Kontrolle der Wechseldruckmatratze und die Durchführung eines Fingertests kann in den Lagerungsplan aufgenommen werden.

**Tipps**

Der Fingertest dient der Unterscheidung einer Rötung von einem Dekubitus Grad I. Dazu drückt man mit dem Finger in die Rötung, die nach einer variablen Liegezeit aufgetreten ist. Der Finger wird dann rasch wieder weggezogen. Im Normalfall verfärbt sich die Stelle weiß. Bleibt die Druckstelle jedoch rot liegt eine Blutstauung der ableitenden Venen und somit eine Gewebeschädigung im Sinne eines Dekubitus Grad I vor. Der Fingertest ist in diesem Fall positiv. Das Lagerungsintervall kann durch den Fingertest individuell eingeschätzt werden.

Das Lagerungsprotokoll umfasst immer die Uhrzeit, die Lageveränderung und die Handzeichen aller Mitarbeiter, die die Lagerung durchgeführt haben. Auch die Mobilisation aus dem Bett, der Transfer zur Toilette oder in einen Sessel stellt eine Lageveränderung dar und muss deshalb ebenfalls dokumentiert werden.

**Tipps**

Die Bedeutung von Mikrobewegungen ist vielen Mitarbeitern noch nicht bewusst, obwohl sie seit der Einführung des Expertenstandards »Dekubitusprophylaxe« bekannt sein sollte. Die Durchführung von minimalen Lageveränderungen ist mit einem geringen Aufwand oftmals auch von Angehörigen zu bewältigen. Häufig werden Patienten durch einen ambulanten Pflegedienst am Vormittag in den Rollstuhl mobilisiert und sitzen dann über viele Stunden dort, so dass eine erhebliche Dekubitusgefährdung auftritt. Sofern Angehörige zur Verfügung stehen, können diese auch ohne den Einsatz von körperlichen Kräften das Risiko der Entstehung eines Dekubitus minimieren.

Es sollte geklärt sein, ob die Angehörigen in diesem Fall an der Dokumentation im Lagerungsprotokoll teilnehmen oder ob der Zeitraum, in dem der Patient von seinen Angehörigen betreut wird, im Lagerungsplan entsprechend gekennzeichnet wird.

Problematisch ist dies vor allem in der Nacht, wenn keine Angehörigen anwesend sind oder wenn diese nicht in der Lage sind, einen Lagerungswechsel vorzunehmen. Viele Patienten, die ambulant betreut werden, sind dann möglicherweise nicht ausreichend versorgt, so dass die unzureichende nächtliche Betreuung in vielen Fällen die Möglichkeit einer ambulanten Pflege limitiert.

Wenn eine Situation entsteht, in der eine adäquate Versorgung nicht mehr gewährleistet ist, muss aus der Dokumentation zumindest hervorgehen, dass die Pflegefachkraft des ambulanten Pflegedienstes eine ausführliche Beratung von Patient und Angehörigen durchgeführt hat und dass diese auf die möglichen Risiken hingewiesen wurden.

## 9.1.4 Ernährungspflege

Die Ernährung ist immer wieder ein Problembereich, da die Anzahl der mangelernährten, unterernährten oder fehlernährten Senioren, die durch einen ambulanten Pflegedienst versorgt werden, zunehmend Gegenstand von Qualitätsprüfungen ist.

Auch in den Medien wurde dieses Thema aufgegriffen und teilweise medienwirksam behandelt. Aussagen wie »Pflegeskandal« oder »Verhungern« waren keine Seltenheit. Die Sensibilität für die Ernährungspflege hat dadurch zugenommen und gleichzeitig wurden die Anforderungen an die Pflegedokumentation angepasst.

Die Dokumentation der Ernährungspflege muss deshalb folgende Mindeststandards enthalten.

**Ernährung:**
- Erhebung von Risikofaktoren
- Regelmäßige Messung von Größe und Gewicht
- Berechnung des BMI
- Berechnung des Kalorienbedarfs (◘ Abb. 9.1)
- Berücksichtigung individueller Vorlieben
- Berücksichtigung biografischer Aspekte
- Ursachensuche, z. B. Mund- oder Zahnerkrankungen, Schluckstörungen
- Erstellung eines Ernährungsplan
- Dokumentation der Mahlzeiten im Ernährungsprotokoll

Für die Erhebung der Risikofaktoren stehen verschiedene Tests zur Verfügung (► Kap. 8, Risikomanagement). Die Berechnung des Kalorienbedarfs (◘ Abb. 9.1) unter Berücksichtigung des Grundumsatzes und der Aktivität des Patienten

wird in der Grundsatzstellungnahme »Ernährung« (► Kap. 10) beschrieben.

> **Tipps**
>
> Bei Patienten, die über eine PEG ernährt werden, gehört zum Ernährungsplan die genaue Bezeichnung der Sondenkost, die Art der Verabreichung, die Tropfgeschwindigkeit und die berechnete Flüssigkeitsmenge. Dabei muss man beachten, dass die Kalorienmenge und der Wassergehalt pro Milliliter je nach Produkt unterschiedlich sind.

### Ernährungsprotokoll

Die Hersteller von Pflegedokumentationssystemen bieten verschiedene Formulare zur Dokumentation der zugeführten Nahrung an. Meistens kann auf dem Formular eingetragen werden, welchen Teil einer Mahlzeit der Patient zu sich genommen hat. Einige Einrichtungen berechnen sogar die aufgenommene Kalorienmenge mithilfe von Tabellen.

Aus diesen Formularen wird dann deutlich, welche Gewohnheiten der Patient hat. So kann man z. B. sehen, dass eine bestimmte Mahlzeit immer komplett gegessen wird oder von allen Mahlzeiten die Hälfte. Möchte man die Kalorienaufnahme verbessern, können diese Erkenntnisse nützlich sein. Es kann dann beispielsweise immer die Mahlzeit mit Kalorienpulver angereichert werden, die der Patient üblicherweise komplett aufisst.

❗ In jedem Fall muss beim Vorliegen von Risikofaktoren oder bei Gewichtsverlust eine Rücksprache mit dem Hausarzt, Angehörigen oder Betreuer aus der Dokumentation ersichtlich sein. Außerdem sollte bedacht werden, dass auch übergewichtige Menschen eine Fehlernährung aufweisen können, beispielsweise einen Vitamin- oder Eiweißmangel. Wird ein externer Ernährungsberater einbezogen, müssen die Vorgaben durch die Fachkräfte des ambulanten Pflegedienstes überprüft und hinterfragt werden.

---

**Ernährung**

**WICHTIG**

**Bedarfsangaben sind Orientierungsgrößen und können vom tatsächlichen individuellen Bedarf abweichen!**

---

**Bodymass-Index – BMI**

BMI = Körpergewicht in kg/Körpergröße in m²
Wünschenswerte BMI Werte ≥ 65 Jahre = 24-29 kg/m²
BMI < 24 kg/m² = erhöhtes Risiko, Beobachtung erforderlich!
BMI < 18,5 kg/m² = Unterernährung, Intervention häufig erforderlich! (soweit nicht konstitutionell bedingt)

---

**Rechenbeispiele Bodymass-Index - BMI**

**Person**     65 kg Körpergewicht, 1,72 m Körpergröße:     65/1,72² = 21,8kg/m² (erhöhtes Risiko)
**Person**     45 kg Körpergewicht, 1,60 m Körpergröße:     45/1,60² = 17,6 kg/m² (Unterernährung)

---

**Bedeutende Gewichtsverluste**

1-2% in 1 Woche,     5% in 1 Monat,     7,5% in 3 Monaten,     10% in 6 Monaten

---

**Grundumsatz – GU**

Berechnung des Grundumsatzes (GU) für über 60jährige:
Männer:     GU (MJ/Tag) = 0,0491 x KG (kg) +  2,46
Frauen:     GU (MJ/Tag) = 0,0377 x KG (kg) +  2,75
(KG = Körpergewicht, zur Umwandlung in kcal/Tag Multiplikation mit 239)

---

**Gesamtenergiebedarf = Vielfaches des Grundumsatzes – GU**

vollständig immobile Senioren     1,2 x GU
leichte Aktivität     1,5 x GU
mittlere Aktivität     1,75 x GU
schwere Aktivität     ca. 2,0 x GU

---

**Rechenbeispiele Grundumsatz – GU**

**Mann**   65 kg KG:     **GU** = 0,0491 x 65 +  2,46 = 5,65 MJ x 239 = ca. **1.350 kcal/Tag**
**Frau**   55 kg KG:     **GU** = 0,0377 x 55 +  2,75 = 4,82 MJ x 239 = ca. **1.152 kcal/Tag**

---

**Rechenbeispiele Gesamtenergiebedarf**

**Mann**   65 kg KG, leichte Aktivität: **Gesamtenergiebedarf** = 1.350 x 1,5 = **2.025 kcal/Tag**
**Frau**   55 kg KG, leichte Aktivität: **Gesamtenergiebedarf** = 1.152 x 1,5 = **1.728 kcal/Tag**

---

**Brennwert von Makronährstoffen**

Protein 4,1 kcal/g,     Fett 9,3 kcal/g,     Kohlenhydrate 4,1 kcal/g,     Alkohol 7,0 kcal/g

---

**Broteinheit – BE & Kohlenhydrateinheit – KE**

BE bzw. KE = Schätzwert für Kohlenhydratportion von 10-12g

**Abb. 9.1.** Ernährungsformeln nach MDS-Stellungnahme

## 9.1.5 Flüssigkeitsversorgung

Die Dokumentation der Flüssigkeitsversorgung weist immer wieder erhebliche Defizite auf, die zu gravierenden juristischen Problemen führen können.

Ein wichtiges Problem ist die Feststellung in der Anamnese, dass der Patient nicht ausreichend trinkt. In diesem Fall muss immer eine Korrekturmaßnahme erfolgen, so wäre beispielsweise das Führen eines Einfuhrprotokolls bei unzureichender Flüssigkeitsaufnahme erfor-

<table>
<tr><td colspan="2">Flüssigkeitsversorgung<br><br>WICHTIG<br>Bedarfsangaben sind Orientierungsgrößen und können vom tatsächlichen individuellen Bedarf abweichen!</td></tr>
<tr><td colspan="2">Flüssigkeitsbedarf – grobe Orientierung</td></tr>
<tr><td colspan="2">1,5-2 l Trinkflüssigkeit täglich</td></tr>
<tr><td colspan="2">Flüssigkeitsanteile übliche Ernährung</td></tr>
<tr><td colspan="2">Je zugeführter kcal etwa 0.33 ml Flüssigkeit enthalten</td></tr>
<tr><td colspan="2">Flüssigkeitsbedarf - genauere Berechnung</td></tr>
<tr><td colspan="2">100 ml je kg für die ersten 10 kg Körpergewicht<br>+ 50 ml je kg für die zweiten 10 kg Körpergewicht<br><u>+ 15 ml für jedes weitere kg Körpergewicht</u><br>= Gesamtflüssigkeitsbedarf<br>- 0,33 ml je zugeführter kcal<br>= <u>Trinkflüssigkeitsmenge</u></td></tr>
<tr><td colspan="2">Ein- und Ausfuhr-Bilanz</td></tr>
<tr><td colspan="2">Auf der Basis der messbaren Ein- und Ausfuhr kann bei einem Plus von bis zu 200 ml von einer ausgeglichenen Bilanz ausgegangen werden</td></tr>
<tr><td colspan="2">Flüssigkeitsanteile in Sondenernährungsprodukten</td></tr>
<tr><td colspan="2">normokalorische Sondenernährungsprodukte durchschnittlich ca. 80%,<br>d.h. 80 ml freies Wasser sind in 100 ml Substrat enthalten.<br>hochkalorische Sondenernährungsprodukte durchschnittlich ca. 70%,<br>d.h. 70 ml freies Wasser sind in 100 ml Substrat erhalten.<br><br><u>Herstellerangaben beachten!</u></td></tr>
<tr><td colspan="2">Rechenbeispiel Flüssigkeitsanteile Ernährungsprodukt</td></tr>
<tr><td colspan="2">Bei einer vorgesehenen Gesamtflüssigkeitszufuhr von 2.000 ml und einem Bedarf von 1.800 kcal ergeben sich folgende Rechenbeispiele:<br><br>Beispiel 1: normokalorisches Produkt (1 kcal/ml, 80 ml freies Wasser/100 ml Substrat)</td></tr>
<tr><td>1.800 ml Sondenkost ≅ 1.800 kcal und</td><td>1.440 ml freies Wasser<br>+   560 ml zu substituierende Flüssigkeit<br>= 2.000 ml Flüssigkeit</td></tr>
<tr><td colspan="2">Beispiel 2: hochkalorisches Produkt (1,5 kcal/ml, 70 ml freies Wasser/100 ml Substrat)</td></tr>
<tr><td>1.200 ml Sondenkost ≅ 1.800 kcal und</td><td>840 ml freies Wasser<br>+ 1.160 ml zu substituierende Flüssigkeit<br>= 2.000 ml Flüssigkeit</td></tr>
<tr><td colspan="2" align="center"><u>Herstellerangaben beachten!</u></td></tr>
</table>

**▪ Abb. 9.2.** Flüssigkeitsbedarf nach MDS-Stellungnahme

derlich. In der ambulanten Pflege wird dies häufig nicht konsequent durchgeführt, zumal nicht jeder Patient Angehörige hat, die dazu befähigt sind. Ein Einfuhrprotokoll kann auch nur vorübergehend geführt werden, um die tatsächliche Flüssigkeitszufuhr zu erheben.

Eine Fehlerquelle ist auch die Feststellung des Flüssigkeitsbedarfs. Das Erkennen des Pflegeproblems »mangelnde Flüssigkeitszufuhr« ist nur möglich, wenn zuvor eine Berechnung des individuellen Flüssigkeitsbedarfs durchgeführt wurde. Dafür können verschiedene Berechnungsformeln verwendet werden. In der folgenden Abbildung (◻ Abb. 9.2) wird die Berechnung des Flüssigkeitsbedarfs dargestellt, die der Medizinische Dienst des Spitzenverbandes Bund der Krankenkassen (MDS) in seiner Grundsatzstellungnahme »Ernährung und Flüssigkeitsversorgung« (▸ Kap. 10) publiziert hat.

## Bilanz

Sobald der Flüssigkeitsbedarf bekannt ist und ein Einfuhrprotokoll geführt wird, kann man oft beobachten, dass die dokumentierte Flüssigkeitsmenge deutlich unter dem errechneten Bedarf liegt. Ähnlich der Malnutrition ist auch die Exsikkose ein regelmäßig festgestelltes Defizit bei Qualitätsprüfungen in der ambulanten und stationären Versorgung.

Ursache kann die lückenhafte Dokumentation der zugeführten Flüssigkeitsmenge im Einfuhrprotokoll sein.

> **Tipps**
>
> Möchte man dieses Problem vermeiden, empfiehlt es sich, die Summe der dokumentierten Einfuhr bzw. Ausfuhr in 24 Stunden zu berechnen, so dass auf einen Blick erkennbar ist, ob der Patient ausreichend getrunken hat. Auch die regelmäßige Schulung der Mitarbeiter kann zu einer Verbesserung führen.

Hat der Patient bei gewissenhafter Dokumentation tatsächlich nicht ausreichend getrunken, muss eine Reaktion auf dieses Problem aus der Pflegedokumentation hervorgehen. Bei einer eventuellen Krankenhausaufnahme findet man immer wieder die Diagnose »Exsikkose« im Entlassungsbrief.

Eine Absprache mit dem behandelnden Hausarzt über die erforderliche Trinkmenge könnte beispielsweise bei den ärztlichen Anordnungen festgehalten werden. Einige Pflegedokumentationssysteme sehen mittlerweile entsprechende Spalten auf dem Formular vor, so dass dies nicht so leicht vergessen wird.

> ❗ Eine Eintragung des behandelnden Arztes, welche Maßnahmen zu ergreifen sind, wenn der Patient die festgelegte Trinkmenge nicht erreicht, sollte ebenfalls auf diesem Formular erfolgen. Die Verabreichung von subkutanen Infusionen muss dann auch bei der Dokumentation der Einfuhr in der Bilanz berücksichtigt werden. Andernfalls übernimmt der Arzt durch sein Handzeichen die Verantwortung, wenn er im Anordnungsformular festhält, dass eine Infusionstherapie nicht notwendig ist. Eine regelmäßige Überprüfung und Aktualisierung dieser Angaben sollte im Rahmen der Evaluation erfolgen.

### 9.1.6 Ausscheidung

Durch die Implementierung des Expertenstandards »Kontinenzförderung« hat die Dokumentation der Ausscheidung an Bedeutung gewonnen. Einige Pflegeeinrichtungen sind dazu übergegangen, bei allen Patienten Miktionsprotokolle zu führen, die allerdings durch den damit verbundenen Zeitaufwand meistens erhebliche Lücken aufweisen.

Wenn Probleme bei der Ausscheidung vorliegen, müssen Konsequenzen in der Pflegedokumentation erkennbar sein. Bei Patienten, die unter einer Obstipation leiden, wird die Frequenz der Stuhlausscheidungen oftmals dokumentiert. Bei einer Harninkontinenz erfolgen Ursachenanalyse, mögliche Problemlösungen und Dokumentation bisher nur in Ausnahmefällen und bevorzugt in der stationären Pflege.

## Miktionsprotokoll

Ähnlich dem Führen einer Bilanz ist das Problem bei der Dokumentation von Toilettengängen die Tatsache, dass der ambulante Pflegedienst nur sporadisch vor Ort ist. Eine Beratung und Anleitung von Angehörigen sollte deshalb nach Möglichkeit stattfinden.

Allerdings muss man gelegentlich feststellen, dass sich die Beratung von Bezugspersonen darauf beschränkt, den Patienten mit möglichst viel Inkontinenzmaterial zu versorgen, damit insbesondere in der Nacht kein Wechsel notwendig ist. Die Pflegefachkräfte in der ambulanten Pflege empfehlen sogar gelegentlich das Durchlöchern von Inkontinenzmaterial oder das Auslegen mit Flockenwindeln. Dieses Vorgehen ist im Zusammenhang mit den Expertenstandards »Dekubitus« und »Kontinenzförderung« nicht vertretbar.

❗ Die Beratung, der regelmäßige Toilettengang und der sachgerechte Umgang mit Inkontinenzmaterial müssen in der Pflegeplanung und in der Pflegedokumentation zu finden sein. Miktionsprotokolle sollten hingegen nur dann geführt werden, wenn der Patient in der Lage ist, ein Toilettentraining zu bewältigen. In diesem Fall müssen lückenlose Eintragungen von allen Beteiligten möglich sein.

### 9.1.7 Anordnungen

Die Dokumentation von ärztlichen Anordnungen ist in der ambulanten Pflege besonders schwierig, da der anordnende Arzt nicht jederzeit verfügbar ist. Die Kommunikation findet überwiegend telefonisch statt. Für die Pflegefachkräfte eines ambulanten Pflegedienstes ist es deshalb mit einem erhöhten Aufwand verbunden, die korrekte, aktuelle Eintragung im Formular »Ärztliche Anordnungen« mit Handzeichen zu gewährleisten.

❗ Werden Medikamente oder Anordnungen ohne schriftlichen Nachweis gerichtet, verabreicht oder durchgeführt, besteht die Gefahr einer strafbaren Handlung.

Wenn vertraglich vereinbart wurde, dass der ambulanten Pflegedienst sich auch um die Beschaffung des Rezepts und der Medikamente

kümmert, kann gleichzeitig das ärztliche Anordnungsformular mit in die Praxis genommen werden, um die Eintragung und das Handzeichen zu aktualisieren. Bei Patienten, die sich selbst um die Beschaffung der Medikamente kümmern, ist die Situation komplizierter.

Zum einen besteht die Möglichkeit, eine Verordnung per Fax anzufordern und dann eine Fotokopie des Faxes in der Dokumentationsmappe abzuheften, zum anderen kann ein Zusammentreffen des Arztes mit dem Mitarbeiter des Pflegedienstes bei der Hausarztvisite vereinbart werden. Dabei besteht dann auch die Möglichkeit dringende Probleme zu besprechen. Viele Hausärzte sind mittlerweile auch bereit, bei einem Hausbesuch direkt in die Pflegedokumentation einzutragen, wenn diese bereit liegt. Einige Ärzte verweigern dies allerdings. In diesen Fällen besteht nur noch die Möglichkeit, bei Bedarf mit der Dokumentationsmappe in die Arztpraxis zu fahren.

**Tipps**

Bei Qualitätsprüfungen wird nicht nur darauf geachtet, dass die verordneten Medikamente mit Datum und Handzeichen versehen sind, es sollte auch die Bedarfsmedikation entsprechend eingetragen sein. Dazu gehört der Name des Medikaments, die Indikation des Bedarfsfalls, die zu verabreichende Dosierung und die maximale Dosis in 24 Stunden. Einige Dokumentationssysteme beinhalten auf dem Formular bereits vorgedruckte Spalten, die eine korrekte Eintragung erleichtern und erinnern.

### 9.1.8 Vitalwerte

Bei Patienten, bei denen die Kontrolle von Vitalwerten ärztlich verordnet wurde, muss auf eine entsprechende Dokumentation geachtet werden. Oftmals findet man unregelmäßige Eintragungen, besonders dann, wenn die Anordnung schon länger zurückliegt. Solange die ärztliche Anordnung auf dem Anordnungsformular eingetragen und nicht abgesetzt wurde, müsste die Anordnung auch durchgeführt werden.

> **Tipps**
>
> Im Rahmen der Evaluation der Pflegeplanung sollten deshalb auch die Anordnungsformulare auf Aktualität hin überprüft werden.

Bei Patienten mit einer bekannten Hypertonie oder einem Diabetes sollte außerdem bei Auffälligkeiten eine Blutdruck- oder Blutzuckermessung durchgeführt werden, auch wenn diese nicht für diesen Zeitpunkt verordnet wurde.

### 9.1.9 Leistungsnachweise

Korrekte, eigenhändige und zeitnahe Eintragungen im Leistungsnachweis sind für jeden ambulanten Pflegedienst unerlässlich. Die juristische Bedeutung dieser Dokumentation muss jedem Mitarbeiter bewusst sein.

> **Tipps**
>
> Gerade bei Prüfungen der Qualität werden Handzeichen in Leistungsnachweisen detailliert unter die Lupe genommen und zum Teil mit Dienstplänen verglichen. Bei Abweichungen steht immer der Verdacht des Abrechnungsbetrugs im Raum. Wegen der Häufung entsprechender Vorkommnisse, wird diesem Problem in den letzten Jahren vermehrt Aufmerksamkeit geschenkt.

Ein weiterer Aspekt bei der Eintragung in Leistungsnachweise ist die Qualifikation der abzeichnenden Pflegekräfte, vor allem bei Maßnahmen der Behandlungspflege. Die Pflegedienstleitung eines ambulanten Pflegedienstes muss schon bei der Dienst- und Routenplanung eine entsprechende Qualifikation berücksichtigen, da sie an-

sonsten für Abweichungen die Verantwortung übernehmen muss.

Schließlich ist die korrekte Eintragung im Leistungsnachweis für die Abrechnung der erbrachten Leistungen unabdingbar, insbesondere dann, wenn der Patient Maßnahmen verweigert hat. Möchte eine Pflegekraft beispielsweise eine große Toilette durchführen, da diese geplant war, der Patient aber an diesem Tag lieber eine kleine Toilette möchte, muss dies im Leistungsnachweis geändert werden.

### 9.1.10 Pflegebericht

Alle Besonderheiten, neue aufgetretene Probleme, Kommunikation mit Patient, Arzt, Betreuern und Bezugspersonen und Abweichungen von der geplanten Pflege müssen aus dem Pflegebericht erkennbar sein. Eine tägliche Eintragung im Pflegebericht ist nicht erforderlich, sofern keine Besonderheiten vorliegen. In diesem Fall sollte allerdings mindestens einmal in der Woche eine kurze Zusammenfassung der vergangenen Tage eingetragen werden.

Interessanterweise finden sich in Pflegeberichten nicht selten neu beobachtete Pflegeprobleme, die über einige Tage erwähnt werden, dann aber auf einmal nicht mehr thematisiert werden. Wird ein Pflegeproblem im Pflegebericht beschrieben, sollten aber immer eine Konsequenz und ein Verlauf aus dem Bericht entnommen werden können.

> **Beispiel**
>
> Pflegebericht:
>
> 3.5.08 Frau Müller leidet unter starken Kopfschmerzen.
>
> 5.5.08 Bei Frau Müller ist eine Rötung am Steiß aufgetreten.
>
> 8.5.08 Die Patientin ist heute sehr verwirrt, verwechselte mich mit ihrer Tochter, Rötung nicht gebessert.
>
> 14.5.08 Keine Besonderheiten, Patientin geht es gut.

## 9.1.11 Überleitung

Seit der Implementierung des Expertenstandards »Entlassungsmanagement« hat die Überleitung eines Patienten an Bedeutung zugenommen. Kliniken sind verpflichtet, die Versorgung des Patienten in der häuslichen Umgebung so vorzubereiten, dass ein »Drehtür-Effekt« vermieden wird. Umgekehrt ist es für den Patienten auch wichtig, dass der ambulante Pflegedienst bei einem stationären Aufenthalt Informationen über den Pflegezustand zeitnah an das Krankenhaus übermittelt. Das Vorhandensein eines Überleitungsbogens wird deshalb als verpflichtend angesehen.

Im Überleitungsformular sollten einige Angaben schon vorher eingetragen werden, um im Falle einer akuten Krankenhauseinweisung Zeit zu sparen.

**Informationen auf dem über Überleitungsblatt:**
- Personalien
- Ggf. Angaben zur Betreuung, besser Kopie des Betreuerausweises
- Ggf. Kopie der Patientenverfügung
- Diagnosen
- Besonderheiten, z. B. Allergien
- Hilfsmittel
- Körperliche Einschränkungen, Pflegebedarf
- Medikamente
- Diät

❗ Das Überleitungsformular muss immer aktuell und greifbar in der Pflegedokumentationsmappe vorbereitet sein.

**Rechtliche Hinweise**

Sowohl in den Qualitätsberichten des Medizinischen Dienstes des Spitzenverbandes Bund der Krankenkassen (MDS) als auch in den Medien werden die Anforderungen und Ergebnisse der Pflege in stationären Einrichtungen mit denen im ambulanten Bereich

▼

oft durcheinander gebracht. Bei der ambulanten Pflege ist die prinzipielle Frage nicht abschließend geklärt, ob der ambulante Pflegedienst nur für die Leistungen haftet, die der Versicherte in Anspruch nimmt bzw. die der Kostenträger bezahlt.

Gerade im Bereich der Ernährung ist diese Frage von enormer Wichtigkeit. Besteht der singuläre Auftrag beispielsweise in einer Injektion, ist zu hinterfragen, ob dem Pflegedienst Versorgungsdefizite, z. B. eine Exsikkose, angelastet werden können. Der Pflegedienst muss gerade beim Erstbesuch in der Anamnese auf bestimmte Risiken oder Mangelerscheinungen hinweisen. Dies gilt vor allem bei Patienten mit schlechtem Haut- und Ernährungszustand bzw. sich anbahnendem oder vorhandenem Dekubitus. Hier kommt der Dokumentation eine erhebliche Bedeutung zu, um im Streitfall Beweise zu erbringen. Als haftungsrechtliches Beweismittel dient die Dokumentation der Entlastung des Pflegepersonals, wenn sie vollständig, ordnungsgemäß und im unmittelbaren zeitlichen Zusammenhang erstellt wurde.

Vor Gericht wird sie als Wahrnehmung der Sorgfaltspflicht gewertet. Dokumentation wird bei häuslichen Pflegediensten zu einem hohen Prozentsatz als Schwachstelle gewertet. Inhaber von ambulanten Diensten und Pflegedienstleitung sollen regelmäßig praxisnahe Schulungen, Workshops und Weiterbildungen im Bereich der Dokumentation durchführen. Nicht die Menge des Dokumentierten ist entscheidend, sondern die Transparenz und die Verständlichkeit.

Sollte die Notwendigkeit bestehen, dass im Einzelfall Maßnahmen entweder nachträglich ergänzt werden müssen, da sie versehentlich vergessen wurden, oder Maßnahmen nachweislich falsch eingetragen wurden, muss diese Korrektur transparent gekennzeichnet

▼

sein und möglichst von dem Mitarbeiter, im Zweifelsfall von der Pflegedienstleitung zusätzlich gegengezeichnet werden. Änderungen müssen erkennbar, nachvollziehbar und beweisbar sein.

Werden in der Dokumentation Not- oder Einweisungsblätter hinterlegt, ist darauf zu achten, dass alle darauf stehenden Daten brandaktuell sind. Gerade im Bereich von Medikamentengaben oder Verordnung der Häuslichen Krankenpflege können schnell akute Änderungen aufgetreten sein, die im Zweifelsfall bei der Krankenhauseinweisung nicht mehr zum Tragen kommen. Hat der Patient bei der Einweisung ein Blatt dabei, aus dem hervorgeht, von wem er versorgt wurde, muss die Pflegeeinrichtung damit rechnen, auch zu ungünstigen Zeiten von der Klinik angerufen zu werden, um Auskunft zu geben. Solche Situationen sind im Erstgespräch im Zweifelsfall zu erfragen und zu benennen (▶ Kap. 5.1).

Gerade beim Überleitungsmanagement wird in der Theorie oft darüber diskutiert, wie die Überleitung vom ambulanten in den stationären Bereich verbessert werden kann. Bei 95 % der Krankenhauseinweisungen vom ambulanten in den stationären Bereich weiß der ambulante Dienst in der Regel der Fälle nicht, wann, von wem und wohin der Patient eingewiesen wurde. Genauso wenig wissen Krankenhäuser in der Regel der Fälle, von wem der eingelieferte Patient versorgt wurde. Für die Überleitung ist es wichtig, dass alle wesentlichen Informationen aktuell enthalten sind.

Angehörige könnten hier ein wichtiges Bindeglied sein, um sofort den Pflegedienst bei der Einweisung zu informieren, damit dieser sich zeitnah mit der stationären Einrichtung in Verbindung setzen kann, um eine hochgradig qualitätsorientierte Überleitung zu gewährleisten.

---

**Tipps**

**Übung:**

Die Dokumentation von Mitarbeiter A wird mit der Dokumentation des Patienten von Mitarbeiter B jeweils ausgetauscht. Mitarbeiter B muss die Dokumentation von Mitarbeiter A interpretieren und in entsprechenden Handlungsschritten aufzeigen können, wo der Fehler in der Dokumentation liegt. Die Mitarbeiter können so lernen, kurz und prägnant zu dokumentieren.

# Pflegequalität

## 10.1    Qualitätsmanagement

Am 1. Januar 2002 trat das Gesetz zur Qualitätssicherung und zur Stärkung des Verbraucherschutzes in der Pflege, das Pflege-Qualitätssicherungsgesetz (PQsG) in Kraft. Dadurch wurde das Sozialgesetzbuch XI um die Bereiche Verbraucherrechte und Sicherung der Qualität erweitert. Die Leistungserbringer werden nun in § 80 SGB XI zur Qualitätssicherung und zur Einführung eines einrichtungsinternen Qualitätsmanagements verpflichtet. Zum 01.07.2008 trat ergänzend das Pflegeweiterentwicklungsgesetz in Kraft und vervollständigte damit die Bereiche Qualitätsmanagement, Qualitätssicherung und Leistungsanforderung für Einrichtungen der stationären und ambulanten Pflege.

In diesem Kapitel werden folgende Fragen erläutert:

1. Was beinhaltet das Pflege-Qualitätssicherungsgesetz?
2. Was bedeutet Qualitätsmanagement?
3. Wie erstellt man ein QM-Handbuch?

### 10.1.1    Pflege-Qualitätssicherungsgesetz (PQsG)

Zur Stärkung der Verbraucherrechte und zur Sicherung der Pflegequalität wurde das Sozialgesetzbuch XI mit Wirkung zum 1. Januar 2002 ergänzt und somit die Leistungserbringer zur Teilnahme an Maßnahmen der internen Qualitätssicherung verpflichtet.

In der folgenden Tabelle erfolgt eine Auflistung der wichtigsten Paragraphen des PQsG (□ Tab. 10.1).

Durch die Verabschiedung der Ergänzungen des SGB XI hat der Gesetzgeber den Stellenwert der Qualität pflegerischer Leistungen erhöht und gleichzeitig die externe Qualitätssicherung durch Prüfung durch den MDK oder unabhängige Sachverständige und Prüfstellen untermauert.

Die zugelassenen Pflegeeinrichtungen werden verpflichtet, sich an Maßnahmen zur Qualitätssicherung zu beteiligen und in regelmäßigen Abständen die erbrachten Leistungen und deren Qualität nachzuweisen.

Die Implementierung eines einrichtungsinternen Qualitätsmanagementsystems (QMS) ist somit für alle Einrichtungen unerlässlich. Gerade in der ambulanten Pflege zeigen sich jedoch immer wieder Unklarheiten und Widerstände bei der Einführung eines Qualitätsmanagements.

Einerseits wurde kritisiert, dass Qualität nicht von außen in eine Pflegeeinrichtung »hineingeprüft« werden kann, andererseits sind die prüfenden Institutionen nicht unabhängig und die Pflegekassen werden gestärkt. Darüber hinaus entsteht ein Widerspruch zwischen dem freien Markt und der Wirtschaftlichkeitsprüfung.

### Einführung eines Qualitätsmanagementsystems (QMS)

In vielen ambulanten Pflegediensten wurde inzwischen ein Qualitätsmanagementsystem eingeführt. Die Effektivität dieser Maßnahmen ist jedoch in hohem Maße abhängig von der persönlichen Einstellung der Einrichtungsleitung und der Mitarbeiter zu diesem Thema. Desinteresse und Ablehnung sind nicht selten, so dass die Qualitätsarbeit häufig als Zeitverschwendung empfunden wird.

> **Tipps**
>
> Die Einführung eines übersichtlichen, geeigneten und lebendigen QMS kann Arbeitsabläufe optimieren, Rechtssicherheit gewährleisten, eine kontinuierliche Verbesserung bewirken und die Zufriedenheit von Patienten und Mitarbeitern verbessern.

Um eine strukturierte Implementierung zu ermöglichen, kann die Orientierung am folgenden Schema nützlich sein.

**▣ Tab. 10.1.** Wichtige Paragraphen des PQsG

| Paragraph des SGB XI | Inhalt |
| --- | --- |
| § 80 | Maßstäbe und Grundsätze zur Sicherung und Weiterentwicklung der Pflegequalität |
| § 112 | Grundsätze der Qualitätssicherung, interne Qualitätssicherung, Beratung durch den Medizinischen Dienst der Krankenversicherung (MDK) |
| § 113a | Entwicklung von Expertenstandards durch die Vertragsparteien |
| § 113b | Einrichtung einer gemeinsamen Schiedsstelle zur Qualitätssicherung bis September 2008 |
| § 114 | Örtliche Prüfung |
| § 115 | Ergebnisse von Qualitätsprüfungen, Kürzung der Vergütung |
| § 118 | Rechtsverordnung zur Beratung und Prüfung von Pflegeeinrichtungen |
| § 120 | Pflegevertrag bei häuslicher Pflege |

**Implementierung von Qualitätsmanagement:**

1. Information und Fortbildung aller Mitarbeiter
2. Erhebung des IST-Zustands
3. Erkennen von Defiziten und Ressourcen
4. Festlegung des SOLL-Zustands
5. Planung der Maßnahmen in einem Qualitätszirkel
6. Identifizierung der Kernprozesse
7. Erstellung eines QM-Handbuchs
8. Evaluation zur kontinuierlichen Verbesserung

❗ Nicht alle Mitarbeiter sind von der Notwendigkeit eines Qualitätsmanagementsystems (QMS) überzeugt und gelegentlich wird es sogar ignoriert oder boykottiert. Aus diesem Grund ist es unerlässlich, alle Beteiligten »mit ins Boot zu nehmen«. Eine verbindliche Zeitplanung ist Grundvoraussetzung für das Gelingen und sollte den Mitarbeitern genügend Raum zur Gewöhnung an die neuen Vorgaben geben, damit sie im Umgang Sicherheit gewinnen. Trotzdem muss der Zeitrahmen so straff geplant werden, dass die Bemühungen nicht ausufern und ein Weiterkommen erkennbar ist. Endlose Diskussionen in Qualitätszirkeln müssen vermieden werden.

## 10.1.2 QM-Handbuch

Das QM-Handbuch ist eine Loseblatt-Sammlung von Aufzeichnungen, die sich mit Regelungen zur Erbringung einer sach- und fachgerechten Pflege befassen. Dazu zählen Gesetzestexte, Verfahrensanweisungen, Dienstanweisungen, Formulare, Checklisten, graphische Darstellungen von Prozessen, Standards, Nachweisdokumente und Aufzeichnungen. Aus Gründen der Übersichtlichkeit und der Vollständigkeit ist es sinnvoll, sich an der Gliederung eines speziellen QMS zu orientieren. In diesem Abschnitt wird als Beispiel für den Aufbau eines Handbuchs das Inhaltsverzeichnis eines Qualitätsmanagement-Handbuchs auf der Grundlage der DIN EN ISO 9001:2000 dargestellt (► Anhang 16).

Dieses QMS wurde gewählt, weil es sich um ein anerkanntes, bewährtes und umfassendes Verfahren handelt. Die industriell geprägte Sprache ist zwar für Pflegekräfte zunächst gewöhnungsbedürftig, die Inhalte lassen sich jedoch problemlos auf den Pflegebereich übertragen.

**Gliederung der ISO 9001:2000**
- Qualitätsmanagement
  - Allgemeine Anforderungen
  - Dokumentationsanforderungen

- Verantwortung der Leitung
  - Verpflichtung der Leitung
  - Kundenorientierung
  - Qualitätspolitik
  - Planung
  - Verantwortung, Befugnis und Kommunikation
  - Managementbewertung
- Management von Ressourcen
  - Bereitstellung von Ressourcen
  - Personelle Ressourcen
  - Infrastruktur
  - Arbeitsumgebung
- Produktrealisierung
  - Planung der Produkt- oder Leistungsrealisierung
  - Kundenbezogene Prozesse
  - Entwicklung
  - Beschaffung
  - Produktion und Dienstleistungserbringung
  - Lenkung von Überwachungs- und Messmitteln
- Messung, Analyse und Verbesserung
  - Überwachung und Messung
  - Lenkung fehlerhafter Produkte
  - Datenanalyse
  - Verbesserung

Auf den ersten Blick erscheint diese Gliederung unverständlich und für den praktischen Einsatz im Pflegebereich nicht geeignet. Sobald die einzelnen Punkte jedoch an die Erfordernisse eines ambulanten Pflegedienstes angepasst wurden, kann mit diesem System gut gearbeitet werden. Von Vorteil ist vor allem die klare Struktur, da ein Qualitätsmanagement-Handbuch mit einem Umfang von mehreren 100 Seiten für den Alltag nicht tauglich ist.

Das QM-Handbuch ist für die Einarbeitung neuer Mitarbeiter, für die einheitliche Durchführung von Pflegemaßnahmen und bei der MDK-Prüfung von Nutzen, allerdings müssen die Inhalte des Handbuchs jedem Mitarbeiter bekannt sein.

**Buchtipp**

Ausführlichere Informationen zur Implementierung eines QMS und zur Erstellung eines QM-Handbuchs finden sich in dem Buch »Das QM-Handbuch – Qualitätsmanagement für die ambulante Pflege von S. Schmidt, Springer Verlag, Heidelberg.

**Rechtliche Hinweise**

Seit dem Jahre 2002 steht im Pflegequalitätssicherungsgesetz (PQSG), dass die Pflegequalität nicht in die Einrichtung hinein geprüft werden kann. Im zum 01.07.2008 in Kraft getretenen Pflegeweiterentwicklungsgesetz heißt es, dass ab 2010 alle Einrichtungen in Deutschland jährlich geprüft werden sollen. Ob durch diese Prüfung die Macht und die Kulisse der Kostenträger und Medizinischen Dienste vergrößert werden oder ob tatsächlich Transparenz und Qualität der Pflege verbessert wird, bleibt abzuwarten. Qualitätsmanagement und Qualitätssicherung sind eindeutig Aufgaben der Pflegeeinrichtung. Dabei ist es weniger entscheidend, ob der Pflegedienst nachweisen kann, dass er ein Qualitätsmanagementkonzept hat, vielmehr ist es wichtig, dass dieses Konzept tagtäglich gelebt und in die Praxis umgesetzt wird. Qualitätsmanagementkonzepte müssen verständlich und so formuliert sein, dass die Mitarbeiter die Zusammenhänge begreifen, vor allem aber den Sinn des Qualitätsmanagements verstehen. Ist dies nicht der Fall, werden Qualitätsmanagement und Qualitätssicherung von Mitarbeitern als bürokratische Belastung empfunden. Ambulanten Einrichtungen ist zu empfehlen, regelmäßig interne und externe Audits zu erstellen. Kann der Pflegedienst nachweisen, dass er im Rahmen seines Pflegemanagements sich regelmäßig überprüft hat und entsprechende Mängel in der Qualitätssicherung behoben hat, ist ein entstandener Fehler oder ein Fehlverhalten anders zu bewerten als in einer Einrichtung, die kein Qualitätsmanagement betreibt. Gerade das Aufdecken und Transparentmachen von Fehlern ist ein entscheidender Teil von Qualitätsmanagement, gelebten pflegefachlichen Handelns.

Regelmäßige Fort-, Aus- und Weiterbildung und Risikomanagement spielen eine entscheidende Rolle. Leider wurden in Deutschland in den seltensten Fällen Qualitätsanforderungen gleichzeitig finanziell entsprechend honoriert. Pflegedienste stehen vor einer großen Herausforderung, den immer wachsenden und steigenden Qualitätsanforderungen gerecht zu werden. Qualitätssicherung ist dabei keine rein statische Aufgabe, sondern ein sich immer weiter entwickelnder Prozess, der stets auf der Suche nach Verbesserung ist.

## 10.2 Expertenstandards

Das deutsche Netzwerk für Qualitätsentwicklung in der Pflege (DNQP) ist eine Kooperation von Experten der Pflege, die sich mit der Weiterentwicklung der Pflegequalität beschäftigen. Dabei spielt die Entwicklung, Konsentierung und Implementierung evidenzbasierter Expertenstandards eine zentrale Aufgabe. Für die Durchführung wissenschaftliche Projekte steht ein Team an der Fachhochschule Osnabrück zur Verfügung.

In Kooperation mit dem Deutschen Pflegerat (DPR) und mit finanzieller Förderung des Bundesministeriums für Gesundheit (BMG) wurden seit 1999 sechs Expertenstandards erarbeitet, weitere Standards sind in Planung.

Dieses Kapitel beschäftigt sich mit folgenden Fragestellungen:

1. Welche juristische Bedeutung besitzen Expertenstandards?
2. Welche Expertenstandards wurden bereits implementiert?
3. Welche Standards sind geplant?
4. Was ist bei der Umsetzung zu beachten?

### 10.2.1 Bedeutung von Expertenstandards

Als Instrument der Qualitätsentwicklung auf nationaler Ebene wurden vom Deutschen Netzwerk für Qualitätsentwicklung in der Pflege (DNQP) in Kooperation mit dem Deutschen Pflegerat (DPR) und der Fachhochschule Osnabrück und mit finanzieller Förderung des Bundesministeriums für Gesundheit (BMG) seit 1999 Expertenstandards erarbeitet. Dabei handelt es sich um allgemein gültige Standards, die mit wissenschaftlichen Methoden erstellt und überprüft werden.

In einer ersten Phase der Entwicklung wird von anerkannten, unabhängigen Pflegeexperten eine ausführliche Literaturrecherche durchgeführt, danach folgt die Erstellung des Standards unter Berücksichtigung aktueller pflegewissenschaftlicher Forschungsergebnisse und schließlich die Konsensfindung mit einer breiten Fachöffentlichkeit. Dabei wird der von der Expertenarbeitsgruppe erstellte Entwurf in einer Konsensuskonferenz mit dem Fachpublikum erörtert. Mit wissenschaftlicher Begleitung erfolgt dann die modellhafte Einführung in Referenzeinrichtungen, etwa 25 stationäre und ambulante Einrichtungen bundesweit. In den beteiligten Einrichtungen werden Qualitätsmessungen durchgeführt, die anschließend ausgewertet und veröffentlicht werden. Erst dann erfolgt die endgültige Implementierung.

Unter Berücksichtigung der Methodik der Implementierung und evidenzbasierten Arbeitsweise anerkannter Experten haben diese Expertenstandards eine juristische Bedeutung erlangt.

Nach bisheriger Auffassung der Rechtsprechung handelt es sich bei einem Expertenstandards um ein antizipiertes, also vorweggenommenes Sachverständigengutachten, da der heute allgemein anerkannte Stand pflegerischer Forschung als Grundlage dient. Im Schadensfall kann es dadurch zur Beweislasterleichterung oder -umkehr kommen, die Pflegeeinrichtung müsste dann anhand der Dokumentation beweisen können, dass eine korrekte Leistungserbringung stattfand. Eine Nichtbeachtung oder Nichtumsetzung bedeutet aus haftungsrechtlicher Sicht in jedem Fall eine Fahrlässigkeit und folglich ein Verschulden. Dies kann sowohl strafrechtliche als auch zivilrechtliche Konsequenzen bedeuten. Gerade bei der Entstehung eines Dekubitus oder bei Stürzen kommt es immer wieder zu Schmerzensgeldansprüchen oder Regressforderungen durch die Krankenkassen.

## Implementierte Expertenstandards

Seit 1999 wurden sechs Expertenstandards entwickelt, konsentiert und implementiert. Diese Expertenstandards sind somit von allen Pflegeeinrichtungen zu berücksichtigen und durch eine Pflegefachkraft in die einrichtungsinternen Standards zu integrieren.

**Implementierte Expertenstandards (Stand 2008):**

- Expertenstandard Dekubitusprophylaxe in der Pflege (2. Auflage 1999-2002)
- Expertenstandard Entlassungsmanagement in der Pflege (April 2004)
- Expertenstandard Schmerzmanagement in der Pflege (Mai 2005)
- Expertenstandard Sturzprophylaxe in der Pflege (Februar 2006)
- Expertenstandard Förderung der Harnkontinenz in der Pflege (April 2007)
- Expertenstandard Pflege von Menschen mit chronischen Wunden (Juni 2008)

Der Expertenstandard Pflege von Menschen mit chronischen Wunden wurde im März 2008 erarbeitet, die Konsentierung und anschließende Implementierung ist für Oktober 2008 geplant.

Alle Expertenstandards sind nach einem einheitlichen Schema aufgebaut, wobei jeweils die Struktur-, Prozess- und Ergebnisqualität betrachtet werden. Standardaussagen finden ihre Entsprechung in messbaren Struktur-, Prozess- und Ergebniskriterien und werden im Kommentar inhaltlich begründet. Ergänzt werden sie durch ausführliche Literaturangaben. Weitere wichtige Inhalte sind die Qualifikation, die Risikoerhebung und die Beratung von Patienten und Angehörigen.

### Expertenstandard Dekubitusprophylaxe

Dieser Expertenstandard ist für alle Pflegeeinrichtungen von Bedeutung, da eine fehlerhafte Durchführung der Dekubitusprophylaxe überall auftreten und zu haftungsrechtlichen Problemen führen kann. Der Standard beschäftigt sich vor allem mit der regelmäßigen Erhebung des Dekubitusrisikos, mit der Bedeutung der Druckreduzierung und Bewegungsförderung und anderen Einflussfaktoren auf die Gewebetoleranz.

Bei der Einführung des Expertenstandards Dekubitusprophylaxe sollte gleichzeitig auch die Grundsatzstellungnahme Dekubitus des Medizinischen Dienstes des Spitzenverbandes Bund der Krankenkassen (MDS) berücksichtigt werden (▶ Kap. 10.3).

### Expertenstandard Entlassungsmanagement

Dieser Standard wendet sich vor allem an stationäre Einrichtungen und spielt deshalb in der ambulanten Pflege keine große Rolle. Die Bedeutung der Überleitung für das Wohlbefinden des Patienten ist jedoch auch in der ambulanten Pflege zu berücksichtigen, so dass ein hauseigener Pflegestandard zu diesem Thema existieren sollte.

### Expertenstandard Schmerzmanagement

Dieser Expertenstandard gilt ebenfalls für alle Pflegeeinrichtungen und sollte insbesondere bei ambulanten Pflegediensten implementiert werden, die sich mit der Betreuung von onkologischen Patienten befassen. Für Hospizdienste und andere palliative Einrichtungen ist dieser Standard unerlässlich, alle anderen Pflegeeinrichtungen können eventuell mit dem geplanten Expertenstandard Schmerzmanagement bei chronisch nicht-malignen Schmerzen, der 2010 erscheinen soll, besser arbeiten. Bis dahin kann der Expertenstandard Schmerzmanagement zumindest teilweise auf alle Schmerzpatienten angewendet werden.

### Expertenstandard Sturzprophylaxe

Auch dieser Expertenstandard ist für alle Pflegeeinrichtungen von Bedeutung, da das Ereignis eines Sturzes häufig und überall vorkommt und zu haftungsrechtlichen Konsequenzen führen kann. In der ambulanten Pflege ist jedoch die häusliche Umgebung des Patienten zu bedenken, so dass ein Sturz nicht immer vermeidbar ist.

Aus diesem Grunde stellt die Beratung des Patienten und seiner Angehörigen bezüglich Sturzrisiken und deren Vermeidung die wichtigste Maßnahme der Sturzprophylaxe im ambulanten Bereich dar. Da nicht alle Patienten eine Beratung wünschen, verstehen oder berücksichtigen können, ist die Dokumentation der durchgeführten Beratungsgespräche besonders wichtig.

### Expertenstandard Förderung der Harnkontinenz

Auch dieser Expertenstandard gilt prinzipiell für alle Pflegeeinrichtungen, im ambulanten Bereich ist die Umsetzung jedoch besonders schwierig, da kontinenzfördernde Maßnahmen nur dann einen Effekt haben, wenn sie regelmäßig durchgeführt werden. Da dies zumeist mit einer erhöhten Hausbesuchsfrequenz und deshalb mit einer finanziellen Belastung des Patienten verbunden ist, sind die Voraussetzungen zur Kontinenzförderung nicht bei allen Patienten gegeben.

Dieser Standard erfordert detaillierte Kenntnisse der Pflegefachkraft bei der Einschätzung der Kontinenz und ist deshalb mit einem hohen Schulungsbedarf der Mitarbeiter verbunden. Darüber hinaus wird die Umsetzung durch die Tatsache erschwert, dass nicht bei allen Patienten kooperationsbereite Angehörige zur Verfügung stehen. Toilettengänge oder das Führen eines mit Miktionsprotokolls stellt für die meisten Angehörigen eine Überforderung dar.

Dennoch sollte eine größtmögliche Umsetzung des Expertenstandards angestrebt werden, da das Pflegeproblem Inkontinenz für die meisten Patienten eine deutliche Einschränkung der Lebensqualität bedeutet. Eine wichtige Aufgabe der Pflegefachkraft ist deshalb auch auf diesem Gebiet die Pflegeberatung.

### Expertenstandard Pflege von Menschen mit chronischen Wunden

Grundsätzlich ist die Wundversorgung eine multiprofessionelle Aufgabe. Der Expertenstandard beschreibt den pflegerischen Beitrag zur Versorgung von Menschen mit chronischen Wunden in Kooperation mit anderen Berufsgruppen unter Berücksichtigung der Förderung und Erhaltung des Wohlbefindens und der Eigenständigkeit. Mit jeder chronischen Wunde sind neben körperlichen Beeinträchtigungen (z. B. Schmerzen) auch Einschränkungen der Selbstständigkeit und des sozialen Lebens verbunden. Hauptsächliche Gründe dafür sind mangelnde Bewegungsfähigkeit und Belastungen, die durch Wundgeruch und -exsudat hervorgerufen werden. Aufgabe der Pflege ist die Förderung und Erhaltung des Selbstmanagements und des Wohlbefindens der Betroffenen. Sie sollte soweit wie möglich Maßnahmen zur Heilung der Wunde, zur Symptom- und Beschwerdekontrolle und zur Rezidivprophylaxe erlernen und das Erlernte in ihren Alltag integrieren und nachhaltig umsetzen.

Dieser Standard ist für alle Einrichtungen gültig, in denen Menschen mit chronischen Wunden gepflegt werden, und muss deshalb auch in der ambulanten Pflege umgesetzt werden. Wissen und Kompetenz zur Schulung und

Beratung ist wie bei den anderen Expertenstandards auch Grundvoraussetzung für die Implementierung.

## Geplante Expertenstandards

In Planung befinden sich derzeit noch mindestens zwei weitere Expertenstandards, da die Qualitätsstrategie der Gesundheitsministerkonferenz eine weitere Entwicklung der Qualität im deutschen Gesundheitswesen begrüßt.

**Geplante Expertenstandards:**

- Expertenstandard bedürfnis- und bedarfsgerechte Nahrungs- und Flüssigkeitsaufnahme bei pflegebedürftigen Menschen (2007–2009)
- Expertenstandard Schmerzmanagement bei chronisch nicht-malignen Schmerzen (2008–2010)

Trotz der prinzipiell erwünschten Förderung der Pflegequalität, existiert auch Kritik an der Entwicklung und Umsetzung der Standards. Zum einen wird der mangelnde Umsetzungsgrad an der Basis beanstandet, zum anderen wird bemängelt, dass in den Expertenstandards unklare, unverständliche Formulierungen zu finden sind, dass diese erworben werden müssen und dass etliche Fragestellungen unbeantwortet bleiben. So ist beispielsweise der zuerst implementierte Expertenstandard Dekubitusprophylaxe noch nicht allen Pflegekräften bekannt. Gerade in der ambulanten Versorgung werden bei der Dekubitusprophylaxe immer noch Defizite festgestellt.

## 10.2.2 Umsetzung von Expertenstandards

Trotz mehrjährigem Vorliegen der Expertenstandards ist es noch nicht allen Einrichtungen der ambulanten Pflege gelungen, diese in den Alltag zu integrieren. Die Umsetzung erfordert zeitliche und finanzielle Ressourcen und au-

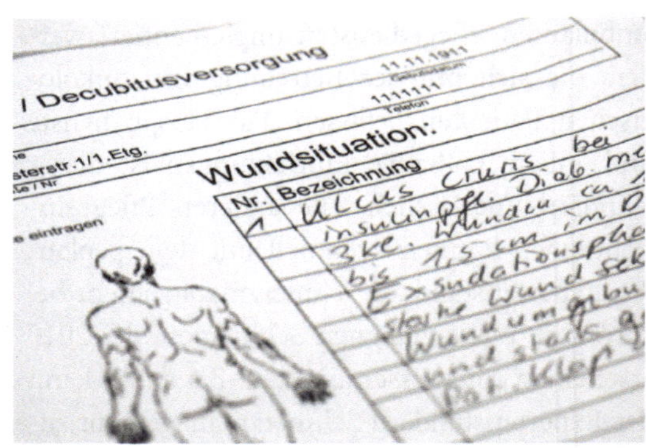

**Abb. 10.1.** Wunddokumentation

ßerdem die Bereitschaft und das Interesse der Mitarbeiter.

Die Mitarbeiter müssen zunächst Gelegenheit haben, den Standard und das damit verbundene aktuelle Pflegewissen zu erwerben und bei Bedarf in diesem Bereich entsprechend fortgebildet werden. Die Einrichtung sollte deshalb alle notwendigen Materialien beschaffen und nach Ermittlung des Fortbildungsbedarfs Schulungsmaßnahmen anbieten. Anschließend können die neu gewonnenen Kenntnisse und Fähigkeiten in den einrichtungsinternen Pflegestandard eingearbeitet werden. Auch hierbei sollten nach Möglichkeit alle Pflegefachkräfte beteiligt werden.

Der neue erarbeitete hauseigene Pflegestandard muss dann selbstverständlich allen Mitarbeitern bekannt gemacht und ausgehändigt werden. Zeigen sich im Team Widerstände, ist es sinnvoll, die Kenntnisnahme durch ein Handzeichen bestätigen zu lassen. Dadurch verpflichten sich die Mitarbeiter, auch tatsächlich nach dem Standard zu arbeiten.

Bei der Umsetzung von Expertenstandards darf die Personalfluktuation nicht unbeachtet bleiben. Der ambulante Pflegedienst muss sicherstellen, dass alle neu eingestellten Mitarbeiter ebenfalls geschult werden und bei der täglichen Leistungserbringung eine Orientierung am Expertenstandard stattfindet.

> **Tipps**
>
> Um dies zu gewährleisten, sollten alle Pflege-
> standards, zu denen Expertenstandards veröf-
> fentlicht wurden, in der Einarbeitungsmappe
> für neue Mitarbeiter oder auch für Auszubil-
> dende und Praktikanten enthalten sein.

## Checkliste Expertenstandards:

- Expertenstandard zur Verfügung stellen
- Mitarbeiter über die Notwendigkeit infor-
  mieren
- Fortbildung aller Mitarbeiter über Inhalte
  der Standards
- Schulung aller Mitarbeiter über den aktuel-
  len Stand der Pflegewissenschaft
- Einarbeitung des Expertenstandards in den
  einrichtungsinternen Pflegestandard, z. B.
  im Qualitätszirkel
- Hauseigenen Pflegestandard allen Mitarbei-
  tern aushändigen
- Ggf. Verfahrensanweisung
- Berücksichtigung bei der Einarbeitung und
  Schulung neuer Mitarbeiter

Bei der Umsetzung von Expertenstandards liegt
die schwierige Situation der ambulanten Pflege
darin, dass die Mitarbeiter anders als im stationären Bereich nur kurzfristig vor Ort sind. Mit geringen Mitteln und in sehr begrenzter Zeit müssen ambulante Pflegedienste den gleichen Standard umsetzen wie Pflegekräfte, die 24 Stunden
anwesend sind. Die Schulung der Mitarbeiter, insbesondere auch auf dem Gebiet der Kommunikation (▶ Kap. 2.2) ist deshalb unerlässlich, um eine
praxisorientierte Weitergabe des Wissens an den
Patienten und seine Angehörigen zu erreichen.

Wenn Patienten und Angehörige die Arbeit
des professionellen Pflegedienstes nicht unterstützen und fortführen, ist es kaum möglich, bei
wenigen Kontakten am Tag die Implementierung von Expertenstandards mit einer nachhal-
tigen Wirkung zu erzielen. Eine Differenzierung
von Expertenstandards für den ambulanten und
den stationären Bereich könnte dazu beitragen,
eine sinnvolle Umsetzung zu ermöglichen.



Mit dem Inkrafttreten des Pflegeweiterentwicklungsgesetzes hat zum 01.07.2008
die Anwendung und Implementierung von
Expertenstandards in die tägliche Arbeit und
damit ins Pflegekonzept eine gesetzliche
Grundlage erhalten. Anders als bei einer 24-
stündigen stationären pflegerischen Betreuung müssen die Pflegedienste mit geringen
Mitteln und in sehr begrenzter Zeit eine
möglichst optimale Lösung bei der Planung,
Implementierung und Umsetzung der Pflegestandards finden.

Deshalb sind die Schulung der Mitarbeiter,
auch zum Thema Kommunikation, und die
praxisorientierte Weitergabe des Wissens
Fundamente einer effektiven Arbeit. Mitarbeiter müssen nicht nur die Fachlichkeit verstehen, sondern diese den Angehörigen, zum
Teil auch den Patienten, situationsgerecht
erklären, Wirkungen beschreiben und Ziele
erläutern. Wenn Angehörige und Patienten
die Arbeit des professionellen Pflegedienstes
nicht unterstützen und fortführen, wird es
schwierig bei 2 bis 3 Besuchen am Tag durch
die Implementierung von Standards eine
nachhaltige Wirkung zu erzielen.

Gerade hierin liegen fundamentale Unterschiede zur stationären Vollpflege. Nur im
Team mit motivierten Angehörigen, Patienten, Ärzten und Therapeuten wird es in der
ambulanten Pflege gelingen, Expertenstandards einzusetzen. Zu wünschen wäre, dass
die Expertenstandards für den ambulanten
Bereich noch einmal reflektiert werden, um
auf die drastischen Unterschiede zwischen
klinischer Pflege, vollstationärer Altenpflege
und ambulanter Pflege reagieren zu können.
Standards müssen anwendbar, zahlbar und
umsetzbar sein. Nicht zuletzt wird die Umsetzung der Expertenstandards in der ambulanten Pflege wesentlich von Haftungsfragen,
Streitigkeiten und Regressansprüche geprägt

sein. Es ist für ambulante Dienste unumgänglich, für die angesprochenen Probleme und Fragen Lösungsansätze zu finden, um sich auf der einen Seite pflegefachlich weiterzuentwickeln und zum anderen auf mögliche Regress- und Haftungsfälle vorbereitet zu sein.

## 10.3   Grundsatzstellungnahmen

Die MDK-Gemeinschaft hat als Reaktion auf immer wiederkehrende Defizite der Ergebnisqualität bei den Qualitätsprüfungen in der stationären und ambulanten Pflege zu den häufigsten Pflegemängeln Grundsatzstellungnahmen veröffentlicht.

Dabei handelt es sich um wissenschaftlich fundierte Handlungsanweisungen, die den aktuellen Stand der Pflegewissenschaft erläutern.

Die Grundsatzstellungnahmen haben aus juristischer Sicht nicht den gleichen Stellenwert wie die Expertenstandards. Dennoch sollten sie als »Ratgeber« und Zusammenfassung der wichtigsten Auffassungen des MDS betrachtet werden und deshalb in der alltäglichen Leistungserbringung unbedingt berücksichtigt werden.

In diesem Abschnitt werden aus diesem Grund folgende Fragen beantwortet:

1. Welche Grundsatzstellungnahmen sind bisher veröffentlicht worden?
2. Welche Inhalte findet man in diesen Grundsatzstellungnahmen?

### 10.3.1   Inhalte von Grundsatzstellungnahmen

Um die bisher veröffentlichten Grundsatzstellungnahmen des MDS in der täglichen Pflege- und Betreuungsarbeit berücksichtigen zu können, ist es wichtig, dass alle Mitarbeiter mit den Inhalten vertraut sind. Bisher wurden folgende Grundsatzstellungnahmen erarbeitet.

### Grundsatzstellungnahme Dekubitus

In dieser Veröffentlichung finden sich medizinisch-pflegerische Grundlagen zur Prophylaxe und Therapie des Dekubitus.

**Inhalte:**
- Epidemiologische Grundlagen
- Pathophysiologie
- Assessmentinstrumente
- Stand der Erkenntnisse
- Druckentlastende Hilfsmittel
- Wirtschaftlichkeit
- Anforderungen an die Pflegedokumentation
- Juristische Aspekte
- Bearbeitung von Pflegefehlern

Die Berücksichtigung der Grundsatzstellungnahme Dekubitus und des Expertenstandards Dekubitusprophylaxe im hauseigenen Standard der Pflegeeinrichtung ist ein bedeutender Faktor bei der Vermeidung von Regressforderungen im Falle der Neuentstehung eines Dekubitus.

> **Tipps**
>
> Auch das Kuratorium Deutsche Altershilfe (KDA) hat mehrere Publikationen zum Thema Dekubitus bereitgestellt. Interessante Informationen findet man beispielsweise in dem Artikel »Do's und Dont's in der Dekubitusprophylaxe«, die auch im Internet zur Verfügung steht.

### Grundsatzstellungnahme Ernährung

Diese Publikation beinhaltet genaue Vorgaben zur Ernährung und Flüssigkeitsversorgung älterer Menschen.

**Inhalte:**
- Einführung in das Thema
- Physiologie und soziale Aspekte
- Assessment des Ernährungsstatus

- Prophylaxen
- Behandlung von Mangelernährung und Dehydratation und deren Folgeerscheinungen
- Anforderungen an Pflegeplanung und Dokumentation
- Mögliche Ursachen für Pflege- und Behandlungsfehler.

Da die Ernährungspflege und Flüssigkeitsversorgung noch immer einen problematischen Bereich darstellt, ist es sinnvoll, die Inhalte dieser Grundsatzstellungnahme zu kennen und im Alltag zu berücksichtigen.

Die Berechnung des Kalorien- und Flüssigkeitsbedarfs ist nicht allen Mitarbeitern in der ambulanten Pflege bekannt. Außerdem werden nicht immer Experten für Ernährungsberatung hinzugezogen, so dass die Pflegefachkraft ein selbstständiges Assessment erheben muss. Gerade die in der Grundsatzstellungnahme enthaltenen Formeln sind eine Hilfestellung und gleichzeitig eine Diskussionsgrundlage für die Kommunikation mit dem behandelnden Arzt. Sofern ärztliche Anordnungen bezüglich Ernährung und Flüssigkeitsversorgung erforderlich sind, dienen die errechneten Werte als Anhaltspunkt.

> **Tipps**
>
> Bei den Formeln für die Berechnung des Flüssigkeitsbedarfs muss zwischen Gesamtflüssigkeitsbedarf und Trinkmenge unterschieden werden. Um die Trinkmenge zu errechnen, muss pro zugeführter Kalorie 0,33 ml Flüssigkeit abgezogen werden.

## Grundsatzstellungnahme Pflegeprozess und Dokumentation

Auf Grund immer wieder festgestellter Mängel bei der Dokumentationsarbeit wurden die Anforderungen des medizinischen Dienstes an die Pflegedokumentation in dieser Grundsatzstellungnahme zusammengetragen. Gleichzeitig handelt es sich um eine nützliche Veröffentlichung bei der Information oder Fortbildung von Pflegekräften.

**Inhalte:**
- Einführung in das Thema
- Der Pflegeprozess
- Dokumentation
- Nutzen des Pflegeprozesses für den Pflegealltag
- Pflegeprozess und Pflegedokumentation als Instrument der Qualitätssicherung
- Normative Bezugspunkte des Pflegeprozesses und der Dokumentation
- Schlussfolgerungen.

Die Inhalte dieser Grundsatzstellungnahmen sollten allen Mitarbeitern eines Pflegedienstes geläufig sein. Ergänzt werden kann sie durch das Handbuch Pflegedokumentation des Bundesministeriums für Familie, Senioren, Frauen und Jugend (BMFSFJ), das ebenfalls Anforderungen an die Dokumentation beschreibt und über das Internet verfügbar ist.

> **Tipps**
>
> Sämtliche Grundsatzstellungnahmen und ein Teil der Publikationen des Kuratoriums Deutsche Altershilfe sowie das Handbuch Pflegedokumentation des Bundesministeriums für Familie, Senioren, Frauen und Jugend sind als kostenfreier Download erhältlich. Auch das Bundesministerium für Gesundheit (BMG), die Landesgesundheitsministerien, das Bundesministerium der Justiz (BMJ) und andere Organisationen bieten interessante Veröffentlichungen über das Internet an. Für die Verbesserung der Pflegequalität sind auch andere Publikationen des MDS hilfreich. Die Grundlagen der MDK-Qualitätsprüfungen in der ambulanten Pflege, MDS Essen 2005, beinhaltet Grundlagen der Begutachtung, Richtlinien, MDK-Anleitungen und den Erhebungsbogen zur Prüfung der Qualität nach den §§ 112 und 114 SGB XI, wobei eine
> ▼

Prüfanleitung zum Erhebungsbogen für die Prüfung der Struktur- und Prozessqualität in der Einrichtung und eine Prüfanleitung für die Prozess- und Ergebnisqualität zur Prüfung beim Pflegebedürftigen beinhaltet ist.

als in einer stationären pflegerischen Einrichtung handelt, ist nicht nur die Darstellung des Problems wesentlich, sondern auch die Bewertung und die daraus resultierenden Handlungsfelder.

### Rechtliche Hinweise

Ein Defizit der Grundsatzstellungnahmen des MDS ist das Fehlen einer klaren Trennung zwischen ambulanter und stationärer Pflege. Gerade in den Bereichen Ernährung, Flüssigkeitsbilanzierung, Körper- und Hautzustand ist von entscheidender Bedeutung, ob der Pflegedienst alle oder nur sektoral einzelne Tätigkeiten durchführt, die vom Patienten gewünscht oder vom Arzt angeordnet sind und die Gesamthaftung für Defizite übertragen bekommt.

Im Jahre 2005 hat der gemeinsame Bundesausschuss (G-BA) eine Korrektur im Bereich Dekubitus vorgenommen. Dennoch ist auch die jetzt vorhandene Regelung im Bereich der Verordnungsrichtlinie nach § 92 Absatz 7 in der Präambel zur Grundpflege und Behandlungspflege umstritten. Die Frage, wo die Hinweispflicht des Pflegedienstes aufhört bzw. beginnt, ist nicht eindeutig zu beantworten. Klar ist, dass der Pflegedienst in der Anamnese beim Erstbesuch Defizite erkennen muss, auf Risiken und Missstände hinweisen sollte und diese sorgfältig zu dokumentieren hat.

Dabei ist es entscheidend, dass der betroffene Patient und seine Angehörigen erkennen, welche Folgen bei Risiken und Defiziten eintreten können. Es bleibt abzuwarten, ob der 3. Bericht zur Qualitätssituation in Pflegeeinrichtungen in Deutschland differenzierter im Hinblick auf stationäre und ambulante Einrichtungen und die eben genannten Themen eingehen wird. Da es sich im ambulanten Bereich um eine völlig andere Situation

# Teil IV  Organisation: Rechtliche Regelungen und ihre betriebliche Umsetzung

# Pflegeleitbild: Von der Pflegetheorie zum Pflegekonzept

## 11.1 Pflegeleitbild

Bei einem Pflegeleitbild handelt es sich um eine Festlegung allgemeiner Werte, Maßstäbe und Ziele, die ein ambulanter Pflegedienst als übergeordnete Richtschnur berücksichtigt. Alle Mitarbeiter betrachten diese Normen und Wertvorstellungen als verbindliche Vorgabe.

Bei Pflegediensten, die zu einem übergeordneten Träger gehören, ist fast immer ein Leitbild des Trägers vorhanden. In diesem Fall ist es dennoch sinnvoll, die handlungsleitenden Grundsätze für den ambulanten Bereich in einem zusätzlichen Pflegeleitbild zusammenzufassen, da die speziellen Bedingungen durch die Leistungserbringung in der Häuslichkeit des Patienten andere Aspekte der Pflege erfordern. Fragen, die in diesem Kapitel behandelt werden, sind:

1. Welche Effekte hat das Vorliegen eines Pflegeleitbilds?
2. Welche Inhalte sollte das Pflegeleitbild umfassen?

### 11.1.1 Bedeutung des Pflegeleitbilds

Der Medizinische Dienst des Spitzenverbandes Bund der Krankenkassen (MDS) hat die Grundlagen der Qualitätsprüfung in der ambulanten Pflege veröffentlicht und dabei auch Aussagen zu den Anforderungen an ein Pflegeleitbild formuliert:

Um die Steuerung des Pflegeprozesses durch Pflegefachkräfte und die Delegation der Pflegedurchführung sicher zu organisieren, ist ein effektiv gestalteter organisatorischer Rahmen (Pflegeleitbild, Pflegekonzept, Organigramm, Stellenbeschreibungen, Standards, Pflegevisiten, Fortbildungen) erforderlich. (MDS)

Das Pflegeleitbild ist somit die Grundlage aller Tätigkeiten und muss von allen Mitarbeitern gekannt und berücksichtigt werden. Der ambulante Pflegedienst bringt durch das Pflegeleitbild zum Ausdruck, was Pflege bedeutet, wodurch die Beziehung zu den Patienten geprägt wird und welche Ziele im täglichen Kontakt verfolgt werden.

Das Unternehmensleitbild ist die dem Pflegeleitbild übergeordnete Instanz, die bei größeren Unternehmen für jeden Geschäftszweig die Rahmenbedingungen bestimmt. In großen Institutionen, die verschiedene Pflegeeinrichtungen betreiben, existiert ein Unternehmensleitbild, das bei der Erstellung des Pflegeleitbilds beachtet werden muss. In kleinen, meist privaten ambulanten Pflegediensten sind das Unternehmensleitbild und das Pflegeleitbild fast immer identisch.

### Juristische Bedeutung

Das Pflegeleitbild kann in seiner Tragweite für den ambulanten Pflegedienst mit der Verfassung eines Staates verglichen werden und hat deshalb eine ähnliche juristische Bedeutung wie ein »Gesetz«.

Findet man beispielsweise im Pflegeleitbild Aussagen wie: »Wir orientieren uns bei unserer Arbeit an einem ganzheitlichen, patientenorientierten Bezugspflegesystem«, so ist es nicht legitim, dass dann in der Realität eine Funktionspflege stattfindet. Bisher wurden derartige Unstimmigkeiten jedoch noch niemals juristisch überprüft. Das Pflegeleitbild ist für Patienten, Angehörige, Kooperationspartner und Interessierte eine wichtige Informationsquelle und eine wertvolle Hilfe zur Orientierung.

> **Tipps**
>
> Diese Informationsquelle ist auch für die Mitarbeiter wichtig, insbesondere aber für Stellenbewerber, die durch die Grundsätze und Werte des ambulanten Pflegedienstes im Pflegeleitbild bereits die Möglichkeit haben, einen Abgleich mit ihren eigenen Wertvorstellungen vorzunehmen.

## 11.1.2 Inhalte des Pflegeleitbilds

Beim Erstellen oder Überprüfen eines Pflegeleitbilds können folgende Stichpunkte inhaltliche Aspekte beleuchten.

**Inhalte des Leitbilds:**
- Schwerpunkt der Arbeit
- Beziehung zu den Patienten
- Beziehung zu den Angehörigen
- Ziel der Pflege
- Einstellung zu Gesundheit, Krankheit, Behinderung, Sterben und Tod
- Zusammenarbeit im Team
- Arbeitsweise
- Qualifikation und Kompetenz
- Kenntnisse
- Fort- und Weiterbildung

Im Idealfall wird das Pflegeleitbild von allen Mitarbeitern gemeinsam erarbeitet, wobei verschiedene Vorgehensweisen möglich sind. So kann jeder einzelne Mitarbeiter für sich selbst überlegen und aufschreiben, welche Inhalte für ihn besonders wichtig sind. Eine andere Variante ist die gemeinsame Formulierung und Diskussion im Team. Auch grafische Darstellungen sind möglich, etwa durch die Art-mind-map-Methode. Dabei versucht jeder Mitarbeiter, die für ihn wichtigsten Elemente der Pflege graphisch oder schriftlich darzustellen. Dann werden die Ergebnisse in einem »Gemälde« zusammengefasst.

Bei allen Methoden können verschiedene Fragen als Formulierungshilfen dienen, die es den Mitarbeitern erleichtern, ihre Werte und Normen zum Ausdruck zu bringen.

**Fragen zum Pflegeleitbild:**
- Was bedeutet Pflege für Sie?
- Welche Einstellungen besitzen Sie gegenüber Ihrem Beruf?
- Wodurch wird die ambulante Pflege geprägt?
- Welche Besonderheiten zeichnen Ihren ambulanten Pflegedienst aus?
- Was ist das Wichtigste an der Beziehung zu Pflegebedürftigen und Angehörigen?
- Welche Ziele verfolgen Sie mit Ihrer Arbeit?

> **Tipps**
>
> Die Akzeptanz eines Pflegeleitbilds und dadurch auch die Umsetzung und Berücksichtigung im Alltag ist umso größer, je mehr Mitarbeiter bei der Erarbeitung involviert waren. Ein »vorgesetztes« Leitbild wird häufig ignoriert.

### Rechtliche Hinweise

Leitbilder und Firmenphilosophien sind heute in fast allen Einrichtungen nicht nur im Gesundheitswesen vorhanden. Auch wenn das Pflegeleitbild vordergründig in den Einrichtungen installiert wird, weil es in den vertraglichen Regelungen zwischen Kostenträgern und Pflegedienst gefordert ist und durch den Medizinischen Dienst der Krankenversicherung (MDK) geprüft wird, sollten Einrichtungen unbedingt ein Pflegeleitbild aus eigener Motivation formulieren.

Wenn, wie im Kapitel beschrieben, die Bedeutung des Leitbildes darin besteht, eine Orientierung zu haben und damit auch juristisch gesehen in gewisser Weise ein Versprechen abzugeben, ist es notwendig, die Formulierung des Pflegeleitbildes oder einer entsprechenden Firmenphilosophie gründlicher, eventuell sogar neu zu überdenken. Unternehmen werden in Zukunft nur am Markt bestehen können, wenn Mitarbeiter einheitlich nach außen auftreten, zielorientiert in einer Richtung handeln und Dokumente und Dokumentation innerhalb der Einrichtung darauf schließen lassen, dass jeder handelnde Akteur das Leitbild kennt, sich danach richtet und vor allem sich auch damit identifiziert. Patienten werden in der Zukunft verstärkt darauf achten, was ihnen im Pflegeleitbild theoretisch versprochen wird und was sie in der Praxis erleben. Pflege ist hier gut beraten, realistische Leitbilder zu formulieren und das Leitbild verständlich und umsetzbar zu gestalten. Hochtrabend formulierte Leitbilder, die in der Praxis keine Anwendung finden, werden zukünftig unter Umständen ambulanten Einrichtungen zur Gefahr, da sie nicht nur bei MDK-Prüfungen, sondern gegebenenfalls auch juristisch Angriffspunkte bieten.

## 11.2 Pflegetheorien und Pflegemodelle

In den USA und England hatten sich Mitte des vorigen Jahrhunderts Bestrebungen zur Professionalisierung und Theoriebildung in der Pflege entwickelt. Diese »Verwissenschaftlichung« des Pflegeberufs breitete sich später auch in Europa aus.

So entwickelten sich verschiedene Pflegetheorien, deren jeweilige Erläuterung des Inhalts den Rahmen dieses Buches sprengen würde. Deshalb erfolgen in diesem Abschnitt eine Auflistung der Systematik von Pflegetheorien und eine kurze Beschreibung des zugrunde liegenden Metaparadigmas der Pflege.

Die Kritik an der Pflegewissenschaft als paradigmatische Wissenschaft und die mangelnde Akzeptanz der Mitarbeiter an der Basis führten zu einem Umdenken, so dass mittlerweile von Pflegemodellen gesprochen wird. Dennoch sind der Verbreitungsgrad und die praktische Umsetzung im Pflegealltag noch immer nicht zufrieden stellend.

Folgende Fragen sollen deshalb zur praktischen Akzeptanz und zur Implementierung von Pflegemodellen in den Berufsalltag ambulant Pflegender beitragen:

1. Welche Pflegetheorien gibt es?
2. Welche Inhalte der gewählten Pflegetheorie sollten den Mitarbeitern in der ambulanten Pflege bekannt sein?

## 11.2.1 Pflegetheorien

In den 70er-Jahren des letzten Jahrhunderts versuchte man vor allem in den USA, eine allgemein gültige Theorie für die Pflege zu finden. Daraus sind eine Vielzahl von Pflegemodellen und Pflegetheorien entstanden, die anhand verschiedener Klassifizierungssysteme in vier Gruppen eingeteilt werden können.

**Klassifizierung von Pflegetheorien:**
1. Bedürfnistheorien, z. B. Virginia Henderson, Dorothea E. Orem, Nancy Roper, Faye G. Abdallah
2. Interaktionstheorien, z. B Imogene King, Ida Jean Orlando, Hildegard Peplau, Ernestine Wiedenbach
3. Humanistische Theorien, z. B Jean Watson
4. Ergebnisorientierte Theorien, z. B Martha Rogers, Dorothy E. Johnson, Callista Roy

Dabei beschäftigen sich Bedürfnistheorien überwiegend mit den Bedürfnissen, Abhängigkeiten und Defiziten des Patienten. Bei den Interaktionstheorien liegt der Schwerpunkt der Betrachtung auf den Pflegebeziehungen. Auch hier spielt die Abhängigkeit des Patienten eine Rolle. Humanistische Theorien gehen davon aus, dass Pflegende für Patienten sorgen, beide beeinflussen sich gegenseitig, so dass der Patient nicht abhängig ist. Bei den ergebnisorientierten Theorien wird die Pflege durch die Pflegeergebnisse definiert, etwa Anpassung, Gleichgewicht oder Energieerhalt.

Allen Theorien gemeinsam ist die Bestrebung, Pflege auf einer wissenschaftlichen Grundlage zu betrachten und dadurch eine Unabhängigkeit von rein medizinischen Betrachtungsweisen zu erlangen. Die Theoriebildung beschäftigte sich mit entsprechenden Fragestellungen.

**Fragen zur Theoriebildung:**
- Was ist Pflege?
- Wie wird gepflegt?
- Welche Ergebnisse entstehen dabei?

In Deutschland wurde die freiberufliche Pflege im 19. Jahrhundert bewusst als nicht-wissenschaftlicher Hilfsberuf konzipiert, wodurch die Ausbildung und die wissenschaftliche Entwicklung beeinflusst wurden. Es ist insofern nicht verwunderlich, dass die Pflegeforschung in anderen Ländern, vor allem in den USA und England, die Entwicklung dominierten.

So gilt bis zum heutigen Tag Florence Nightingale als die erste und für viele Jahre auch einzige Pflegetheoretikerin (▶ Kap. 8).

## Metaparadigma

Um eine Pflegetheorie verstehen zu können, muss zunächst der Begriff Metaparadigma definiert werden. Dabei handelt es sich um übergeordnete Schlüsselbegriffe oder gemeinsamen Nenner, die als Hintergrundannahme aller Forschungsarbeiten von Mitgliedern einer wissenschaftlichen Disziplin angenommen werden. Das Paradigma an sich ist ein wissenschaftlicher Konsens, also das vorherrschende Denkmuster in einer bestimmten Zeit.

**Metaparadigma der Pflege:**
1. Person, Mensch
2. Gesundheit und Krankheit
3. Umgebung
4. Pflege

Theoriebildung in der Pflege beschäftigt sich folglich mit dem Menschenbild, dem Verständnis von Gesundheit und Krankheit, den Rahmenbedingungen der Pflege und dem Begriff der Pflegebedürftigkeit. Dieses Denken führte auch zu Widersprüchen, da das Leben an sich so komplex und vielschichtig ist, dass es gar nicht mit einem Paradigma beschrieben werden kann. Die Folgerung wäre, dass Pflegewissenschaft keine paradigmatische Wissenschaft sein kann.

Alle bisherigen »Pflegetheorien« sollten aus diesem Grund besser als konzeptionelle Pflegemodelle bezeichnet werden.

### 11.2.2 Pflegemodelle in Deutschland

Mitte der 50er-Jahre entwickelte Virginia Henderson die Theorie der Aktivitäten des täglichen Lebens (ATL). Weiterentwickelt wurde diese Theorie von Nancy Roper, Winfried Logan und Alison Tierney und schließlich von Liliane Juchli nach Deutschland transferiert. In Deutschland wurde bei der Einführung der Pflegeplanung in den 80er Jahren zunächst ausschließlich mit dem ATL-Modell gearbeitet.

Andere Pflegemodelle oder -theorien sind wenig verbreitet. Einige Pflegeeinrichtungen, überwiegend pädiatrische Kliniken, arbeiten nach dem Selbstpflegedefizitmodell von Dorothea Orem. Vor allem psychiatrische Institutionen verwenden das Pflegemodell von Hildegard Peplau.

1984 entwickelte und 1993 veröffentlichte Prof. Monika Krohwinkel dann das bekannteste und verbreitetste Pflegemodell: das Modell der »Fördernden Prozesspflege« oder AEDL-Strukturmodell, das 13 Aktivitäten und existentielle Erfahrungen des Lebens beschreibt. Dadurch wurde das ATL-Modell fast komplett verdrängt. Bei der Erstellung der Pflegeplanung wird auch von den meisten Herstellern von Pflegedokumentationssystemen das AEDL-Modell nach Prof. Krohwinkel zugrunde gelegt. Im Jahr 2008 erfolgte eine Weiterentwicklung der »Fördernden Prozesspflege« zum ABEDL-Modell, Aktivitäten, Beziehungen und Existenzielle Erfahrungen des Lebens.

Bekannt ist außerdem das Psychobiografische Pflegemodell nach Böhm, das von Prof. Erwin Böhm veröffentlicht wurde. Der Österreicher beschreibt darin Interaktionsstufen, die insbesondere alte Menschen mit kognitiven Defiziten einnehmen können. Für jede Stufe muss ein eigener Zugangsweg zum Pflegebedürftigen gefunden werden. Die Intention der Betreuung besteht darin, dass der alte Mensch wieder auflebt, sich wichtig und heimisch fühlt. Aus diesem

Grund ist das Pflegemodell nach Böhm bisher überwiegend in stationären Pflegeeinrichtungen der Altenhilfe verbreitet.

Eine Anpassung des Modells von Virginia Henderson an die besonderen Erfordernisse der psychiatrischen Pflege erfolgte durch den Pflegefachmann Chris Abderhalden und wird mittlerweile in vielen psychiatrischen Kliniken oder Wohnheimen verwendet. Da die ambulante psychiatrische Pflege noch nicht stark verbreitet ist, ist dieses Pflegemodell im ambulanten Bereich bisher kaum anzutreffen. In Zukunft könnte jedoch durch die zunehmende Bedeutung der ambulanten psychiatrischen Versorgung ein Wandel stattfinden.

2002 entwickelte Barbara Messer das konzeptionelle Pflegemodell der FEDL, Fähigkeiten und Existenzielle Erfahrungen des Lebens. Bisher hat dieses Modell jedoch nur wenig Bekanntheit erlangt.

Von Juliet Corbin und Anselm Strauss stammt ein Modell zur Pflege chronisch Kranker, das Corbin-Strauss-Modell. Es existieren noch weitere Pflegemodelle, die bisher jedoch nur einen geringen Verbreitungsgrad erreichen.

!  Prinzipiell bleibt die Wahl des Pflegemodells jedem ambulanten Pflegedienst selbst überlassen. Dabei ist es jedoch unerlässlich, dass die Auswahl logisch und nachvollziehbar begründet werden kann und dass alle Mitarbeiter die Grundlagen und Besonderheiten des Modells kennen und verstehen. Ein Pflegemodell, das von den Mitarbeitern verstanden, akzeptiert und umgesetzt wird, sollte nicht überstürzt gewechselt werden.

### Rechtliche Hinweise

Oft wird die Frage nach dem richtigen Pflegemodell auf eine rein theoretische Ebene gehoben. Pflegemodelle sind die Grundvoraussetzung, um Menschen in ihrer Alltagssituation nach klar definierten Kriterien zu beurteilen. Dabei geht es nicht nur um rein somatische Faktoren, sondern auch um die Beurteilung des Umfeldes und zum Teil der Psyche. Auch wenn immer wieder verschiedene Modelle präferiert werden, ist es einzig und allein die Entscheidung der Einrichtung, für welches Modell sie sich entscheidet. Wichtig dabei ist, dass das Pflegemodell allen Mitarbeiter bekannt ist, dass es einheitlich angewandt und vor allem tagtäglich gelebt und umgesetzt wird. Pflegeeinrichtungen müssen lernen, ihr eigenes gewähltes Pflegemodell zu vertreten, es zu begreifen und als Grundlage der täglichen Arbeit zu sehen. Reicht im Einzelfall das gewählte Modell nicht aus, ist dies zu dokumentieren und andere Modelle sind hinzuzuziehen. Wird ein Pflegemodell nicht einheitlich angewandt, kann es schnell zu Pflegefehlern und damit zu juristischen Folgen kommen. Nicht nur bei der MDK–Prüfung wird ein besonderes Augenmerk darauf gelegt, ob sich die Ausrichtung zum Leitbild und die Anwendung des Pflegemodells in der täglichen Arbeit niederschlagen. Auch bei Haftungsfragen, Pflegefehlern und möglicher Falschanalyse der Ausgangssituation spielt das Pflegemodell eine zentrale Rolle in der Bewertung und Analyse der Vorgänge.

## 11.3    Pflegekonzept

In Einrichtungen der ambulanten oder stationären Pflege findet man häufig ein genau definiertes Pflegekonzept, wenn die Organisation auf eine spezielle Zielgruppe ausgerichtet ist. Bei Einrichtungen, die allgemein tätig sind, zeigen sich gelegentlich Probleme, ein Pflegekonzept zu formulieren. Dabei handelt es sich um eine detaillierte Darstellung des Unternehmens, die vergleicht man den ambulanten Pflegedienst mit einem Bild, dem Gemälde entspricht. Das Pflegeleitbild und das Unternehmensleitbild stellen den Bilderrahmen dar, der dieses Gemälde umgibt und bestimmt.

Der Sinn eines Pflegekonzepts ist die Möglichkeit für Patienten, Angehörige und Interessierte, genauere Informationen über den Pflegedienst zu erlangen. Unter anderem aus Gründen des Verbraucherschutzes wird deshalb das Vorliegen eines Pflegekonzepts auch vom MDK gefordert, bei Qualitätsprüfungen überprüft und als Zulassungsvoraussetzung betrachtet.

In diesem Kapitel werden im Zusammenhang mit dem Pflegekonzept folgende Fragen behandelt:

1. Welche Bedeutung hat das Pflegekonzept?
2. Welche Inhalte müssen erfasst sein?

## 11.3.1 Bedeutung des Pflegekonzepts

Unter einem Pflegekonzept versteht man die umfassende Beschreibung und Darstellung aller Leistungen, die von einem ambulanten Pflegedienst erbracht werden. Dabei werden pflegetheorethische Hintergründe genauso erläutert wie Leistungen, Zusatzleistungen oder ablauforganisatorische Voraussetzungen.

> Das Vorhandensein eines Pflegekonzepts ist eine der Voraussetzungen für die Zulassung eines ambulanten Pflegedienstes durch die Pflegekassen. Der MDK hat aus diesem Grund genauer festgelegt, welche Inhalte ein Pflegekonzept aufweisen muss.

Um die Anforderungen des MDK zu berücksichtigen, können die MDK-Forderungen in Form von Fragen aus der Anleitung zur Prüfung der Qualität in ambulanten Pflegediensten betrachtet werden.

**Fragen:**
Liegt ein geeignetes schriftliches Pflegekonzept vor mit Aussagen:

- zum Pflegemodell
- zum Pflegesystem
- zum Pflegeprozess
- zur innerbetrieblichen Kommunikation
- zum Qualitätssicherungssystem
- zur Leistungsbeschreibung
- zur Kooperation mit anderen Diensten
- zur personellen Ausstattung

Die Notwendigkeit dieser Forderungen wird ebenfalls in der Anleitung zur Qualitätsprüfung begründet:

> Das mit dem Einrichtungskonzept in Einklang stehende Pflegekonzept definiert das pflegerische Angebot und ist Handlungsorientierung für alle Mitarbeiter, die am Pflegeprozess beteiligt sind. Darüber hinaus bietet es für Pflegebedürftige und ihre Angehörigen eine wichtige Orientierung. In erster Linie präzisiert es Zielsetzungen, bietet eine Strukturierungshilfe für die Pflegepraxis und regelt Organisation und Arbeitsweise des Pflegebereiches und der pflegerischen Mitarbeiter… Das Pflegekonzept sollte pflegetheorethisch begründet sein. Hierzu kann auf verschiedene Pflegetheorien zurückgegriffen werden (MDK-Anleitung zur Qualitätsprüfung).

## 11.3.2 Inhalte des Pflegekonzepts

Aus den oben aufgeführten Fragen werden die wichtigsten Inhalte eines Pflegekonzepts deutlich. Prinzipiell erfolgt zunächst eine Darstellung des Unternehmens bzw. des Trägers unter Berücksichtigung der Schwerpunkte und Ziele dieser Institution. Der potentielle Kunde wird unter anderem über die Gründung und Geschichte des Pflegedienstes informiert.

Ein weiterer Bestandteil des Pflegekonzepts ist das Unternehmensleitbild und das Pflegeleitbild. Bei übergeordneten Trägern sollten auch die übrigen Geschäftsfelder des Unternehmens erwähnt werden. Anschließend folgt die genauere Beschreibung des Pflegedienstes, etwa die Größe, die Zahl der betreuten Patienten, die Anzahl der Mitarbeiter, die Ausstattung mit Hilfsmitteln und die Beschreibung der Zielgruppen.

> ! Besonders bei ambulanten Diensten, die einen speziellen Schwerpunkt haben, beispielsweise Aids-Patienten, Kinder oder Palliativpflege, sollte dieser Bereich genauer beschrieben werden.

Ein weiterer Aspekt des Pflegekonzepts liegt in der Darstellung der pflegetheorethischen Grundlagen und deren praktische Umsetzung im Alltag. Dabei können auch das zugrunde liegende Metaparadigma, also das Menschenbild, die Einstellung zu Gesundheit und Krankheit, die Rahmenbedingungen und die Bedeutung der Pflege erklärt werden.

Ergänzend wird nun das gewählte Pflegemodell aufgeführt und erläutert. Dabei sollte auch auf die Organisation der Pflege eingegangen werden. Eine Beschreibung des Pflegesystems, der Aufbauorganisation, der Ablauforganisation und der Verantwortungsbereiche der Pflege sollte erwähnt werden. Außerdem beinhaltet das Pflegekonzept Angaben zum Pflegedokumentationssystem, zum Qualitätsmanagement, zum Informationsmanagement und zur Kooperation mit externen Leistungserbringern, Angehörigen und Betreuern.

**Tipps**

Einige MDK-Prüfer verlangen zusätzlich zum Pflegekonzept auch das Vorhandensein eines Flyers, in dem die Informationen für Patienten und Angehörige zusammengefasst sind. Bei der Erstellung dieses Prospekts, welcher auch aus Marketinggründen von Vorteil sein kann, sollte man jedoch die Beeinträchtigungen der potenziellen Kunden beachten und auf eine gute Lesbarkeit Wert legen.

**Rechtliche Hinweise**

Wie bereits im Kapitel beschrieben ist das Pflegekonzept ein organisatorischer Überbau, zu dem Pflegeleitbild, Pflegemodell, genauso wie Qualitätssicherung, Organigramm und Kommunikationsstrukturen gehören. Pflegekonzepte bilden den Rahmen einer Einrichtung und sollten klar und deutlich vor allem aber verständlich definieren, wie der organisatorischer Aufbau, die Arbeitsweisen, die Funktionalität und die Informationswege innerhalb der Einrichtungen sind.

Je transparenter das Pflegekonzept formuliert und aufgebaut ist, desto leichter lässt sich erkennen, wo Schwachstellen sind, wo im Streitfall Fehler aufgetreten sind oder wo im positiven Falle nachgewiesen werden kann, dass an einet konkreten Stelle der Fehler nicht liegen kann. Pflegekonzepte helfen der Einrichtung auch, ein Unternehmen zu bauen und auszubauen, Strukturen aufzuzeigen, um z. B. bei Einarbeitung neuer Mitarbeiter Klarheit und Eindeutigkeit zu schaffen. Auch Patienten können so genau sehen, ob es sich um ein strukturiertes, qualitätsorientiertes Unternehmen handelt. Konzepte haben nur dann Sinn, wenn sie aus dem Unternehmen heraus, aus der Notwendigkeit und Einsicht der Leitung und der Mitarbeiter formuliert werden und nicht nur aus der Auflage der Krankenkassen und des Medizinischen Dienstes. Formulierte Pflegekonzepte schaffen die Möglichkeit, Strukturen zu überprüfen, weiterzuentwickeln und gegebenenfalls neu zu definieren bzw. anzupassen. Klarheit im Unternehmen schafft Vertrauen und bietet die Möglichkeit, flexibel und zielorientiert zu arbeiten.

# Rund um die Uhr – Zeitgestaltung

## 12.1   Dienstplan

Unter ökonomischen Aspekten ist die Gestaltung des Dienstplans ein wichtiger Faktor, der die Betriebskosten eines ambulanten Pflegedienstes deutlich beeinflusst. Zum einen müssen jedoch auch Anforderungen des Arbeitszeitgesetzes und zum anderen Vorlieben und Wünsche der Mitarbeiter berücksichtigt werden.

Weitere Anforderungen an die Dienstplanerstellung werden durch den Medizinischen Dienst der Krankenversicherung (MDK) geprüft, etwa der Zeitpunkt der Erstellung oder die Berücksichtigung der Qualifikation der geplanten Mitarbeiter. Die verantwortliche Pflegefachkraft muss deshalb vor der Bewilligung des Dienstplans genau überprüfen, ob alle Anforderungen tatsächlich erfüllt werden.

Die Beantwortung der folgenden Fragen soll bei der Erstellung eines Dienstplans hilfreich sein:

1. Was ist bei der Gestaltung des Dienstplans zu beachten?
2. Welche Regelungen beinhaltet das neue Arbeitszeitgesetz (ArbZG)?

### 12.1.1   Dienstplanerstellung

Verantwortung für die korrekte Erstellung des Dienstplans trägt die verantwortliche Pflegefachkraft. Sie muss deshalb vor der Freigabe des geplanten Monatsplans genau überprüfen, ob die gesetzlichen Vorgaben des Arbeitszeitgesetzes und andere Anforderungen an den Dienstplan erfüllt werden.

Unter Berücksichtigung der aktuellen Tourenpläne sollten Einsatzprofile festgelegt werden, die die Mindestbesetzung und die jeweils erforderliche Qualifikation beinhalten. Dadurch sind Tauschmöglichkeiten gegeben, andererseits kann im Falle einer Arbeitsunfähigkeit eines Mitarbeiters schnell reagiert werden.

Der fertig erstellte Dienstplan muss gewisse formale Kriterien erfüllen. Bei der Nutzung einer Dienstplansoftware sind diese Vorgaben üblicherweise bereits in das Programm integriert.

**Formale Anforderungen an den Dienstplan:**

- Monat und Jahr
- Datum der Erstellung und Bewilligung
- Unterschrift von Ersteller und verantwortlicher Fachkraft
- Markierung der Wochenenden und Feiertage
- Name, Vorname und Qualifikation des Mitarbeiters
- Wochenarbeitszeit in Stunden oder Prozent
- Soll-Arbeitszeit des jeweiligen Monats
- Ist-Arbeitszeit in Stunden
- 3 Zeilen für geplante Dienste, tatsächliche Dienste und Mehrarbeit
- Differenz für den laufenden Monat
- Übertrag des Vormonats
- Übertrag des Resturlaubs

Außerdem muss der Dienstplan über eine Legende verfügen, in der sämtliche Abkürzungen und zeitliche Voraussetzungen erläutert werden. Dadurch ist für jeden Mitarbeiter auf einen Blick erkennbar, was die einzelnen Symbole bedeuten.

**Dienstplanlegende:**

- Alle auf dem Dienstplan verwendeten Dienste und deren jeweilige Dauer
- Die Länge der einzelnen Dienste ohne Pausen
- Die Pausendauer der jeweiligen Dienste und deren ungefähre zeitliche Lage (Pausenkorridor)
- Geplante Zeiten für die Dienstübergabe
- Bereitschaftsdienste
- Geplante Zeiten für Teambesprechungen
- Geplante Fortbildungen
- Abkürzungen für Berufsbezeichnungen
- Datum der Erstellung

**Tipps**

Die Einhaltung der formalen Vorgaben für die Erstellung und Freigabe des Dienstplans kann auch im Rahmen einer MDK-Prüfung kontrolliert werden. Die Nutzung einer Dienstplanungssoftware bietet für den Ersteller zum einen Sicherheit bei der Planung und zum anderen eine erhebliche Zeitersparnis. Es können sowohl spezielle Programme eingesetzt werden als auch selbst erstellte Excel-Dokumente, die die Berechnung der Arbeitszeiten automatisieren.

Der MDK stellt zum Dienstplan nachfolgende Fragen (□ Abb. 12.1).

Die verantwortliche Pflegefachkraft sollte sich über diese Anforderungen hinaus bemühen, Dienstplanwünsche der Mitarbeiter zu erfüllen. Jedem Mitarbeiter ist es normalerweise bewusst, dass dies nicht immer möglich ist. Dennoch sollte zumindest ein Entgegenkommen erkennbar sein, da dies einen enormen Einfluss auf die Mitarbeiterzufriedenheit hat.

Zu beachten ist, dass in der ambulanten Pflege überdurchschnittlich viele Teilzeitkräfte beschäftigt sind, die häufig noch andere fami-

| 4.4 | Liegen geeignete Dienstpläne für die Pflege vor? | ja | nein |
|---|---|---|---|
| a. | dokumentenecht (z.B. kein Bleistift, keine Überschreibungen, kein Tipp-Ex, keine unleserlichen Streichungen) | □ | □ |
| b. | Soll-, Ist- und Ausfallzeiten | □ | □ |
| c. | Zeitpunkt der Gültigkeit | □ | □ |
| d. | vollständige Namen (Vor- und Zunamen) | □ | □ |
| e. | Qualifikation | □ | □ |
| f. | Umfang des Beschäftigungsverhältnisses (Wochen- oder Monatsarbeitszeit) | □ | □ |
| g. | Legende für Dienst- und Arbeitszeiten | □ | □ |
| h. | Datum | □ | □ |
| i. | Unterschrift der verantwortlichen Person | □ | □ |

| 4.5 | Liegen geeignete Einsatz-/ Tourenpläne vor? | ja | nein |
|---|---|---|---|
| a. | Datum der Gültigkeit | □ | □ |
| b. | tageszeitliche Zuordnung von Mitarbeitern zu Pflegebedürftigen | □ | □ |
| c. | Angabe der verantwortlichen Person | □ | □ |

| 4.6 | Wird die ständige Erreichbarkeit und Einsatzbereitschaft des Pflegedienstes (Rund-um-die-Uhr auch an Sonn- und Feiertagen) sichergestellt? | ja □ | nein □ |
|---|---|---|---|
| | Wenn ja, wie? | | |

□ **Abb. 12.1.** Auszug aus dem Erhebungsbogen zur Qualitätssicherung des MDK zum Thema Dienstplan

liäre Verpflichtungen erfüllen müssen. Die Vereinbarkeit von Familie und Beruf besitzt für diese Mitarbeiter einen enormen Stellenwert. Oftmals werden schon im Einstellungsgespräch spezielle Arbeitszeiten vereinbart, die dann auch eingehalten werden sollten, sofern nicht andere triftige Gründe aufgetreten sind.

---

**Tipps**

Positiv auf das Betriebsklima wirkt sich in diesem Zusammenhang das Vorhandensein eines Wunschbuchs aus, in das die Mitarbeiter rechtzeitig Wünsche eintragen können. Dadurch entsteht zwar keine Garantie auf Erfüllung der Wünsche, sie können jedoch bei der Dienstplanerstellung besser berücksichtigt werden.

---

**Rechtliche Hinweise**

Ambulante Pflegedienste sollten klare, verständliche und allen bekannte Regelungen haben, wie und von wem der Dienstplan erstellt wird. Wird der Dienstplan nicht von der verantwortlichen, beim Kostenträger gemeldeten Pflegefachkraft, der Pflegedienstleitung erstellt, muss gewährleistet sein, dass diese entsprechend den Dienstplan mit unterschreibt.

Auch ist zu regeln, wann einzelne individuelle Wünsche geäußert werden können. Es ist darauf hinzuweisen, dass kein Anspruch auf die Umsetzung der Wünsche besteht. Dienstpläne sind ein wichtiges Beweismaterial, wenn es darum geht, wer an welchem Tag welche Tour bzw. dadurch welche behandlungspflegerische Maßnahme durchgeführt hat. Dienstpläne haben auch arbeitsrechtliche Konsequenzen, z. B. wenn der Dienstplan für den gesamten Monat geschrieben ist für einen Mitarbeiter, der Mitte des Monats gekündigt werden soll. Durch die Freigabe des Dienstplanes hat der Mitarbeiter einen Anspruch auf die geplante Dienstnotwendigkeit und die entsprechende Beschäftigung und Bezahlung.

## 12.1.2  Arbeitszeit

Zum 1.1.2004 ist das geänderte Arbeitszeitgesetz in Kraft getreten. Der Europäische Gerichtshof hat in seinen Urteilen vom 3. Oktober 2000 und 9. September 2003 die Änderung des deutschen Arbeitszeitgesetzes unter Berücksichtigung der Regelungen zum Bereitschaftsdienst festgelegt. Gültigkeit besitzt das neue Arbeitszeitgesetz grundsätzlich für alle abhängig Beschäftigten und für alle Tätigkeitsbereiche, unabhängig davon, ob sie dem öffentlichen oder privaten Sektor angehören.

Die im Arbeitszeitgesetz (ArbZG) festgelegten Pflichten sind öffentlich-rechtliche Pflichten der Arbeitgeber und stecken den maximalen Rahmen des Direktionsrechts des Arbeitgebers gemäß § 315 BGB ab. Die Verpflichtungen des Arbeitnehmers zur Arbeitsleistung ergeben sich aus seinen vertraglichen Pflichten.

Der Zweck des Arbeitszeitgesetzes ist der Gesundheitsschutz der Mitarbeiter durch gesundheitsgerechte und sozialverträgliche Gestaltung der Arbeitszeiten, vor allem bei gesundheitsbeeinträchtigender Nacht- und Schichtarbeit. Außerdem soll eine Flexibilisierung der Arbeitszeit zur Verbesserung der Wettbewerbsfähigkeit führen und dadurch Arbeitsplätze sichern.

Zunächst werden an dieser Stelle verschiedene Begriffe erwähnt, die für diesen Bereich eine Bedeutung besitzen.

**Begriffe des ArbZG:**

- Arbeitszeit: Zeit zwischen Beginn und Ende der Arbeit ohne Ruhezeit und Pause
- Ruhepause: bei einer Arbeitszeit von mehr als 6 bis 9 Stunden sind 30 Minuten und von mehr als 9 Stunden 45 Minuten Pause zu gewähren; eine Aufteilung der Ruhepausen ist möglich, z. B. zwei mal 15 Minuten
- Ruhezeit: zwischen Beendigung eines Arbeitstages und Beginn des nächsten müssen mindestens zehn Stunden Ruhezeit liegen
- Überstunden und Mehrarbeit kann durch einen Vorgesetzten angeordnet werden (Direktionsrecht)
- Mehrarbeit bezeichnet die zusätzlichen Arbeitsstunden an Werktagen, die über die Regel hinaus gehen, sich aber im Rahmen des Ausgleichszeitraums von sechs Monaten wieder ausgleichen; Mehrarbeit muss nicht zwingend vergütet werden
- Überstunden sind hingegen alle Stunden, die über die regelmäßige, betriebsübliche Wochenarbeitszeit hinaus geleistet werden und nicht innerhalb des Ausgleichszeitraums ausgeglichen werden; wenn in einem Arbeitsvertrag keine Leistung von Überstunden vereinbart ist, so muss der Anordnung dazu auch nicht Folge geleistet werden; Überstunden werden zusätzlich zum Freizeitausgleich vergütet
- Arbeitsunfähigkeit ist dem Arbeitgeber unverzüglich zu melden
- Das Vorlegen einer Arbeitsunfähigkeitsbescheinigung ist abhängig vom Tarifvertrag oder internen Regelungen

❗ Bei Schwangeren, Stillenden und Jugendlichen müssen neben dem Arbeitszeitgesetz auch das Mutterschutzgesetz und das Jugendschutzgesetz beachtet werden!

Durch die Vorgabe der 24-Stunden-Erreichbarkeit sind die Änderungen des europäischen Arbeitszeitgesetzes auch in der ambulanten Pflege

zu beachten. Auswirkungen hat die Rechtsprechung vor allem auf die Vergütung der Bereitschaftsdienste und die hierfür anzurechnende Arbeitszeit bzw. eventuell zu gewährende Ruhezeiten.

Von Pflegedienst zu Pflegedienst gibt es unterschiedliche Lösungsmöglichkeiten, wie Bereitschaftsdienste realisiert werden. Einige Pflegedienste besetzen beispielsweise den Bereitschaftsdienst immer durch die Pflegedienstleitung oder deren Stellvertretung, die dann eine entsprechende Ruhezeit einhalten kann.

❗ Zwar ist die Ruhezeit bei der Rufbereitschaft in Einrichtungen zur Behandlung, Pflege und Betreuung von Personen auf 5,5 Stunden verkürzt, diese muss jedoch durch die Verlängerung einer anderen Ruhezeit zwingend ausgeglichen werden. Ist die Inanspruchnahme während der Rufbereitschaft im Einzelfall so häufig, dass auch die verkürzte Ruhezeit nicht erbracht wird, muss eine Freistellung von der nächsten Schicht erfolgen. Eine Beschäftigung ist dann erst wieder nach einer 11-stündigen ununterbrochenen Ruhezeit zulässig.

Um die Personalkosten für die Bereitschaftsdienste in einem vertretbaren Rahmen zu halten, wird gerade in kleineren, privaten Pflegediensten der Bereitschaftsdienst häufig durch den Inhaber übernommen, da die Arbeitszeiten im Bereitschaftsdienst pro Stunde nach derzeit geltender Rechtssprechung mit dem Durchschnittslohn zu vergüten sind.

> **Tipps**
>
> Die körperliche und psychische Belastung der Bereitschaftsdienste sollte allerdings nicht unterschätzt werden.

Eine andere Form der Vergütung ist die Verrechnung der Rufbereitschaft mit einer Pauschale. Dazu muss jedoch eine Betriebsvereinbarung getroffen werden. Schließlich wäre auch eine Kooperation mit anderen ambulanten Pflegediensten eine Lösung, dabei ist jedoch zu berücksichtigen, dass gerade ambulante Pflegedienste, die in der gleichen Region tätig sind, sich normalerweise in einer Konkurrenzsituation befinden. Negativ ist bei dieser Lösung auch, dass die Pflegekraft, die den Bereitschaftsdienst übernimmt, nur einen Teil der Patienten kennt und umgekehrt.

> **Tipps**
>
> Die Belastung durch Bereitschaftsdienste kann deutlich gesenkt werden, wenn Patienten, die häufig in »Notsituationen« geraten, mit einem Hausnotruf versorgt werden.

**Rechtliche Hinweise**

Entscheidend für die Beurteilung der Arbeitszeit ist das Festlegen der Einrichtung, wann die Arbeitszeit beginnt und wann sie endet. Es gibt Einrichtungen, in denen die Arbeitszeit beim ersten Patienten beginnt bzw. nach dem letzten Patienten aufhört. Pflegedienste, die morgens eine Besprechung abhalten, sollten den Beginn der Arbeitszeit beim Eintreffen der Mitarbeiter in das Büro festlegen. Wichtig ist eine eindeutige Abgrenzung von Arbeitszeit und Wegezeit.

Transparenz und Offenheit sind Voraussetzungen für ein klares und gutes Arbeitsklima und tragen maßgeblich zur Mitarbeiterzufriedenheit und damit zur Patientenzufriedenheit bei. Häufig kommt es in der ambulanten Pflege zu Dienstplanänderungen und notfallmäßigem Einspringen von Mitarbeitern. Dabei ist es sinnvoll, transparente und eindeutige, für alle Mitarbeiter geltende Anreizsysteme zu installieren und besonderen Einsatz mit Sondergratifikationen oder entsprechenden Bonussystemen zu würdigen.

## 12.2   Tourenplan

Aus verschiedenen Gründen ist die Erarbeitung eines optimalen Tourenplans ebenfalls ein wichtiger Aspekt des Managements eines ambulanten Pflegedienstes. Einerseits müssen Kundenwünsche zwingend beachtet werden, insbesondere Wünsche, die die Uhrzeit des Einsatzes betreffen. Andererseits ist der Kostenfaktor der Wegezeiten durch die Betriebskosten der Fahrzeuge erheblich. Jeder gefahrene Kilometer bedeutet Arbeitszeit und Kosten für Benzin, Versicherung etc.

Eine optimale Planung der Touren muss auch unter Berücksichtigung der Qualifikation der Pflegekräfte erfolgen. So können behandlungspflegerische Maßnahmen größtenteils nur von examinierten Fachkräften durchgeführt werden. Eine entsprechende Tourenplanung wird deshalb ebenfalls vom MDK gefordert und überprüft.

Dieses Kapitel beschäftigt sich mit der folgenden Frage:

1. Was muss bei der Erstellung der Tourenpläne beachtet werden?

### 12.2.1   Erstellung der Tourenpläne

Mit 20 bis 50% der Betriebskosten sind die Fahrzeiten ein erheblicher Kostenfaktor in der ambulanten Pflege. Eine Optimierung der Wegezeiten bedeutet deshalb eine deutliche Kostensenkung und muss bei der Erarbeitung der Tourenpläne unbedingt bedacht werden. Dabei ist es unerheblich, ob es sich um eine ländliche Region oder eine Großstadt handelt, da jeder gefahrene Kilometer nicht nur Kraftfahrzeugkosten verursacht, sondern auch die Arbeitszeit der Mitarbeiter verlängert und sich dadurch auch auf die Personalkosten auswirkt.

---

**Tipps**

Bei jeder Veränderung des Patientenklientels sollte deshalb auch eine Aktualisierung der Tourenpläne erfolgen.

---

Um einen optimalen Tourenplan zu erstellen, müssen mehrere Faktoren betrachtet werden.

**Tourenplanung:**

- Kundenwünsche
- Qualifikation der Pflegekraft
- Dienstplan der Mitarbeiter
- Entfernung
- Wunschzeiten, Festzeiten
- Einsatzdauer

Spezielle Softwareprogramme für die Erarbeitung von Tourenplänen erleichtern die Aktualisierung der Pläne bei der Neuaufnahme von Patienten, bei Veränderungen durch Krankenhausaufenthalte, bei der Beendigung eines Pflegevertrags oder in Urlaubs- und Krankheitszeiten. Von Vorteil ist es, wenn die Einsatzdauer individuell eingegeben werden kann, da die Minutenwerte und Zeitkorridore des MDK nicht bei jedem Patienten eingehalten werden können.

Auch die Fahrzeit kann gewissen Schwankungen unterworfen sein, etwa durch Baustellen oder Straßensperrungen, durch Witterungsbedingungen oder durch den Berufsverkehr. Diese Schwankungen müssen nach Möglichkeit in die Tourenplanung eingearbeitet werden, da Verzögerungen und Verspätungen bei vielen Patienten zu Verärgerung, Angst und Unzufriedenheit führen.

---

**Tipps**

Um derartige Unstimmigkeiten zu vermeiden, sollte auch bei Wunschuhrzeiten der Patienten eine gewisse Kulanz vereinbart werden. Bei größeren Verspätungen muss der Patient zeitnah telefonisch informiert werden.

---

**Rechtliche Hinweise**

Um den Tourenplan umzusetzen, ist es erforderlich, die Ist–Situationen der zurückliegenden Wochen und Monate zu prüfen. Auch der Vergleich der einzelnen Touren in Bezug auf verschiedene Mitarbeiter kann Aufschluss geben, ob die Tour optimal organisiert ist. Gute und verlässliche Tourenplanungen benötigen Offenheit und Transparenz und ziehen auch Gespräche mit Patienten nach sich.

Es sollten klare Regelungen im Pflegevertrag getroffen werden, dass die Einsatzzeit z. B. um 30 Minuten nach vorn und nach hinten abweichen kann. Je mehr Patient und Mitarbeiter über die Hintergründe und Probleme der Tourenplanung erfahren, umso mehr Verständnis haben sie im Einzelfall bei Abweichungen. Den Mitarbeitern muss klar sein, dass sie keinen Anspruch auf bestimmte Touren bzw. auf die Versorgung bestimmter Patienten haben. Durch Offenheit, Transparenz und klare Regelungen kann der Alltag besser bewältigt werden.

Sollte es im begründeten Einzelfall zu einer Tourenumstellung durch den Mitarbeiter kommen, ist dies der Pflegedienstleitung zeitnah mitzuteilen.

Auch der Austausch der Mitarbeiter untereinander über mögliche Fahrrouten und Erfahrungen im Verkehr zu bestimmten Tageszeiten erleichtert die Diskussion um eine optimale Tourenplanung. Mitarbeiter und Pflegedienstleitung müssen im engen Dialog miteinander anhand festgelegter Kriterien die Tour bewerten und diese gegebenenfalls anpassen.

## 12.3    Pausenkultur

In Deutschland ist die Pausenkultur insgesamt ein Stiefkind der Betriebsorganisation. In der ambulanten Pflege wird die Gestaltung der Pause erschwert durch die Tatsache, dass jeder Mitarbeiter größtenteils selbstständig arbeitet und deshalb keine gemeinsame Pause geplant werden kann. Dadurch wird auch der Erholungswert der Pause beeinträchtigt.

In diesem Abschnitt soll deshalb folgend Frage besprochen werden:

1. Wodurch kann der Erholungswert der Pause verbessert werden?

### 12.3.1    Pausengestaltung

Arbeitsmedizinische Untersuchungen haben den Erholungswert der Pause und somit die Möglichkeit der Leistungssteigerung durch eine optimale Pausenkultur erwiesen. Die Pausenplanung und die Pausengestaltung stellen jedoch in der ambulanten Pflege ein großes Problem dar, da die Mitarbeiter größtenteils alleine unterwegs sind und eine Rückfahrt zu den Geschäftsräumen aus wirtschaftlichen Gründen in Frage gestellt werden kann.

Die Wiederherstellung der Energieressourcen durch die ideale Gestaltung der Pause wird oftmals zu gering eingeschätzt, so dass viele Mitarbeiter auf die Pause verzichten, um früher mit ihrer Arbeit fertig zu werden. Festgestellt wurde jedoch, dass eine Unterbrechung der Arbeitszeit von mindestens zehn Minuten eine deutliche Auswirkung auf die Konzentration und die körperliche Leistungsbereitschaft hat.

Einflussfaktoren auf den Erholungswert der Pause haben sowohl der Ort, an dem die Pause genommen wird, als auch die Gestaltung der Pausenzeit.

Keinen Erholungswert haben Pausen, in denen private Besorgungen oder Einkäufe erledigt werden.

Bei der Auswahl des Pausenorts ist es von Vorteil, wenn ein Pausenraum in der Geschäftsstelle genutzt werden kann. Dabei spielt jedoch die Gestaltung der Sozialräume, etwa als Ruheinsel oder als Kommunikationsmöglichkeit, eine Rolle. Ein unfreundlicher und ungemütlicher Pausenraum wird vermutlich von den Mitarbeitern nicht genutzt werden.

Eine Pause wird von den Mitarbeitern in der ambulanten Pflege oftmals auch im Auto genommen, vor allem dann, wenn die Entfernung zu den Geschäftsräumen des Pflegedienstes zu groß ist. Hier ist jedoch keinerlei Bewegungs- und Entspannungsmöglichkeit gegeben. Viele Pflegekräfte nutzen jedoch auch eine Bäckerei oder einen Park, um ihre Pause zu verbringen. In einigen ambulanten Pflegediensten ist es üblich, dass Mitarbeiter sich zu bestimmten Uhrzeiten an einem geeigneten Ort verabreden und dort gemeinsam die Pause verbringen.

Außer zur Bewegung, zur Gymnastik und zur körperlichen Entspannung, dient die Pause auch der Ernährung. Pausen, die im Fahrzeug oder im Freien stattfinden, müssen deshalb auch aus hygienischen Gründen in Frage gestellt werden.

In anderen Unternehmensbranchen wird die Bedeutung der Pause durch Angebote von Massagen, durch Ruheräume mit entspannender Musik oder Traumreisen, durch autogenes Training und Entspannungsmatten aufgewertet. In der ambulanten Pflege sind entsprechende Angebote bedauerlicherweise kaum durchführbar.

**Rechtliche Hinweise**

Pausenzeiten und ihrer Einhaltung sind in der ambulanten Pflege fast nicht umzusetzen. Mitarbeiter, die bis 6 Stunden täglich arbeiten, haben keinen Anspruch auf Pausen. Vorgeschrieben ist in ambulanten Pflegediensten für anspruchsberechtigte Mitarbeiter, dass Pausen geplant und durchgeführt werden, um auf der einen Seite den gesetzlichen und vertraglichen Anforderungen nachzukommen und auf der anderen Seite in der Praxis auf diese Regelung hinzuweisen. Durch den Medizinischen Dienst der Krankenversicherung (MDK) wird kontrolliert, ob Pausenzeiten bei den entsprechenden Tourenplänen eingearbeitet wurden. Theorie und Praxis klaffen jedoch weit auseinander. Es ist sinnvoll, eine Regelung möglichst einvernehmlich mit den Mitarbeitern zu finden, die den rechtlichen Anforderungen entspricht.

Pflegedienste sind hier gut beraten, die Touren bei einer Arbeitszeit von über 6 Stunden hintereinander mit entsprechenden Pausenzeiten zu versehen. Entsprechende Pausenregelungen sollten auch in den Einrichtungen vorhanden sein. Man sollte darauf hinweisen, dass es dem Mitarbeiter überlassen ist, wie er seine Pause nimmt, dass diese spätestens nach Beendigung der Tour zu nehmen ist und dass ein Aufsparen, also Zusammenlegen von mehreren Pausen über Tage hinweg, nicht zulässig ist.

Da in der ambulanten Pflege die Möglichkeit des Nehmens einer Pause sehr unterschiedlich von den Mitarbeitern gewünscht wird, soll zunächst darauf hingewiesen werden, dass jeder Mitarbeiter nach den gesetzlichen Vorschriften gehalten ist, die Regelung grundsätzlich einzuhalten.

Jeder Mitarbeiter darf jedoch für sich selber entscheiden, ob er ab einer längeren Arbeitszeit von 6 bis 9 Stunden 2-mal 15 Minuten wünscht oder auch kleineren Einzelpause für die Raucher. Spätestens ist die Pause nach Beendigung des Tourenplanes bzw. des Dienstes zu nehmen.

Ein Aufsparen von Pausenzeiten und damit verbundenen Anhäufen von Überstunden über längere Tage hinaus ist unzulässig. Sollten hierzu weitere Fragen auftauchen, stehen Ihnen gerne die entsprechende Pflegedienstleitung, aber auch die Geschäftsführer zur Verfügung.

> **Beispiel**

Eine mögliche **Pausenregelung** eines ambulanten Dienstes könnte wie folgt aussehen: Mitarbeiter des Pflegedienstes sind gehalten, entsprechend dem Arbeitszeitgesetz die ihnen zustehenden Pausen zu nehmen. Im Gesetz ist dazu Folgendes festgehalten.

Die Arbeit ist durch im Voraus feststehende Ruhepausen von mindestens 30 Minuten bei einer Arbeitszeit von sechs Stunden, bis zu neun Stunden und 45 Minuten bei einer Arbeitszeit von mehr als neun Stunden insgesamt zu unterbrechen. Die Ruhepausen nach Satz 1 können in Zeitabschnitte von jeweils mindestens 15 Minuten aufgeteilt werden. (Auszug aus § 4 Arbeitszeitgesetz)

# Finanzen

## 13.1    Kassenzulassung

Um einen Versorgungsvertrag nach § 72 des SGB XI abschließen zu können, muss ein ambulanter Pflegedienst Voraussetzungen erfüllen, die gewährleisten, dass es sich um eine Pflegeeinrichtung handelt, von der eine Pflegeleistung mit entsprechender Pflegequalität erbracht wird und dabei eine wirtschaftliche Arbeitsweise vorherrscht. Wird eine Zulassung erteilt, kann diese jedoch bei Defiziten der Pflegequalität wieder teilweise oder vollständig entzogen werden.

In der ambulanten Pflege ist die Kassenzulassung Grundvoraussetzung für die Erbringung sowie die Abrechnung der Leistung. Dabei richtet sich die Kassenzulassung nach dem jeweiligen Kostenträger. Kassenzulassungen sind möglich nach dem

1. Sozialgesetzbuch V (Häusliche Krankenpflege nach § 37 1/2)
2. Sozialgesetzbuch XI (Pflegeversicherung) und
3. Sozialgesetzbuch XII (Sozialhilfeträger)

In den einzelnen Bundesländern existieren sehr unterschiedliche Zulassungsbedingungen gerade im Bereich Häusliche Krankenpflege genauso wie im Bereich der Pflegeversicherung. Zu erfragen sind diese Zulassungsbedingungen und vertraglichen Regelungen im Bereich der Pflegeversicherung bei der Arbeitsgemeinschaft der Pflegekassen in dem jeweiligen Bundesland und bei der Häuslichen Krankenpflege bei der Arbeitsgemeinschaft der Krankenkassenverbände unter der federführenden Krankenkasse, in der Regel der AOK des jeweiligen Bundeslandes.

Dieses Kapitel beschäftigt sich mit Fragen der Voraussetzungen, die ein ambulanter Pflegedienst erbringen muss, um eine Kassenzulassung zu erhalten:

1. Welche Zulassungsvoraussetzungen müssen erfüllt werden?
2. Welche Nachweise müssen vorgelegt werden?

## 13.1.1    Voraussetzungen für die Kassenzulassung

Voraussetzung für die Abrechnung der erbrachten Leistungen mit den Kostenträgern ist ein Versorgungsvertrag § 72 SGB XI und eine Vergütungsregelung nach § 85 oder 89 SGB XI. Eine rückwirkende Zulassung kann grundsätzlich nicht erfolgen. Die Antragstellung muss etwa drei Monate vor der geplanten Inbetriebnahme erfolgen.

Als Einzugsbereich ist grundsätzlich nur ein Landkreis bzw. eine kreisfreie Stadt zu akzeptieren, mit Ausnahme von Randlagen. Außerhalb des Einzugsbereichs müssen die anfallenden Mehrkosten von den Patienten übernommen werden.

Für jeden Versorgungsvertrag ist ein gesondertes Institutionskennzeichen (IK) zu benennen.

Im § 71 SGB XI gelten ambulante Pflegeeinrichtungen als selbstständig wirtschaftende Einrichtungen, die unter ständiger Verantwortung einer ausgebildeten Pflegefachkraft Pflegebedürftige in ihrer Wohnung pflegen und hauswirtschaftlich versorgen. Aus diesem Grund wurden mehrere Voraussetzungen für die Zulassung bei den Pflegekassen definiert.

**Zulassungsvoraussetzungen:**
- Ständige Erreichbarkeit
- Eigene Geschäftsräume mit angemessener Ausstattung
- Erbringen von Pflegeleistungen bei Tag und Nacht
- Leistungserbringung an Sonn- und Feiertagen
- Vollzeitlich tätige verantwortliche leitende Pflegefachkraft
- Zusätzliche Stellvertretung

Als verantwortliche leitende Pflegefachkraft und als deren Stellvertretung werden nur examinierte Fachkräfte anerkannt, die der Berufsgruppe Gesundheits- und Krankenpflege, Altenpflege oder

Gesundheits- und Kinderkrankenpflege angehören. Die Beschäftigung der Stellvertretung kann durch eine examinierte Pflegefachkraft übernommen werden oder durch zwei weitere sozialversicherungspflichtig beschäftigte Fachkräfte, deren Arbeitszeit in der Summe der einer Vollzeitkraft entspricht.

> **!** In der Regel wird die wöchentliche Arbeitszeit der Pflegedienstleitung (PDL) mit Vollzeit angegeben und die der Stellvertretung mit mindestens 30 Wochenstunden. In einzelnen Bundesländern kann es hier jedoch zu anderen Regelungen kommen.

Diese müssen ihren Beruf innerhalb der letzten fünf Jahre mindestens zwei Jahre hauptberuflich ausgeübt haben, davon mindestens ein Jahr in einem ambulanten Pflegedienst. Im Ausnahmefall ist eine Verlängerung der Rahmenfrist von fünf Jahren auf maximal acht Jahre möglich. Voraussetzung ist eine sozialversicherungspflichtige Beschäftigung.

Außerdem muss die Pflegedienstleitung einen Nachweis über den Abschluss einer Weiterbildungsmaßnahme für leitende Funktionen mit einer Mindeststundenzahl von 460 Stunden vorlegen.

Ambulante Pflegedienste müssen eine personelle Besetzung im Sinne einer Personalmindestvorhaltung nachweisen. Diese ist in den einzelnen Bundesländern sehr unterschiedlich. Auch richtet sich die Personalmindestvorhaltung nach dem Abschluss des jeweiligen Vertrages im Bereich der Krankenversicherung oder im Bereich des SGB XI. Die Zulassung im Bereich des SGB XII (Sozialhilfeträger) ist in den meisten Fällen identisch und gekoppelt an die Zulassung im Bereich des SGB XI. Nur Sonderverträge im Bereich des SGB XII weichen hier ab. Eine personelle Besetzung in der Pflege im rechnerischen Umfang von drei Vollzeitkräften wird oftmals verlangt. Weitere Unterlagen müssen in vierfacher Ausfertigung vorgelegt werden.

**Weitere Nachweise:**
- Polizeiliches Führungszeugnis der PDL
- Nachweis über den Abschluss einer ausreichenden Betriebs- und Berufshaftpflichtversicherung
- Nachweis über die Meldung bei der Berufsgenossenschaft für Gesundheit und Wohlfahrt (bgw)
- Nachweis über die Meldung beim zuständigen Finanzamt
- Nachweis über die Qualifikation aller beschäftigten Pflegekräfte
- Arbeitsverträge aller Mitarbeiter
- Sozialversicherungsnachweise aller Mitarbeiter

**Zusätzlich:**
- Durchführung der Pflegeplanung nach dem Pflegeprozess
- Vorhandensein eines Pflegedokumentationssystems
- Leistungsnachweise
- Pflegekonzept
- Wirtschaftlichkeitsnachweis
- Leistungen der Grundpflege und der hauswirtschaftlichen Versorgung
- Einvernehmen des zuständigen Sozialhilfeträgers

Kooperationen können auch mit nicht zugelassenen Einrichtungen eingegangen werden, etwa »Essen auf Rädern«. Sämtliche Zulassungsvoraussetzungen müssen jedoch ohne die Leistung des Kooperationspartners erfüllt werden, mit Ausnahme der ständigen Erreichbarkeit.

Seit dem Inkrafttreten des Pflegeweiterentwicklungsgesetzes können Einrichtungsträger, die mehrere Versorgungsbereiche bedienen wollen, beispielsweise stationäre Pflege, Kurzzeitpflege, Tagespflege oder ambulante Pflege, einen Gesamtvertrag aller Versorgungsbereiche schließen. Die strikte Trennung einzelner Rahmenverträge, wie sie bis dahin gültig war, kann aufgehoben und somit bürokratische Hürden abgebaut werden. Es sollte im jeweiligen Bundesland der aktuelle Stand der Regelung erfragt werden und Kontakt mit den entsprechenden Pflege- und Krankenkassen aufgenommen werden.

Bei der Zulassung von ambulanten Pflegediensten innerhalb eines Wohnheimes oder einer Einrichtung des betreuten Wohnens ist eine organisatorische, personelle und buchhalterische Abgrenzung der einzelnen Einrichtungen zu gewährleisten.

> **!** Werden im Rahmen einer Qualitätsprüfung erhebliche Mängel festgestellt, kann eine bereits vergebene Kassenzulassung teilweise oder komplett entzogen werden. Der ambulante Pflegedienst ist jedoch berechtigt, Stellung zu den Vorwürfen zu nehmen und die Mängel innerhalb eines angemessenen Zeitraums abzustellen.

### Rechtliche Hinweise

Die Kassenzulassung, egal für welchen Bereich, bildet die Grundlage der Handlungsfelder des Pflegedienstes. Da oft die erste Frage bei Qualitätsprüfungen durch den Medizinischen Dienst der Krankenversicherung (MDK) die Frage ist, ob die Ist-Situation in der Pflegeeinrichtung den vertraglichen Anforderungen entspricht, ist es Grundvoraussetzung von Pflegedienstinhaber, Pflegedienstleitung und Stellvertretung, genauso des Qualitätsbeauftragten, den genauen Inhalt des jeweiligen Rahmenvertrages und der Zulassung zu kennen. Nur so lässt sich ermitteln, ob die Ist-Situation der Soll-Situation entspricht und wo die Ist-Situation abweicht, also Handlungsfelder sowie Handlungsnotwendigkeiten entstehen.

Interne Audits nach klar definierten und festgelegten Kriterien können hier zu notwendigen externen Audits gute und verlässliche Ergänzung sein. Nur, wer sich regelmäßig überprüft, wer allen vertraglichen Verpflichtungen nachkommt und auf dem neuesten Stand der pflegewissenschaftlichen Erkenntnisse seine Arbeit durchführt, kann den Grad der Erfüllung objektiv belegen und Schwachstellen aufdecken, um diese zielorientiert zu beheben.

Bei einer permanenten Nichterfüllung vertraglicher Regelungen gefährdet die Einrichtung auf der einen Seite die optimale Patientenversorgung und zum anderen die Existenz der Einrichtung und damit die Existenz der Arbeitsplätze. Pflegeeinrichtungen haben hier eine hohe Verantwortung, nicht nur gegenüber den Patienten, sondern genauso den Mitarbeitern gegenüber. Bei Streitigkeiten nach Qualitätsprüfungen kommt es immer entscheidend darauf an, was Pflegeeinrichtungen bis dahin getan haben, um sich selber zu evaluieren, Handlungsfelder zu bestimmen, Lösungsvorschläge und Umsetzungspläne zu erstellen. Kassenzulassungen sind vertragliche Regelungen zwischen Kostenträgern und Leistungserbringer und diese Verträge sind einzuhalten. Sicher kommen in der Praxis auch oft in diesen Verträgen vertragliche Regelungen vor, deren Sinnhaftigkeit und zum Teil auch Rechtmäßigkeit zumindest zu bezweifeln ist. Kommt es diesbezüglich zu Auseinandersetzungen mit den Kostenträgern, ist juristisch zu prüfen, ob der festgestellte Mangel in Bezug auf die strittige Regelung als solcher zu bewerten ist.

## 13.2 Abrechnung

In den Medien wurde in der jüngsten Vergangenheit vermehrt über Unstimmigkeiten bei der Abrechnung der Leistungen von ambulanten Pflegediensten berichtet. Besonderes Aufsehen erregte eine Untersuchung der AOK Hessen, in der von Abrechnungsbetrug in zweistelliger Millionenhöhe berichtet wurde. Dadurch kam es nicht nur bei den Pflegekassen sondern auch bei Patienten und Angehörigen zu einer Sensibilisierung für das Thema Abrechnung.

Eine »Kriminalisierung« von ambulanten Pflegediensten betrifft auch Pflegeeinrichtungen, die die erbrachten Leistungen korrekt abrechnen, nämlich dann, wenn Fehler aufgetreten sind. Fehleintragungen durch Unkenntnis oder mangelnde Konzentration der Mitarbeiter können auftreten, führen dann jedoch schnell zum Verdacht des Abrechnungsbetrugs und müssen deshalb von allen Mitarbeitern zwingend vermieden werden.

Die Fragen, mit denen sich dieser Abschnitt beschäftigt, lauten deshalb:

1. Was ist im Zusammenhang mit einer korrekten Abrechnung zu beachten?
2. Wie erfolgt der Datenaustausch?
3. Welche Fehlerquellen müssen ausgeschaltet werden?

## 13.2.1 Durchführung der Abrechnung

Um eine zweifelsfreie und korrekte Abrechnung zu gewährleisten, ist die fehlerfreie Dokumentation der erbrachten Leistungen durch die ausführenden Mitarbeiter unerlässlich. Die Mitarbeiter, die Eintragungen in die Leistungsnachweise vornehmen, müssen deshalb Grundkenntnisse des Themenbereichs besitzen.

### Grundlagen der Vergütung

Da der Vergütungsaufbau und die Vergütungsstrukturen in den jeweiligen Bundesländern unterschiedlich sind, gibt es keine einheitlichen Abrechnungen in Deutschland. So sind nachfolgend aufgeführte Kostenmöglichkeiten nur dort abrechnungsfähig, wo sie in der jeweiligen Vergütungssystematik der Vergütungsdefinition enthalten sind.

**Kosten:**
- Kosten der Pflegeleistung
- Fahrtkosten
- Ausbildungsvergütung
- Investitionskosten

Rückwirkende Erhöhungen der Vergütungen sind nicht zulässig. Preiserhöhungen müssen dem Pflegebedürftigen mindestens vier Wochen vor Inkrafttreten schriftlich angekündigt und begründet werden. Dabei wird im Pflegevertrag üblicherweise ein Sonderkündigungsrecht des Pflegebedürftigen bei Preiserhöhungen vereinbart.

### Vorgehen

Die Abrechnung von Pflegeleistungen erfolgt nach einem Verfahren, das die Spitzenverbände der Pflegekassen (MDS) auf Länderebene mit den Pflegediensten vereinbart haben. Nachdem die Pflegeleistung erbracht wurde, zeichnet die durchführende Pflegekraft diese auf dem Leistungsnachweis ab. Der Patient oder sein Betreuer bestätigt mit seiner Unterschrift, dass er die Leistung erhalten hat. Anschließend erfolgt die Rechnungsstellung.

### Datenträgeraustausch (DTA)

In der einvernehmlichen Festlegung zum Datenaustausch sind der Ablauf und die Bedingungen des Abrechnungsverfahrens festgelegt.

◼ **Abb. 13.1.** Abrechnung

**DTA:**

- Pflegesachleistungen, Pflegehilfsmittel, Häusliche Pflege und Beratungsbesuche werden abgerechnet
- Abrechnungsdaten, Gesamtaufstellung der Abrechnung und Urbelege werden eingereicht
- Abrechnungszeitraum ist jeweils ein Monat
- Daten:
  - Institutionskennzeichen (IK) der Pflegekasse
  - IK des Kostenträgers
  - Name der Pflegekasse
  - Krankenversichertennummer, Pflegeversichertennummer
  - Pflegestufe, Pflegeklasse
  - Rechnungsnummer
  - Belegnummer
  - IK des Pflegedienstes
  - Gesamtbruttobetrag
  - Gesetzliche Zuzahlung
  - Art der Leistung
  - Vergeltungsart
  - Datum der Leistungserbringung
  - Nummer des Leistungskomplexes
  - Einzelpreis
  - Urzeiten
  - Qualifikationsabhängige Vergütung

## Fehlerquellen

Durch das beschriebene Abrechnungsverfahren sind einige Problembereiche entstanden, die bei Patienten oder Angehörigen eventuell sogar den Verdacht des Abrechnungsbetrugs wecken können.

So kommt es bei der Leistungsvergütung zu Abweichungen von Bundesland zu Bundesland, was insbesondere für Pflegedienste und Patienten problematisch ist, wenn sie nahe der Landesgrenze wohnen oder arbeiten. Gerade die Fahrtkosten können in diesem Fall eine große Rolle spielen und es kommt immer wieder vor, dass Patienten sich betrogen fühlen, weil sie viel mehr bezahlen, als ihre Bekannten im Nachbarort.

> **Tipps**
>
> Zur Vertrauensbildung ist es wichtig, diese Kosten und entsprechende regionale Unterschiede schon im Erstgespräch zu thematisieren und dadurch für den Kunden Transparenz zu schaffen.

Ein weiteres Problem bei der Abrechnung kann die Zusammenfassung von Leistungskomplexen und Modulen darstellen, wenn den eintragenden Mitarbeitern nicht klar ist, dass gewisse Leistungen nicht kombinierbar sind, da der Leistungskomplex diese Tätigkeit schon beinhaltet. Auch in diesem Fall entsteht schnell ein Betrugsverdacht.

> **Tipps**
>
> Eine gute Software für die Abrechnung erkennt Inkompatibilitäten und eliminiert diese. Der Geschäftsführer einer ambulanten Pflegeeinrichtung trägt dennoch die Verantwortung für die korrekte Durchführung der Abrechnung.
>
> Einige ambulante Pflegedienste nutzen auch die mobile Datenerfassung mit Barcode, PDA oder Tablet PC. Dabei muss eine Kosten-Nutzen-Analyse erfolgen, da die Investitionen für kleine Pflegedienste sicher erheblich sind. Im Rahmen der weiteren Entwicklung der Telemedizin und der Einführung der elektronischen Gesundheitskarte kann auf eine EDV-Lösung nicht verzichtet werden.
>
> Prinzipiell erleichtert eine nach § 105 SGB XI zugelassene Softwarelösung die Abrechnung mit Krankenkassen, Pflegekassen, Beihilfestellen, Sozialhilfeträgern und Patienten. Offene Posten, Zahlungseingänge, Mahnwesen und Finanzbuchhaltung werden enorm vereinfacht und zeitsparend erledigt. Der elektronische Datenträgeraustausch (DTA) ist bei der Verwendung des geforderten Formats unproblematisch.

Schließlich kommt es in den Leistungsnachweisen immer wieder zu Fehleintragungen durch

Unaufmerksamkeit, so dass Leistungen abgezeichnet werden, obwohl der Patient zu dieser Zeit im Krankenhaus war oder der Mitarbeiter sich im Urlaub befand. Auch hier entsteht sehr schnell der Verdacht auf Abrechnungsbetrug.

Die Änderung einer vereinbarten Leistung oder der Eintrag einer anderen Leistung wegen Überschreitung des erhobenen Minutenwerts kann bei Patient und Angehörigen ebenfalls auf Unverständnis stoßen.

> **Beispiel**

Frau Bachmann ist 84 Jahre alt und lebt mit ihrer Tochter in einem Eigenheim. Die Tochter ist in Vollzeit berufstätig und verlässt normalerweise um 7.45 Uhr das Haus. Frau Bachmann wird dann von einem ambulanten Pflegedienst betreut, der gegen 9 Uhr eine große Toilette bei ihr durchführt. Danach wird das Frühstück für sie vorbereitet.

Am 1. Juni 2008 betritt Pflegekraft Brigitte wie üblich kurz vor 9 Uhr die Wohnung von Frau Bachmann. Diese ist an diesem Tag sehr schlechter Stimmung, da sie in der Nacht kaum geschlafen hat und sich insgesamt nicht wohl fühlt. Frau Bachmann lehnt deshalb die große Toilette ab, stattdessen möchte sie nur die Hände waschen und dann direkt ihr Frühstück einnehmen. Anschließend möchte sie sich noch einmal ins Bett begeben. Brigitte hat Verständnis für den Wunsch von Frau Bachmann und erfüllt diesen. Allerdings zeichnet sie im Leistungsnachweis ohne nachzudenken und aus Gewohnheit eine große Grundpflege ab.

Die Tochter von Frau Bachmann hat sich für diesen Tag krank gemeldet und verfolgt das Vorfahren des Fahrzeugs des Pflegedienstes aus ihrer Wohnung im 1. Obergeschoss. Sie wundert sich, dass das Auto schon nach wenigen Minuten wieder wegfährt und schaut nach ihrer Mutter im Erdgeschoss. Frau Bachmann gibt ihrer Tochter gegenüber an, es sei »alles wie immer« gemacht worden. Schwester Brigitte hatte die Anwesenheit von Frau Bachmanns Tochter nicht bemerkt. Am Nachmittag ruft die Tochter von Frau Bachmann wütend im Büro des ambulanten Pflegedienstes an. Ihre Mutter würde bei der Rechnungsstellung durch den ambulanten Pflegedienst betrogen, eine ausreichende Grundpflege sei in dieser Zeit gar nicht möglich gewesen und sie würde den Vorfall sofort an ihre Pflegekasse melden.

In diesem alltäglichen Beispiel wird deutlich, wie eine normale Situation dazu führen kann, dass plötzlich Misstrauen entsteht und sogar der Vorwurf eines kriminellen Verhaltens geäußert wird. Hinzu kommt, dass es für den betroffenen Pflegedienst sehr schwierig ist, zu beweisen, dass normalerweise eine korrekte Grundpflege stattfand. Das Beispiel hätte auch anders stattfinden können, nämlich dass der Mitarbeiter die Grundpflege korrekt durchgeführt hat und die Patientin oder ihre Angehörige meinen, der Mitarbeiter wäre nur kurze Zeit da gewesen.

Sobald Angehörige oder Patienten erst einmal misstrauisch sind, ist es extrem schwer, das Vertrauen zurückzugewinnen. Im Interesse des eigenen Rufs müssen derartige Missverständnisse unbedingt vermieden werden, zumal Patienten und Angehörige oftmals andere Kunden oder Interessenten kennen, mit denen sie über solche Vorkommnisse sprechen. Es muss im Interesse des Unternehmens liegen, Missverständnisse zu vermeiden bzw. bei Bekanntwerden diese sofort klar zu stellen. Ein offener Dialog ist hier Voraussetzung für zielorientiertes Handeln.

> **Tipps**

Unter Berücksichtigung des Marketingeffekts von Kundenzufriedenheit und Weiterempfehlungsrate muss unter allen Mitarbeitern ein Bewusstsein für die Bedeutung einer fehlerfreien Abrechnung der erbrachten Leistungen vorhanden sein. Der emotionale Einfluss auf die Zufriedenheit ist gerade bei Faktoren vorhanden, die der Patient oder seine Angehörigen auch finanziell wahrnehmen.

### Rechtliche Hinweise

Während vor 15 bis 20 Jahren noch Kostenträger anriefen, wenn ein Pflegedienst entsprechende Leistungen vergessen hatte abzurechnen und auch Pflegedienste spät bemerkte Fehler bei der Kasse angaben und dies problemlos im Miteinander geregelt wurde, ist dieses lockere Verhältnis zwischen Kostenträgern und Pflegedienst Vergangenheit. Durch die bereits angesprochene pauschalierte Verurteilung der ambulanten Pflegedienste durch einzelne Kostenträger, Politiker und Medien ist absolute Transparenz und Struktur, Kontrolle und Seriosität innerhalb der Einrichtung für den Abrechnungsvorgang notwendig, ja unumgänglich. Zu oft wird heute noch in Pflegediensten die Abrechnung zwischen dem 1. und dem 12. des Monats »nebenbei« erstellt und so ist es nicht verwunderlich, dass sich Fehler einschleichen. Rechtlich gesehen ist es nur durch klare Strukturen und standardisierte Verfahren mit entsprechendem Gegenzeichnen möglich, einen Abrechnungsbetrug vom Abrechnungsfehler zu unterscheiden. Einrichtungen stehen hier im Spannungsfeld, schnellstmöglich die Rechnung zu erstellen, um Gehälter und laufende Kosten bezahlen zu können, und auf der anderen Seite in Ruhe und strukturiert arbeiten zu können. Die Einrichtung muss Verantwortlichkeiten beschreiben, Abläufe vor allem aber auch Kontrollsysteme benennen und installieren und diese innerhalb der Einrichtung leben.

Entscheidend für die Abrechnung sind die Vorarbeiten, die zum Teil über den gesamten Monat laufen. Die sogenannte Rückerfassung, also der tägliche Abgleich zwischen der Soll- und der Ist-Leistung, schließen bei der Anwendung einer guten Software wesentliche Fehler bereits von vornherein aus. Auch die Sensibilisierung der Mitarbeiter für diese Problematik ist ein wichtiger Bestandteil der Vorbereitung und ordentlichen Durchführung einer gewissenhaften Abrechnung. Auch ist es möglich, entsprechende Pflegekräfte für die einzelnen Runden am Ende des Monats mit dem Vergleich der Dokumentation und dem Leistungsnachweis zu beauftragen. Wichtig erscheint, dass der für die Abrechnung beauftragte Mitarbeiter die Gesamtvorgänge fachlich, strukturell und rechtlich einschätzen kann. Entsprechende Handzeichen für Vor- und Nachkontrollen sind hier empfehlenswert.

Gerade bei kleineren Einrichtungen wird die Wirkung einer ordentlichen Rechnungslegung noch zu häufig unterschätzt. Pflegedienste haften bei Falschabrechnung in der Regel der Fälle nicht nur für den entstandenen Schaden, sondern sie werden immer häufiger auch mit Zinsforderungen belegt und gegebenenfalls mit Vertragsstrafen. Nicht zu unterschätzen ist die Wirkung solcher Fehlabrechnungen nach außen, auf Patienten und Angehörige, auf Ärzte und Krankenhäuser. Durch zu schnelle und oberflächliche Abrechnung riskieren Pflegedienste oft ihre Zulassung, ihre gute Pflege und den damit verbundenen guten Ruf.

Gelebte Transparenz und gegebenenfalls auch das Zugeben von entdeckten Fehlern ist der bessere Weg als das Warten auf einen Regress bei einer Falschabrechnung. Sollten Kostenträger Regressansprüche anmelden, ist detailliert zu prüfen, ob die Ansprüche gerechtfertigt sind, zum einen in inhaltlicher Sicht, zum anderen aber auch im Hinblick auf mögliche Verjährungsfristen.

Die Praxis zeigt, dass nicht jeder Regressanspruch durch Kostenträger gerechtfertigt ist, so hat gerade das Sozialgericht Potsdam im Februar 2008 einen Regressanspruch der Krankenkasse (Aktenzeichen: S 7 KR 40/07) abgewiesen, da in diesem Fall im vorliegenden Rahmenvertrag eine Verjährungsfrist von einem Jahr vereinbart worden war. Kostenträger haben die Pflicht, Rechnungen sachlich und rechnerisch zu prüfen. In vielen Verträgen sind heute die Beanstandungsfristen geregelt. Dies entbindet den Pflegedienst nicht davon, lückenlos den Beweis anzutreten, dass die erstellte Rechnung und die davor erbrachte Leistung den vertraglichen und gesetzlichen Anforderungen entsprochen haben.

## 13.2.2 Pflegebuchführungsverordnung

Die Pflegebuchführungsverordnung ist seit Einführung der Pflegeversicherung ein heiß umstrittenes Instrument. Für viele Pflegeeinrichtungen bedeutet die Erstellung der Pflegebuchführungsverordnung durch den Steuerberater eine finanzielle Mehrbelastung, die in der Praxis keine Relevanz hat. Seit der Einführung der Pflegeweiterentwicklungsgesetzes am 01.07.2008 hat der Gesetzgeber vorgeschrieben, dass der Spitzenverband, der Bund der Pflegekassen und die Vereinigung der Pflegeeinrichtungen auf Bundesebene gemeinsam einheitliche Grundsätze ordnungsgemäßer Buchführung vereinbaren sollen, um den übermäßigen Aufwand zu vermeiden und dadurch die Abschaffung der Pflegebuchführungsverordnung zu ermöglichen. Was aber steckte hinter der alten aber noch anzuwendenden Pflegebuchführungsverordnung?

Die Bedeutung einer betriebswirtschaftlichen Analyse von Einnahmen und Kosten lässt sich nicht ernsthaft in Frage stellen und mit Sicherheit arbeitet jeder ambulante Pflegedienst schon im eigenen Interesse mit dem Ziel der Wirtschaftlichkeit und Gewinnoptimierung, um Arbeitsplätze zu sichern. Gefordert wird die wirtschaftliche Arbeitsweise auch im Sozialgesetzbuch, weswegen die Pflegebuchführungsverordnung erlassen wurde.

Sie gilt für alle zugelassenen Pflegeeinrichtungen, unabhängig von ihrer Rechtsform und von ihrer Trägerschaft. Befreit sind lediglich sehr kleine Pflegedienste mit bis zu sechs Vollzeitkräften, wobei Teilzeitkräfte in Vollzeitstellen entsprechend umgerechnet werden. Überschreitet der Umsatz jedoch einen bestimmten Betrag, derzeit 250.000 €, kann keine Befreiung erfolgen. Gerade kleinere private ambulante Pflegedienste erreichen diese Grenze meistens nicht und können dann eine Befreiung beantragen.

Über eine Befreiung oder eine Ablehnung entscheiden die Landesverbände der Pflegekassen gemeinsam im Einvernehmen mit der zuständigen Landesbehörde auf Antrag des Trägers.

Pflegeeinrichtungen, die von den Vorschriften ganz oder teilweise befreit sind, müssen eine vereinfachte Einnahmen- und Ausgabenrechnung führen. Grundsätzlich wird die ordnungsgemäße Buchführung im BGB § 259 gefordert.

Wer verpflichtet ist, über eine mit Ausgaben verbundene Verwaltung Rechenschaft abzulegen, hat dem Berechtigten eine geordnete Zusammenstellung der Einnahmen oder Ausgaben enthaltene Rechnung mitzuteilen und, soweit Belege erteilt zu werden pflegen, Belege vorzulegen. (§ 259 Abs. 1 BGB)

Auch befreite Einrichtungen können auf das Instrument einer geordneten Buchführung nicht verzichten, da jede Pflegeeinrichtung dem Wirtschaftlichkeitsgebot unterliegt. Zu bedenken ist jedoch, ob die Vorgaben der Pflegebuchführungsverordnung alltagstauglich und praxisgerecht sind. Andere Möglichkeiten der Kostenrechnung können für einen ambulanten Pflegedienst wichtige Erkenntnisse liefern, etwa die betriebswirtschaftliche Auswertung (BWA) von Kosten, die gut beeinflussbar sind. Dabei spielen die Personalkosten und die Kosten, die durch Wegezeiten entstehen, eine wichtige Rolle. Auch die Betrachtung der Einnahmenseite kann hilfreich sein. Analysiert man die Ergebnisse der BWA mehrerer Quartale, werden möglicherweise Einsparpotenziale oder zusätzliche Einnahmemöglichkeiten deutlich.

# Hygiene

## 14.1    Infektionsschutzgesetz

Das Infektionsschutzgesetz (IfSG) löste zum 01.01.2001 unter anderem das Bundesseuchengesetz und das Gesetz zur Bekämpfung der Geschlechtskrankheiten ab. In der Folge entwickelte der Länderarbeitskreis zur Erstellung von Hygieneplänen nach § 36 IfSG auch einen aktualisierten Rahmen-Hygieneplan für ambulante Pflegedienste. Beteiligt waren an diesem Rahmenhygieneplan die Länder Sachsen-Anhalt, Brandenburg, Sachsen, Mecklenburg-Vorpommern und Thüringen.

Die Umsetzung des Infektionsschutzgesetzes (IfSG) ist gerade in der ambulanten Pflege schwierig, weshalb es in vielen ambulanten Pflegediensten kein oder nur ein teilweise angemessenes Hygienemanagement gibt. Dabei muss jedoch bedacht werden, dass gerade durch die Tätigkeit in der häuslichen Umgebung und die Fahrten von Patient zu Patient die Gefahr der Keimverschleppung vorhanden ist.

In diesem Kapitel sollen nun folgende Fragen bearbeitet werden:

1. Welche Vorgaben des Infektionsschutzgesetzes müssen in der ambulanten Pflege umgesetzt werden?
2. Was muss bei der Erstellung eines einrichtungsinternen Hygieneplans beachtet werden?
3. Welche Vorschriften existieren bezüglich der Dienstkleidung?
4. Was ist im Umgang mit multiresistenten Keimen zu berücksichtigen?

### 14.1.1    Hygieneplan

Der Länderarbeitskreis zur Erstellung von Hygieneplänen nach § 36 IfSG hat einen Rahmen-Hygieneplan für ambulante Pflegedienste erarbeitet. Dieser beinhaltet Vorgaben, die bei der Erstellung und Implementierung eines einrichtungsinternen Hygieneplans hilfreich sind.

Bei der Erstellung des Hygieneplans muss außerdem gewährleistet sein, dass alle Mitarbeiter den Hygieneplan kennen und als verbindliche Vorgabe betrachten und dass jederzeit eine Zugriffsmöglichkeit für die Mitarbeiter gegeben ist. Der Hygieneplan sollte deshalb in den Geschäftsräumen aufbewahrt werden. Außerdem muss eine regelmäßige Überarbeitung einmal pro Jahr und ebenfalls einmal jährlich eine Schulung der Mitarbeiter stattfinden.

> Die Sektion » Hygiene in der ambulanten und stationären Kranken- und Altenpflege, Rehabilitation« der Deutschen Gesellschaft für Krankenhaushygiene (DGKH) fordert außerdem aufgrund der zunehmend problematischen Bedingungen in Pflegeeinrichtungen die Etablierung von Hygienebeauftragten mit qualifizierter Weiterbildung in allen Pflegeeinrichtungen. Nur ein kleiner Teil der ambulanten Pflegedienste hat diese Forderung bisher umgesetzt.

Aufgabe des Hygienebeauftragten ist die Erarbeitung des einrichtungsinternen Hygieneplans und die regelmäßige Kontrolle der Einhaltung der hygienischen Vorschriften. Der Hygienebeauftragte hat außerdem eine beratende Funktion für alle Mitarbeiter, wenn Probleme oder Unklarheiten bezüglich der Hygiene auftreten.

**Tipps**

Ambulante Pflegeeinrichtungen, die keinen Mitarbeiter als Hygienebeauftragten ausgebildet haben, können auch jede einzelne Pflegefachkraft entsprechend fortbilden. Die Verantwortung für die Umsetzung der Hygienevorschriften trägt dann jede examinierte Pflegekraft für die Patienten, die sie in ihrer Tour regelmäßig betreut. Unklar ist allerdings noch der geforderte Umfang der Fortbildungen.

Hersteller oder Vertreiber von Desinfektionsmitteln bieten zum Teil auch vorgefertigte Hygienepläne an, dabei muss jedoch bedacht werden, dass der erworbene Plan an die Erfordernisse der Einrichtung angepasst werden muss.

Grundsätzlich werden im Rahmen-Hygieneplan verschiedene Bereiche der Hygiene besprochen und zwingend einzuhaltende Vorschriften zu diesen Themen aufgeführt.

**Rahmen-Hygieneplan für ambulante Pflegedienste:**
- Wohn- und Sanitärhygiene
- Reinigung, Desinfektion und Instrumentenaufbereitung
- Händehygiene
- Flächen, Gegenstände
- Wäsche und Bekleidung
- Umgang mit Lebensmitteln
- Abfallbeseitigung
- Erste Hilfe
- Belehrung von Personal
- Vorgehen bei meldepflichtigen Erkrankungen
- Gefährdungsbeurteilung
- Arbeitsmedizinische Vorsorgeuntersuchungen
- Impfungen für das Personal
- Sondermaßnahmen beim Auftreten bestimmter Infektionserkrankungen
- Behandlungspflege
- Umgang mit Medikamenten
- Hygiene bei speziellen Pflegemaßnahmen

Für das Auftreten verschiedener Infektionserkrankungen oder Parasiten sollen Maßnahmenpläne vorliegen, die im Akutfall sofort verfügbar sind und jedem Mitarbeiter eine rechtzeitige, adäquate Reaktion auf die Infektion ermöglichen. Diese Maßnahmenpläne sollten entweder jedem Mitarbeiter direkt ausgehändigt werden oder in den einzelnen Fahrzeugen aufbewahrt werden, da bei einigen Krankheitsbildern eine sofortige Reaktion erforderlich ist.

**Maßnahmenpläne:**
- Durchfallerkrankungen, vor allem Noro-Virus
- Läusebefall
- Skabies (Krätze)
- MRSA (▶ Kap. 14.1.3)

Die Einhaltung der Vorschriften wird im Rahmen der MDK-Prüfung kontrolliert. Darüber finden regional auch Begehungen durch die Gesundheitsämter statt.

### 14.1.2 Dienstkleidung

In der ambulanten Pflege wird der Umgang mit der Dienstkleidung sehr unterschiedlich gehandhabt. Viele ambulante Pflegedienste stellen den Mitarbeitern eine einheitliche Dienstkleidung zur Verfügung. Dies hat auch einen positiven Marketingeffekt. Andere Pflegedienste zahlen einen monatlichen Betrag, damit die Mitarbeiter eigene Dienstkleidung anschaffen. Schutzkleidung wird üblicherweise vom Arbeitgeber gestellt.

In den Geschäftsräumen muss eine Umkleidemöglichkeit vorhanden sein und jeder Mitarbeiter sollte einen eigenen Spind besitzen, in dem die Privatkleidung aufbewahrt werden kann.

Das Waschen der Dienstkleidung erfolgt allerdings in einigen Pflegediensten immer noch durch die Mitarbeiter selbst, die dann die Dienstkleidung mit nach Hause nehmen und dort waschen. Aus hygienischer Sicht muss die Dienstkleidung in einem separaten Waschverfahren desinfizierend gereinigt werden. Dazu muss eine Waschtemperatur von 60°C erreicht werden. Empfohlen wird außerdem ein geeignetes Waschmittel, das vom Robert-Koch-Institut (RKI) gelistet ist.

Diese Vorgaben sind im eigenen Haushalt nur schwer zu erfüllen. Sinnvoller ist es deshalb, die Dienstkleidung der Mitarbeiter zu sammeln und in einer Zentralwäscherei zu waschen. Viele Arbeitgeber lehnen dies jedoch aus Kostengründen ab.

> ❗ Möchte man die Dienstkleidung dennoch nicht zentral waschen, ist es aus rechtlicher Sicht empfehlenswert, eine Dienstanweisung herauszugeben, in der alle Vorgaben für den Umgang mit der Dienstkleidung zusammengefasst sind. Die Mitarbeiter sollten die Kenntnisnahme gegenzeichnen.

Eine Verpflichtung aus dem Rahmen-Hygieneplan liegt nicht vor, allerdings können im Schadensfall andere Verordnungen und Gesetzesgrundlagen zu einer Haftung führen, beispielsweise die Vorschriften der Berufsgenossenschaft oder die Biostoffverordnung. In einigen wenigen Fällen konnte der Infektionsweg vom häuslichen Bereich zum Patienten nachgewiesen und dadurch ein Haftungsanspruch geltend gemacht werden, insbesondere bei gleichartigen Stämmen von Noro-Viren.

### 14.1.3  MRSA

Der wichtigste Aspekt im Umgang mit Methicillin-resistenten Staphylokokken (MRSA), Oxacilliin-resistenten Staphylokokken (ORSA) oder multiresistenten Keimen ist die Vermeidung der Weiterverbreitung auf andere Patienten.

Seit einigen Jahren treten auch in Deutschland vermehrt community- oder cMRSA-Infektionen auf, also MRSA, die im ambulanten Bereich erworben wurden und besonders schwere Haut- und Weichteilinfektionen verursachen können. Diese Keime erfordern besondere Aufmerksamkeit wegen ihrer Fähigkeit zur Ausbreitung in der Bevölkerung unabhängig von Krankenhäusern.

!  Betroffene Patienten sollten immer sofort behandelt werden. Bei cMRSA-Infektionen müssen auch die Angehörigen untersucht und gegebenenfalls therapiert werden.

Die Mitarbeiter im ambulanten Bereich müssen verschiedene Schutzmaßnahmen bei MRSA-Trägern durchführen.

**Umgang mit MRSA:**
- Berücksichtigung bei der Tourenplanung
- Hygienische Händedesinfektion vor und nach jeder Tätigkeit
- Einmalhandschuhe
- Patientengebundene Schutzkittel
- Mund-Nasen-Schutz
- Desinfektion von Hilfsmitteln
- Desinfizieren der Wäsche
- Aufklärung und Beratung der Angehörigen

Bei Einhaltung dieser Maßnahmen kann eine Übertragung auf andere Patienten vermieden werden. Bei immungeschwächten Menschen ist besondere Vorsicht geboten. Gefährdet sind außerdem Patienten mit Influenza A und Kinder, die an Windpocken erkrankt sind.

**Sanierung von MRSA:**
- Nasale Besiedelung: Mupirocin Nasensalbe
- Ganzkörperwaschung einschließlich Haare mit antiseptischen Seifen
- Desinfizierende Mundspülung
- Drei Tage nach Abschluss der Maßnahmen Kontrolleabstriche von:
  - Nase
  - Rachen
  - Leiste
  - Axilla oder Dammregion
  - Ggf. Wunde, zentraler Venenkatheter und ursprünglicher Nachweisort

Der MRSA-Träger gilt solange als positiv, bis negative Abstriche an drei aufeinander folgenden Tagen vorliegen.

!  Solange eine asymptomatische Besiedelung von Nase, Rachen, Haut oder einer Wunde vorliegt, kann der Patient sich im häuslichen Umfeld normal bewegen. Das Ansteckungsrisiko für Angehörige ist gering und normale soziale Kontakte sind unproblematisch. Bei engem Körperkontakt kann es zu einer passageren Besiedelung von Angehörigen kommen, die ebenfalls keine Bedrohung darstellt. Gefährdet sind allerdings Personen im sozialen Umfeld, die eine bekannte Disposition für eine Infektion mit Staphylokokkus aureus aufweisen, etwa Personen mit offenen Wunden oder Hautläsionen, Diabetiker oder Dialysepatienten. In diesen Fällen ist eine Distanzierung bis zum Abschluss der Sanierung geboten.

## Rechtliche Hinweise

Viele ambulante Pflegeeinrichtungen vernachlässigen das Hygienemanagement, da sie dies als unnötigen bürokratischen Aufwand sehen. Dabei bildet die Einhaltung hygienischer Maßnahmen einen wichtigen Punkt der Beweislast bei Infektionen der Patienten.

Auch ist der Arbeitgeber verantwortlich, wenn Mitarbeiter im Umgang mit betroffenen Patienten zu Schaden kommen. Hier empfiehlt es sich auf alle Fälle, jedem Standard, der in der Einrichtung existiert, auf hygienische Maßnahmen, wie Prävention, auf die Behandlung von Infektionen oder anderen mit hygienischen Maßnahmen in Zusammenhang stehenden Abweichungen von der Norm zu überprüfen. Gerade Durchfallerkrankungen, Läusebefall, Skabies (Krätze) und MRSA stehen sehr oft in der ambulanten Pflege im Mittelpunkt des täglichen Geschehens.

Da die nosokomialen Infektionen bei Entlassungen aus dem stationären Bereich immer häufiger werden, ist es wichtig, in der anschließend ambulanten Behandlung alle hygienischen Maßnahmen strikt einzuhalten, um eine Weiterverbreitung zu verhindern.

Bei Fragen bietet sich eine enge Zusammenarbeit mit dem Betriebsarzt, der entsprechenden Berufsgenossenschaft oder dem Gesundheitsamt an. Pflegedienste, die auch in ambulanten betreuten Wohngemeinschaften die Pflege durchführen, sind gerade bei der Verbreitung von MRSA stark betroffen. Hygienische Fragen müssen hier offen diskutiert und entsprechende einheitliche Lösungen gefunden werden.

Im Schadensfalle muss die Einrichtung bzw. der Mitarbeiter beweisen, dass der aufgetretene Schaden nicht durch unsachgerechtes, in diesem Fall durch unhygienisches Arbeiten verursacht wurde. Auch hier spielt wieder die lückenlose Dokumentation, die Analyse der Ausgangssituation sowie die daraus resultierenden Maßnahmen eine entscheidende und zentrale Rolle. Es sind nicht immer große Maßnahmen, die hier entscheidend sind, vielmehr geht es um die tägliche Arbeit, um den Standard, ob wirklich alle Mitarbeiter z. B. vor und nach der Behandlung beim Patienten eine entsprechende Händewaschung durchführen.

# Delegation

## 15.1   Verantwortung

Die Delegation ärztlicher Tätigkeiten hat im Rahmen der Einführung des Gesundheitsmodernisierungsgesetzes (GMG) zu Diskussionen um die Aufteilung von Tätigkeiten und Dienstleistungen zwischen ärztlichem und nichtärztlichem Personal geführt.

Die Stärkung der Eigenverantwortung der Pflege wird von Berufsverbänden gefordert, wobei aus ärztlicher Sicht die persönliche Leistungserbringung ein wesentliches Merkmal der freiberuflichen Tätigkeit des Arztes ist.

Für die Delegation und die damit verbundenen Aspekte der Verantwortung müssen wesentliche Rechtsgrundlagen berücksichtigt werden.

In diesem Kapitel werden folgende Fragen genauer betrachtet:

1. Welche Formen der Verantwortung existieren?
2. Was ist bei der Delegation zu beachten?
3. Was bedeutet Remonstration?
4. Was sollte beim Umgang mit ärztlichen Anordnungen und Verordnungen berücksichtigt werden?

### 15.1.1   Formen der Verantwortung

Bei der Delegation ärztlicher Tätigkeiten auf das Pflegepersonal, bei der Übertragung von Aufgaben auf Pflegefachkräfte durch die Pflegedienstleitung (PDL) und bei der Delegation von Tätigkeiten von Pflegefachkräften auf nicht examinierte Mitarbeiter sind die Formen der Verantwortlichkeit und deren juristische Auswirkungen zu bedenken.

Zunächst wird die Verantwortung der Leitungsebene, anschließend die Verantwortlichkeit jedes einzelnen Mitarbeiters dargestellt.

**Verantwortung der PDL:**
- Organisationsverantwortung
- Führungsverantwortung

- Anordnungsverantwortung
- Anleitungsverantwortung
- Kontrollverantwortung
- Dokumentationsverantwortung

**Verantwortung der Pflegekraft:**
- Durchführungsverantwortung
- Daraus resultierende Pflichten:
  - Beobachtungspflicht
  - Aufsichtspflicht
  - Kontrollpflicht
  - Betreuungspflicht
  - Sorgfaltspflicht
  - Verkehrssicherungspflicht
  - Informationspflicht
  - Remonstrationspflicht

Aus diesen Verantwortlichkeiten ergeben sich genaue Bestimmungen für die Delegationsfähigkeit einzelner Tätigkeiten. Die Leitung eines ambulanten Pflegedienstes muss bei der Delegation von Aufgaben die Qualifikation des Mitarbeiters beachten und entsprechend entscheiden, ob die Aufgabe auf diesen Mitarbeiter delegiert werden kann.

Grundsätzlich besteht für einige Leistungsbereiche keine Delegationsnotwendigkeit, da es sich um Tätigkeiten handelt, die der ursprünglichen pflegerischen Kernverantwortung zuzuordnen sind.

**Kernbereiche der Pflege:**
- Erhebung und Feststellung des Pflegebedarfs, Planung, Organisation, Durchführung und Dokumentation der Pflege
- Evaluation der Pflege, Sicherung und Entwicklung der Pflegequalität
- Beratung, Anleitung und Unterstützung von Patienten und ihren Bezugspersonen
- Einleitung lebenserhaltender Sofortmaßnahmen bis zum Eintreffen des Arztes

In anderen europäischen Ländern wird dieses Problem anders gehandhabt, so dass der Aufgabenbereich der Pflege beispielsweise Tätigkeiten, wie die Verordnung von Hilfsmitteln oder das Wundmanagement umfasst. In Deutschland ist dies durch die Definition der Gesundheits- und Kranken- sowie Altenpflege als nicht-ärztliche Heil- und Hilfsberufe derzeit nicht möglich.

## 15.1.2 Delegationsfähigkeit

! Die Delegationsfähigkeit von Aufgaben muss schon bei der Arbeits- und Ablauforganisation beachtet werden. Das bedeutet, dass schon im Dienst- und Tourenplan auf die Qualifikation des Mitarbeiters geachtet werden muss, an den die jeweilige Aufgabe übertragen wird. Im Speziellen ist dies bei behandlungspflegerischen Leistungen der Fall. Die Pflegedienstleitung trägt somit die Anordnungsverantwortung und die Organisationsverantwortung.

Fühlt sich der Mitarbeiter nicht in der Lage, die ihm übertragene Tätigkeit durchzuführen, weil er ihm die notwendige Kompetenz, Qualifikation oder Kenntnis fehlt, ist er verpflichtet, die Anordnung abzulehnen. In diesem Fall besitzt der Mitarbeiter ein Arbeitsverweigerungsrecht oder sogar eine Arbeitsverweigerungspflicht. Ein Delegationszwang, insbesondere bei der Durchführung von ärztlichen Tätigkeiten, ist nicht zulässig.

Prinzipiell ist die Delegationsfähigkeit ärztlicher Leistungen auf Pflegekräfte dann gegeben, wenn eine ausreichende Qualifikation im Einzelfall gegeben ist und diese in Form eines Befähigungsnachweises durch den anordnenden Arzt bestätigt wird. Dabei ist der Befähigungsnachweis nur für diese Maßnahme, den betroffenen Patienten und den anordnenden Arzt gültig, es handelt sich nicht um eine generelle Erlaubnis.

Delegationsfähig sind Leistungen und Tätigkeiten unter Berücksichtigung der objektiven Gefährlichkeit und der subjektiven Fähigkeit.

! Komplizierte, den Patienten gefährdende Maßnahmen dürfen nur durch den Arzt durchgeführt werden. Bei der Beurteilung der Komplikationsdichte und -wahrscheinlichkeit einer Maßnahme muss auch die räumliche Entfernung der Arztpraxis bedacht werden, da je nach Gefährdungspotenzial der Maßnahme eine mögliche oder zwingende Arztpräsenz vorgeschrieben ist. Außerdem sind vergütungsrechtliche Faktoren von Bedeutung.

Je nach Gefährlichkeit der Maßnahme und Fähigkeit der Pflegekräfte sind verschiedene Maßnahmen delegationsfähig.

### Grundsätzlich delegationsfähige Maßnahmen:

- Sub- und intrakutane Injektionen
- Dauerkatheterwechsel
- Einfache und Verbände

### Bedingt delegationsfähige Maßnahmen:

- Intramuskuläre Injektionen
- Venöse Blutentnahmen
- Legen von peripheren venösen Zugängen

Diese Maßnahmen können bei entsprechender Eignung und Qualifikation auf geeignete Pflegekräfte übertragen werden. In der ambulanten Pflege sind einige Maßnahmen unter Umständen nicht delegationsfähig, die zum Teil in der stationären Behandlung delegiert werden können, und zwar aufgrund der Arztferne, da eine notwendige Arztpräsenz nicht unverzüglich gewährleistet werden kann.

### Ambulant nicht delegationsfähige Maßnahmen:

- Infusionstherapie
- Legen von Magensonden
- Ableitung eines EKG

Auch bei nachgewiesener Eignung der durchführenden Pflegefachkraft kann die Maßnahme wegen des Gefährdungspotenzials für den Patienten aufgrund der Arztferne nicht delegiert werden.

Bei der speziellen Krankenpflege, also bei behandlungspflegerischen Maßnahmen, sind die delegationsfähigen Maßnahmen in der Verordnungsrichtlinie Häusliche Krankenpflege nach § 92 Absatz 7 SGB V beschrieben. Diese Maßnahmen sind nicht nur verordnungsfähig, sondern gleichzeitig auch delegationsfähig, wenn die entsprechenden Qualifikationen, Zulassung zur Erbringung der Leistung der Einrichtung und die Bereitschaft des Arztes zur Delegation vorhanden sind.

Dennoch gibt es spezielle behandlungspflegerische Maßnahmen, die nur im Einzelfall nur durch Sondervereinbarungen delegationsfähig sind. Gerade im Bereich der Portversorgung sowie beim Umgang mit intravenösem Zugang ist über die Gabe von Infusionen eine entsprechende Vereinbarung zwischen dem verordnenden Arzt und der Pflegeeinrichtung zu schließen. In dieser Vereinbarung sollten nur die Mitarbeiter aufgeführt sein, die tatsächlich diese schwer delegierbaren Maßnahmen durchführen dürfen. Auch sollte vereinbart werden, wie das Anordnungsverfahren und Informationssystem zwischen dem anordnenden Arzt und der durchführenden Pflegestation bzw. Pflegefachkraft funktioniert.

Regelmäßige Fort-, Aus- und Weiterbildung, Durchführung und Umgang mit den delegierten Maßnahmen sind Grundvoraussetzungen eines reibungslosen Verlaufs. Mitarbeiter müssen ausreichend über die Maßnahme und die eventuell daraus resultierenden Konsequenzen und Gefahren informiert sein. Es ist in solchen Fällen genauso zu differenzieren, bei wem die Durchführungsverantwortung, die Delegationsverantwortung und die Organisationsverantwortung und Haftung liegt. Im Sinne des BGB können der Pflegeperson nur solche Tätigkeiten übertragen werden, die ihr billigerweise zugemutet werden können (§§ 315 ff.). Eine Delegation der ärztlichen Aufgaben muss schriftlich auf dem Verordnungsblatt Häusliche Krankenpflege erfolgen. Die Anordnung, im Sinne der Verordnungsrichtlinie, muss klar verständlich formuliert sein und bei Zweifeln, muss zwingend Rücksprache gehalten werden.

> Bei der Delegation von Aufgaben ist immer auch die Einwilligung des Patienten einzuholen. Der Patient muss wissen, welche Qualifikation der beauftragte Mitarbeiter hat. Verweigert der Patient seine Einwilligung, handelt es sich bei einer dennoch durchgeführten Maßnahme um eine Körperverletzung (▶ Kap. 6.5).

### 15.1.3 Remonstration

Der Begriff Remonstration entstand aus dem lateinischen Wort »remonstrare« (wider zeigen) und bedeutet eine Einwendung oder einen Vorbehalt gegen eine Weisung, die von einem Vorgesetzten ausgesprochen wurde. Dazu zählen in der ambulanten Pflege das Recht und die Pflicht, auf eine Gefährdung des Patienten durch eine Delegation oder Anordnung hinzuweisen.

Auch bei fehlender Qualifikation oder Eignung ist der Mitarbeiter berechtigt bzw. verpflichtet, auf diese Erkenntnis aufmerksam zu machen und eine entsprechende Anordnung zu verweigern.

> Eine schriftliche Fixierung der Remonstration in der Pflegedokumentation ist unerlässlich.

Die Remonstrationspflicht muss außerdem in Anspruch genommen werden, wenn eine Pflegekraft die Anordnung für fachlich falsch oder ungeeignet hält.

> **Beispiel**
> Bei der hausärztlichen Visite ordnet der behandelnde Arzt versehentlich eine Bedarfsmedikation für die 93-jährige Patientin von 50 mg Diazepam an. Die Pflegekraft muss in diesem Fall eine Durchführung der Anordnung verweigern und den Arzt auf sein Versehen aufmerksam machen.

Im Alltag des ambulanten Pflegedienstes kommt es immer wieder zu Unklarheiten, insbesondere bei Anordnungen im Bereich der Wundversorgung oder der Ernährungspflege. Die Pflegefachkraft eines ambulanten Pflegedienstes muss auch dann von ihrem Remonstrationsrecht Gebrauch machen, wenn ärztliche Anordnungen dem einrichtungsinternen Pflegestandard oder dem Expertenstandard (▶ Kap. 10.2) bzw. den ärztlichen Leitlinien widersprechen.

> **Beispiel**
> Beispiele für Anordnungen, die den Pflegestandards nicht entsprechen, sind Verordnungen von nicht geeigneten Wundverbänden, z. B. mit Haushaltszucker oder -honig, aber auch eine nicht ausreichende Versorgung mit Sondennahrung unter Berücksichtigung des errechneten Kalorienbedarfs (▶ Kap. 9.1.4).

Der Sinn der Remonstration besteht nicht grundsätzlich darin, jede ärztliche Anordnung in Frage zu stellen, sondern in der Gewährleistung des Schutzes des Patienten, also um Gefahren von ihm abzuwenden.

## 15.1.4 Ärztliche An- und Verordnung

Häusliche Krankenpflege kann unter Berücksichtigung von § 92 SGB V durch den Arzt verordnet und im Anschluss durch die Krankenkasse genehmigt werden. Dabei ist die Verwendung des Verordnungsscheins unter Angabe der genauen Leistungen, Diagnosen, Grund, Anzahl und Häufigkeit der Maßnahmen oder Dosierung bei Medikamenten erforderlich. Der Verordnungsschein muss der Krankenkasse spätestens am zweiten der Ausstellung folgenden Arbeitstag vorliegen.

> **Tipps**
> Werden Verordnungen vom Pflegedienst beim Arzt abgeholt und an die Krankenkasse weitergeleitet, sind Fristen und Formalitäten zu beachten. Die zuständige Pflegekraft sollte deshalb die Korrektheit der Verordnung prüfen.

## Medikation

Der Arzt trägt immer die Verantwortung für medizinische, diagnostische und therapeutische Maßnahmen und muss diese schriftlich anordnen. Bei der Durchführung ärztlicher Anordnungen müssen verschiedene Vorgaben beachtet werden.

Vor allem die Verabreichung von Medikamenten muss unter Berücksichtigung der 5-R-Regel erfolgen.

**5-R-Regel:**
- Richtiger Patient
- Richtiges Medikament
- Richtige Dosierung
- Richtige Applikationsart
- Richtiger Zeitpunkt

Um dies zu gewährleisten, muss eine schriftliche Anordnung der Medikation vorhanden sein und der Eintrag auf dem Medikamentenblatt durch den anordnenden Arzt mit Datum und Handzeichen abgezeichnet sein.

> ! Bei Bedarfsmedikationen müssen zusätzlich der Bedarfsfall, die Höchstdosis und die maximale Dosierung in 24 Stunden in der Dokumentation eingetragen und durch den Arzt abgezeichnet sein.

Selbstmedikationen durch den Patienten unterliegen der Verantwortung des Arztes, eine Aufklärung des Patienten oder im Bedarfsfall des Betreuers ist allerdings vonnöten.

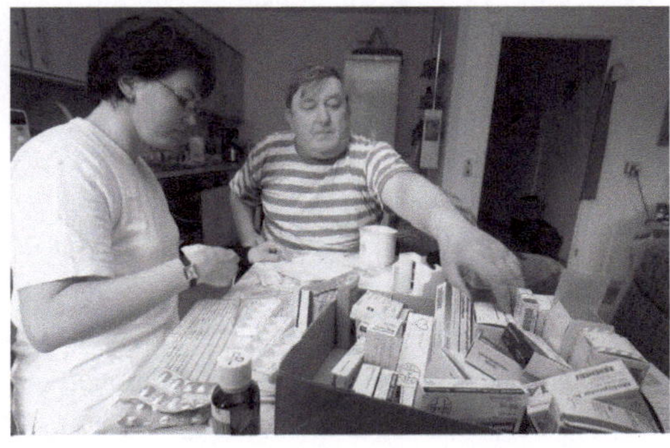

■ **Abb. 15.1.** Medikation

## Telefonische Anordnungen

In dringenden Fällen können ausnahmsweise telefonische Anordnungen entgegengenommen werden. Die Pflegekraft, die die Anordnung entgegennimmt, muss die Anordnung aufschreiben und anschließend wiederholen, wobei das Medikament, die Dosierung, die Dauer und der Anlass der Medikation laut und deutlich vorgelesen werden. Der Arzt sollte dann die Richtigkeit der wiederholten Angaben noch einmal bestätigen.

> ! Nach der Eintragung der ärztlichen Anordnung in der Pflegedokumentation mit dem Vermerk »telefonische Anordnung« muss eine zeitnahe Gegenzeichnung durch den anordnenden Arzt vorgenommen werden.

Der telefonischen Anordnung sollte eine ärztliche Anordnung mittels Fax vorgezogen werden, weil die Fehlerwahrscheinlichkeit dadurch reduziert wird. Das Fax kann in der Dokumentation aufbewahrt werden, bis eine ordnungsgemäße schriftliche Anordnung vorliegt. Da ein Fax nicht dokumentenecht ist, sollte zuvor eine Fotokopie angefertigt werden.

### Rechtliche Hinweise

Delegation, Durchführung sowie Remonstration von Maßnahmen im Bereich der Häuslichen Krankenpflege stehen in einem unzertrennlichen Zusammenhang. Gerade bei der Frage nach Durchführungs-, Delegations-, Organisationsverantwortung und deren Haftung spielen die genannten Punkte eine zentrale Rolle. Pflegedienstleitungen, Mitarbeiter und genauso Patienten sowie anordnende Ärzte müssen über das gesamte Verfahren aufklären. Alle Beteiligten müssen wissen, welche Konsequenzen durch diese Delegation und Durchführung der Maßnahmen entstehen. Ambulante Pflegeeinrichtungen sind gut beraten, wenn sie ein klares Konzept formulieren und dies von allen Mitarbeitern gelesen, akzeptiert und umgesetzt wird. Auch die Delegation von rein pflegerischen Maßnahmen innerhalb der Pflegeeinrichtung auf Pflegehilfskräfte ist in der Wirkung und Konsequenz nicht zu unterschätzen. Prinzipiell gilt, dass in der ambulanten Pflege die verantwortliche Pflegefachkraft (PDL) die Haupthaftungsverantwortung in Bezug auf die Pflegeeinrichtung trägt. Einheitliche und klare Dokumentationsmöglichkeiten im Hinblick auf veränderte ärztliche Maßnahmen und Anordnungen sind Grundlage für eine effiziente, richtige und zielorientierte Versorgung der Patienten. Die in der jeweiligen Einrichtung gefundenen Informationssysteme sollten regelmäßig überprüft und mit den Mitarbeitern sowie der Leitung der Einrichtung diskutiert werden. Wer was an welcher Stelle ändert, ist zu definieren und bei Haftungsfragen zu beweisen, ob die Schuld im Versehen bzw. wo das Versagen lag. Durch die immer kürzen Liegezeiten in den Krankenhäusern und die immer größer werdenden Möglichkeiten der ambulanten Behandlung wird ein Teil der Akutnachbehandlung immer weiter in den ambulanten Bereich verlagert. Viele Entscheidungen und Veränderungen der Therapie werden in Folge veränderter Handlungssituationen in der Praxis immer häufiger anzutreffen sein. Besonderes Augenmerk sollten Pflegedienste darauf richten, wenn Angehörige oder Nachbarn Therapieänderungen des behandelnden Arztes dem Pflegedienst mitteilen. Gerade in diesen Fällen kann es schnell zu Übermittlungsfehlern kommen. Die Haftung wird in der Regel der Fälle dem Pflegedienst angelastet werden. Der im Pflegeweiterentwicklungsgesetz seit dem 01.07.2008 neu verankerte Artikel 6 § 63 SGB V (3c) wird bei der Umsetzung hoffentlich Fragen der eben angesprochenen Probleme neu diskutieren und bewerten, vor allem aber lösen. Es wird abzuwarten sein, wie die beteiligten Berufsgruppen, Ärzte und Pflegekräfte eine Lösung finden, die gesetzliche, vertragliche vor allem aber auch haftungsrechtliche und therapeutische Relevanz hat.

# Anhang

| **Musterpflegedienst** | Seite<br>1 von 1 |
|---|---|
| **Schweigepflicht** | Formular<br>Nr. |

Schweigepflichtserklärung

Ich, ________________________________, bin heute von der Pflegedienstleitung ausdrücklich darüber belehrt worden, dass ich zu absoluter Verschwiegenheit über alle mir im Musterpflegedienst bekannt werdenden Umstände und Vorgänge desselben, auch über die persönlichen Verhältnisse der Patienten, verpflichtet bin.

Meine Verschwiegenheitspflicht endet nicht mit dem Ende meines Arbeitsverhältnisses bzw. Berufsausbildungsverhältnisses. Die Pflicht zur Verschwiegenheit besteht auch meinen Familienangehörigen gegenüber.

Ich bin darüber belehrt worden, dass die Verletzung der Verschwiegenheitspflicht arbeitsrechtlich ein Grund zur fristlosen Kündigung und Anlass zu einem Strafverfahren sein kann.


________________________________

Unterschrift

| erstellt: | Änderungsstatus:<br><br>0 | Freigabe: | Datum: |
|---|---|---|---|

<table>
<tr><td rowspan="2" align="center">Musterpflegedienst</td><td>Seite<br>1 von 1</td></tr>
<tr><td>Formular<br>Nr.</td></tr>
<tr><td align="center">Empfangsbeleg</td><td></td></tr>
</table>

**Eigentümer:** ______________________________________________

Name, Vorname

______________________________________________

Adresse

______________________________________________

**Gegenstände:** ______________________________________________

genaue Bezeichnung

______________________________________________

**Erhalten:** ______________________________________________

Datum und Uhrzeit

**Empfänger:** ______________________________________________

**Aufbewahrungsort:** ______________________________________________

**Unterschriften:** ______________________     ______________________

Empfänger                          Eigentümer/Vertreter

**Rückgabe am / durch** ______________________________________________

**Bemerkungen:** ☐ keine  ☐ Beanstandung: ______________________________

______________________________________________

**Unterschriften:** ______________________     ______________________

Übergebender                     Eigentümer/Vertreter

| erstellt: | Änderungsstatus:<br><br>0 | Freigabe: | Datum: |
|---|---|---|---|

# Leitlinie für die Einarbeitung von Pflegefachkräften

**Angaben zum neuen Mitarbeiter:**

Name: _________________________     Vorname: _________________________

Geb.: _________________________________________________________

Wohnhaft: _____________________________________________________

**Angaben zum Mentor:**

Name: _________________________     Vorname: _________________________

_________________________          _________________________
PDL                                stellvertretende PDL

**1. Tag:**
Mitarbeiter begleiten und Arbeitsprozess beobachten

**2. Tag:**
Selbstständiges Arbeiten unter Aufsicht des verantwortlichen Mitarbeiters (Mentor)
Gespräch vor dem ersten Arbeitstag
Zwischengespräch nach 2–4 Tagen
Gespräch nach 5–6 Wochen und bei Bedarf
Checkliste von beizubringenden Unterlagen
Einführung in die Betriebsordnung

## Einführung

**Vor Arbeitsantritt:**
Gespräch in ruhiger Atmosphäre
Betriebsordnung vorlegen und erläutern
Pflegeleitbild und Modell (Liliane Juchli) vermitteln
Stellenbeschreibung vorlegen und erläutern
Pflegedokumentation und Pflegeprozess vorstellen
Kontaktperson (Mentor) benennen und vorstellen
Organisatorischen Ablauf vorstellen
Leitungs- und Pflegeteam vorstellen

### Einarbeitung

**Einarbeitungszeitraum:** beträgt 6 Wochen

**Verantwortlichkeit:**
Für die Einarbeitung neuer Mitarbeiter ist der jeweilige Büromitarbeiter (PDL, Einsatzleitung) in enger Absprache mit der Qualitätsbeauftragten verantwortlich. Diese legen fest, in welchem Bereich der neue Mitarbeiter arbeiten soll und wer im konkreten Fall als Mentor eingesetzt wird.

**Ziel:**
- Der neue Mitarbeiter kennt seine Kompetenzen für seinen neuen Arbeitsbereich
- Spezifische Abläufe müssen dem neuen Mitarbeiter bekannt und vertraut werden
- Er kennt seine Aufgaben und Pflichten

**Ablauf:**
- Gespräch vor dem 1. Arbeitstag mit der Einsatzleiterin bzw. stellvertretenden Einsatzleiterin
- Praktische und theoretische Einarbeitung beim Patienten und im Büro (2 Tage)

### Wichtig
Die Selbstständigkeit soll gefördert und auf Besonderheiten hingewiesen werden. Kontrolle ist sehr wichtig und soll, wenn möglich, durch den Mentor, der den neuen Mitarbeiter eingearbeitet hat, erfolgen. Akzeptanz bei Patienten beobachten!

<u>**Anlage zum Vorgespräch/Erstgespräch**</u>

**Checkliste der beizubringenden Unterlagen des neuen Mitarbeiters:**

| Name: | Datum: | liegt vor/wird nachgereicht | Handzeichen: |
|---|---|---|---|
| Qualifikation | | | |
| Zeugnis im Original zur Einsicht | | | |
| Abschlusszeugnis | | | |
| Tabellarischer Lebenslauf | | | |
| Schriftliche Bewerbung | | | |
| Lichtbild | | | |
| Aktuelle Beurteilungen | | | |
| Sozialversicherungsnummer | | | |
| Mitgliedsbescheinigung der KK | | | |
| Aktuelle Kontoverbindung | | | |
| Bestätigung des Hausarztes, dass der Mitarbeiter physisch und psychisch in der Lage ist, in der häuslichen Pflege zu arbeiten | | | |
| Letzte betriebliche Untersuchung und Impfung | | | |
| Aktuelles polizeiliches Führungszeugnis | | | |
| Steuerkarte | | | |
| Führerschein – Vorlage und Kopie | | | |

<u>**Übergabe an Mitarbeiter**</u>
1. Blutdruckgerät                              2. Stethoskop
3. Schlüsselchip – Übergaberaum          4. Chip für Schlüsselschrank
5. _______________________________

Alle Gegenstände wurden in einem ordnungsgemäßen Zustand übergeben.

_____________________        _____________________        _____________________

_____________________        _____________________        _____________________

Name/Unterschrift PDL        Name/Unterschrift Mentor        Name/Unterschrift Mitarbeiter/in

## Einführung in die Betriebsordnung

| | Datum: | Der Mitarbeiter ist informiert und kennt den Umgang mit: | Handzeichen: |
|---|---|---|---|
| Pflegeleitbild | | ja | |
| Pflege- und Hygienekonzept | | ja | |
| Stellenbeschreibung – Bereich der Pflege | | ja | |
| Pflegemodell | | ja | |
| Pflegeprozess–Leitlinien | | ja | |
| Pflegedokumentation | | ja | |
| Dienst- und Einsatzplanung | | ja | |
| Führung von Stundenzetteln und Leistungsnachweisen | | ja | |
| Übergaben | | ja | |
| Handhabungen von Formularen | | ja | |
| Verhalten in Notfallsituationen | | ja | |
| Weiterbildung und Dienstberatungen | | ja | |
| Schweigepflicht/Datenschutz | | ja | |
| Vorgang der Meldung von Ausfallzeiten/ Krankschreibungen | | ja | |
| Anrufbeantworter/Bereitschaftsdienst | | ja | |
| Dienstwagenordnung | | ja | |
| Kenntnisnahme von Hygienemaßnahmen und Infektionspräventionen | | ja | |

## Aushändigung an den neuen Mitarbeiter

Leistungskomplexe mit Anhang
Übersicht zu den Leitlinien
Telefonlisten
Stellenbeschreibung

**Außerdem:**

Händedesinfektion
Notfallinstrumentarium (sterile Spritzen, Kanülen, Tupfer, Verbandsstoffe…)
BZ–Sticks
BZ–Lanzetten

**<u>Gespräch vor dem 1. Arbeitstag mit dem Mentor</u>**

Welche eigenen Erwartungen haben Sie an die Einarbeitungszeit?

_______________________________________________________________

_______________________________________________________________

Sind besondere Vereinbarungen getroffen worden?

_______________________________________________________________

_______________________________________________________________

Waren die Informationen zu Ihrem neuen Arbeitsumfeld ausreichend?

_______________________________________________________________

_______________________________________________________________

Datum des Gespräches: _________________________________________
Teilnehmer:            _________________________________________

                       _________________________________________

Nächstes Gespräch am:  _________________________________________

**<u>Zwischengespräch nach 2–4 Tagen mit dem Mentor</u>**

Sind Ihre Erwartungen hinsichtlich Inhalt, Verlauf und Zielen der Einarbeitung bisher erfüllt worden?

_______________________________________________________________

_______________________________________________________________

Kann das Einarbeitungsziel voraussichtlich in der verbleibenden Zeit erreicht werden?

_______________________________________________________________

_______________________________________________________________

Sind Probleme während der Einarbeitung aufgetreten? Falls ja, benennen Sie diese und welche Lösungsmöglichkeiten könnte es dazu geben?

_______________________________________________________________

_______________________________________________________________

Wurden die bisher getroffenen Vereinbarungen eingehalten?

_______________________________________________________________

_______________________________________________________________

Konnten Sie sich einen Überblick über Arbeits- und Betriebsabläufe verschaffen?

_______________________________________________________________

_______________________________________________________________

_______________________________________________________________

## Fragen an den Mentor

|  | ja | nein | teil-weise |
|---|---|---|---|
|  | ☐ | ☐ | ☐ |

1. Erschien der Mitarbeiter pünktlich? ☐ ☐ ☐

2. Entsprach die Kleidung des Mitarbeiters den Arbeitsschutz- und hygienerechtlichen Bestimmungen? ☐ ☐ ☐

3. Ist der Mitarbeiter in der Lage, ab morgen die Patienten selbstständig zu versorgen? ☐ ☐ ☐

4. Arbeitet der Mitarbeiter selbstständig oder musste er zur Mitarbeit aufgefordert werden? ☐ ☐ ☐

5. War der Mitarbeiter interessiert und stellte er Fragen? ☐ ☐ ☐

6. Kommuniziert der Mitarbeiter mit den Patienten? ☐ ☐ ☐

7. Geht der Mitarbeiter auf die individuellen Bedürfnisse des Patienten ein? ☐ ☐ ☐

8. Wird der neue Mitarbeiter im Team der Einrichtung akzeptiert? ☐ ☐ ☐

9. Welchen Gesamteindruck hinterließ der Mitarbeiter auf Sie?

_______________________________________________________________

_______________________________________________________________


## Fragen an den Mitarbeiter

|  | ja | nein | teil-weise |
|---|---|---|---|
|  | ☐ | ☐ | ☐ |

1. Entspricht der Aufgabenbereich Ihren Vorstellungen? ☐ ☐ ☐

2. Wurden Sie ausreichend in die verschiedenen Aufgaben eingewiesen? ☐ ☐ ☐

3. Haben Sie genügend Informationen über die einzelnen Patienten erhalten? ☐ ☐ ☐

4. Haben Sie das System der Pflegedokumentation verstanden? ☐ ☐ ☐

5. Sehen Sie Probleme bei der Versorgung bestimmter Patienten? ☐ ☐ ☐

6. Sind Ihnen Vorgehensweisen in Notsituationen bekannt?    ☐    ☐    ☐

7. Werden Sie den Arbeitsumfang bewältigen können?    ☐    ☐    ☐

8. Fühlen Sie sich mit anderen Mitarbeitern als Team ?    ☐    ☐    ☐

9. Kennen Sie Ihre Kompetenzen?    ☐    ☐    ☐

**Anmerkungen:**

___________________________________________________________

___________________________________________________________

Datum des Gespräches:    ___________________________________________

Teilnehmer:  Mentor:    ___________________________________________

          Anzuleitender:    ___________________________________________

Nächstes Gespräch am:    ___________________________________________

**<u>Gespräch nach 5–6 Wochen</u>**

1. Sind Ihre Erwartungen hinsichtlich Inhalt, Verlauf und Ziele der Einarbeitung bisher erfüllt worden?

___________________________________________________________

___________________________________________________________

2. Haben Sie die nötige Unterstützung bei der Einarbeitung erhalten bzw. konnten aufgetretene Probleme zufrieden stellend gelöst werden? Wenn nein, wo könnte etwas verbessert werden?

___________________________________________________________

___________________________________________________________

3. Sind die Einarbeitungsziele erreicht worden. z. B. kennen Sie Ihre Kompetenzen, Aufgaben und Pflichten (s. Stellenbeschreibung)?

___________________________________________________________

___________________________________________________________

4. Fühlen Sie sich ausreichend eingearbeitet und in der Lage, die Patienten angemessen/ entsprechend zu versorgen? Welche Unsicherheiten sind geblieben?

___________________________________________________________

___________________________________________________________

5. Wie empfinden Sie Inhalt und Umfang der Einarbeitung und des Einarbeitungskonzeptes?

___________________________________________________________

___________________________________________________________

Datum des Gespräches: _______________________________________________
Teilnehmer:  Mentor: _______________________________________________
Anzuleitender: _______________________________________________


Erstellt und geprüft am:                                    von:
1. Evaluation am:                                           von:


**Erstellt und freigegeben von:**
**Stand vom:**
**Nächste Überarbeitung:**

<table>
<tr><td colspan="2">Musterpflegedienst</td><td>Seite<br>1 von 1</td></tr>
<tr><td colspan="2">Mitarbeitergespräch</td><td>Formular<br>Nr.</td></tr>
</table>

Datum _______________________

Teilnehmer _________________________________________________________

______________________________________________________________________

Themen: _____________________________________________________________

______________________________________________________________________

______________________________________________________________________

______________________________________________________________________

Vereinbarungen und Ziele  1. ______________________________________________

2. ______________________________________________

3. ______________________________________________

4. ______________________________________________

Zu erledigen von ____________________________  bis ____________________________

Zu erledigen von ____________________________  bis ____________________________

Weiterer Gesprächsbedarf?   ☐ ja   ☐ nein

Weiterer Gesprächstermin   ____________________________________________________

Unterschriften: ____________________________        ____________________________

| erstellt: | Änderungsstatus:<br>0 | Freigabe: | Datum: |
|---|---|---|---|

| Musterpflegedienst | Seite<br>1 von 1 |
|---|---|
| Fortbildungsplan | Formular<br>Nr. |

**Fortbildungsplan 20__**

| Monat | Datum | Thema der Fortbildung | Veranstalter |
|---|---|---|---|
| Januar |  |  |  |
|  |  |  |  |
| Februar |  |  |  |
|  |  |  |  |
| März |  |  |  |
|  |  |  |  |
| April |  |  |  |
|  |  |  |  |
| Mai |  |  |  |
|  |  |  |  |
| Juni |  |  |  |
|  |  |  |  |
| Juli |  |  |  |
|  |  |  |  |
| August |  |  |  |
|  |  |  |  |
| September |  |  |  |
|  |  |  |  |
| Oktober |  |  |  |
|  |  |  |  |
| November |  |  |  |
|  |  |  |  |
| Dezember |  |  |  |
|  |  |  |  |

# Tagesplan

Datum: __ / __ / 20____

| | Termine | OK | Kontakte | Telefon | OK | Aufgaben | A/B/C | Zeit |
|---|---|---|---|---|---|---|---|---|
| | | | | | | | | |
| 08:00 | | | | | | | | |
| 08:30 | | | | | | | | |
| 09:00 | | | | | | | | |
| 09:30 | | | | | | | | |
| 10:00 | | | | | | | | |
| 10:30 | | | | | | | | |
| 11:00 | | | | | | | | |
| 11:30 | | | | | | | | |
| 12:00 | | | | | | | | |
| 12:30 | | | | | | | | |
| 13:00 | | | | | | | | |
| 13:30 | | | | | | | | |
| 14:00 | | | | | | | | |
| 14:30 | | | | | | | | |
| 15:00 | | | | | | | | |
| 15:30 | | | | | | | | |
| 16:00 | | | | | | | | |
| 16:30 | | | | | | | | |
| 17:00 | | | | | | | | |
| 17:30 | | | | | | | | |
| 18:00 | | | | | | | | |
| 18:30 | | | | | | | | |
| 19:00 | | | | | | | | |

<table>
<tr><td rowspan="2" align="center">Musterpflegedienst</td><td>Seite<br>1 von 1</td></tr>
<tr><td>Formular<br>Nr.</td></tr>
<tr><td align="center">Checkliste Erstgespräch</td></tr>
</table>

Datum ___________________

Herr/Frau ________________________________________________

Geburtsname _____________________________________________

Geb. ____________________________________________________

Straße ______________________________     Tel. ___________________________

PLZ Ort ____________________________     KK/PK _________________________

Eingestuft in Pflegestufe ______________     am _________________________

Behandelnder Arzt _________________________________________

**Leistungsumfang:**

| | | |
|---|---|---|
| SGB V § 37 | Häusliche Krankenpflege | ☐ |
| | Behandlungspflege | ☐ |
| | Grundpflege | ☐ |
| SGB XI § 36 | Pflegesachleistung in Höhe von ___________ € | |
| SGB XI § 38 | Kombinationsleistung | ☐ |
| SGB XI § 37,3 | Pflegeberatung | ☐ |
| SGB XI § 39 | Verhinderungspflege | ☐ |
| SGB XI § 42,1 | Anschluss an stationäre Behandlung | ☐ |
| SGB XI § 42,2 | Krisensituation | ☐ |
| Kostenvoranschlag erstellt | | ☐ |
| Pflegevertrag erläutert | | ☐ |

**Pflegebedarfserhebung:**

Pflegeanamnese ausgefüllt ☐

Biografiebogen ausgefüllt ☐     ausgehändigt ☐

Hausbesuche besprochen ☐

**Organisatorisches:**

Hausschlüssel ☐     Quittung ☐

Maßnahmen im Notfall ☐

Erreichbarkeit der Angehörigen ☐     privat ___________________

geschäftlich ___________________

Mobil: ___________________

Unterschriften: _____________________     _____________________

Vertreter des Pflegedienstes          Patient oder gesetzlicher Vertreter

<table>
<tr><td colspan="2" align="center">Musterpflegedienst</td><td>Seite<br>1 von 1</td></tr>
<tr><td colspan="2" align="center">Beschwerdemeldung</td><td>Formular<br>Nr.</td></tr>
</table>

Datum: ________________    Mitarbeiter: ________________________________

Beschreibung der Situation:    ________________________________________

________________________________________

________________________________________

Sofortmaßnahme:    ________________________________________

________________________________________

Weiterleitung an:    ________________________________________

Fehlerbewertung:    ________________________________________

________________________________________

________________________________________

Besprechung im Team:    ________________________________________

Datum

________________________________________

Korrekturmaßnahme

________________________________________

________________________________________

Verantwortlicher Mitarbeiter

Maßnahme durchgeführt    ________________________________________

Datum und Unterschrift

Information des Kunden    ________________________________________

Datum und Unterschrift

| erstellt: | Änderungsstatus: | Freigabe: | Datum: |
|---|---|---|---|
|  | 0 |  |  |

**BETREUUNGSVERFÜGUNG**

Ich, ___________________________________________________________________

Name, Vorname

___________________________________________________________________

Geburtsdatum                                    Geburtsort

___________________________________________________________________

Adresse

___________________________________________________________________

Telefon, Telefax

lege hiermit für den Fall, dass ich infolge Krankheit oder Behinderung meine Angelegenheiten ganz oder teilweise nicht mehr selbst besorgen kann und deshalb ein Betreuer für mich bestellt werden muss, folgendes fest:

### ■ Zu meinem Betreuer/meiner Betreuerin soll bestellt werden:

___________________________________________________________________

Name, Vorname

___________________________________________________________________

Geburtsdatum                                    Geburtsort

___________________________________________________________________

Adresse

___________________________________________________________________

Telefon, Telefax

### ■ Falls die vorstehende Person nicht zum Betreuer oder zur Betreuerin bestellt werden kann, soll folgende Person bestellt werden:

___________________________________________________________________

Name, Vorname

___________________________________________________________________

Geburtsdatum                                    Geburtsort

___________________________________________________________________

Adresse

___________________________________________________________________

Telefon, Telefax

### ■ Auf keinen Fall soll zum Betreuer/zur Betreuerin bestellt werden:

___________________________________________________________________

Name, Vorname

___________________________________________________________________

Geburtsdatum                                    Geburtsort

___________________________________________________________________

Adresse

___________________________________________________________________

Telefon, Telefax

### ■ Zur Wahrnehmung meiner Angelegenheiten durch den Betreuer/ die Betreuerin habe ich folgende Wünsche:

1. _____________________________     3. _____________________________

2. _____________________________     4. _____________________________

___________________________________________________________________

Ort, Datum                                    Unterschrift

<table>
<tr><td colspan="2" align="center">Musterpflegedienst</td><td align="center">Seite<br>1 von 2</td></tr>
<tr><td colspan="2" align="center">Freiheitsentziehende Maßnahmen</td><td align="center">Formular<br>Nr.</td></tr>
</table>

Datum _______________________

Name, Vorname ___________________________________________________

geb. am __________________________________________________________

**1. Grund der Maßnahme:**

☐  Motorische Unruhe

☐  Verwirrtheitszustände mit motorischer Unruhe, bedingt durch

   ☐  organische Erkrankung: _____________________________________

   ☐  psychiatrische Erkrankung: __________________________________

☐  Zum Schutz liegender Sonden, Katheter, Tuben

   ☐  kurzfristig, z. B. postoperative

   ☐  längerfristig, z. B. wegen Sedierung oder Somnolenz

☐  Auf eigenen Wunsch des Patienten

_________________________________________ (Unterschrift des Patienten)

☐  Andere Gründe:

_________________________________________________________________

**2. Art der Maßnahme:**

(Bitte konkret angeben, z. B. Bettgitter, Schutzdecke, Bauchgurt im Stuhl)

_________________________________________________________________

_________________________________________________________________

_________________________________________________________________

_________________________________________________________________

_______________________________________________ (Unterschrift PDL)

____________________________________ (Unterschrift durchführende PFK)

____________________________________ (Unterschrift durchführende PFK)

| Musterpflegedienst | Seite<br>2 von 2 |
|---|---|
| Freiheitsentziehende Maßnahmen | Formular<br>Nr. |

**3. Die Maßnahme erfolgt auf folgender rechtlicher Grundlage:**

☐ Der Patient ist einsichtsfähig

Mit Einwilligung des Patienten vom: _______________________________________ (Datum)

_______________________________________ (Unterschrift des Patienten)

Die Einsichtsfähigkeit des Patienten wird bestätigt:

_______________________________________ (Unterschrift des Arztes)

☐ Der Patient ist nicht mehr einsichtsfähig, kann aber seinen Willen noch zeigen

Mit Einwilligung des Betreuers vom: _______________________________________ (Datum)

_______________________________________ (Unterschrift des Betreuers)

Der Betreuer wurde darauf hingewiesen, dass umgehend eine Genehmigung des Vormundschaftsgerichts einzuholen ist.

Die oben genannte freiheitsentziehende Maßnahme ist vom Vormundschaftsgericht mit Entscheidung vom _______________________ mit Wirkung bis _______________________ genehmigt worden.

☐ Der Patient ist nicht mehr einsichtsfähig und zeigt keinen Willen einer Ortsveränderung

(Z. B. Bettgitter zum Schutz vor dem Herausfallen durch unwillkürliche Bewegungen)

Eine richterliche Genehmigung ist in diesem Fall nicht notwendig.

Die oben genannte Maßnahme habe ich zur Kenntnis genommen:

_______________________________________ (Unterschrift des Betreuers)

☐ Im Rahmen der Notwehr oder des rechtfertigenden Notstands für höchstens 3 Tage

Nachträgliche Zustimmung des Betreuers vom _______________________________ (Datum)

_______________________________________ (Unterschrift des Betreuers)

<table>
<tr><td colspan="2" align="center"><h2>Musterpflegedienst</h2></td><td align="center">Seite<br>1 von 1</td></tr>
<tr><td colspan="2" align="center"><h3>✚ Notfallblatt ✚</h3></td><td align="center">Formular<br>Nr.</td></tr>
</table>

**Notarzt:**            19222 oder 110
**Feuerwehr:**          112
**Rettungsleitstelle:**  19292

Datum ______________________________________________

Name ______________________________________________

Geb. ______________________________________________


Telefonnummern im Notfall:   1. ______________________________

2. ______________________________

3. ______________________________

4. ______________________________


CAVE:

☐ Patientenverfügung

☐ Marcumar

☐ Diabetes

☐ Herzschrittmacher

☐ Infektion: ______________________________

☐ Allergie: ______________________________

☐ Sonstiges: ______________________________

______________________________

______________________________

Hausarzt:                    ______________________________

Facharzt:                    ______________________________

Vergiftungszentrale:         06131/232466 (Mainz)


**Die Aktualisierung dieser Angaben erfolgt bei der Evaluation und bei Bedarf!**

| Musterpflegedienst | | Jahr | Nr.: | | |
|---|---|---|---|---|---|
| **Name:** | **Vorname:** | Erstellt am | von | | |
| Ressourcen, Gewohnheiten, Wünsche | | Hilfebedarf | | | |
| | | Selbst-ständig | Angehörige | TÜ | VÜ |
| **1. Kommunizieren** | | | | | |
| Visus | | ☐ | ☐ | ☐ | ☐ |
| Gehör | | ☐ | ☐ | ☐ | ☐ |
| Sprache | | ☐ | ☐ | ☐ | ☐ |
| Auffassung | | ☐ | ☐ | ☐ | ☐ |
| **2. Sich bewegen** | | | | | |
| Gehen | | ☐ | ☐ | ☐ | ☐ |
| Stehen | | ☐ | ☐ | ☐ | ☐ |
| Sitzen | | ☐ | ☐ | ☐ | ☐ |
| Transfer | | ☐ | ☐ | ☐ | ☐ |
| Lagerung | | ☐ | ☐ | ☐ | ☐ |
| Hilfsmittel | | ☐ | ☐ | ☐ | ☐ |
| Sturzrisiko/-prophylaxe | | ☐ | ☐ | ☐ | ☐ |
| Dekubitusrisiko/-prophylaxe | | ☐ | ☐ | ☐ | ☐ |
| Thromboserisiko/-prophylaxe | | ☐ | ☐ | ☐ | ☐ |
| Pneumonierisiko/-prophylaxe | | ☐ | ☐ | ☐ | ☐ |
| **3. Vitale Funktionen aufrechterhalten** | | | | | |
| Atmung | | ☐ | ☐ | ☐ | ☐ |
| Temperatur | | ☐ | ☐ | ☐ | ☐ |
| Herz-Kreislauf-Funktion | | ☐ | ☐ | ☐ | ☐ |
| **4. Sich pflegen** | | | | | |
| Ganzwaschung | | ☐ | ☐ | ☐ | ☐ |
| Teilwaschung | | ☐ | ☐ | ☐ | ☐ |
| Baden/Duschen | | ☐ | ☐ | ☐ | ☐ |
| Rasur | | ☐ | ☐ | ☐ | ☐ |
| Zahnpflege | | ☐ | ☐ | ☐ | ☐ |
| Haarpflege | | ☐ | ☐ | ☐ | ☐ |
| Mundpflege | | ☐ | ☐ | ☐ | ☐ |
| Nagelpflege | | ☐ | ☐ | ☐ | ☐ |
| Fußpflege | | ☐ | ☐ | ☐ | ☐ |
| Gefahr einer Hautschädigung/Hautpflege | | ☐ | ☐ | ☐ | ☐ |

| | | | | |
|---|---|---|---|---|
| **5. Essen und Trinken**<br>Kost: ________________________________<br><br>________________________________<br><br>Trinkmenge ___________ ml<br>Einkauf<br>Zubereitung der Mahlzeiten<br>Richten der Mahlzeiten<br>Einnahme der Mahlzeiten<br>Schluckfunktion<br>Ernährungszustand:<br>☐ normal<br>☐ reduziert<br>☐ adipös<br>Größe ________cm   Gewicht ________kg<br>BMI ________<br>☐ Exsikkose   ☐ Ödeme<br>☐ Sonde/PEG, Sondenkost ___________________<br>_____________   Kalorienbedarf ____________<br>Vorlieben, Abneigungen: | <br><br><br><br><br>☐<br>☐<br>☐<br>☐<br>☐ | <br><br><br><br><br>☐<br>☐<br>☐<br>☐<br>☐ | <br><br><br><br><br>☐<br>☐<br>☐<br>☐<br>☐ | <br><br><br><br><br>☐<br>☐<br>☐<br>☐<br>☐ |
| **6. Ausscheiden**<br>Urinausscheidung<br>Stuhlausscheidung<br>Inkontinenzmaterial/Hilfsmittel _____________<br>Dauerkatheter/Cystofix/Urinalkondom<br>Anus praeter ___________________________<br>Obstipation, Laxanzien __________________<br>Toilettengang/Toilettentraining | ☐<br>☐<br>☐<br>☐<br>☐<br>☐<br>☐ | ☐<br>☐<br>☐<br>☐<br>☐<br>☐<br>☐ | ☐<br>☐<br>☐<br>☐<br>☐<br>☐<br>☐ | ☐<br>☐<br>☐<br>☐<br>☐<br>☐<br>☐ |
| **7. Sich kleiden**<br>Kleiderauswahl<br>Kleiderwechsel<br>Waschen, Bügeln | ☐<br>☐<br>☐ | ☐<br>☐<br>☐ | ☐<br>☐<br>☐ | ☐<br>☐<br>☐ |
| **8. Ruhen und Schlafen**<br>Tag-Nacht-Rhythmus<br>Einschlafen<br>Durchschlafen<br>Schlafbedürfnis<br>Medikamente: | ☐<br>☐<br>☐<br>☐ | ☐<br>☐<br>☐<br>☐ | ☐<br>☐<br>☐<br>☐ | ☐<br>☐<br>☐<br>☐ |

| 9. **Sich beschäftigen** | | | | |
|---|---|---|---|---|
| Tagesstruktur | ☐ | ☐ | ☐ | ☐ |
| Hobbys | ☐ | ☐ | ☐ | ☐ |
| Gewohnheiten | ☐ | ☐ | ☐ | ☐ |

**10. Sich als Mann/Frau fühlen**
Intimsphäre
Patient bevorzugt
☐ weibliche Pflegekraft
☐ männliche Pflegekraft
☐ egal

| 11. **Für eine sichere Umgebung sorgen** | | | | |
|---|---|---|---|---|
| Medikamente richten | ☐ | ☐ | ☐ | ☐ |
| Medikamenteneinnahme | ☐ | ☐ | ☐ | ☐ |
| Weglauftendenz ☐ ja ☐ nein | | | | |
| Desorientiertheit ☐ zeitlich ☐ örtlich | | | | |
| ☐ situativ ☐ zur Person | | | | |
| Freiheitsentziehende Maßnahmen | ☐ | ☐ | ☐ | ☐ |
| Wohnungsschlüssel | ☐ | ☐ | ☐ | ☐ |

**12. Soziale Bereiche des Lebens sichern**
Bezugspersonen, Gewohnheiten, Bedürfnisse:

**13. Mit existenziellen Erfahrungen des Lebens umgehen**
Religiöse/ethische Bedürfnisse
Umgang mit Krankheit/Behinderung/
Einschränkung/Sterben/Angst/Schmerzen etc.:

**Biografie**

# Kurze Pflegevisite

<table>
<tr><td colspan="5" align="center">Pflegevisitenprotokoll</td></tr>
<tr><td>Patient</td><td>Datum</td><td>von    Uhr</td><td>bis    Uhr</td></tr>
<tr><td>geb.:</td><td colspan="4"></td></tr>
</table>

|  | ok | n. ok | Anmerkung |
|---|---|---|---|
| Gesamteindruck Allgemeinzustand |  |  |  |
| Ernährungszustand |  |  |  |
| Einverständnis vorhanden |  |  | Betreuer Name, Tel. |
| Dokumentation vollständig vorhanden |  |  |  |
| Bewusstseinszustand |  |  |  |
| Patientenzufriedenheit |  |  |  |
| Kommunikation mit dem Patienten |  |  |  |
| Wahrung der Intimsphäre |  |  |  |
| Gepflegte körperliche Erscheinung |  |  |  |
| Hautpflege, Pflegemittel |  |  |  |
| Baden/Duschen |  |  |  |
| Prophylaxen |  |  |  |
| Bekleidung |  |  |  |
| Mobilität, Transfer |  |  |  |
| Lagerung und Bewegung |  |  |  |
| Ernährungspflege |  |  |  |
| Trinkbilanz |  |  |  |
| Unterstützung bei Ausscheidungen |  |  |  |
| Toilettentraining |  |  | Dokumentation |
| Vitalwerte |  |  | RR  Puls  Temp.  BZ |
| Gewicht, BMI, Flüssigkeitsbedarf |  |  | Kalorienbedarf  Größe |
| Medikamente, Sedativa |  |  | Diagnose |
| Soziale Betreuung |  |  | Angehörigenkontakt |
| Beschäftigung, Aktivierung |  |  | Einzelbetreuung  Gruppe |
| Hygiene |  |  |  |

| | | | |
|---|---|---|---|
| Mundpflege, Zahnpflege | | | Utensilien |
| Nagelpflege | | | Utensilien |
| Haarpflege | | | |
| Nächtliche Versorgung | | | |
| Zusätzlicher Bedarf an Pflege- oder Hilfsmitteln: | | | |
| | | | |
| Behandlungspflege: | | | |
| PEG: Geschwindigkeit   System | | | |
| VW: Material, Rhythmus | | | |
| DK-Wechsel | | | |
| | | | |

| Vereinbarte Maßnahmen | Kontrolldatum |
|---|---|
| | |
| | |
| | |
| | |

# Ausführliche Pflegevisite

<table>
<tr><td colspan="7" align="center">Pflegevisitenprotokoll</td></tr>
<tr><td>Patient</td><td>geb.:</td><td>Datum</td><td>von</td><td>Uhr</td><td>bis</td><td>Uhr</td></tr>
<tr><td>Mitarbeiter</td><td>Unterschrift</td><td colspan="2">PDL</td><td colspan="3">Unterschrift</td></tr>
</table>

| | |
|---|---|
| 1. Allgemeinzustand | |
| 2. Ernährungszustand | |
| 3. Bewusstseinszustand | |
| 4. Patientenzufriedenheit | |
| 5. Zufriedenheit der Angehörigen | |
| 6. Umgebung, Hilfsmittel | |
| 7. Körperpflege, Hautpflege | |

| | |
|---|---|
| 8. Prophylaxen:<br>– Dekubitus<br>– Thrombose<br>– Pneumonie<br>– Dehydration<br>– Soor- und Parotitis<br>– Obstipation<br>– Kontrakturen<br>– Sturz<br>– Dehydration | |
| 9. Bekleidung | |
| 10. Mobilität, Transfer, Freiheitsentziehung | |
| 11. Lagerung, Bewegung und Mikrobewegungen | |
| 12. Ernährung, Kalorienbedarf | Errechneter Bedarf: ______________________kcal<br>Vom Hausarzt festgelegter Bedarf: _________kcal |
| 13. Flüssigkeitsbedarf, Trinkbilanz | Errechneter Bedarf: ______________________ml<br>Vom Hausarzt festgelegter Bedarf: _________ml |
| 14. Ausscheidungen, Miktionsprotokoll | |

| | |
|---|---|
| 15. Vitalwerte, Gewicht, BMI | |
| 16. Soziale Betreuung, Aktivierung | |
| 17. Hilfsmittelbedarf, Bedarf an weiterer Unterstützung | |
| 18. Hauswirtschaft | |
| 19. Hygiene | |
| Maßnahmen: | |

| Pflegedokumentation | | | |
|---|---|---|---|
| Patient: | | Datum | |
| geb.: | | Tour | |

| | ok | nicht ok | Anmerkung |
|---|---|---|---|
| Stammblatt | | | |
| Diagnosen | | | falls sedierende Maßnahmen |
| Betreuer, Betreuungsbereich, Adresse, Telefon | | | |
| Freiheitsbeschränkende Maßnahmen | | | Durchführung dokumentiert |
| Pflegeanamnese, -diagnose | | | |
| Biografie | | | |
| Pflegeplanung | | | Prophylaxen geplant |
| Zielformulierung | | | |
| Übereinstimmung von geplanten Maßnahmen und Leistungsnachweisen | | | |
| Durchführungsnachweise | | | |
| Anordnungen | | | |
| Bedarfsmedikation | | | |
| Dekubitusrisikoeinschätzung | | | regelmäßig Punkte _________ |
| Wundprotokoll | | | Verlauf, Wundbehandlung nach neustem Stand |
| Schmerzerhebung | | | |
| Sturzrisiko, Sturzprotokoll | | | Risiko in PP vermerkt |
| Lagerungs- und Bewegungsplan/-protokoll | | | |
| Ernährungsanamnese, Ernährungsprotokoll | | | |
| Flüssigkeitsbedarf, Bilanz | | | |
| Kontinenzeinschätzung | | | |
| Miktionsprotokoll | | | |
| Pflegeberichte | | | |
| Evaluation der Pflegeplanung | | | |
| Vitalwerte | | | |
| Gewicht, BMI, Flüssigkeitsbedarf | | | |
| Beschäftigung, Aktivierung | | | |
| Tagesstruktur, Wochenstruktur | | | |
| Überleitungsbogen | | | Vorhanden  ausgefüllt |
| Pflegestandards | | | |
| Pflegevisite, Fallbesprechung | | | |
| Pflegekonzept, -modell, umgesetzt | | | |

# Risikoassessment

Skala zur Einschätzung des individuellen Sturzrisikos nach Runge, M.: Gehstörungen, Stürze, Hüftfrakturen. Darmstadt 1998.

| Was fällt auf? | Erklärung |
| --- | --- |
| Gangbild ist<br>– sehr langsam oder<br>– sehr unregelmäßig | Auffällig sind kleine, unregelmäßige Schritte, vielleicht sogar mit häufigem Stolpern/Strauchen. Hangeln/Greifen nach jedem Halt ist ebenfalls ein Zeichen für Sturzgefahr. |
| Balancestörungen | Wenn man nicht in der Lage ist, 10 Sek. in folgender Weise zu stehen: Füße stehen in einer Linie hintereinander, Hacke des vorderen berührt Spitze des hinteren Fußes (Tandemstand). |
| Kraft- und Leistungsminderung der Beine | Sturzgefährdet ist jeder, der nicht schneller als in 12 Sekunden 5 x aus einem Stuhl üblicher Höhe aufstehen kann, ohne sich dabei mit den Armen abzustützen. |
| > 4 verschiedene Medikamente pro Tag oder bestimmte Medikamente | Wer mehr als vier Medikamente pro Tag braucht, ist sturzgefährdet. Manche Medikamente können nicht abgesetzt werden, obwohl sie die Sturzgefahr erhöhen. |
| Zwei oder mehr Stürze im letzten Jahr | Jeder Sturz sollte ärztlich abgeklärt werden, auch wenn keine Verletzungen entstanden sind. |
| Geistige Leistungsminderung | Demenzkranke und verwirrte Patienten sind besonders gefährdet, wenn sie viel umherlaufen. |
| Sehen verschlechtert | Besonders gefährlich, wenn man mit einem Auge deutlich schlechter sieht als mit dem anderen. |
| Probleme an Beinen und Füßen | Z.B. Schmerzen an Hüfte, Knie oder Fuß. Wobei plötzlich einschießende Schmerzen besonders gefährlich sind. |
| Gehhilfe erforderlich | Gang mit Gehstock, Gehwagen etc., subjektiv oder objektiv sicherer. |
| Beweglichkeit und Gehleistung werden allmählich immer schlechter | Wenn jemand dazu neigt, seinen Bewegungsradius immer mehr einzuschränken, ist dies oft ein Hinweis auf eine Gehstörung. |
| Osteoporose | Bei verminderter Knochenfestigkeit kommt es schneller zu Knochenbrüchen (allerdings gibt es auch ohne Osteoporose Brüche von Hand und Oberschenkel). |

Wenn zwei oder mehr Hinweise vorliegen, sollte ein Arzt aufgesucht werden, um das Thema Sturzvorbeugung zu besprechen

# Atemerfassungs-Skala nach Bienstein

Patient Name:_________________Vorname:_______________ Station:____________

| | | | Punkte | | |
|---|---|---|---|---|---|
| **Bereitschaft zur Mitarbeit** | 0 kontinuierliche Mitarbeit<br>1 Mitarbeit nach Aufforderung | 2 nur nach Aufforderung<br>3 keine Mitarbeit | | | |
| **Vorliegend, akute Atemwegserkrankung** | 0 keine<br>1 leichter Infekt (Nase/Rachen) | 2 Bronchialinfekt<br>3 Lungenerkrankung | | | |
| **Frühere Lungenerkrankung** | 0 keine<br>1 leichte „grippale" Infekte | 2 schwere Verläufe<br>3 mit bleibender Einschränkung der Atmung | | | |
| **Immunschwäche** | 0 keine<br>1 leicht (lokale Infektion) | 2 erhöhte<br>3 völlige | | | |
| **Raucher (R) / Passivraucher (P)** | 0 Nichtraucher, P geringfügig<br>1 6 leichte Zigaretten/Tag / P regelmäßig | 2 6 starke Zigaretten/Tag / P regelmäßig<br>3 Mehr als 6 starke Z./Tag / P ständig | | | |
| **Schmerzen** | 0 keine<br>1 leichte (Dauer-) Schmerzen | 2 mäßige Schmerzen, atmungsbeeinflussend<br>3 wie vor, jedoch: stark | | | |
| **Schluckstörungen** | 0 keine<br>1 bei flüssiger Nahrung | 2 bei breiiger Nahrung<br>3 komplette Schluckstörung | | | |
| **Manipulative oro-tracheale Maßnahmen** | 0 keine<br>1 Nasen- und Mundpflege | 2 oro-nasale Absaugung<br>3 oro-nasale und endotracheale Absaugung | | | |
| **Mobilitäts-einschränkungen** | 0 keine<br>1 Gehhilfen | 2 hauptsächlich Bettruhe<br>3 völlige Immobilität | | | |
| **Berufstätigkeit** | 0 nicht lungengefährdend<br>1 Arbeit < in lungen-gefährdendem Beruf | 2 2 – 10 Jahre in...<br>3 > 10 Jahre in... | | | |
| **Intubationsnarkose Beatmung** | 0 keine in den letzten 3 Wo.<br>1 kurze ( < 2 Std. ) | 2 länger ( > 2 Std. )<br>3 lang ( > 12 Std. ) | | | |
| **Bewußtseinslage** | 0 eine Einschränkung<br>1 leichte E. (reagiert adäquat auf Ansprache) | 2 reagiert (jedoch inadäquat)<br>3 keine Reaktion auf Anspr. | | | |
| **Atemanstrengung Zwerchfell- u. Thoraxatmung** | 0 ohne Anstrengung<br>1 mit Anstrengung | 2 mit großer Hilfestellung<br>3 keine Zwerchfell- u. Thoraxatmung möglich | | | |
| **Atemfrequenz** | 0 14 – 20 Atemzüge/ min.<br>1 Atmung unregelmäßig | 2 Atmung brady- oder tachypnoeisch<br>3 Atmung sehr unregelmäßig | | | |
| **Medikamente mit atemdepressiver Wirkung** | 0 keine<br>1 unregelmäßige Einnahme, geringe Atemdepression | 2 regelmäßige Einnahme, mäßige Atemdepression<br>3 regelmäßige Einnahme (Opiate, Barbiturate) | | | |
| | Datum | Hz | Summe: | | |
| | Datum | Hz | Summe: | | |
| | Datum | Hz | Summe: | | |

Bewertung:

0 – 6 Punkte = nicht gefährdet

7 – 15 Punkte = gefährdet ⇒ prophylaktische Maßnahmen!

16 – 45 Punkte = stark gefährdet ⇒ prophylaktische Maßnahmen!

# Messskala zur Festlegung der Thrombosegefährdung

| Gefährdung bei Veränderungen der Strömungsgeschwindigkeit | | Gefährdung bei Veränderungen der Blutzusammensetzun g | | Gefährdung bei Gefäßwandschäden | |
|---|---|---|---|---|---|
| **a) Immobilisation** ( z.B. durch Bettruhe, Frakturen, Lähmungen, Gipsverbände ) | | **a) bereits durchgemachte Thrombose / Embolie / familiäre Belastung** | **4 Punkte** | **a) Alter** | |
| keine Bettruhe | **0 Punkte** | **b) Operationen** | | bis 40. Lebensjahr | **0 Punkte** |
| über 12 Stunden pro Tag | **2 Punkte** | chirurgische Eingriffe | **4 Punkte** | 41. bis 60. Lebensjahr | **1 Punkt** |
| über 72 Stunden in Folge | **4 Punkte** | Knochen - OP ( hüftgelenksfern ),postoperative Wundinfektionen | **7 Punkte** | 61. bis 70. Lebensjahr | **2 Punkte** |
| **b) Aktivität** (nur wenn a 2 bis 4 Punkte ) | | Knochen - OP ( hüftgelenknah ) | **8 Punkte** | über 70. Lebensjahr | **3 Punkte** |
| selbstständig, führt aktive Bewegungs - übungen und Umlagerungen allein durch | **0 Punkte** | **c) metastasierende Tumoren** | **2 Punkte** | **b) Apoplexia cerebri** | **5 Punkte** |
| nach Anweisung der Pflegekraft werden aktive Übungen und Umlagerungen durchgeführt | **2 Punkte** | **d) Leberzirrhose, Diabetes mellitus, nephrotisches Syndrom, Fettstoffwechselstörung** | **2 Punkte** | **c) Herzinfarkt** | **5 Punkte** |
| Patient ist immobil und inaktiv | **4 Punkte** | **e) Exsikkose / Polyglobulie / Verbrennung** | | | |
| **c) postthrombotisches Syndrom Varikosis** | **3 Punkte** | Urin konzentriert | **1 Punkt** | | |
| **d) Adipositas** | **3 Punkte** | trockene Zunge, Lippen und Mundschleimhaut | **2 Punkte** | | |
| **e) Gravidität** | **2 Punkte** | erhöhter Hämatokritwert | **3 Punkte** | | |
| **Wochenbett** | **4  Punkte** | **f) Arzneimittel** Östrogene, Kortikosteroide, Diuretika, Bluttransfusionen, Kontrazeptiva | **2 Punkte** | | |
| **f) Herzinsuffizienz / chronische Lungenerkrankung** | **5 Punkte** | | | | |

**Gefährdung ab 6 Punkten / große Gefährdung ab 10 Punkten**

## Mini-Mental-Status-Test MMST

Name ________________________________________ Alter _________ Jahre

Testdatum ___________________________________Geschlecht: männl. ☐ weibl. ☐

Schulbildung _________________________________ Beruf ____________________

**1. Orientierung**                                 **Score**

- 1. Jahr ☐
- 2. Jahreszeit ☐
- 3. Datum ☐
- 4. Wochentag ☐
- 5. Monat ☐
- 6. Bundesland/Kanton ☐
- 7. Land ☐
- 8. Stadt/Ortschaft ☐
- 9. Klinik/Spital/Praxis/Altersheim ☐
- 10. Stockwerk ☐

**2. Merkfähigkeit**

- 11. „Auto" ☐
- 12. „Blume" ☐
- 13. „Kerze" ☐

Anzahl der Versucher bis zur vollständigen Reproduktion der 3 Wörter: ☐

**3. Aufmerksamkeit**

- 14. „93" ☐
- 15. „86" ☐
- 16. „79" ☐
- 17. „72" ☐
- 18. „65" ☐

In Ausnahmefällen <u>alternativ</u> bei mathematisch ungebildeten Personen:
- 19. o – i – d – a –r      (max. 5 Punkte) ☐

**4. Erinnerungsfähigkeit**

- 20. "Auto" ☐
- 21. "Blume" ☐
- 22. "Kerze" ☐

**5. Sprache**

- 23. Armbanduhr benennen ☐
- 24. Bleistift benennen ☐
- 25. Nachsprechen des Satzes:
  „Sie leiht mir kein Geld mehr" ☐
- 26. Kommandos befolgen:
  - Blatt Papier in die rechte Hand, ☐
  - in der Mitte falten, ☐
  - auf den Boden legen ☐
- 27. Anweisung auf der Rückseite dieses Blattes
  vorlesen und befolgen ☐
- 28. Schreiben eines vollständigen Satzes
  (Rückseite) ☐
- 29. Nachzeichnen (s. Rückseite) ☐

Gesamtpunktwert:

# DemTect

**1. Wortliste**

1. Durchlauf

| Teller | Hund | Lampe | Brief | Apfel | Hose | Tisch | Wiese | Glas | Baum |
|--------|------|-------|-------|-------|------|-------|-------|------|------|
| ☐ | ☐ | ☐ | ☐ | ☐ | ☐ | ☐ | ☐ | ☐ | ☐ |

Punkte: _____

2. Durchlauf

| Teller | Hund | Lampe | Brief | Apfel | Hose | Tisch | Wiese | Glas | Baum |
|--------|------|-------|-------|-------|------|-------|-------|------|------|
| ☐ | ☐ | ☐ | ☐ | ☐ | ☐ | ☐ | ☐ | ☐ | ☐ |

Punkte: _____

**2. Zahlen umwandeln**

209 = ______________________________________

4054 = ______________________________________

sechshunderteinundachtzig = ____________________

zweitausendsiebenundzwanzig = ____________________

Punkte: _____

**3. Supermarktaufgabe**

☐ ☐ ☐ ☐ ☐    ☐ ☐ ☐ ☐ ☐    ☐ ☐ ☐ ☐ ☐

☐ ☐ ☐ ☐ ☐    ☐ ☐ ☐ ☐ ☐    ☐ ☐ ☐ ☐ ☐

Punkte: _____

**4. Zahlenfolge rückwärts**

| 1. Versuch | 2. Versuch | Ergebnis |
|------------|------------|----------|
| 7 – 2 | 8 – 6 | ☐ 2 |
| 4 – 7 – 9 | 3 – 1 – 5 | ☐ 3 |
| 5 – 4 – 9 – 6 | 1 – 9 – 7 – 4 | ☐ 4 |
| 2 – 7 – 5 – 3 – 6 | 1 – 3 – 5 – 4 – 8 | ☐ 5 |
| 8 – 1 – 3 – 5 – 4 – 2 | 4 – 1 – 2 – 7 – 9 – 5 | ☐ 6 |

Punkte: _____

5. Erneutes Abfragen der Wortliste

| Teller | Hund | Lampe | Brief | Apfel | Hose | Tisch | Wiese | Glas | Baum |
|--------|------|-------|-------|-------|------|-------|-------|------|------|
| ☐ | ☐ | ☐ | ☐ | ☐ | ☐ | ☐ | ☐ | ☐ | ☐ |

Punkte: _____

# Auswertungstabelle DemTect

| < 60 Jahre | | ≥ 60 Jahre | |
|---|---|---|---|
| **Wortliste** | | **Wortliste** | |
| Anzahl der genannten Begriffe | | Anzahl der genannten Begriffe | |
| ≤ 7 | 0 Punkte | ≤ 6 | 0 Punkte |
| 8-10 | 1 Punkt | 7-8 | 1 Punkt |
| 11-12 | 2 Punkte | 9-10 | 2 Punkte |
| ≥13 | 3 Punkte | ≥11 | 3 Punkte |
| **Zahlen umwandeln** | | **Zahlen umwandeln** | |
| Richtige Umwandlungen | | Richtige Umwandlungen | |
| 0 | 0 Punkte | 0 | 0 Punkte |
| 1-2 | 1 Punkt | 1-2 | 1 Punkt |
| 3 | 2 Punkte | 3 | 2 Punkte |
| 4 | 3 Punkte | 4 | 3 Punkte |
| **Supermarkt-Aufgabe** | | **Supermarkt-Aufgabe** | |
| Genannte Begriffe | | Genannte Begriffe | |
| 0-12 | 0 Punkte | 0-5 | 0 Punkte |
| 13-15 | 1 Punkt | 6-9 | 1 Punkt |
| 16-19 | 2 Punkte | 10-15 | 2 Punkte |
| ≥ 20 | 4 Punkte | ≥ 16 | 4 Punkte |
| **Zahlenfolge rückwärts** | | **Zahlenfolge rückwärts** | |
| Länge der Zahlenfolge | | Länge der Zahlenfolge | |
| 0 | 0 Punkte | 0 | 0 Punkte |
| 2-3 | 1 Punkt | 2 | 1 Punkt |
| 4 | 2 Punkte | 3 | 2 Punkte |
| ≥5 | 3 Punkte | ≥4 | 3 Punkte |
| **Nochmalige Wortliste** | | **Nochmalige Wortliste** | |
| Genannte Begriffe | | Genannte Begriffe | |
| 0 | 0 Punkte | 0 | 0 Punkte |
| 2-3 | 1 Punkt | 1-2 | 1 Punkt |
| 4-5 | 2 Punkte | 3-4 | 2 Punkte |
| ≥6 | 5 Punkte | ≥5 | 5 Punkte |

| QMHB | Musterpflegedienst | Kap.<br>B | Seite<br>1 von 2 |
|---|---|---|---|
| Doku- Typ<br>QMHB | Titel<br>Inhaltsverzeichnis | INH | Datum |

Inhaltsverzeichnis



| erstellt: | Änderungsstatus:<br><br>0 | Freigabe: | Datum: |
|---|---|---|---|

| QMHB | Musterpflegedienst | Kap.<br>B | Seite<br>2 von 2 |
|---|---|---|---|
| Doku-Typ<br>QMHB | Titel<br>Inhaltsverzeichnis | INH | Datum |



| erstellt: | Änderungsstatus:<br>0 | Freigabe: | Datum: |
|---|---|---|---|
| | | B | |

# Literatur

## 1 Bücher

Bienstein C, Fröhlich A (2006) Basale Stimulation in der Pflege, Verlag Kallmeyer. Seelze-Velbert

Fiechter V, Meier M (1981)Pflegeplanung- eine Anleitung für die Praxis. Recom-Verlag, Basel

Grond E (2003) Die Pflege verwirrter alter Menschen. Lambertus Verlag, Freiburg

Grünberg M (2000) Kommunikationstrainer für Beruf und Karriere. Humboldt, München

Höfert R (2006) Von Fall zu Fall – Pflege im Recht. Springer Verlag, Heidelberg

Höfert R, Meißner T (2008) Von Fall zu Fall – Ambulante Pflege im Recht. Springer Verlag, Heidelberg

Klie T, Stascheit U (2007) Gesetzt für Pflegeberufe. 10. Aufl. Fachhochschulverlag, Frankfurt a.M.

Jäck S, Proschmann S (2004) Qualitätsprüfung und -bewertung ambulanter Pflegedienste. Kohlhammer, Stuttgart

Kämmer, K Hrsg. (2008) Pflegemanagement in Altenpflegeeinrichtungen, Schlütersche Verlagsgesellschaft, Hannover

Schmidt S (2005) Das QM-Handbuch. Springer Verlag, Heidelberg

Sträßner H (2006) Das Recht der ambulanten Pflegedienstleitung, Verlag W. Kohlhammer, Stuttgart

## 2 Veröffentlichungen

Becker C, Klie T (2006) Projekt ReduFix, Reduktion von körpernaher Fixierung bei demenzerkrankten Heimbewohnern, Robert Bosch Gesellschaft für medizinische Forschung mbH (RBMF), Evangelische Fachhochschule Freiburg, gefördert durch das BMFSFJ

Bundesministerium der Justiz (2008) Betreuungsrecht, Referat Presse- und Öffentlichkeitsarbeit, BMJ, Berlin

Kümpel P (1995) Thrombosegefährdung im Krankenhaus, Pflegezeitschrift Heft 5/95 S. 274-278, Kohlhammer Verlag, Stuttgart

MDS (Hrsg.) (2005) Grundlagen der MDK-Qualitätsprüfungen in der ambulanten MDS Essen

Runge M, Rehfeld G (2001) Mobil bleiben – Pflege bei Gehstörungen und Sturzgefahr, Schütersche Verlagbuchhandlung, Hannover

## 3 Internetadressen

www.bmgs.bund.de/download/gesetze
www. bmj.de/das-betreuungsrecht
www.dnqp.de
www.dza.de
www.kc.geriatrie.de
www.kompetenznetz-depression.de
www.mds-ev.org
www.pflegewiki.de
www.pflegedienst.usz.ch
www.pflege-zeit.de
www.uni-wh.de/pflege

# Quellenverzeichnis

| Abbildung | Quelle |
| --- | --- |
| Vorwort | Mit freundlicher Genehmigung: Klaus Hackl, Ladenburg |
| Vorwort | Foto der Autoren © Markus vom Bauer, Ludwigshafen |
| 2.1 | © Hans Wiedl, Berlin |
| 2.4 | © Bildunion GmbH |
| 3.1 | © Hans Wiedl, Berlin |
| 4.1 | Mit freundlicher Genehmigung: Klaus Hackl, Ladenburg |
| 5.1 | Mit freundlicher Genehmigung: Rolf Becker, Cura, Mannheim |
| 6.1 | Mit freundlicher Genehmigung: Klaus Hackl, Ladenburg |
| 9.1 | Auszug aus der Grundsatzstellungnahme Ernährung und Flüssigkeitsversorgung älterer Menschen des MDS, Juli 2003 |
| 9.2 | Auszug aus der Grundsatzstellungnahme Ernährung und Flüssigkeitsversorgung älterer Menschen des MDS, Juli 2003 |
| 10.1 | © Hans Wiedl, Berlin |
| 12.1 | Auszug aus den Grundlagen der MDK-Qualitätsprüfungen in der ambulanten Pflege, 2005 |
| 12.2 | © Bildunion GmbH |
| 13.1 | © Hans Wiedl, Berlin |
| 15.1 | © Hans Wiedl, Berlin |

# Stichwortverzeichnis

## V



## W



## Z

Druck: Krips bv, Meppel, Niederlande
Verarbeitung: Stürtz, Würzburg, Deutschland